Die Bibliothek von Sodom

Für Ulf

Axel Schock

Die Bibliothek von Sodom

Das Buch der schwulen Bücher

 **Eichborn.**

Inhalt

Vorwort

Nicht jeder der einhundert vorgestellten Autoren dieses Buches hätte sich selbst als schwul oder homosexuell bezeichnet, schon allein deshalb, weil diese Bezeichnungen noch gar nicht so alt sind. Der deutsch-ungarische Schriftsteller Karl Maria Kertbeny hatte «homosexuell» im Alleingang kreiert und 1869 erstmals in einer anonymen Schrift verwendet – nicht als Brandmarkung, sondern als Signal der Emanzipation. Das Wort «schwul» kennt man zwar bereits seit dem 19. Jahrhundert, als eine selbstbewußte Bezeichnung wird das ursprüngliche Schimpfwort allerdings erst seit der zweiten deutschen Schwulenbewegung, also seit den siebziger Jahren gebraucht.

Manche Autoren bevorzugen Begriffe wie homoerotisch, homo- oder bisexuell, andere haben sich niemals öffentlich zu ihren verborgenen, verdrängten gleichgeschlechtlichen Neigungen geäußert. Was die hier vorgestellten Autoren vereint, ist ihre literarische Auseinandersetzung mit dem eigenen Eros. Mit der Liebe, «die ihren Namen nicht zu nennen wagt» (Lord Alfred Douglas), weil sie dafür noch keinen Begriff hat, oder die verheimlicht werden muß, aus Angst vor Repressalien und Verfolgung.

Die Geschichte der homosexuellen Literatur ist deshalb ohne Verstellung und Camouflage, ohne Zensur und Unterdrückung nicht denkbar. Was im gelebten Leben nicht geduldet wurde, konnte auch in den Texten nicht formuliert werden. Wer als homosexueller Autor über seine Empfindungen schrieb und nicht den mutigen, aber ebenso gefährlichen Weg eines Skandals wagen wollte, mußte sich über Jahrhunderte mit Andeutungen und Verschlüsselungen behelfen. Dem gewöhnlichen Leser blieb das verborgen. Dem Leser mit Gespür für die gleichgeschlechtlichen Signale erschloß sich jedoch der homoerotische Subtext. Ob Marcel Proust, Henry James oder Herman Bang: den besonderen Reiz ihrer Literatur verdanken sie auch dieser Not, nicht eindeutig sein zu können. Der französische Schriftsteller Dominique Fernandez sieht in seiner Kulturgeschichte der Homosexualität «Der Raub des Ganymed» (1989), daß mit einer liberaleren, offeneren Gesellschaft gegenüber Homosexuellen auch die homosexuelle Kreativität schwindet. Ohne Scham und Unterdrückung keine sublime Kunst, so Fernandez. Der Dramatiker Edward Albee riet seinen Kollegen ebenfalls, ihre gleichgeschlechtlichen Gefühle in ihrer Arbeit zu tarnen, ähnlich wie E. M. Forster oder Thomas Mann. Er versprach sich davon nicht nur bedeutendere Kunstwerke; als schwules Trojanisches Pferd gewissermaßen könnte so innerhalb der heterosexuell dominierten Gesellschaft von innen heraus wesentlich mehr bewegt und erreicht werden.

Wer Homosexualität deutlich darstellen wollte, hatte dafür lange Zeit nur drei Möglichkeiten: Homosexualität als Krankheit, als Sünde oder als Verbrechen. Jean Genet wagte trotzig die Verherrlichung der Überschreitung von Gesetz und Moral. Die meisten homosexuellen Autoren wählten das kleinere Übel, einen Weg, der ihnen zumindest das Mitleid der heterosexuellen Leserschaft sicherte: Die mann-männliche Liebe als peinlichen Fehler und Makel der Natur. Schuld ist der Schöpfer und nicht das arme, seinem Schicksal ausgelieferte Geschöpf. Mediziner und Psychoanalytiker hatten zwar bereits damit begonnen, der Homosexualität das Stigma des Lasters, der Sünde und Entartung zu nehmen. Viele Schriftsteller

untermauerten dennoch aus Selbsthaß das negative Bild des Homosexuellen im Vergleich zum Hetero-
sexuellen. Wie im Film, so auch in der Literatur enden die Geschichten homosexueller Männer meist mit
Freitod, Mord und Verzweiflung. Thomas Manns «Tod in Venedig» ist dabei eines der klassischen Beispiele
für die scheinbar unausweichliche Verbindung von homosexuellem und tragischem Schicksal.

Am 15. Mai 1897 trafen sich in Berlin-Charlottenburg vier Männer, der Sexualwissenschaftler und Arzt
Magnus Hirschfeld, der Leipziger Verleger Max Spohr, Josef von Bülow, ein ehemaliger Offizier, sowie
der Jurist Eduard Oberg, zur Gründung des «Wissenschaftlich-humanitären Komitees». Programmatisch
formulierten sie ihre Aufgabe, «aufgrund sichergestellter Forschungsergebnisse und der Selbsterfahrung
vieler Tausender endlich Klarheit darüber zu schaffen, daß es sich bei der Liebe zu Personen des gleichen
Geschlechts, der sogenannten Homosexualität, um kein Laster und kein Verbrechen, sondern um eine
von der Natur tief in einer Anzahl von Menschen wurzelnde Gefühlsrichtung handelt». Der 15. Mai
1897 gilt heute als die Geburtsstunde der Schwulenbewegung, des modernen, um Gleichberechtigung und
Akzeptanz kämpfenden Homosexuellen.

Die Bemühungen des WhK blieben bescheiden. Eine Resolution zur Abschaffung des Antihomo-
sexuellen-Paragraphen 175 wurde zwar von prominenten Persönlichkeiten wie Gerhart Hauptmann,
Rainer Maria Rilke, August Bebel und Thomas Mann unterzeichnet, zu Fall gebracht konnte damit diese
Strafrechtsbestimmung nicht. Mit der Machtübernahme durch die Nationalsozialisten waren alle
Emanzipationsversuche gescheitert, der § 175 wurde verschärft, Tausende Homosexuelle verhaftet und in
Konzentrationslager geschickt.

Der 28. Juni 1969 schließlich war ein Tag, der heute einen neuen Aufbruch kennzeichnet. Bei einer
der regelmäßigen Polizeirazzien waren die Besucher der kleinen Schwulenbar «Stonewall Inn» in der New
Yorker Christopher Street auch in jener Nacht der Gewalt und Willkür der Ordnungskräfte ausgesetzt.
Doch an diesem Tag der Bestattung Judy Garlands wehrten sie sich. Aus der Kneipenprügelei wurde eine
Straßenschlacht, bei der sich die Polizisten zuletzt im Laden verbarrikadierten und auf Hilfe warten
mußten. Die Ausschreitungen setzten sich in den kommenden Tagen fort. Die Vorfälle im «Stonewall Inn»
wurden zum Auslöser für die moderne Schwulen- und Lesbenbewegung und des Kampfes für Gleich-
berechtigung. Alljährlich wird dieser Tag weltweit mit Christopher Street Day-Paraden und Gay Pride
Day-Festivals gefeiert.

Die gesellschaftlichen Veränderungen, die zunehmende Akzeptanz Homosexueller, die Entwicklung
eigener homosexueller Lebensstile und Kulturen finden auch einen deutlichen Niederschlag in der Literatur
von Schwulen. Jetzt kann offen und unverstellt über schwules Leben und Lieben geschrieben werden, ist es
möglich, sich als Schwuler nicht länger über den Umweg von Verschlüsselungen und verborgenen Signalen
mit Figuren und Situationen zu identifizieren.

Seit den siebziger Jahren hat sich, beginnend in den USA, eine differenzierte Literatur von
Schwulen entwickelt. Was zunächst vor allem von Schwulen für Schwule, in meist ebenfalls schwulen

Verlagen publiziert worden ist, findet nun auch den Weg in das Programm größerer Publikumsverlage und so zu einem breiteren Leserkreis. Die Erfolge etwa von Ralf König oder der beiden Romanciers David Leavitt und Michael Cunningham in ihrer amerikanischen Heimat sind dafür markante Beispiele.

Etwa zehn Verlage in Deutschland publizieren ausschließlich Bücher zu schwulen Themen, etwa 30.000 verschiedene Titel hält der älteste deutsche und Europas größter schwule Buchladen, «Prinz Eisenherz» in Berlin, vorrätig. Bei dessen Gründung 1978 war noch kaum vorstellbar, daß das Angebot allein an deutschsprachigen Titeln einmal schwer zu überschauen sein würde. Wer heute, zum Beispiel als junger Schwuler im Coming-out, die ersten Schritte in die Welt des schwulen Buches unternimmt, dem mag es nach Orientierung verlangen. Nichts weniger will die «Die Bibliothek von Sodom» leisten.

100 Autoren, 100 Bücher, Romane, Erzählungen, Dramen, Gedichte – diese Bibliothek erhebt keineswegs den Anspruch eines klassischen, den literaturwissenschaftlichen wie literaturhistorischen Anforderungen genügenden Kanons der schwulen Literatur. Die Auswahl erfolgte subjektiv und soll dennoch in ihrer Gesamtheit ein möglichst breitgefächertes, repräsentatives Spektrum aufzeigen, wie homosexuelle Autoren über Jahrhunderte ihrer Liebe zu Männern literarischen Ausdruck verliehen.

Darunter Klassiker, die nun vielleicht neu gelesen werden, andere Autoren, die mancher erstmals für sich entdeckt. 100 Porträts von Autoren und Büchern sind auch 100 Geschichten, die zusammen ein Stück schwuler Literaturgeschichte ergeben und ein Stück schwuler Kulturgeschichte erzählen. Einige ausgewählte (Auto-)Biographien, wie jene von Derek Jarman, Keith Haring oder Robert Mapplethorpe, zeitgenössische Ikonen und Inbegriffe schwuler Ästhetik, sind Beispiele für die jüngste schwule Kulturgeschichte.

Es wurden grundsätzlich nur Bücher aufgenommen, die in einer deutschen Ausgabe vorliegen und im besten Fall auch im Buchhandel vorrätig sind. Einige Titel waren zum Zeitpunkt des Redaktionsschlusses vergriffen, sollen aber neu aufgelegt werden oder in einer Taschenbuchausgabe erscheinen. Andere, in diesem Zusammenhang unverzichtbare Bücher, sind in Bibliotheken oder Antiquariaten gut zu finden. Der Anhang mit Hinweisen auf 100 weitere (Sach-)Bücher zum Thema Homosexualität soll helfen, den Weg in die schwule Buchwelt jenseits der Romane, Lyrik und Dramen ein wenig leichter zu gestalten.

Mein Dank gilt dem Buchladen «Prinz Eisenherz» in Berlin, nicht nur für die Unterstützung bei diesem Buch, sondern auch dafür, maßgeblich dazu beigetragen zu haben, daß ich mir in den vergangenen zehn Jahren die Welt des schwules Buches eröffnen konnte; Wolfgang Theis von der Stiftung Deutsche Kinemathek und Ulrike Fontaine vom Eichborn Verlag für die Mithilfe bei der Bildbeschaffung; Karen-Susan Fessel für ihre vielfältige Hilfe, ihre Freundschaft und den Zuspruch in aussichtslosen Tagen und meiner Lektorin Palma Müller-Scherf für die intensive Zusammenarbeit. Ganz besonderer Dank gilt meinem Lebensgefährten Ulf Meyer, daß er während der Arbeit an diesem Buch soviel Nachsicht hat walten lassen und mich mit seiner Liebe unterstützt hat.

Axel Schock

Hans Christian Andersen
Schräge Märchen

«Das häßliche Entlein», «Die kleine Meerjungfrau», «Des Kaisers
neue Kleider», «Der Schweinehirt», «Die Prinzessin auf der Erbse» –
diese und noch ein gutes Dutzend weitere Märchen machten Hans
Christian Andersen zu einem weltbekannten Autor, obgleich ihm
durch den Ruf, «Kindergeschichten» geschrieben zu haben, lange Zeit die literarische wie literaturwissenschaftliche Anerkennung versagt blieb. Der in ärmlichen Verhältnissen aufgewachsene Sohn
eines Schuhmachers und einer Trinkerin wurde dank dieser insgesamt 156 Märchen vom Hochadel
hofiert, in den Herrscherhäusern Europas mit offenen Armen empfangen. Schriftstellerkollegen
wie Victor Hugo, Heinrich Heine, Hendrik Ibsen und Balzac und Charles Dickens achteten ihn.
Der Märchentraum eines ärmlichen Zöglings war in Erfüllung gegangen.

Im Ausland wurde er gefeiert, zu Hause in Kopenhagen sah man in ihm lediglich den zwar
eitlen, aber leider auch häßlichen Schwan: mit übergroßer Nase, Schweinsäuglein, viel zu langen
Armen. Die Menschen drehten sich lachend nach ihm um und nannten ihn Orang-Utan.

Andersen (1805–1875), der mit 14 Jahren auf eigene Faust nach Kopenhagen gekommen war,
um Schauspieler, Sänger oder Tänzer zu werden, war ein leidvoller Hypochonder und gnadenloser
Egozentriker, der seine Mitmenschen strapazierte. «Hans Christian Andersen schlief in diesem
Zimmer fünf Wochen – der Familie schien es eine EWIGKEIT!» notierte Charles Dickens nach
dessen Abreise auf eine Karte, die er gewissermaßen zur Mahnung eine Weile in seinem Gästezimmer
liegen ließ. Andersen, der biedermeierliche Idylliker, hatte – anders als er glaubte – keine körperlichen Leiden, er war krank im Gemüt.

Wohl schätzte man sein besonderes Gespür für die Musikalität der Sprache (nicht von ungefähr
war Andersen ein früher Verehrer Richard Wagners), feierte und bewunderte ihn. Und dennoch
war Andersen zutiefst unglücklich. Seine «Märchen, erzählt für Kinder» waren erstmals 1835 in einer
Auswahl erschienen. So unterschiedliche Schriftsteller wie Theodor Fontane, Oscar Wilde, Arno
Schmidt oder Vladimir Nabokov schätzten diese. Ihre archetypischen Wahrheiten spiegeln den Erfah-
rungshaushalt der Menschen aller Länder und Stände. So wird oftmals vergessen, daß es sich dabei
um Kunst- und nicht um Volksmärchen im Sinne der Gebrüder Grimm handelt. In ihnen thematisierte Andersen verdeckt die Gründe für seine Melancholie; darüber offen zu sprechen wagte er
nicht. Auch in seiner Autobiographie «Märchen meines Lebens» (!) verhüllt er sein wahres Begehren,
soweit es möglich war. Er war ein «Anderer» von Kindheit an. Die Straßenjungen sprachen von
seinem «eigentümlichen Wesen»; seiner «weichen Art» und «weichen Natur» wegen wird er oft für
ein Mädchen gehalten. In seinen Märchen gab er seinem Seelenleben Ausdruck und verbarg sich
zugleich hinter den Masken der Fabelgestalten.

Andersens große Verehrung galt Edvard Collin, mit dem ihn eine enge Freundschaft verband,
die jedoch nie über ein platonisches Verhältnis hinausging. Als Collin schließlich heiratete, floh
Andersen und schrieb sein erstes Märchen – eines seiner bekanntesten. Seinen ganzen Schmerz,

die Wahrheit, seine Liebe nicht aussprechen zu können, legte er in die Gestalt der «Kleinen Meerjungfrau». Auch sie läßt sich ihrer Stimme berauben, zum Stummsein verurteilen, um wenigstens in der Nähe des Prinzen sein zu können. Doch in das Schlafzimmer werden nur «wirkliche» Frauen eingelassen. Sie, die so anders ist, mit einem Fischschwanz als Unterleib, ihre Liebe bleibt auf immer unerfüllt.

«Märchen meines Lebens»

Andersens Märchen war so kunstvoll verschlüsselt, daß man lange Zeit glaubte, er habe nicht Edvard, sondern dessen Schwester Louise nachgetrauert. Entsprechende Spuren legte er auch in seinem «Märchen meines Lebens», indem er darüber hinaus seine lebenslange Unrast und Zerrissenheit, die Angst vor Demütigung und die Sucht nach Ruhm und Anerkennung zu verklären versuchte. Manche Leser erkannten jedoch sehr wohl, welche Erschütterung hinter den Märchen steckte, und wußten die zahlreichen Signale zu deuten. Thomas Mann bekannte sich offen zu Andersens Märchen. In einem Interview 1928 antwortete er auf die Frage, welches Buch in seinem Leben den stärksten Eindruck hinterlassen habe: «Ich könnte ‹Die Welt als Wille und Vorstellung› sagen oder Nietzsche oder Tolstoi. Aber ich glaube, ich muß weiter zurückgehen, ich glaube, einer der frühesten literarischen Eindrücke, deren ich teilhaftig wurde, war auch der tiefste und nachhaltigste.» In seiner eigenen Ausgabe der Andersen-Märchen hatte Thomas Mann den vieldeutigen Satz der Meerjungfrau «sprechen konnte sie ja nicht» mit rot markiert. Thomas Mann, der seine eigenen homosexuellen Neigungen auch nur dem Tagebuch anvertraute, wußte, für welches Begehren die Nixe keine Sprache hatte, welches Geheimnis sie nicht preisgeben durfte.

Die Angst vor Demaskierung und öffentlicher Zurschaustellung ist auch das Leitmotiv in «Des Kaisers neue Kleider», wenn auch der Kaiser zu guter Letzt sich zu seiner Nacktheit bekennt und die Prozession durch die Stadt «noch stolzer» begeht. In den meisten seiner berühmten Märchen spielt das Moment des Andersseins, des Außenseiterdaseins eine tragende Rolle – mal ist es «Das häßliche Entlein», das aus der Entengesellschaft ausgestoßen wird, mal «Der standhafte Zinnsoldat», dem ein Bein fehlt. In seinen Märchen wie in seiner Lebensinszenierung hat Andersen versucht, sein Begehren zu kaschieren, sich (erfolglos) auf Frauen einzulassen und bürgerliche Erwartungen zu erfüllen. Erreicht hat er zwar den gesellschaftlichen Aufstieg und den finanziellen Erfolg – in seinem Gefühlsleben blieb er jedoch bis an sein Lebensende zerrissen. Die Hoffnung, sich über den Tod hinaus in den Märchen verbergen zu können, glückte nicht. Recht bald wurden in Aufsätzen seine «weibliche» und «weiche» Natur hervorgehoben, und 1901 nahm Albert Hansen mit seinem Artikel «H. C. Andersen. Beweis seiner Homosexualität» im «Jahrbuch für sexuelle Zwischenstufen» ihn in die Reihe berühmter Homosexueller auf.

Hans Christian Andersen: *Schräge Märchen.* **Ausgesucht und aus dem Dänischen übertragen von Heinrich Detering. Mit einem Essay von Michael Maar. Eichborn Verlag, Die Andere Bibliothek, Frankfurt/Main 1996.**

Märchen meines Lebens. Eine Skizze. **Aus dem Dänischen von Michael Birkenbihl. Insel Taschenbuch Verlag, Frankfurt/Main 1982.**

Elias Bredsdorff: *Hans Christian Andersen. Eine Biographie.* **Aus dem Englischen von Gertrud Baruch. Rowohlt Taschenbuch Verlag, Reinbek 1993.**

Phil Andros
Ein Mann für alle Fälle

Der Originaltitel einer seiner zahlreichen Buchveröffentlichungen bringt auf den Punkt, wo sich all seine Stories und Romane abspielen: «Bellow the belt» – unterhalb der Gürtellinie. Der Name Phil Andros, längst zu einem Markenzeichen für originelle, literarische Pornogeschichten geworden, bürgt seit den späten 60er Jahren für erotisches Entertainment fern ermüdender Einhand-Literatur. Seine Ideen für all die sexuellen Abenteuer in Polizeischulen, Homo-Bordellen, Pornofilmstudios und Fitneßclubs will Andros bei seiner Beschäftigung als Nebenerwerbs-Callboy gesammelt haben. Wirklich autobiographisch ist es allerdings doch nicht. Denn erstens ist Andros ein Pseudonym des 1909 geborenen Samuel M. Steward, und zum anderen hat er einen ein Lebenslauf, bei dem sich auf den ersten Blick weder das horizontale Gewerbe noch die schriftstellerische Pornoproduktion so einfach unter einen Hut bringen lassen.

Bevor Steward 1969 seinen ersten Roman unter dem Namen Phil Andros veröffentlichte, hatte er zunächst an der Ohio State University einen Doktortitel für englische Literatur erworben und eine akademische Karriere begonnen. Bereits in den 30er Jahren waren von ihm zwei kleine (ganz und gar nicht pornographische) Romane erschienen, die zwar kaum Aufsehen erregten, aber zumindest eine Frau auf ihn aufmerksam machten: die Schriftstellerin Gertrude Stein. Mit ihr verband ihn eine lange, innige Freundschaft, noch viel mehr allerdings mit Steins Lebensgefährtin Alice B. Toklas. Ihnen beiden setzte er ein Denkmal, indem er sie zu Figuren einiger Krimis machte.

Steward wußte seinen Charme einzusetzen und huldigte auch anderen berühmten und von ihm verehrten Schriftstellern, neben anderen Prominenten, die sich allesamt geschmeichelt fühlten, zumal wenn sie wie Steward selbst homosexuell waren. André Gide gehörte dazu, Thomas Mann und Thornton Wilder; mit Lord Alfred Douglas gelang ihm sogar ein nächtliches Tête-à-tête, mit dem er eine mystische Verbindung zu Oscar Wilde herzustellen gedachte. Eine Romanze mit Rudolpho Valentino währte kurz, dafür konnte er immerhin eine Jagdtrophäe ergattern: eine Locke aus dem Schamhaar des Leinwandidols. Noch verdiente sich Steward seinen Lebensunterhalt als Universitätsdozent. Doch er mußte erfahren, daß sich Lehrtätigkeit und schriftstellerische Produktion letztlich ausschließen.

Die Unzufriedenheit machte ihn zum Alkoholiker. Er gab die Dozentenstelle auf, dann das Trinken und arbeitete an einer «Weltenzyklopädie der Bücher» mit. Die erste Bilanz seines Lebens fiel wenig zufriedenstellend aus. Aus dem Traum von Erfolg und literarischem Ruhm war nichts geworden. Steward entschloß sich zu einem gewaltigen Schritt: Er brach alles hinter sich ab, legte sich den Künstlernamen Phil Sparrow zu und fixierte sich auf eine andere Begabung, die er zweifellos besaß, das Zeichnen. In der Chicagoer South State Street eröffnete er ein Tätowierstudio und gravierte fortan Matrosen, Strichern und Lederkerlen unvergängliche Kunstwerke unter die Haut. Währenddessen erzählten die meist schwulen Kunden aus ihrem Leben. Stoff genug für Dutzende und Aberdutzende Geschichten. Die Lust am Schreiben war Steward alias Sparrow noch nicht vergangen. Weil Mitte der 60er Jahre die US-amerikanischen Verleger recht prüde und vorsichtig waren, wurden seine ersten Erzählungen erstaunlicherweise in Europa veröffentlicht, etwa in der Schweizer Homosexuellenzeitschrift «Der Kreis». 1963 erschien in den USA John Rechys schwuler Roman «Nacht in der Stadt» und brach alle Tabus. Steward störte sich jedoch an dessen harmloser Geschwätzigkeit und Unaufrichtigkeit. Er wollte beweisen, daß es auch anders geht und schrieb «$tud» («Ein Mann für alle Fälle»). Fortan folgten jährlich ein, zwei neue Bücher – Romane und Erzählungen –, mit denen er für ihn überraschend erfolgreich war. Sein Publikum vermutete Steward, der sich nun Phil Andros nannte, in den typischen Konsumenten von Pornoliteratur – alte, einsame Männer, die in trostlosen Behausungen leben und denen einzig die Schimäre von Sex über Wort und Bild bleibt. Darin aber täuschte er sich. Denn die Generation der jungen Großstadtschwulen, jene, die die Schwulenbewegung der USA begründen sollten, fanden sich in seiner Literatur erstmals wieder. Die Schwulen in seinen Geschichten waren endlich keine leidenden, unglücklichen Geschöpfe mehr, sondern lebensfrohe, aktive, selbstbewußte und eben auch sexuell befriedigte Menschen. Er entwarf zwar erotische Traumwelten, aber sie waren dicht an die Realität gekoppelt. Neben den ultimativen Supermännern und Dauerorgien existierten im Kosmos des Phil Andros auch Ablehnung und Gewalt gegen Homosexuelle, unerfüllte Sehnsüchte, lange, sinnlose und einsame Nächte in verrauchten Bars, ohne den Mann für die eine Nacht oder das ganze Leben gefunden zu haben.

Ein Klassiker der erotischen Schwulenliteratur

«Ein Mann für alle Fälle» – das sind zwölf mit unterschwelligem Humor erzählte Geschichten, die für sich stehen und nur locker miteinander verbunden sind. Ihr gemeinsamer Held und Ich-Erzähler ist Phil Andros, ein – verständlicherweise – junger, attraktiver Typ von griechischer Schönheit, gut gebaut, allzeit bereit und großzügig ausgestattet, der seinen Lebensunterhalt als Taxifahrer, Seemann, Hotelboy oder Angestellter in einem Sportstudio verdient, oder aber als Stricher auf den Straßen und in den Lokalen unterwegs ist. Seine Fähigkeiten sind aber nicht nur beim Sex umfassend. Phil ist ein Sexarbeiter, der Shakespeare zitieren kann, Genets «Querelle de Brest» im Original liest, an regenschweren Tagen bei einem guten Whisky über die Vergänglichkeit philosophiert.

Schwarze Lederjacke, enge, bleiche Jeans und Stiefel, das ist seine Arbeitsuniform. In diesem Aufzug reist er durchs Land, wohin es ihn gerade treibt. Phil kommt viel herum und in entsprechend viele Betten. Mal gerät er an einen etwas merkwürdigen Motorradfahrer, der nur kann, wenn die Maschine mit im Zimmer steht, wenn nicht sogar mit auf der Matratze liegt. Er erlebt die Verwandlung einer jungen Unschuld vom Land in ein Callboy und Aktmodell, oder aber wie in einer schwulen Zweierbeziehung aus einem aktiven, selbstbewußten Mann plötzlich eine völlig abhängige Hausfrau wird – der nicht einmal selbst bemerkt, daß er von seinem Liebhaber als billige Putzhilfe und Dienstmädchen ausgebeutet und degradiert wird.

Anders als in der handelsüblich plumpen Pornoliteratur beweist Steward alias Andros bei seinem Personal Beobachtungsgabe. Während bei der Porno-Massenware die Figuren simple Handlungsträger bleiben, sich schematisch verhalten und damit lediglich Objekt, Rädchen im knarrenden Handlungsgefüge sind, gelingt es ihm bisweilen, mit wenigen Sätzen originelle, sehr lebendige Gestalten zu entwerfen. Das hat seine Stories die 20 Jahre seit ihrem Entstehen schadlos überleben lassen. Nur wenig erinnert daran, daß all die sexuellen Eskapaden in den Endsechzigern und siebziger Jahren angesiedelt sind, allenfalls die Ernüchterung, daß ein solch ausschweifendes und sexuell unbekümmertes Leben nur in einer Zeit vor Aids vorstellbar ist.

Interessant wird der Rückblick auf diese Jahrzehnte besonders dann, wenn Andros vom Verhältnis zwischen Schwarzen und Weißen erzählt. Schwarze Stricher, die sich ebenfalls schwarzen Kunden zur sexuellen Befriedigung zur Verfügung stellten – das war möglich. Daß sich aber ein weißer Freier mit Schwarzen einließ – war undenkbar. Eine gleichberechtigte, gemischtrassige Beziehung gar – ein Skandal. Die Gleichheit stand zwar im Gesetz, wie schwer sie jedoch im Leben umzusetzen war, schildert Andros in zwei Geschichten. Beide Male ist der Ich-Erzähler mit dem schwarzen Callboy Ace liiert. Wie sehr sich die beiden auch bemühen, gegenseitige Vorurteile abzubauen, es gelingt ihnen nicht. Die Liebe zueinander ist zunehmender Veränderung unterworfen, bis die Situation in einem Ausbruch härtester Gewalt und Vergewaltigung eskaliert. Alle Ressentiments brechen auf wie schlecht verheilte Geschwüre. Ihre Beziehung fällt dem wechselseitigen Rassismus zum Opfer.

Seit 1972 hat Samuel M. Steward kaum mehr etwas geschrieben, sondern sich auf sein Landgut in Berkely zurückgezogen, wo er 1993 verstarb. Ganz anders allerdings, als er vermutet hatte, sind seine Bücher noch lange nicht überholt. Nicht nur, daß er bis zuletzt von jungen Schriftstellern um Rat gefragt wurde, seine Romane und Erzählungen wurden immer wieder neu aufgelegt oder in Anthologien aufgenommen und haben sich längst als Klassiker der erotischen Schwulen-Literatur erwiesen.

Phil Andros:
Ein Mann für alle.
Aus dem Amerikanischen von Olaf Herrmann, 1988.
Männersache.
Aus dem Amerikanischen von Olaf Herrmann, 1992.

Heiße Ware.
Aus dem Amerikanischen von Martin Romesch, 1994.
Liebesdienste.
Aus dem Amerikanischen von Martin Romesch, 1995.

Bruderliebe.
Aus dem Amerikanischen von Martin Romesch, 1997.
Alle erschienen im Albino Verlag, Berlin.

Reinaldo Arenas
Bevor es Nacht wird

«Meine Autobiographie hatte ich bereits in Kuba begonnen. Ich hatte sie ‹Bevor es Nacht wird› genannt, weil ich mich in einen Park geflüchtet hatte und schreiben mußte, bevor die Nacht hereinbrach. Nun rückte die Nacht wieder heran, noch bedrohlicher. Es war die Nacht des Todes.»

Als Reinaldo Arenas 1974 die Nächte auf den Bäumen verbrachte, war der in Ungnade gefallene Schriftsteller, der sich ebenso offen als Gegner der Revolution bekannte wie als Homosexueller, wieder einmal auf der Flucht vor der kubanischen Staatssicherheit. Erst 1987 konnte er die Arbeit an den biographischen Aufzeichnungen fortsetzen, nunmehr im New Yorker Exil, und erneut unter extremen Bedingungen. Der 1953 in Holguin/Kuba geborene Arenas war bereits von seiner Aids-Erkrankung gezeichnet. Im Krankenhausbett liegend sprach er sein Buch in ein Diktiergerät. «Bevor es Nacht wird» wurde sein Vermächtnis. Als die Arbeit daran 1990 abgeschlossen war, wählte er den Freitod. «In Kuba hatte ich Not und Elend ertragen, weil mir die Hoffnung auf Flucht und die Aussicht, meine Manuskripte zu retten, Kraft gaben. Jetzt war die einzige Flucht, die mir blieb, der Tod.» Arenas sprang von einem New Yorker Hochhaus.

Sein Buch ist keine Aids-Biographie, und der Alptraum, den die Lektüre hervorruft, wurzelt nicht etwa in der detaillierten Schilderung der Krankheit, sondern in seiner Odyssee durch Gefängnisse und Arbeitslager, wo Wille und Stolz des Dissidenten gebrochen werden sollten. Arenas beschreibt diese Zeit der Demütigung, der Qualen, der Einsamkeit, der gescheiterten Selbstmordversuche und bestialischen Verfolgungen, Vergewaltigungen und Mißhandlungen der homosexuellen Mithäftlinge bisweilen überraschend lakonisch. Gerade deshalb geht dieser Bericht so tief unter die Haut. Doch das Regime konnte ihn nicht zerstören. War ein Manuskript der Staatssicherheit in die Hände gefallen, schrieb er eben eine zweite oder gar dritte Fassung. Immer wieder gelang es ihm, ein Buch im Ausland zu veröffentlichen – zum Ärger seiner Peiniger, die ihn dafür mit neuen Repressalien straften.

Das Einzelkind Reinaldo wuchs bei der Mutter, die vom Vater sitzengelassen worden war, und der Großmutter auf dem Land auf. Das Leben in der Natur, mit Tieren und mit den mythischen Geschichten der Oma, die selbst übersinnliche Kräfte zu besitzen schien, prägten seine Kindheit. Gewalt war Teil des dörflichen Lebens. Fasziniert schaut er beim Schlachten und Kastrieren der Tiere zu. Sie dienten auch als Partner bei den ersten sexuellen Erfahrungen. Mit acht Jahren, so schreibt er, wußte er es bereits einzurichten, daß «ich mich bückte und (der Vetter) Orlando mich von hinten nahm».

«Unsere Jugend war wie eine erotische Rebellion»

Mit 14 Jahren schließt er sich, wenn auch etwas skeptisch, den Rebellen Castros gegen das Batista-Regime an. Er singt die Hymnen der Revolution und wird zum Leiter eines marxistischen Studienzirkels ernannt. Die Welt der Politik und die Revolution erlebt er als erotisch aufgeladene Männerbündelei. «Die gesamte Weltpresse war fasziniert von diesen bärtigen Männern.» Sein politischer Enthusiasmus wird belohnt. Zunächst wird er zum Agrarbuchhalter ausgebildet und soll an der Universität von Havanna eine Weiterbildung erhalten. Arenas nützt die Chance, doch nicht im Sinne seiner politischen Ziehväter. Er will nach Havanna, um dort zu bleiben und sich ganz dem Schreiben – und den (sexuellen) Möglichkeiten der Metropole – widmen zu können: «Es gab eine Zeit, da entfaltete sich im verborgenen eine große sexuelle Freiheit im Land; alle wollten wie besessen bumsen. Unsere Jugend war so etwas wie eine erotische Rebellion.» Mit 25 Jahren, so überschlägt er, habe er bereits mit mehr als 5000 Männern Sex gehabt. Nicht ohne zu prahlen liefert Arenas Anekdote um Anekdote aus seinem sexuellen Erfahrungsschatz. Meist sind es flüchtige Begegnungen, oft bis zu einem Dutzend am Tag, in Parks, Toiletten, am Strand, ja selbst im Bus. «Sexuell am aufregendsten waren Überlandfahrten im Bus; wer in so einen Bus voll junger Männer stieg und neben einem von ihnen einen Platz bekam, der konnte sicher sein, daß es unterwegs zu Liebesspielchen kam. Der Fahrer machte das Licht aus, und der Bus holperte über die mit Schlaglöchern übersäte Landstraße, und bei jedem Ruckzuck hatte man die Gelegenheit die Hand auszustrecken und einen harten Schwanz, einen knackigen Schenkel, eine stramme Brust zu berühren.» Doch anders als die ebenfalls schwulen Literaten seines Landes, José Lezama Lima und Virgilio Piñera, verschweigt Arenas seine Sexualität nicht; weder in der Öffentlichkeit noch in seinen Texten.

1973 wurde Arenas als «homosexueller Konterrevolutionär» verhaftet. Fast vier Jahre verbringt er in Lagern und Gefängnissen. Schwule wurden zu Zwangsarbeiten in der Landwirtschaft oder als Totengräber eingesetzt. Arenas überlebt die Zeit dank der Literatur: Er hat ein Exemplar der «Ilias» eingeschmuggelt, das er hartnäckig gegen seine Mitgefangenen verteidigen muß, weil sie Buchseiten als Zigarettenpapier verwenden. Da er angeblich die Regeln der offiziellen Literatur und der «konventionellen Moral» mißachtet habe, wurde ihm nach seiner Entlassung Schreibverbot auferlegt.

Als es ihm 1980 gelang, das Land zu verlassen – abgeschoben als «schwuler Abschaum», zusammen mit anderen «Geisteskranken und Kriminellen» –, wurden alle Manuskripte beschlagnahmt. Was nicht konfisziert wurde, hatte er, aus Angst vor Entdeckung, zum Teil selbst vernichtet. Etwa die Hälfte seines Gesamtwerkes muß daher als verschollen gelten. Nur wenige Texte hatte er ins Ausland schaffen, später sichten, überarbeiten und veröffentlichen können: Neun Romane, drei Lyrikbände, fünf Theaterstücke sowie Essays und Erzählungen. Ins Deutsche übersetzt sind unter anderem «Reise nach Havanna. Roman in drei Reisen» (1994) und «Rosa. Roman in zwei Erzählungen» (1996), in dem er sich im zweiten Teil einzig mit der Situation schwuler Häftlinge in kubanischen Internierungslagern auseinandersetzt.

«Drei Leidenschaften beherrschten das Leben und Sterben des Reinaldo Arenas», schreibt der kubanische Schriftsteller Guillermo Cabrera Infante, «Die Literatur – die für ihn kein Spiel war, sondern ein Ziel, für das man durchs Feuer geht –, der passive Sex und die aktive Politik.»

Arenas' fiebriger Lebensbericht ist, neben all den schelmenhaften, grotesken Schilderungen seiner Kindheit und den schamlos, mit geradezu barock ausufernder Freude beschriebenen sexuellen Eskapaden, auch ein politisches Manifest geworden. Eine flammende, zornige Rede auf die Freiheit Kubas und ein Abgesang auf das Regime. Auf jeder Seite ein Hieb, eine Beleidigung gegen seine politischen Verführer, die ihm die Jugend, seinen Glauben, seine Freunde und Liebhaber, seine Liebe zur Heimat und zu Kuba raubten.

Reinaldo Arenas:
Bevor es Nacht wird.
Autobiographie. Aus dem Spanischen von Thomas Brovot und Klaus Laabs. Edition día, Berlin/St. Gallen 1993 und dtv, München 1996.

Reise nach Havanna.
Roman in drei Reisen.
Aus dem kubanischen Spanisch von Klaus Laabs. Edition día, Berlin 1994.

Rosa.
Roman in zwei Erzählungen.
Aus dem kubanischen Spanisch von Klaus Laabs. Edition día, Berlin 1996.

Wystan Hugh Auden
Sag mir die Wahrheit über die Liebe

Sie sind ein ungleiches, dennoch perfektes Paar: Der lebenslustige, wohlbeleibte Gareth und sein jüngerer, zurückhaltender Lebensgefährte Matthew. Als Gareth überraschend stirbt, rezitiert sein Geliebter ein Gedicht an seinem Sarg, den «Funeral Blues» von W. H. Auden:

Begräbnis-Blues

Die Uhren stoppt, reißt raus das Telefon,
Ein Knochen für den Hund, dann schweigt er schon,
Nein, kein Klavier, nur Trommeln, dumpf und schwer.
Tragt raus den Sarg, die Trauernden ruft her.

Flugzeuge solln im tristen Morgenrot
Groß an den Himmel schreiben: «Er ist tot»,
Die weißen Taubenhälse sollen schwarze Kragen,
Die Polizisten schwarze Handschuh tragen.

Er war mein Nord, mein Süd, mein Ost, mein West,
Mein Werk- und Feiertag, mein Dienst, mein Fest,
Mein Wort, mein Lied, mein Mittag, meine Nacht;
Die Liebe stirbt nicht, dacht ich; falsch gedacht.

Den Sternen sagt: «Wir wolln euch nicht, geht unter!»
Packt ein den Mond und reißt die Sonne runter;
Kippt weg das Meer, den Wald laßt überfluten,
Denn nichts mehr wendet sich ab jetzt zum Guten.
(Deutsch von Christa Schwenke)

Die Trauerfeier für Gareth ist eine Szene aus dem britischen Erfolgsfilm «Vier Hochzeiten und ein Todesfall». Die Eheanbahnungen sind dabei fraglos die komischeren Episoden, Matthews Liebeserklärung am Sarg des Lebensgefährten jedoch der entschieden romantischste Moment. Der «Funeral Blues» erlangte dadurch einen Bekanntheitsgrad und Popularität wie sonst allenfalls ein Popsong. Für das Werk des zwar hochgefeierten, aber kaum gelesenen anglo-amerikanischen Dichters W. H. Auden (1907–1973) bedeutete diese indirekte posthume Würdigung eine einmalige Renaissance. In Großbritannien löste die Filmszene einen Ansturm auf die Buchhandlungen aus. Und weil das Gedicht in fast keiner gängigen Ausgabe zu finden ist, wurde eiligst ein kleines, zehn Liebesgedichte umfassendes Bändchen auf den Markt gebracht: «Tell Me The Truth About Love».

Wie nicht anders zu erwarten, verkaufte es sich binnen weniger Wochen in über 100.000 Exemplaren.

Auch hierzulande ist der gebürtige Engländer und amerikanische Staatsbürger Wystan Hugh Auden kaum bekannt, obgleich er zeit seines Lebens sowohl künstlerisch wie privat enge Bindungen zu Deutschland hatte.

Der Sohn wohlhabender Eltern ging nach dem College 1929 für ein Jahr nach Berlin, wo er sich gemeinsam mit seinen Freunden und Schriftstellerkollegen Christopher Isherwood und Stephen Spender in Schwulenlokalen amüsierte. (In literarisierter Form ist dies in Spenders Roman «Der Tempel» und in Isherwoods «Berlin Stories» nachzulesen.)

Erika Mann, der Tochter von Thomas Mann, verhalf Auden 1935 durch Heirat zu einem britischen Paß und somit zur Emigration aus Deutschland. Nach einigen Monaten im Spanischen Bürgerkrieg, wo er an der Seite der Republikaner kämpfte, emigrierte er in die USA und arbeitete dort 1945 für die amerikanischen Feindaufklärung in Deutschland. Gemeinsam mit seinem Lebensgefährten Chester Kallman schrieb er Opernlibretti für Igor Strawinsky («The Rake's Progress»), aber auch für den homosexuellen deutschen Komponisten Hans Werner Henze, «Die Bassariden» und «Elegie für junge Liebende».

Mehr als zwanzig Gedichtbände wurden zu Lebzeiten veröffentlicht. Mit der Übersiedlung in die USA hatte Auden sich vom Kommunismus abgewendet und in seine bislang von sozialen Themen dominierte Lyrik nun christlich-religiöse Töne eingebracht, ganze Zyklen philosophisch-abstrakten Themen gewidmet. Dabei versuchte er traditionelle Stilelemente und modernes Weltgefühl zu vereinen. Diese Verbindung aus Hymnik, rhetorischer Emphase, Vision und von Ironie geprägtem *Small talk* erreichte aber eine nur vermeintliche Einfachheit, war sie doch das Ergebnis strenger Artistik.

Die Balladen und Gedichte des Auswahlbändchen «Sag mir die Wahrheit über die Liebe» sind alle in den 30er Jahren entstanden, ebenso kunstfertig wie formbewußt, sind sie jedoch jenseits spröder Gedankenlyrik:

Manch einer sagt, Liebe sei kindisch;
Mancher sagt, sie sei federleicht,
Für manchen dreht sie die Welt im Kreis,
manch andrer findet's zu seicht
(...)
Wenn sie kommt, kommt sie dann ohne Tarnung?
Ist sie wie andre zu sehen?
Klopft sie dann an ohne Warnung,
Tritt mir im Bus auf die Zeh'n?
Wird sie kommen wie plötzlicher Regen?
Trägt sie ihr Haupt tief oder hoch?
Werd ich deshalb auf einmal verwegen?
Die Wahrheit, so sag sie mir doch.

W. H. Auden: *Sag mir die Wahrheit über die Liebe.* **Englisch/deutsch, Übertragungen von Melissa Andersson, Ernst Jandl, Sky Nonhoff u.a. Goldmann Taschenbuch Verlag, München 1994.**

Anrufung Ariels. **Ausgewählte Gedichte. Deutsch/ Englisch, Übertragungen von Erich Fried, Hans Egon Holthusen, Ernst Jandl, Simon Werle u.a. Piper Taschenbuch Verlag, München 1987.**

August Herzog von Sachsen-Gotha
Ein Jahr in Arkadien

Der damals 19jährige Wilhelm Grimm war von der Lektüre alles
andere als angetan. Er schrieb am 16. Juni 1805 seinem Bruder Jacob:
«In dem Leipziger Meßkatalog wird Dir gewiß ein groß griechisch
gedruckter Titel aufgefallen sein: *KYLLHNIOON, Ein Jahr in
Arkadien.* (...) Der Wachler hat es mir geliehen und machte viel Gewäsch, als ob etwas dahinter
wäre. Es sind zwölf Idyllen, voran steht der griechische Name des Monats (daher auch ein Jahr in
Arkadien) und dann folgt die weder im Geßnerschen noch in einem andern, sondern in gar keinem
Geschmack sehr langweilige, mit dem schrecklichsten Wortbombast überladene Idylle.»

Grimm, der spätere Märchensammler und Mitherausgeber des Grimmschen Wörterbuchs,
empört das «überladene Wortgeklingel». So viele unbekannte griechische Worte gebrauche der
Herzog, daß im Anhang ein Register mit Erklärungen vonnöten gewesen sei. Zwei Monate später
zieht er in einem Brief noch einmal über August Herzog von Sachsen-Gothas (1772–1822) Veröffentlichung her und verrät dabei in süffisanten Anspielungen, was ihn an «Ein Jahr in Arkadien»
wirklich stört. Nicht die breit ausgemalten idyllischen Szenen – die entsprachen ganz dem Geist der
Zeit und der modischen Schäferdichtung –, sondern das «Griechische», die unverhohlene Homoerotik, über die der Herzog schrieb und die mit dem gängigen Freundschaftskult nichts gemein hatte.
Hier fanden sich am Ende zwei Männer und tauschten Zärtlichkeiten, die – da läßt August von
Sachsen-Gotha keinen Zweifel offen – weit über das übliche Maß von Männerfreundschaften und
den sonst üblichen Rokokospielereien hinausgingen.

Die Liebe, die der braungelockte Schäfer Julanthiskos auf einem winterlichen Fest für den
stattlichen Alexis empfindet, bleibt zunächst unerwidert. Doch dann, an einem Tag im Spätherbst,
hört er auf einem einsamen Spaziergang durchs Gebirge die Hilfeschreie des Angebeteten aus dem
Fels. «Bist du es Julanthiskos? Tönte es schwach jenseits der Kluft; bist du es, Alexis? erschallte es
entzückt, doch athemlos disseits. Komm, ach! Komm; – und ein mächtiger Sprung über den fürch-
terlichen Felsensturz vereinigte, die sich vielleicht sonst nie gefunden hätten. Der reiche Bewohner
des Kyllene, Besitzer der schönsten Palläste und Gärten in Arkadien, ja selbst im ganzen Helles,
der stolze Jüngling, um den so lang der treueste der Hirten gedient hatte, lag verwundet und matt,
durchnäßt und waffenlos auf dem blutigen Felsen. Gejagt hatt er die brüllenden Bewohner dieser
nebelichten Höhen. Der Wege unkundig, von seinen Dienern verlassen, war er in die Irrgänge der
übereinander gestürzten Basaltklippen gerathen. Den letzten Wurfspieß hatte er seinem grimmigen
Gegner in den feisten Wanst gerennt, und rollend und sinkend stürzte das gehörnte Ungeheuer
auf seinen Sieger, ihn zu zerquetschen drohend; und so fand ihn Julanthiskos verwundet und mit
Blut bespritzt neben dem noch röchelnden Büffel. Die Jünglinge wurden endlich von Alexis'
Sklaven gefunden, wie sie Mund an Mund auf dem weichen Moose einer der Kyllenischen Höhlen
schlummerten.»

«... und sie entschliefen Hand in Hand, um sich nie zu verlassen.»

Nach diesen Wirren finden die Herzen zueinander und alles mündet in ein trautes Zusammenleben. Wie die anderen – heterosexuellen Paare – der Geschichte zueinander finden und schließlich heiraten, ziehen auch die beiden Männer in eine gemeinsame Wohnung, sinken «Hand in Hand» in den Schlaf, «um sich nie zu verlassen». Die Deutlichkeit der sexuell motivierten Liebe macht «Ein Jahr in Arkadien» zur ersten literarischen Veröffentlichung in deutscher Sprache, die homosexuelle Empfindungen so unumwunden thematisiert.

Die Schrift war 1805 anonym erschienen. Weshalb, ist nicht so recht klar, denn die Autorenschaft war keineswegs ein Geheimnis. Er selbst ließ einige Exemplare an Freunde und Bekannte verschicken, natürlich in der Hoffnung auf großes Lob. Am Hofe war es ebenso kein Geheimnis, daß sich der Herzog recht wenig für Frauen interessierte, sich viel lieber Verkleidungsspielen mit Frauenkleidern hingab und sich so der «mühsam mir angeklebten erbärmlichen Schlacken der mir angezwängten Männerey» entledigen konnte. Johann Wolfgang von Goethe, der gewissermaßen dienstlich mit dem Herzog als dem Betreiber der thüringischen Landesuniversität zu tun hatte und ansonsten kaum Berührungsängste mit Homosexualität kannte, fühlte sich dennoch angewidert. Öffentlich ließ er wissen: «Des regierenden Herzogs August von Gotha darf ich nicht vergessen, der sich als problematisch darzustellen und, unter einer gewissen weichlichen Form, angenehm und widerwärtig zu sein beliebte.»

August Herzog von Sachsen-Gotha:
Ein Jahr in Arkadien.
Nachdruck der Ausgabe von 1805.

Herausgegeben und mit einem
Nachwort versehen von Paul Derks.
Verlag rosa Winkel, Berlin 1985.

Guido Bachmann
Zeit und Ewigkeit

Körners Literaturlexikon weiß nur folgendes über ihn mitzuteilen: «Guido Bachmann, geb. 28.1.1940 Luzern; Schauspieler und Musiker in Bern. Erzähler unter Einfluß Hans Henny Jahnns mit vorwiegend homoerotischen Motiven.» Andere Literaturnachschlagewerke führen ihn erst gar nicht auf. Verwunderlich und auch ärgerlich ist diese Ignoranz insofern, als Bachmann in den 60er Jahren für einiges Aufsehen sorgte, ein ähnlich weitgespanntes, ambitioniertes erzählerisches Werk in der schweizer wie der gesamten deutschsprachigen Nachkriegsliteratur kaum zu finden ist. Gleichwohl entspricht es dem Desinteresse der Literaturkritik und Literaturwissenschaft, die sich bislang kaum mit dem mehrfach ausgezeichneten Werk Bachmanns auseinandergesetzt haben.

Zwei Jahrzehnte lang arbeitete Guido Bachmann an seinem ungewöhnlichen Romanwerk, der 1.600 Seiten starken Trilogie «Zeit und Ewigkeit». Sie ist zum einen der Versuch, den altbabylonischen Mythos des Freundespaares Gilgamesch und Enkidu neu zu interpretieren und in den Figuren Roland und Christian seines Romans «Gilgamesch» (dem ersten Band der Trilogie) gewissermaßen aufleben zu lassen. «Zeit und Ewigkeit» ist zum anderen aber auch das gelungene literarische Großprojekt, ein sprachlich und psychologisch vielschichtiges Kunstwerk zu schaffen, das von einer einfachen Erzählstruktur und einem individuellen Schicksal ausgehend schließlich ein komplexes, die gesamte Menschheit und ihre Mythen umfassendes Epos darstellt.

«Gilgamesch» (1967) des damals erst 26jährigen ist von allen drei Bänden am konventionellsten erzählt. Roland und Christian, zwei 16jährige Schüler, wollen aus der bürgerlichen Ordnung ausbrechen und ihre Liebe gegen den Widerstand von Elternhaus, Lehrern und Kirche leben. Sie stehlen die Schulkasse und fliehen in ein Hotel. Ihre erste gemeinsame Liebesnacht in Freiheit besiegeln sie mit einem Blutschwur. Das Glück hält jedoch nicht lang. Die Polizei spürt sie auf, und Roland kommt in ein Heim. Dort herrschen schlimmste, regelrecht sadistische Erziehungsprinzipien. Roland hingegen gerät auf fast mystische Weise unter Einfluß von Ruben Ambar, einem Jungen, der einerseits abschreckend, geradezu abstoßend wirkt und andererseits eine seltsame, geheimnisvolle Anziehungskraft auf Roland ausübt. Diese teuflische Macht Rubens (der die Rolle der Versucherin Ischtar des babylonischen Mythos übernimmt) scheint übermenschlicher Natur zu sein. Nicht nur, daß er Roland ganz unter seine Kontrolle bringt, er bewirkt auch den Tod des Geliebten Christian. Ruben verstärkt damit noch mehr seine Gewalt über Roland, mit dem er in sadomasochistische, sexuelle Exzesse verfällt. Der bislang passiv verharrende Roland erlebt aber schließlich eine völlige Umkehrung seiner Persönlichkeit. Wendepunkt wird ein gescheiterter Selbsttötungsversuch. Mit Hilfe eines suspendierten päderastischen Vikars, der in ihn verliebt ist, und des Klavierlehrers Ivar Kissling, der in ihm eine hochmusikalische Begabung entdeckt und ihn zum Meisterpianisten ausbildet, entfernt sich Roland aus Rubens Machtbereich. Eine neue Liebesbeziehung zeigt ihm, daß die tiefe, einzigartige Liebe zu Christian nicht wiederholbar ist. Gleichsam wie der um seinen toten Geliebten Enkidu trauernde Gilgamesch im sumerischen Epos reist Roland durch Europa und findet sich neu: in seiner Bestimmung als Homosexueller und Künstler, und in einer selbstgewählten, selbstbewußten Außenseiterposition.

«Brich mit dem Gesetz! Denn jedes Gesetz verschlechtert die Menschheit.»

Bachmanns «Gilgamesch» provozierte bei seiner Erstveröffentlichung einen regelrechten Skandal. Nicht nur, daß sich weite Teile des schweizer Buchhandels weigerten, wegen des Verdachts der Pornographie das Buch überhaupt zu verkaufen, allenfalls unter dem Ladentisch. Im schweizer Burgdorf mußten ein Bibliothekar und einige Schüler des dortigen Gymnasiums die Schule verlassen, weil sie sich mit der homoerotischen Pubertätsgeschichte des Roland Steinmann befaßt hatten. Diese unbefangene, selbstsichere Darstellung einer schwulen Entwicklung, die Bachmann in diesem Roman sensibel, poetisch und zugleich auch fesselnd gelang, war in jener Zeit noch provozierend genug, um Moralapostel auf den Plan zu rufen. Nicht minder verwerflich war aber auch der anarchische Zug, der sich in «Gilgamesch» manifestiert: «Brich mit dem Gesetz! Alle jungen Menschen sollten mit dem Gesetz brechen», legt Bachmann seinem Protagonisten in den Mund, «Denn jedes Gesetz, auch das moralische, verschlechtert die Menschheit. Es schafft einen gewaltigen Überschuß häßlicher und verlogener Menschen.»

Held im zweiten, zwölf Jahre nach «Gilgamesch» erschienenen Band «Die Parabel», ist der 40jährige Claudio Reich, ein schwuler Intellektueller, und – wie Bachmann selbst – Musiker und Schauspieler. Claudio ist auf der Suche nach seiner Geschichte, und er schreibt sie nieder in 14 blaue und 14 schwarze Hefte. Die Geschichte seines Lebens erzählt von zwei Lieben seines Lebens: Fred und Roland. Literarisch kunstvoll in verschiedene Zeit- und Handlungsebenen aufgesplittert und zu einer sich immer wieder spiegelnden Romankonstruktion komponiert, erzählt Bachmann von Claudios beruflichen wie privaten Höhen und Tiefen. Mehrere Trennungen und Versöhnungen bestimmen die Beziehung zu dem über vier Jahrzehnte älteren Fred. Aus Liebe wird schließlich Haß: Claudio ermordet seinen Geliebten. (Das Mordmotiv ist zentraler Punkt im dritten Band.) Claudios neue Freundschaften sind nun eher oberflächlich, mehr sexuell orientiert. Eine seiner Affären wird Roland, womit Bachmann den Erzählstrang aus «Gilgamesch» aufgreift. War dort das Thema «Gewaltbeziehungen» auf die Figur des Ruben Ambar beschränkt, so erstreckt es sich in der stilistisch und psychologisch differenzierteren «Parabel» nun auf ein halbes Dutzend Rand- und Hauptfiguren.

Während er in den ersten beiden Bänden der Trilogie recht locker mit den mythischen Motiven umgeht, eignet sich Guido Bachmann diese im abschließenden Teil «Echnaton» (1982) völlig an. Die Zeiten wirbeln wild durcheinander – vom 16. Jahrhundert geht es einige Jahrtausende zurück bis ins Urchaos und zur Urmutter Gaja, um schließlich wieder im 20. Jahrhundert bei Claudio Reich zu landen. Dessen Spurensuche nach der eigenen Geschichte führt den Leser alsbald zu den Burenkämpfen in Südafrika um 1900, zu Claudios Urahnen Christian Rosencreutz im 16. Jahrhundert und damit in den Geheimbund der Rosenkreuzer und zum Schwarzmagiker Aleister Crowley. Claudio selbst begibt sich auf eine Reise durch Afrika, wo er seinen ermordeten Freund Fred trifft, der ihm ein Seelenführer ins Reich der Toten wird. Und während das Gilgamesch-Motiv weiterhin präsent bleibt, tritt ein neuer Mythos ins Bild: Ödipus. Denn Claudio muß erfahren, daß Fred sein richtiger Vater ist und Natascha, mit der er den Versuch einer heterosexuellen Beziehung unternahm, seine Mutter. Spätestens da haben die Figuren ihre individuellen Züge verloren und sind ganz und gar Mythos geworden.

Guido Bachmann verlangt in «Echnaton» viel von seinem Leser. Zum einen den Überblick zu behalten, zum anderen mit Ruhe damit umgehen zu können, daß dieser Roman niemals ganz mit seinen verschiedenen Bedeutungsebenen und Anspielungen in den Griff zu bekommen ist.

Was ihn davor bewahrt, in den blanken Kitsch abzustürzen, sind die fortwährenden Stilbrüche. Sie vereinfachen die Lektüre nicht gerade, schaffen aber die nötige Ironie. Hymnischer Ernst («Aus sich heraus aber zeugte Gaja den Uranos, den Himmel. Und dann war es Uranos selbst, der seine Mutter begattete und Gaja gebar ihm den Sohn Kronos; dieser aber hasste seinen Vater, und er nahm eine Sichel und schnitt Uranos die Geschlechtsteile ab»), seitenlange, selbstverliebte Assoziationsketten wechseln sich ab mit Kalauern durchsetzten philosophischen Reden («Man geht ins Bett und kennt nicht mal den Namen. Heisse Twiggy, heisse Ficky: das genügt). Schwytzerdütsch und Plattdeutsch folgen Wortspielereien und erotischen Eindeutigkeiten: «Ich habe nicht nur ihre Tochter, sondern auch das Schwesterchen gefickt. Im Hotel garni: sieben Tage lang. Das ist mein Recht als Vater. Warum sollte ich den Menschensohn nicht ficken? Eto ist mein Antichrist. Er wird die weissen Hügel für den Vater spreiten. Seltnen Nektar werd ich schlürfen. Mein Rubinrapier wird seinen Darm zerhacken, so dass Scheisse aus den Ohren spritzt.»

«Echnaton» ist überbordend angefüllt mit kunsttheoretischen Exkursen, mythologischen und historischen Querverweisen, Anspielungen und Diskursen. Das Phantastische steht neben historisch Fundiertem, Groteskes geht spielend über in das Genre des Horrors und in surreale Welten. «Meine Bücher sind Existenzmitteilungen», erklärte Bachmann anläßlich der Verleihung des Kantonalbernischen Literaturpreises 1971. «So schuf ich meiner Existenz eine Essenz. Ich entfernte mich aus freiem Willen aus der Gesellschaft, um gesellschaftlich zum Toten zu werden. Auf diesem Wege habe ich mein Leben neu erfunden.»

Guido Bachmann: *Der Basilisk.* **Novelle, 1987.** *Die Wirklichkeitsmaschine,* **1994.**
Zeit und Ewigkeit. **Trilogie, 1989.** *Die Kriminalnovellen,* **1984.** **Alle erschienen im Lenos Verlag, Basel.**
Gilgamesch, **1977.** *Dionysos.* **Roman, 1990.** *Wannsee.* **Erzählung.**
Echnaton, **1982.** *Kehrseiten.* **Aufsätze und Reden, 1991.** **Rimbaud Presse, Aachen 1983.**

James Baldwin
Giovannis Zimmer

Nach einer Übernachtung bei seinem Schulfreund Joey weiß der Amerikaner David, daß er homosexuell ist. Die gegenseitigen Berührungen, die Küsse, der Sex – all dies läßt sein Herz vor Leidenschaft und Erregung beinahe zerspringen. Zugleich aber verstört es ihn unerträglich: «Plötzlich erschien mir Joeys Leib wie die dunkle Öffnung zu einer Hölle, in der man mich foltern würde bis zum Wahnsinn, in der ich meine Männlichkeit einbüßen würde.» Seine Reaktion ist Flucht und Verdrängung. Um sich seinem «Makel» nicht stellen zu müssen, stürzt er sich in ein Leben voll falscher Kompromisse und selbstverleugnender Anpassung. Als er dieser Leere überdrüssig ist, unternimmt er eine Reise nach Frankreich. Hier aber, inmitten einer ihm fremden Kultur, findet er sich unerwartet auf sich selbst zurückgeworfen. Er klammert sich an jeden Menschen, der ihn ablenken könnte. Seine extreme Ichbezogenheit macht ihn jedoch unfähig, für andere mehr als ein vorübergehendes Interesse zu empfinden. Dann lernt er die Amerikanerin Hella kennen; die Liebe zu ihr verspricht die Wiederkehr der Ordnung: leichtfertig und vorschnell träumt er von Ehe, von Kindern und kleinbürgerlicher Häuslichkeit. Seine Gefühle zu ihr verblassen indes in dem Moment, als David in einem schwulen Lokal den jugendlich-agilen, dunkelhaarigen Barmann Giovanni kennenlernt. Aus der anfänglichen Faszination wird Verliebtheit, aus der Bekanntschaft eine leidenschaftliche Liebe, die fast ausschließlich im trostlosen, heruntergekommenen Dienstbotenzimmer des Italieners ihren Raum hat. «Plötzlich begriff ich, warum Giovanni nach mir verlangt und mich zu seiner letzten Zuflucht gebracht hatte. Ich sollte diesen Raum zerstören und Giovanni ein neues und besseres Leben schenken. Dieses Leben konnte nur mein eigenes sein, und es mußte, um das Leben Giovannis zu verwandeln, zuerst ein Teil seines Zimmers werden.»

«Das Tier in mir»

Das Zimmer bleibt von Anbeginn an ein kläglicher Ort. Ein Ort auch, der Angst verströmt. Angst vor dem Zusammensein und letztlich den damit verbundenen Konsequenzen, dem Coming-out, der Entscheidung, bewußt als Homosexueller zu leben: «Das Tier, das Giovanni in mir geweckt hatte, würde nie wieder einschlummern, aber eines Tages würde ich nicht mehr bei Giovanni sein. Und dann – ob ich dann wohl, wie all die anderen, auf Gott weiß welchen dunklen Straßen hinter allen möglichen jungen Männern herlief, ihnen in Gott weiß welche dunklen Verstecke folgte? Bei diesem furchtbaren Gedanken brach in mir ein Haß auf Giovanni hervor, der ebenso gewaltig war wie meine Liebe und der aus denselben Wurzeln gespeist wurde.»

David packt der Ekel. Wieder wehrt er sich, seine Liebe einzugestehen. Er flüchtet in eine kurze Affäre mit dem Mädchen Sue. Und als Hella von einer Spanienreise zurückkehrt, bricht er sein Verhältnis zu Giovanni – immer noch unfähig, seine Veranlagung als eine Tatsache anzuerkennen und sich ihr zu stellen. Doch David sieht die Vergeblichkeit: «Ich hoffte, durch Hella mein Bild von Giovanni und die Wirklichkeit seiner Berührung auszubrennen – ich hoffte, Feuer durch Feuer zu vertreiben. Und doch war ich mir dessen, was ich tat, so sehr bewußt, daß ich mich wie gelähmt fühlte.»

Die Gewalt der Leidenschaft, die die beiden Männer unerbittlich auseinandertreibt, läßt ihnen von Anfang an keine Chance, und niemals die Illusion zu, es könnte ein gemeinsames Leben geben, das alle Widrigkeiten in Harmonie auflöst. Folgerichtig führt die fortgesetzte Selbsttäuschung zur Katastrophe. Für David ist Giovanni ein geiler Liebhaber, ein Objekt der Begierde. Giovanni aber erhofft sich mehr als nur körperliche Nähe, seinem Anspruch auf Vertrauen und Gemeinsamkeit weicht David allerdings immer wieder aus. Giovanni verzweifelt daran, fühlt sich verraten. Die erhoffte Rettung aus seiner Einsamkeit findet nicht statt. Er verkommt in seiner Verlassenheit, wird gar zum Mörder und dafür hingerichtet. Hella durchschaut David und verläßt ihn. David wird in mehrfacher Hinsicht Opfer seiner eigenen Feigheit, schließlich bleibt er mit seiner Selbstverachtung und Verzweiflung allein zurück.

Als 1956, immerhin 13 Jahre vor dem «Stonewall»-Aufstand, dieser Roman des schwarzen Amerikaners James Baldwin (1924–1987) erschien, prophezeiten ihm viele das rasche Ende seiner literarischen Karriere. Ein Teil der Kritik aber respektierte seinen Mut und sein Engagement, und erst recht die Leser. «Giovannis Room» wurde ein Klassiker und weltweiter Longseller. Der offene Umgang auch mit der eigenen Homosexualität hat der Karriere nicht geschadet. In seinen späteren, oft stark autobiographischen und von großem moralischem Engagement getragenen Werken setzt sich Baldwin mit dem Rassenkonflikt in den USA auseinander. Homosexualität und schwule Emanzipation fließen jedoch thematisch auch in die Romane «Eine andere Welt» (1962) und «Sag mir, wie lange ist der Zug schon fort» (1968) ein.

James Baldwin: *Giovannis Zimmer.* Aus dem Amerikanischen von A. Kaun und H.-H. Wellmann, 1967. *Sag mir, wie lange ist der Zug schon fort.* Aus dem Amerikanischen von Gisela Stege, 1969. *Eine andere Welt. Roman.* Aus dem Amerikanischen von Hans Wollschläger, 1965.

Das Gesicht der Macht bleibt weiß. Deutsch von Günter Panske und mit einem Vorwort von Dagobert Lindlau, 1993. *Gehe hin und verkünde es vom Berge.* Deutsch von Jürgen Manthey, 1971. Alle erschienen im Rowohlt Taschenbuch Verlag, Reinbek.

Sonny Blues. Gesammelte Erzählungen. Deutsch von Erich Wonder. Rowohlt Verlag, Reinbek 1976.

Herman Bang
Michael

«Was für ein seltsames Mißverständnis ist es doch, einem Dichter vorzuwerfen, daß seine Bücher Bekenntnisse sind! Als könnten seine Werke etwas anderes sein und als müßte nicht jede Zeile, die er schreibt, Teil von einem Geständnis, Fragment von einem Bekenntnis werden!» Auch wenn Herman Bang diese Zeilen auf seinen dänischen Schriftstellerkollegen Jens Peter Jacobsen bezog, sie trafen auch auf ihn selbst zu. Das wußten auch seine Leser. Bang war gefeiert und erfolgreich, nicht nur in seinem Heimatland. Seine egozentrischen Lesungen waren Ereignisse, er selbst Anlaß für Gerede und Gespött. Man wußte, seine Figuren in den Romanen und Erzählungen waren aus dem wahren Leben gegriffen, und suchte eifrigst in jeder Neuerscheinung nach Hinweisen auf Personen des öffentlichen Lebens und auf den Autor als Privatmenschen.

Bang (1857–1912) galt als Einzelgänger, als Ästhet – und als Wortführer des literarischen Impressionismus. Ein nordischer Dandy und in seiner dekadenten Haltung einem Oscar Wilde ebenbürtig. «Jungfer Hermine Bang» nannte ihn die satirische Presse, nachdem sie in seinen Romanen «Hoffnungslose Geschlechter» (1880) und «Phädra» (1883) Indizien für seine Homosexualität gefunden zu haben glaubte. Bang sah sich sein Leben lang mit dem Rummel um seine Person und Schnüffeleien nach seinen sexuellen Neigungen ausgesetzt. Ertragen konnte er sich nicht, sondern flüchtete in Krankheiten und in den Alkoholrausch. In seinem ersten Roman «Hoffnungslose Geschlechter» lieferte er mit der Figur des Schriftstellers Hoff ein kaum verschlüsseltes Selbstporträt: «Herr Hoff war in Mode. (...) Überall fiel einem diese schmächtige Figur mit dem bleichen, grauen Antlitz auf: auf der Straße (...) in den Theatern. Meistens fuhr er, saß lässig hingegossen in einer Droschke; (...) aber manchmal fuhr er mit einem Freund, einen Menschen, der den moralischen Mut besaß, sich mit ihm trotz aller privaten wie öffentlichen Nachreden zu zeigen.» Er verschweigt weder seine Lebhaftigkeit und Gesprächigkeit, noch seine Verschwendungssucht: «Er gab den einen Monat ebensoviel für Parfüm aus, wie er im nächsten zum Leben hatte.» Zeitlebens hatte Bang, trotz seines schriftstellerischen Erfolgs, Schulden. Auch seine Schminkgewohnheiten gibt er zum besten: «Die Striche unter meinen Augen haben mir mehr eingebracht als mein ganzes Talent.»

Trotz aller offenkundigen Hinweise auf seine Homosexualität riskiert er, sie in seiner Literatur allenfalls in leisen Andeutungen und in Form von Camouflage zum Ausdruck zu bringen. Seine überaus stark gezeichneten Frauenfiguren lassen sich recht einfach als Projektionsflächen seiner Ängste, Sehnsüchte und Versagungen erkennen. Es sind Geschichten von Einsamen und Verlassenen, Ungeliebten und bisweilen Verbitterten. Das Glück findet er im Blick zurück: «Kindheitstage, ich will euch zurückrufen, Zeiten ohne Neid, freundliche Zeiten, eurer will ich gedenken.» Mit diesem Satz beginnt er einen seiner erfolgreichsten Romane, «Das weiße Haus» (1898). «Seine Liebe zum Leben, wie seine Liebe zum Körper, ist immer zurückweichend», schreibt Klaus Mann über den von ihm über alle Maßen geschätzten Autor. «Nur seine Trauer über dem Leben ist stark und groß, sie wird sein Lied unvergänglich machen.»

In der Zirkusgeschichte «Fratelli Bedini» traut sich Bang immerhin, eine homoerotische Beziehung zweier Artisten anklingen zu lassen. Im Roman «Die Vaterlandslosen» beschreibt sein Held, ein Violinist ohne feste Staatsangehörigkeit, seinen Herkunftsort als eine Insel, auf der nur Männer leben: «Die Insel hat keine Frauen. Wen sollte ich also lieben?»

Erst in seinem Spätwerk «Michael» (1904) wagt Bang den Schritt bis an die Grenze des noch Zulässigen und damit zu ein klein wenig mehr Deutlichkeit. Wieder ist es ein Künstlerroman. Der französische Maler Claude Zoret ist bereits ein alter, weltweit gefeierter Meister. Sein Modell ist Michael, ein junger Adonis, der nicht nur den Künstler für sich einnimmt und bezaubert. Schon vor Jahren hat er ihn an Sohnes statt angenommen, halten kann er ihn jedoch nicht. Michael verliebt sich in eine verarmte Gräfin und zieht zu ihr. Glücklich wird er nicht bei ihr. Deren extravaganter Lebensstil bringt Michael, der heimlich Bilder seines Meisters verkauft, bald an den Rand des Ruins. Währenddessen jedoch leidet Zoret an seiner verlorenen Liebe und der menschlichen Enttäuschung. «Manchmal will es mir scheinen, als hätte ich das einzige, was wert zu malen wäre, nie gemalt. (...) Das Leben. Das Leben, das ich nie gelebt habe.»

Die Qual der Einsamkeit ist letztlich sogar tödlich. Der Meister stirbt allein im Fieberwahn. Einen letzten Wunsch hat er: Einmal möchte er Michael noch sehen. Doch der lebt ganz im Liebesrausch mit seiner Gräfin, «alles vergessend, alle die lebten, und alle die sterben sollten». Meister Zerot jedoch fliegt ein Lächeln «von Wehmut oder mildem Schmerz» ins Gesicht. «Ich kann jetzt ruhig sterben, denn ich habe eine große Liebe gesehen» sind seine rätselhaften, letzten Worte.

«Manchmal will es mir scheinen, als hätte ich das einzige, was wert zu malen wäre, nie gemalt. Das Leben. Das Leben, das ich nie gelebt habe.»

«Michael» war in den 20er Jahren, wie fast all seine Romane, auch in Deutschland ein großer Erfolg. 1926 lieferte der Verlag S. Fischer bereits das 26. Tausend aus. Zu diesem Zeitpunkt war er bereits zum zweiten Mal verfilmt. Die berühmteste Fassung stammt von dem in Berlin arbeitenden dänischen Regisseur Carl Theodor Dreyer von 1924. Die zaghaften homoerotischen Andeutungen Bangs kristallisiert Dreyer mit einem dramaturgischen Kniff noch heraus. Er stellt dieser enttäuschten Liebe die Geschichte einer Ehekrise als spiegelbildliches Pendant gegenüber. Als der Film 1926 in die US-Kinos kommen sollte, geschah dies nur unter merkwürdigen Bestimmungen der Zensurbehörden. Der Titel wurde geändert in «Chained: The Story of the Third Sex» und machte das homoerotische Thema dadurch um so deutlicher. Dafür aber wurden die Zuschauer zuvor mit wissenschaftlichen Hinweisen im Vorspann traktiert und Dreyers Kredit als Regisseur herausgeschnitten. Gerade so, als wolle man den renommierten Filmkünstler vor dem vermeintlich rufschädigenden Inhalt seiner eigenen Arbeit schützen.

Doch bereits 1916 hat auch der schwedische Regisseur Mauritz Stiller den Roman als Vorlage für einen Film verwendet. «Vingarna» (Flügel) dürfte damit der erste Spielfilm überhaupt sein, der ein homosexuelles bzw. homoerotisches Thema behandelt. Der Film galt als verschollen, als 1941 ein Brand im schwedischen Filmarchiv das Originalnegativ vernichtet worden war. Erst 1986 wurde auf einem Osloer Flohmarkt per Zufall eine bis dahin unbekannte Kopie entdeckt.

Obgleich Bangs Homosexualität ein offenes Geheimnis war, schaffte er es nie gänzlich, sich freizuschreiben vom Zwang zur literarischen Camouflage seiner sexuellen Empfindungen und Erfahrungen. Bang litt darunter und dieses Leiden trieb ihn zum Handeln. 1909 verfaßte er, gemeinsam mit dem befreundeten Berliner Arzt Max Wasbutzki, in deutscher Sprache einen Aufsatz mit grundsätzlichen Informationen und Hinweisen auf die Homosexualität, die Möglichkeiten einer Existenz als Homosexueller in der Gesellschaft sowie über das Verhältnis der Homosexualität zur Kunst und Literatur. Bangs Essay, gerichtet nicht zuletzt auch an den «Staat» und seine «Kriminalisten», sollte das «allgemeine Verständnis» für die gleichgeschlechtliche Liebe verbessern helfen. Die Homosexualität sei weder etwas «Naturwidriges» noch «ein Zeichen der Dekadenz». Sie komme in allen Gesellschaftsschichten vor, mal seien die Betroffenen männlicher («viele Feldherren gehören zu dieser Kategorie»), mal weiblicher. «Diese Männer nähen oder sticken, sie suchen Berufe auf wie Köche, Kellner, Damenschneider – Modisten – ich habe nie einen homosexuellen Herrenschneider getroffen; wenn ein Homosexueller Schneider war, hat er immer Damenkleider gemacht.» Weil die Gesellschaft nicht offen ist, werde der Homosexuelle «schweigsam, er lernt sich verstellen und muß heucheln». Gleichwohl, «angefeindet, von den Gesetzen bedroht, schließen die meisten Homosexuellen sich zusammen, sie machen sich untereinander verständlich durch eine Reihe von Zeichen, die, der Himmel weiß wie, in allen Ländern dieselben sind». Für den Schriftsteller bedeutet die Homosexualität und das Sich-Verstecken-Müssen eine besondere Herausforderung und Fähigkeit, hat er doch «von Natur einen Januskopf und kann nach zwei Seiten das Seelenleben erforschen. Er bleibt Mann und fühlt doch mit der Seele einer Frau».

Herman Bangs «Gedanken zum Sexualitätsproblem» sind ein einmaliges Selbstzeugnis. Er selbst war sich dieser Bedeutung und auch Brisanz bewußt. Es sollte erst nach seinem Tode «in einer ärztlichen Zeitschrift Deutschlands» veröffentlicht werden. Als sein Nachlaßverwalter und Verleger von diesem Aufsatz erfuhr, fürchtete er «ungeheuren Schaden» für den Namen seines Autors und verbot die Publikation. Auch seine Familie bat darum, von einer Veröffentlichung Abstand zu nehmen. Erst zehn Jahre nach Herman Bangs Tod erscheint der Text schließlich in einer Buchausgabe und wird parallel dazu in der «Zeitschrift für Sexualwissenschaft» abgedruckt.

Auch wenn seit 1920 bereits drei Werkausgaben Herman Bangs in deutscher Übersetzung erschienen sind, niemals gab es seine zehn kurzen Romane und etwa zwei Dutzend Novellen komplett. So wurde «Michael» zwar nach dem Zweiten Weltkrieg noch einmal als auflagenstark für die Mitglieder eines Buchclubs verlegt, heute wartet er jedoch ebenso auf eine Neuausgabe wie ein weiteres seiner Hauptwerke, «Die Vaterlandslosen».

Herman Bang: *Michael.*
S. Fischer Verlag, Frankfurt/Main.
Werke in drei Bänden («Das weiße Haus», «Das graue Haus», «Tine», «Stuck», «Ludwigshöhe», «Am Wege», «Sommerfreuden», Erzählungen, Briefe, Erinnerungen).
Herausgegeben und mit einem Nachwort von Heinz Entner.
Aus dem Dänischen von Elfriede Adelberg, Irma Etner, Emil Jonas u.a. Hanser Verlag, München 1982.

Das weiße Haus.
Aus dem Dänischen von Walter Boehlich. Suhrkamp Verlag, Frankfurt/Main 1978.
Das graue Haus.
Aus dem Dänischen von Walter Boehlich. Suhrkamp Verlag, Frankfurt/Main 1978.
Exzentrische Existenzen.
Erzählungen. Aus dem Dänischen von Elfriede Adelberg u.a. Suhrkamp Verlag, Frankfurt/Main 1978.

Sommerfreuden.
Aus dem Dänischen von Walter Boehlich. Rowohlt Taschenbuch Verlag, Reinbek 1996.
Am Wege.
Deutsch von Emil Jonas. Ullstein Verlag, Berlin 1990.
*Gedanken zum Sexualitätsproblem. Mit einer Einleitung von Heinrich Detering. In: Forum Homosexualität und Literatur, Nr. 10, Siegen 1990.**

William Beckford
Vathek

In zwei Tagen und einer Nacht will William Beckford seine orientalische Erzählung, die Manife-
station einer «höheren Macht», verfaßt haben. Ganz unter dem Eindruck einer orgiastischen, mit
orientalischem Pomp und schwarzen Messen drei Tage währenden Festlichkeit stehend, die er auf
seinem zum «Palast der fünf Sinne» verwandelten Landsitz Fonthill Weihnachten 1781 mit Freunden
veranstaltet hatte. «Es war», schreibt Beckford, «die Verwirklichung des Romantischen in seiner
ausschweifenden Form. Kein Wunder, daß mich diese Szenerie zur Beschreibung der Hallen des
Eblis inspirierte.»

Eblis ist der Herrscher der Hölle. Mit ihm schließt der amoralische, genuß- und machtsüch-
tige (und historisch belegte) Kalif Vathek einen faustischen Pakt. Vathek liefert 50 Knaben zum
päderastischen Vergnügen des Eblis und erhält dafür unermeßliche Schätze. Denn der nicht nur
lukullischen Lüsten zugetane Kalif «begehrte alles zu kennen; selbst Wissenschaften, die es nicht
gab». So erhofft er seinen immensen Wissensdrang und seine hemmungslose Sinnenlust befriedigen
zu können. Um an die Reichtümer zu gelangen, muß Vathek jedoch seinen «Palast der fünf Sinne»
in der Hauptstadt Samarah verlassen und nach Istakhar reisen, wohin er mit großem Gefolge,
aufgestachelt von seiner den Schwarzen Künsten ergebenen Mutter, sich schließlich auch aufmacht.
Es wird eine beschwerliche, unheimliche und abenteuerliche Reise. Begleitet wird er von einer
kleinen Prinzessin, die als Knabe verkleidet ist. Endlich in den Ruinen von Istakhar angekommen,
erblickt er tatsächlich den Eingang in die unterirdischen Verliese von Eblis. Doch viel zu spät erkennt
Vathek, daß diese Hallen nicht nur mit unermeßlichen Schätzen, sondern auch mit Menschen wie
ihm bevölkert sind: alle waren sie ganz der Genußsucht und den weltlichen Freuden ergeben und
sind nun der Verdammnis anheimgefallen.

William Beckford (1760–1844) war Sohn des Lord Mayor von London, der riesige Zucker-
rohrplantagen auf Jamaika besaß. Bereits als Zehnjähriger erbte er ein Millionenvermögen, das ihn
zeitlebens unabhängig machte. Schon in jungen Jahren begab er sich auf ausgedehnte Reisen und
frönte extensiv exotischen und extravaganten Vorlieben, die ihn zu einer der schillerndsten und
exzentrischsten Figuren seiner Zeit machten. Darüber hinaus erlangte er als Autor von Kunstbetrach-
tungen, Reisebeschreibungen und satirischen Romanen Anerkennung und Bewunderung. Weit mehr
bekannt beziehungsweise berüchtigt wurde er, nachdem offenkundig war, daß er intime Verhältnisse
zu jungen Männern unterhielt. Seine Jahre andauernde Affäre mit dem acht Jahre jüngeren William
Courtney aus einer befreundeten Adelsfamilie führte schließlich zum Eklat und Presseskandal, dem
der 25jährige Beckford sich nur durch eine lange Auslandsreise entziehen konnte. Lissabon, Madrid
und Paris wurden in den kommenden Jahren seine Wohnorte, bis er sich wieder auf seinem Landsitz
Fonthill niederließ, um es, einem Ludwig II. nicht unähnlich, zu einem orientalischen Märchen-
schloß umbauen zu lassen und mit Kunstschätzen aus der ganzen Welt auszuschmücken. Das Schloß
gleichte immer mehr dem Palast des Kalifen, wie er ihn in «Vathek» beschrieben hatte. Ein Unternehmen, das Beckford bis zu seinem Tode beschäftigte und sein gesamtes Vermögen verschlang.

«Ich bin entschlossen, immer ein Kind zu bleiben.»

Courtney traf Beckford nie mehr. Beckford fühlte sich von ihm verraten und zutiefst verletzt. Entsprechend übel redete er seinem Geliebten später nach: «Courtney ist ein Lustknabe; wenn jemand diesen Namen verdiente, ist er es; er richtet sich her wie eine Puppe und schminkt sich wie eine Hure». Ganz daneben lag er mit seiner Meinung allerdings nicht, sorgte doch Courtney als erwachsener Mann immer wieder für spektakuläre homosexuelle Auftritte innerhalb der englischen Adelswelt. Beckford verliebte sich weiterhin in Jungen. In Lissabon war es der dreizehnjährige Dom Pedro, der Sohn des Marquis von Marialva; in Paris der 17jährige Musiker Gregorio Fellipe Franchi.

Beckford suchte in all seinen Affären sein eigenes Kindheitsbild, sein narzißtisches, erotisiertes Gegenüber. Er wollte «herumspringen, sich austoben, die Lebhaftigkeit und die Beweglichkeit der Jugend wiederfinden». Wonach er stets suchte, war «Childishness» (Kindlichkeit), ein Wort das sich beständig in seinen Schriften findet. Schon mit 20 Jahren bemerkte er: «Ich bin entschlossen, immer ein Kind zu bleiben.»

Beckford lebte in einem moralischen Zwiespalt. Er war gewillt, entgegen der vorherrschenden Moral seinen Leidenschaften und Begierden nachzugehen, sich dafür sogar von der englischen Adelsgesellschaft, in deren Mittelpunkt er so gern stand, ausstoßen zu lassen. Gleichzeitig betrachtete er seine eigene Lebensweise als verwerfliche Zügellosigkeit. Er sah seine Schuld und verurteilt stellvertretend den Kalifen Vathek, der sich allen irdischen und göttlichen Gesetzen gegenüber erhaben fand, zur ewigen Verdammnis in den Verliesen des Eblis.

Beckford hatte seine Erzählung auf französisch geschrieben und dem befreundeten Verleger Samuel Henley überlassen. Der druckte sie schließlich in englischer Übertragung – ohne Beckfords Wissen und ohne Nennung des Verfassers – und gab sie als eine Übersetzung aus dem Arabischen aus. Beckford sah sich daraufhin gezwungen, die französische Originalfassung mit einer entsprechenden Richtigstellung zu publizieren. Die farbenprächtige Erzählung mit ihrer Mischung aus *Gothic novel*, satirisch-ironischen Untertönen und philosophischen Einschüben erwies sich im Zuge der literarischen Vorliebe für orientalische Stoffe als großer Erfolg. Sie wurde mehrfach neu aufgelegt und 1876 um ein Vorwort von Stéphane Mallarmé ergänzt, der sie als eine «der kühnsten Spiele der werdenden modernen Imagination» pries.

William Beckford:
Vathek.
Eine orientalische Erzählung.
Aus dem Englischen und mit einem
Nachwort von Wolfram Benda.
Artemis & Winkler Verlag, München
1987 und dtv, München 1991.

Ulrich Berkes
Eine schlimme Liebe

Eine positive Darstellung der Homosexualität war in der DDR erst in
den Jahren kurz vor dem Zerfall des Staates überhaupt möglich. Übersetzungen
schwuler Klassiker, etwa James Baldwins «Giovannis Zimmer»,
gingen lediglich als «Bückware» über den Ladentisch. Als 1987 die teilweise
recht fragwürdige, aber dennoch fortschrittliche und populärwissenschaftliche Abhandlung
«Homosexualität. Herausforderung an Wissen und Toleranz» herauskam, schien das Eis gebrochen.

Über schwules Leben und schwule Liebe zu schreiben, war eine Sache, die Texte auch publiziert
zu bekommen, eine andere. Möglich war dies bis Ende der 80er Jahre allenfalls mit Lyrik. Die
Gedichte des Ostberliner Arztes Thomas Lutthard über seinen Berufsalltag im Krankenhaus wurden
problemlos veröffentlicht («Assistenz», 1981); seine tagebuchartigen, offen schwulen Verständigungstexte
hingegen nicht. Sie wurden schließlich unter dem Titel «Die anderen sind immer wir» (1988)
vom Hamburger MännerschwarmSkript Verlag herausgebracht.

Der Leipziger Thomas Böhme (geb. 1955) fand in seinen von der amerikanischen Beat-Lyrik,
später von Stefan George beeinflußten Gedichten («stoff der piloten», 1988) immer deutlichere
homoerotische Töne. Ähnlich verhielt es sich bei Ulrich Berkes (geb. 1936). In seinen zwei Gedichtbänden
– «Ikarus über der Stadt» (1976) und «Tandem» (1984) – skizzierte er Landschaften, historische
und mythologische Porträts und formulierte immer wieder Liebesgedichte von spröder Sinnlichkeit,
deren «du» sich recht leicht als ein männliches Gegenüber entschlüsseln ließ.

1987 endlich erschien, wieder im renommierten Literaturverlag der DDR, bei Aufbau Berlin,
«Eine schlimme Liebe», der erste Prosaband eines DDR-Literaten, der dem Thema Homosexualität
breiten Raum gewährt. Zwei Jahre später folgen Jürgen Lemkes Interviewprotokolle mit Schwulen
in der DDR, «Ganz normal anders» (1989), die parallel in der Bundesrepublik und der DDR
publiziert werden.

«Eine schlimme Liebe» ist Berkes Tagebuch des Jahres 1984. Es sind vor allem Alltäglichkeiten,
die er dort festhält. Ärger mit Klempnern und Monteuren, böse Bemerkungen über die Post und
schmutzige Eisenbahnabteile. Es ist der Lebensalltag eines schwulen Paares, von Berkes, dem
Schriftsteller, der sein Geld als Leiter eines literarischen Zirkels verdient, und Martin, dem Apotheker;
ein Leben ohne sonderliche Höhepunkte oder außerordentliche Ereignisse. Sie bekommen Besuch,
sie besuchen ihrerseits Freunde und Bekannte. Der «Televisor» geht kaputt und die Reparatur dauert
und dauert. Berkes notiert die Sendungen, die er sich anschaut, berichtet von seiner Lektüre und
streut immer wieder Zeitungsmeldungen des Tages ein. Am 7. Juni zum Beispiel: «Die 104 Kilometer
lange Eisenbahnfährverbindung zwischen Saßnitz und Trelleborg (Schweden) wird in diesen Tagen
75 Jahre alt.»

Berkes Notizen erzählen vom sozialistischen Alltag, seinen Tücken und bisweilen, wenn auch
versteckt, von unerfüllten Träumen. Wenn er etwa eine Liste mit Autoren zusammenstellt, die er
gerne lesen möchte, aber deren Werke in der DDR kaum erhältlich sind.

«Während Caterina Valente singt, kriege ich einen Krampf im Bein.»

Aber auch unfreiwillig komische oder mit trockenem Humor festgehaltene Eindrücke liefert Berkes: «Gestern abend in der Revue im neuen Friedrichstadtpalast. Viel Glitzer, aber wenig Esprit. Während Caterina Valente singt, kriege ich einen Krampf im Bein.»

Den zweiten Erzählstrang der «Schlimmen Liebe» liefert das Werk des Franzosen Isidore Ducasse alias Lautréamont, ein Anarchist und Päderast, der bereits 1870 erst 24jährig starb. Dessen vollendetes Werk beschränkt sich auf das lange Prosagedicht «Die Gesänge des Maldoror», beschreibt die autobiographische (und unerfüllte) Liebe Isidore Ducasse zu einem 15jährigen Jungen. Den Surrealisten war der *poète maudit* ein Säulenheiliger, für André Gide ein «Schleusenmeister der Literatur von morgen». Berkes übersetzt, mit Hilfe eines alten Französisch-Wörterbuches, über das Jahr hinweg Vers um Vers dieses Epos, kommentiert sie, notiert die wenigen Daten und Spuren von Lautréamonts Leben. Er entkleidet die verschachtelten Satzstrukturen Lautréamonts und will zunächst dessen zelebrierte Grausamkeit nicht so recht ernst nehmen. Die Besessenheit, das Aufrührerische, sich in sadistische Phantasien Aufschwingende in den Versen des Franzosen stehen dabei im stärksten Kontrast zu den lakonischen, nüchternen Notaten aus Berkes' Alltagsleben. Selbst die Liebeserklärungen an seinen Lebensgefährten zeichnen sich nicht gerade durch ungestüme Emotionalität aus: «Heute wird Martin sechsunddreißig. Ich kann es kaum glauben. So alt war ich damals, als wir uns kennenlernten. Ich sehe allmählich Veränderungen, die Fältchen um die Augen, den Bauchansatz, aber ich sehe noch immer den Vierundzwanzigjährigen in ihm.»

Die Beziehung der beiden scheint sich in eine gleichförmige Normalität festgefahren zu haben. Martin macht die Hausarbeit, während Ulrich seine Ruhe braucht, um dichten zu können. Konflikte gibt es kaum welche, zumindest finden sie im Tagebuch keinen Niederschlag. Nur einmal eine Entgegnung des Geliebten: «Martin zu mir: Du bist stur, stolz und autoritär!» Der Sex wird so beiläufig erwähnt, wie er scheinbar geschieht: «Um drei Uhr morgens ist eine Mücke in der Kammer, hat mich in beide Arme gestochen. Martin wird auch wach, wir lieben uns schnell, schlafen wieder ein.»

Die schwärmerisch-erotischen und sadomasochistischen Phantasien Lautréamonts konterkariert Berkes mit nüchtern präsentierten Lesefrüchten, seine Zitaten- und Gedankensammlung zur Onanie, zu Transvestitismus, Homosexualität und Päderastie. Und immer wieder notiert er Meldungen aus den Medien zu Aids: «Es breitet sich immer mehr aus, in den USA vor allem und in einigen westeuropäischen Ländern. Am schnellsten unter homosexuellen Männern, weil die am häufigsten die Partner wechseln. (...) Man hat noch keinen Impfstoff.»

Berkes Buch wurde von der DDR-Kritik weitgehend vernichtend rezensiert. Der Autor erklärte es sich damit, daß er deren Erwartungshaltung nicht erfüllt habe, nicht das Leid der Schwulen, sondern von einem ganz bürgerlichen, gewöhnlichen Alltag erzählt. Trotz alledem fand «Eine schlimme Liebe» reißenden Absatz, war es doch eines der wenigen literarischen und authentischen Zeugnisse schwulen Lebens in der DDR, in dem sich Schwule wiederfinden konnten.

Ulrich Berkes hatte eine Fortführung des Tagebuchprojektes geplant, nunmehr mit August von Platen als lyrischem Gegenüber. Eine Veröffentlichung kam jedoch auch nach der Vereinigung beider deutscher Staaten nicht zustande.

Ulrich Berkes: *Eine schlimme Liebe.* Tagebuch. Aufbau-Verlag, Berlin und Weimar 1987.

Ikarus über der Stadt. Gedichte. Aufbau-Verlag, Berlin 1976 und Rimbaud Verlag, Aachen 1996.

Tandem. Gedichte. Aufbau-Verlag, Berlin und Weimar 1984.

Harold Brodkey
Profane Freundschaft

Eine Zeitlang galt Harold Brodkey (1930–1996) als ein literarischer *hype*, ein genialer Schwindler und Hochstapler. 1958 debütierte er mit einer Kurzgeschichtensammlung und veröffentlichte fortan im renommierten «New Yorker». Zu höchsten Ehren kam er durch seine Erzählung «Unschuld», der 50seitigen Schilderung, wie ein Student seine Freundin zum Orgasmus zu bringen versucht. Damit war Brodkey eine Eintragung im Guinessbuch sicher: «Der längste Cunnilingus der Weltliteratur». Brodkey war so etwas wie eine Klonung von Marcel Proust und Henry Miller, ein Mann, von dem man Großes erwartete, und das er selbst immer wieder ankündigte: Den großen amerikanischen Roman. Drei Jahrzehnte ließ er auf sich warten. Brodkey wechselte inzwischen den Verlag und ließ sich neuen Vorschuß zahlen. Die Literaturwelt feierte ihn vorab als Jahrhundertschriftsteller. 1989 prangte sein Konterfei auf dem Cover eines US-Magazins mit dem simplen Titel: «The Genius». Doch daran wollte man im Laufe der Jahre immer weniger glauben. Als es dann endlich soweit war, erschien es wie ein Wunder: «Brodkey delivers» titelte die «New York Times». Die Erwartungen waren mehr als hoch; sie zu erfüllen, war eigentlich unmöglich. «The Runaway Soul» («Die flüchtige Seele») erntete hämische Verrisse.

Uneins war die Kritik auch, hinsichtlich seines folgenden Romans: «Profane Freundschaft». Eigentlich paßt die Gattungsbezeichnung nämlich nicht. Denn auf den 540 Seiten präsentiert sich Brodkey mehr als Essayist denn als Erzähler. Er lieferte eine monumentale philosophische und psychologische Analyse dessen, was Liebe und Freundschaft sein kann. Omni, ein junger Italiener aus alter Faschistenfamilie, und der Amerikaner Niles, Sohn eines erfolgreichen Schriftstellers, sind lebenslange Freunde. Aus der Kinderfreundschaft wird eine homoerotische Jugendliebe, daraus später eine kumpelhafte Freundschaft mit gemeinsamer Jagd auf Frauen und der dazugehörenden unausweichlichen grausamen Rivalität, und schließlich die Freundschaft zweier alternder Männer. Neben Omni und Niles kennt Brodkey nur noch eine weitere Hauptfigur: die Stadt Venedig. Sie dient als Folie der Erzählung, als Spiegelfläche der beiden Männer und ist selbst immer gegenwärtig: als luzid geschilderte, romantisch-verklärte Szenerie, wie als Metapher des Verfalls, der Vergänglichkeit und des Todes, samt den literarischen Querverweisen auf August von Platen und Thomas Mann.

Das Buch enthält kaum eine Gefühlsregung oder körperliche Empfindung, die Brodkey nicht bis ins Feinste seziert, analysiert, ohne dabei geistesgeschichtliche Verweise auf Freud, die Antike, den Faschismus oder die Philosophie zu vergessen.

« Welch einsamer Schmerz, sich vor jemandem zu fürchten. »

Omni und Niles sind zwei Männer, die sich immer wieder aus den Augen verlieren und nach zwei langen Unterbrechungen in der Lagunenstadt erneut zusammenfinden, ihre gegenseitige Leidenschaft auszutesten. Sie stehen in unentwegtem Konkurrenzkampf und in innerer Rivalität, selbst als sie sich als alte Männer in San Marco wiederbegegnen – Omni inzwischen schwerreich, mehrfach geschieden, ein weltberühmter Schauspieler und zum schwabbeligen Gigolo verkommen, Niles als abgeklärter Intellektueller –, bleibt die Spannung zwischen ihnen erhalten. Liebe und gegenseitige Anziehung verwandeln sich über kurz oder lang in eine Abwehr, ja sogar in gewalttätige Aggression. Sie sind einander verfallen, können diese Leidenschaft aber nicht ausleben. «Was wäre gewonnen, wenn man sagte, dies sei homosexuell oder nicht homosexuell gewesen?» fragt sich der Ich-Erzähler Niles. «Ich wußte es damals nicht, und es war mir egal. (...) Worum es ging, kapierte ich nicht. Sexuell, als Mann, bin ich langsam von Begriff – Pazifist, aber ich verhielt mich nachsichtig. Im Grunde verblüffte es mich, daß für Omni das Wissen um seinen mageren, straffen, nervösen, mit Pranken ausgestatteten Körper eine Quelle innerer Hitze war, ein leises nerviges Sirren von Wut und Rivalität. (...) Welch einsamer Schmerz, sich vor jemandem zu fürchten. Und vor der Einsamkeit. Ich glaube, daß der Körper eine Seele für sich besitzt, einen Teil der Seele, eine Nebenseele vielleicht mit eigenen Erinnerungen. (...) Das Homosexuelle ist immer gegenwärtig, das Normale freilich auch. Eine flirrende Schar von Neins ist mit im Spiel.»

Harold Brodkeys literarische Methode war das unablässige Nachspüren von Gefühlen. Die Erinnerung an die eigene Kindheit und Jugend, das eigene Bewußtsein wird durchforstet nach Eindrücken. An die Stelle des traditionellen Erzählers tritt ein Wahrnehmungsapparat, der mit vertiefender Reflexion immer feinfühliger wird. Wie auch Péter Nádas im «Buch der Erinnerung» kann Brodkey allenfalls mit einer dürftig-schmalen Fabel aufwarten. Und nicht die Schilderung banaler Sinnlichkeit war sein Ziel, sondern die minutiöse Vivisektion des gesamten Gefühlslebens seiner Figuren. Dazu bediente sich Brodkey einer ausschweifenden, dennoch kühl kalkulierten Prosa, mit immer weiter sich verästelnden Nebensätzen und sprachlichen Kapriolen, die bisweilen mit ihren Lyrismen eine Eleganz produzieren, die den Text zugleich sperrig und unnahbar machen.

Wesentlich nüchterner war hingegen Brodkeys letztes Buch, «Die Geschichte meines Todes», posthum 1996 in den USA und Deutschland parallel erschienen. Seit 1993 wußte der Sohn russisch-jüdischer Einwanderer von seiner Aids-Erkrankung. Mit einem mutigen Essay «An meine Leser» im «New Yorker» machte er sie öffentlich. In «Die Geschichte meines Todes» reflektiert er den langsamen körperlichen wie seelischen Zerfall; zum anderen ist sie eine Danksagung und Liebeserklärung an seine Frau. Seine homosexuelle Vergangenheit verleugnet er zwar nicht, doch läßt er keinen Zweifel, daß die schwulen Beziehungen vor allem während der Studienzeit keine wirklichen Liebesverhältnisse waren. Von «Schweinkram» spricht er gar an einer Stelle. An eine erfüllte, aufrichtige Liebesbeziehung zwischen zwei Männern will er weder in der fiktionalisierten «Profanen Freundschaft» noch in seinen autobiographischen Aufzeichnungen der «Geschichte meines Todes» glauben.

Harold Brodkey:
Profane Freundschaft.
Aus dem Amerikanischen von Angela Praesent, 1995.
Unschuld. Nahezu klassische Stories.
Aus dem Amerikanischen von Angela Praesent, Hans Wollschläger, Harry Rowohlt u.a., 1992.

Engel. Nahezu klassische Stories 2.
Aus dem Amerikanischen von Angela Praesent, Jürg Laederach, Helga Pfetsch u.a., 1993.
Die flüchtige Seele.
Aus dem Amerikanischen von Angela Praesent, 1994.

Die Geschichte meines Todes.
Aus dem Amerikanischen von Angela Prasent, 1996.
Venedig.
Aus dem Amerikanischen von Angela Praesent, 1997.
Alle erschienen im Rowohlt Verlag bzw. Rowohlt Taschenbuch Verlag, Reinbek.

Arnolt Bronnen
Septembernovelle

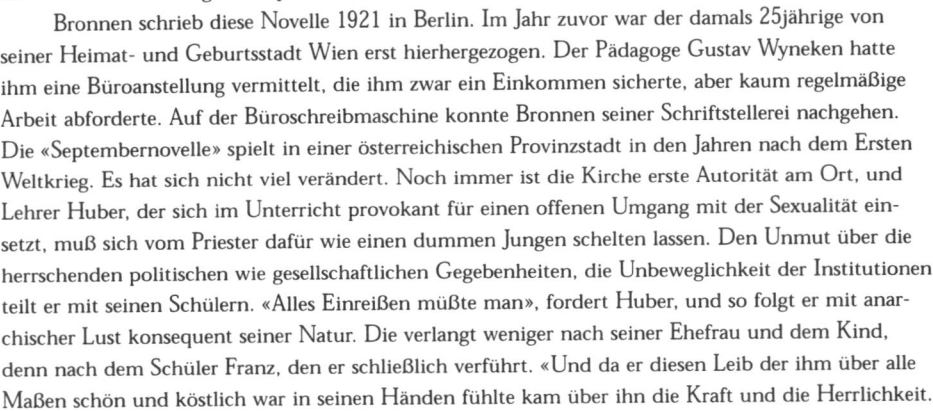

«Indem der Lehrer Huber durch den Mönchsbergtunnel nach
Maxglan hinausging sah er vor sich das Licht. Also ging er heimwärts
wo ihm ein Essen bereitet war. Der Berg troff hinab. Oben wuchsen
Bäume hinauf. Er dachte dran und fühlte Felsen im Hals.» Kurze
Hauptsätze, keine Satzzeichen, selbst auf die Punkte wollte Arnolt Bronnen ursprünglich verzichten
und so seine Erzählung mit expressionistischer Wucht atemlos voranhetzen lassen.

Bronnen schrieb diese Novelle 1921 in Berlin. Im Jahr zuvor war der damals 25jährige von
seiner Heimat- und Geburtsstadt Wien erst hierhergezogen. Der Pädagoge Gustav Wyneken hatte
ihm eine Büroanstellung vermittelt, die ihm zwar ein Einkommen sicherte, aber kaum regelmäßige
Arbeit abforderte. Auf der Büroschreibmaschine konnte Bronnen seiner Schriftstellerei nachgehen.
Die «Septembernovelle» spielt in einer österreichischen Provinzstadt in den Jahren nach dem Ersten
Weltkrieg. Es hat sich nicht viel verändert. Noch immer ist die Kirche erste Autorität am Ort, und
Lehrer Huber, der sich im Unterricht provokant für einen offenen Umgang mit der Sexualität einsetzt, muß sich vom Priester dafür wie einen dummen Jungen schelten lassen. Den Unmut über die
herrschenden politischen wie gesellschaftlichen Gegebenheiten, die Unbeweglichkeit der Institutionen
teilt er mit seinen Schülern. «Alles Einreißen müßte man», fordert Huber, und so folgt er mit anar-
chischer Lust konsequent seiner Natur. Die verlangt weniger nach seiner Ehefrau und dem Kind,
denn nach dem Schüler Franz, den er schließlich verführt. «Und da er diesen Leib der ihm über alle
Maßen schön und köstlich war in seinen Händen fühlte kam über ihn die Kraft und die Herrlichkeit.
Der Knabe sah ihn an und ward von ihm ergriffen.»

«Gierig schnauften sie wie Hengste.»

«Stöhnend lehnte der blühende Leib an der Mauer rief nach dem andern war überwältigt. In ihn
rann das Blut des Mannes. Gierig schnauften sie wie Hengste.»

Für wenige Wochen führen sie ein ekstatisches, ungebundenes Leben außerhalb bürgerlicher
Normen und Pflichten, wissend, daß ihr Idyll nur kurze Zeit währen wird. «Wir wollen alles versöh-
nen begeisterte sich Huber. Du kommst mit mir nach Haus. Wann meine Frau ein Mensch ist versteht sie alles. Wann sie dich sieht ist sie nimmer bös. (...) Wir werden schon irgendwie beisammen
bleiben. Die Menschen müssen großzügig sein. Man muß mehr verstehen.» Der Traum kann
sich nicht erfüllen. Dieses Leben außerhalb der gesellschaftlichen Norm und jenseits der Vernunft,
es bleibt Utopie. Das Ende gestaltet Bronnen ebenso grell wie rabiat: die private Revolution, der
der Triumph versagt bleibt, muß notwendigerweise in der Katastrophe münden. Bronnen läßt seine
Protagonisten durch Mord und Doppelselbstmord umkommen.

Die Novelle wechselt zwischen epischem Bericht und innerem Monolog. Tagträume und
Phantasien vermischen sich mit dem Geschehen. Bronnen erzählt ganz aus dem Gefühlsleben seiner

beiden Protagonisten heraus und zieht den Leser in deren emotionalen Rausch hinein. Er erklärt nichts, verteidigt nichts. Der Sinnentaumel des Liebespaares bedarf für Bronnen keiner Rechtfertigung. Wie im Traum, in einer «Bewußtseins-Lücke» will Bronnen diese «Septembernovelle» niedergeschrieben haben, quasi als ein Akt der *écriture automatique*. Doch handelt es sich dabei nur um nachträgliche Mythenbildung und zugleich Distanzierung von der drängenden homosexuellen Erotik, die der Erzählung ihre Intensität gibt. Auslöser war ein Vetter, ein großer, blonder und verwegener Freikorpsmann, der in Bronnen Phantasien geweckt hatte und ihn dennoch vor einem konsequenten homosexuellen Lebensweg zurückschrecken ließ. Während der Schulzeit und auch in der Kriegsgefangenschaft hatte er regelmäßig gleichgeschlechtliche Erfahrungen gesammelt und diese ebenfalls in anderen literarischen Arbeiten, etwa dem monströsen Skandalstück «Vatermord» (1922), thematisch einfließen lassen. Doch er entschied sich angeblich für den Triebverzicht und einen bürgerlich konformen Lebenswandel. In seiner literarisierten Autobiographie «arnolt bronnen gibt zu protokoll» (1954), die er in Form eines Verhörprotokolls verfaßte, gibt er denn auch eine homosexuelle «Anlage» zu, betont jedoch mehrfach, daß er dem Drängen nicht mehr nachgegeben habe und vielmehr sogar als Frauenheld sehr erfolgreich gewesen sei. Auch von der «Septembernovelle» distanziert er sich in der Autobiographie und bezeichnet sie, ganz im stalinistischen Verständnis der Affinität von Faschismus und Homosexualität, als «pervers», «chauvinistisch» und «das früheste Zeugnis faschistischen Geistes in Deutschland». Bert Brecht hingegen schätzte sie als das bedeutendste erzählerische Werk Bronnens.

Der führte weiterhin ein wechselhaftes Leben. Bereits vor den großen Wahlerfolgen der NSDAP sympathisierte Bronnen überdeutlich für die neuen Machthaber. Sein Roman «O. S.» (1927) über die Aufstände und Kämpfe in Oberschlesien geriet zu einem peinlich-primitiven Stück Propagandaliteratur, das die Feinde des deutschen Vaterlandes bei den Polen, Franzosen, bei bürgerlichen Politikern und sexuell freizügigen Frauen sah. Goebbels war begeistert, die erhoffte große Parteikarriere machte Bronnen nach 1933 dennoch nicht. Nach der Ermordung des SA-Chefs Ernst Röhm, zu dessen homosexuellen Freunden – Karl Ernst und Edmund Heines – Bronnen enge Kontakte pflegte, ging er auf Distanz zu den Nazis. Seine erste Ehefrau Olga beging 1935 Selbstmord, im Jahr darauf verlor Bronnen seinen Posten beim Rundfunk, den ihm Goebbels verschafft hatte. 1939 wurde er aus der Reichsschrifttumskammer ausgeschlossen. Als man ihm 1943 mit «Schutzhaft» drohte, zog er mit seiner zweiten Frau Hildegard von Lossow und den Kindern nach Österreich. Nach Kriegsende machte Bronnen erneut einen deutlichen politischen Schwenk. Er trat in die kommunistische Partei ein, übersiedelte auf Einladung des Kultusministers Johannes R. Becher nach Ost-Berlin, wo er bis zu seinem Tod am 12. Oktober 1959 als Kritiker für die «Berliner Zeitung» tätig war.

Arnolt Bronnen:
Septembernovelle.
Mit einem Nachwort von
Joachim Campe. Verlag Klett-Cotta,
Stuttgart 1989.

Sabotage der Jugend.
Kleine Arbeiten 1922–1934.
Hrsg. von Friedbert Aspetsberger.
Institut für Germanistik,
Innsbruck 1989.

Werke.
Fünf Bände. Hrsg. von Friedbert
Aspetsberger. Ritter Verlag,
Klagenfurt 1989.

William S. Burroughs
Homo

«Language Is A Virus» singt Laurie Anderson in einem ihrer Songs;
entliehen hat sie diese Zeile William S. Burroughs. Die Sprache behandelt er wie einen wuchernden Pilz, giftig und formlos und daher kaum
in den Griff zu bekommen; mutierend und jederzeit dazu in der Lage,
zum Angriff überzugehen: Wider allen Erwartungen, Gewohnheiten, wider aller literarischen
Gesetzmäßigkeiten und Traditionen. Burroughs' Bücher – man ist oft widerstrebt, sie Romane zu
nennen – sind inzwischen Klassiker der modernen amerikanischen Literatur. Was vor einer Generation noch Proteste und Schockreaktionen ausgelöst hat, was dem einen bei der Lektüre unendlichen Ekel bescherte und dem anderen die Öffnung
eines neuen Universums oder zumindest tiefste Erkenntnisse, ist inzwischen anerkanntes Kulturgut.

William Seward Burroughs wurde 1914 in St. Louis/Missouri als Sohn einer der reichsten
amerikanischen Familien geboren. Der Vater hatte mit seiner Erfindung einer Rechenmaschine ein
ansehnliches Vermögen gemacht. Der eher kränkliche Sohn wurde auf verschiedene Privatschulen
geschickt und studierte schließlich Ethnologie, Anthropologie und Archäologie in Harvard. In Wien
nahm er ein Medizinstudium auf. Nach einer längeren Reise durch Europa und die USA arbeitete
er als Zeitungsreporter, Privatdetektiv, Kammerjäger und Barmixer. 1945 heiratete er. Seine Frau
Joan machte ihn mit Jack Kerouac bekannt, der wiederum war eng befreundet mit Allen Ginsberg.
Diese drei wurden später zu Symbolfiguren der politischen Bewegung der 60er Jahre und die
Begründer der literarischen «Beat generation».

Die Ehe war nicht unbedingt Burroughs' klügster Schritt gewesen. Kerouac und Ginsberg,
beide ebenfalls schwul bzw. bisexuell, verhalfen ihm zum Coming-out, ein Stricher vom Times
Square tat sein übriges, um ihn von den Freuden des schwulen Sex zu überzeugen.

«Eher durch Zufall geriet ich an einige reiche Homosexuelle aus der internationalen Schwulen-
clique», erzählte Burroughs später, «die ständig um die Welt reist und sich in Schwulenbars von
New York bis Kairo gegenseitig die Barhocker anwärmt. Ich entdeckte eine Lebensweise, die mir
neu war, ein Vokabular, Anspielungen, ein ganzes Symbolsystem, wie die Soziologen sagen.»

1951 war die Ehe mit Joan zu Ende. Die «New York Times» meldete in ihrer Ausgabe vom
7. September: «Burroughs-Erbe verhaftet, Ehefrau getötet. William Seward Burroughs, 37, Sprößling
der Rechenmaschinen-Familie aus St. Louis, befindet sich in Polizeigewahrsam, nachdem er seine
Frau Joan Vollmer-Burroughs, 27, aus Albany/New York, bei einem – wie es heißt – ‹Wilhelm-Tell-
Schießen› tödlich verletzte.»

Auf einer Party hatte der betrunkene Burroughs seiner Ehefrau ein Gin-Glas auf den Kopf
gestellt, zwei Schritte Abstand genommen und abgedrückt. Die Kugel traf in die Stirn. «Die Knarre
war ziemlich ungenau», bemerkte er drei Jahrzehnte später lakonisch.

Der Unglücksfall war in Mexiko passiert und wurde als «fahrlässige Tötung» von der Justiz
eher lax behandelt. Burroughs war bald wieder aus dem Gefängnis entlassen und begann einen völlig

neuen Lebensabschnitt. «Als Kind wollte ich immer Schriftsteller werden, weil Schriftsteller reich und berühmt sind. Sie lungern in Singapur oder Rangun herum und rauchen in gelben Seidenanzügen Opium. In Myfair schnupfen sie Kokain, in Tanger leben sie mit einheimischen Jungs zusammen, rauchen Haschisch und streicheln zahme Gazellen.» Dieses Kindheitsbild setzte Burroughs nun nach und nach in die Wirklichkeit um. Er ging nach Tanger, dem Mekka der Schwulen und der Junkies, für Burroughs das Paradies. Dort gab es Drogen und Sex in unbegrenzter Menge, und der Tagesablauf gliederte sich nach Ficks und neuen Spritzen. Burroughs wurde dort zum Schriftsteller. Es entstand ein 4.000 Seiten umfassendes Manuskript, aus dem später seine Bücher «Naked Lunch» (1959), «Nova Express» (1964), «Soft Machine» (1964), aber auch «Homo» und «Junkie» hervorgingen.

«Junkie» wurde sein erstes Buch. Der Verleger zögerte lange mit der Veröffentlichung. Ein Roman, der so offen autobiographisch von Drogenkonsum handelt, mußte die Behörden auf den Plan rufen. Also verdonnerte er Burroughs zu einem Vorwort, das dem Leser die unheilvollen Folgen des Drogenmißbrauchs deutlich machen sollte. Das Buch konnte dann 1953 erscheinen.

«Junkie», ein Roman aus der Gosse, zwischen Schwulenbar und Drogendeal, sorgte für Skandal. Im gleichen Zeitraum entstand auch «Queer», aber diesmal kam die Publikation nicht zustande. Zunächst sind es die moralischen Widerstände des Verlegers, später zögerte Burroughs selbst, dieses ihm inzwischen fremd gewordene Erstlingswerk zu publizieren. Es erschien deshalb erst 1985.

«Die Boys und das liebliche Opium»

In seiner linearen Struktur ist der Roman «Homo» mit seiner eher konventionellen Erzählweise «Junkie» sehr ähnlich. Auf die von ihm geschaffene revolutionäre «Cut Up»-Methode mit collageartigen Überblendungen und visionären Schreckensbildern, wie sie «Naked Lunch» oder «Nova Express» kennzeichnen, verzichtet Burroughs hier.

Kaum 120 Seiten hat diese Geschichte; in ihrem Anhang finden sich nicht von ungefähr Briefe Burroughs' an seinen damaligen Geliebten, Allen Ginsberg, aus den Jahren 1953–1957. Sie geben nicht nur Aufschluß über Burroughs' Leben und Arbeitsweise, sie verraten zudem den autobiographischen Hintergrund von «Homo». So schreibt Burroughs selbst «Machen wir weiter mit diesem Roman. Vielleicht sind die Briefe an dich der eigentliche Roman.» Tatsächlich sind ganze Passagen aus diesem Briefwechsel in verschiedene Bücher fast wörtlich eingearbeitet worden. Burroughs schildert darin seine Drogenerlebnisse und schwulen Erfahrungen, die ständigen Geldsorgen und die mal mehr, mal weniger erfolgreichen Anstrengungen, sich als Schriftsteller zu behaupten. Burroughs fühlt sich einsam; er findet kaum einen Europäer oder Amerikaner, mit dem er sich unterhalten kann, obgleich sich die Literaten- und Künstlerprominenz, zumal die schwule, in der Stadt tummelt. Aber weder mit Paul Bowles noch mit Tennessee Williams oder Truman Capote freundet er sich an. «Tanger macht sich», schreibt er an Ginsberg. «Meeting der hier gestrandeten Ausländer. Junkies, Schwule, Säufer, ungefähr wie in Mexiko. Die meisten mußten aus naheliegenden Gründen irgendwo verschwinden. Die Boys und das liebliche Opium sorgen dafür, daß ich ständig pleite bin. Einen Boy kriegst Du schon für 1 $ oder noch weniger ...»

Burroughs' Alter ego und Hauptfigur in «Homo» ist William Lee, ein schwuler, drogensüchtiger Amerikaner um die 30 in Mexiko City. Den Tag verbringt er zwischen Anschaffen, Fixen und Sex, zwischen Entzugserscheinungen und absoluter sexueller Geilheit. Lee ist in einer trost- und aussichtslosen Lage. Sein Körper ist vom Drogenkonsum und den Entzugserscheinungen geschwächt. Er ist finanziell ausgebrannt und längst an einem Punkt angekommen, wo er sowohl um Liebe als auch Rauschgift betteln muß. Trotz existentieller Härte ist «Homo» zunächst eine zarte, wenn auch unglückliche Liebesgeschichte. Lee hat sich nämlich in Allerton, einen mehr oder weniger bisexuellen Jüngling verliebt. Allerton weiß nicht so recht, was er eigentlich will. Das unermüdliche Werben von Lee scheint ihn zu beeindrucken, und ab und zu hat er gegen Sex mit einem Mann nichts einzuwenden. Lee hofft auf eine feste Beziehung. Gemeinsam mit Allerton will er sich auf nach Südamerika machen, um dort nach der sagenumwobenen Droge Yage zu suchen, eine halluzinogene Droge der Indianer, die telepathische Wirkung haben soll. Lee, zwischen Liebes-Sehnsucht und Sucht nach neuen Drogen und Formen von Trips, geht mit Allerton einen Handel ein: «Sei lieb zu Papa, sagen wir zweimal die Woche». Insgeheim hofft Lee, Allerton während der Reise näher an sich binden zu können. Doch die Reise scheitert in jeder Hinsicht. Lee reist alleine und einsamer als zuvor nach Mexiko City zurück.

War «Junkie» ein unsentimentaler, äußerst sachlich erzählter und kühler Bericht, gerät «Homo» zu einer schmerzhaften Offenbarung, fern jeglichen Pathos und tränenrührigen Selbstmitleids. Wie er dort mit scharfer Beobachtungsgabe und nüchternem Ton alle klinischen Stadien der Sucht beschreibt, so seziert er in «Homo» die von Begierde und Sehnsucht gequälte Seele des Lee und «... den ziehenden Schmerz des Verlangens in seiner Lunge».

William S. Burroughs:
Homo & Briefe an Allen Ginsberg 1953–1957.
Mit einem Vorwort und einem Epilog des Verfassers. Heraus-gegeben und aus dem Ameri-nischen von Carl Weissner. Zweitausendeins, Frankfurt/Main 1989.

Naked Lunch.
Aus dem Amerikanischen von Katharina und Peter Behrens.
Ullstein Taschenbuch Verlag, Berlin 1994.
Junkie.
Aus dem Amerikanischen von Katharina Behrens.
Ullstein Taschenbuch Verlag, Berlin 1996.

Interzone.
Roman. Herausgegeben von James Grauerholz. Aus dem Amerikanischen von Dirk Muelder.
Limes Verlag, Berlin 1991.
The Cat Inside.
Aus dem Amerikanischen von Esther und Udo Breger.
Galrev Verlag, Berlin 1994.

Aldo Busi
Seminar der Jugend

Er arbeitete als Spüler in einer Pizzeria in Mailand, als Butler einer jüdischen Kaufmannsfamilie in London, als Mitarbeiter einer Immo-bilienfirma an der Costa Brava, als Müllmann bei Siemens und Nachtportier in München. In seinen Lehr- und Wanderjahren zwischen Paris und New York belegte er fleißig Sprachkurse, schaffte es sogar zum Fremdsprachensekretär für eine Strumpf- und Wollmodenfirma und schließlich zum literarischen Übersetzer von Flaubert,

Goethe, Heimito von Doderer und Lewis Carroll ins Italienische. Solche Karrieren klingen immer traumhaft und sind ideal für Besuche in Talkshows. Und dort war Aldo Busi im Laufe seines Lebens häufig zu Gast. Immer wieder versteht es dieser polyglotte Schriftsteller, sich ins Gespräch zu bringen, zum Skandal zu werden oder zumindest für ein wenig Aufregung im Heimatland zu sorgen. Seine Übertragungen von Boccaccios «Decamerone» und Baldassar Castigliones «Buch vom Hofmann» in ein zeitgemäßes Italienisch empfanden viele als zu freizügig und pornographisch. Mit «Sodomie in corpo 11» («Sodomie in Schriftgröße 11») (1988), also auch für Halbblinde noch lesbar, schien die Grenze des guten Geschmacks überschritten. Busi mußte sich vor Gericht verantworten, Pornographie verfaßt zu haben. «Sodomie in corpo 11» sei ein «Schriftwerk höchst obszönen Inhalts» und habe «rohe ... Darstellungen von Begattungen, Beschreibungen von Szenen und Schilderungen von analem wie oralem homosexuellen Verkehr». Busi hatte Glück statt der Geld- und Freiheitsstrafe, die ihm drohte, durfte er sich als Märtyrer für die Freiheit der Kunst, dank der kostenlosen Publicity, bald auch als Bestsellerautor präsentieren. Der Narziß und Exzentriker Aldo Busi, dem es an Selbstbewußtsein keineswegs mangelt, verkündete selbstgefällig: «Ich glaube, daß ich als Schriftsteller einen Olymp höher als Pasolini anzusetzen bin, als Mensch sogar zwei.»

Geboren wurde Aldo Busi 1948 in Montichiari in der Nähe von Brescia, am Gardasee. Der offene Umgang mit seiner Homosexualität machte ihm das Leben in der Provinzstadt schwer; mit 14 Jahren ging er von zu Hause weg und schlug sich als Kellner in Restaurants und Hotels durch. Jahre später, aus dem Teenager war längst ein junger Erwachsener geworden, lernte er bei einem seiner Aushilfsjobs als Gigolo und Barmann in der exklusiven «Pinguino»-Bar in Mailand den Lektor Piero Bertolucci kennen. (Wie gut, daß sich direkt gegenüber der Bar das ehrwürdige Verlagshaus Adelphi befand!) Dem drängte er sein Romanmanuskript mit dem ungewöhnlichen Titel «Il Monoclino» auf, ein botanischer Fachausdruck für zweigeschlechtliche Pflanzen. Jahre später wurde aus diesem ersten Entwurf das «Seminar der Jugend».

Eine erotische éducation sentimentale

Wer ein wenig von Busi weiß, sieht sich schnell versucht, «Seminar der Jugend» als nur leicht verschlüsselte Autobiographie zu lesen. Der Held, der Bauernjunge Barbino, begeht schon als Kind allerhand Ferkeleien, die nicht unentdeckt bleiben. So bleibt ihm nichts anderes, als der norditalienischen Provinz zu entfliehen, Armut und die lieblose Familie hinter sich zu lassen, um in den Metropolen wie Paris und Mailand seine sexuelle Erfüllung zu finden und wie Felix Krull das Leben in vollen Zügen zu genießen. Auf den knapp 500 Seiten dieses Schelmenromanes liefert Busi nicht nur eine ganze Hundertschaft knapp, aber lebendig porträtierter Gestalten, er packt seine erotische *éducation sentimentale* randvoll mit beiläufig erzählten Geschichten und Anekdoten, Liebes- und Sex-Abenteuern Barbinos. Ob für Geld oder nur zum Vergnügen, ob auf Klappen oder in schicken Hotelzimmern, für Barbino ist Sex der Lebensmittelpunkt. Mal läßt er sich von einem tuntigen kleinen Rothschild aushalten, der dafür sexuelle Dienste der besonderen Art verlangt («Jeden zweiten Tag wollte er, daß ich ihn quer durch die Wohnung Gassi führte, damit er über die Begonia Semperflorens aus Plastik sein Geschäft verrichten möge»). Dann wieder gibt's erotische Begegnungen mit einem Geistlichen («Solche Leute zeigen nicht viel von sich: wenn sie überhaupt kleine Schreie ausstoßen, dann nur innerlich, quasi als Beichtgeheimnis»). Eine besondere Leidenschaft hegt Barbino jedoch für Klappen: «Das Schöne an den öffentlichen Klos ist, daß dort die Geschlechtsorgane entdramatisiert werden: aus ihnen wird demokratisches Spielzeug, das jeder begaffen und betatschen kann – fast jeder.» Objektiv ist Barbino ein sexueller Sklave, subjektiv jedoch ein freier Geist, der sich zu wehren und sein Leben in jene Bahnen zu lenken weiß, die er für sich erproben will.

In all diesen Histörchen und Bekenntnissen variiert Aldo Busi die literarische Sprechweise, überrascht die Leser gleich im ersten Kapitel mit einer bisweilen faszinierenden Drastik und Dichte der Sprache, als gelte es zu beweisen, daß er zu großer Literatur fähig sei. Da experimentiert er mit literarischen Anspielungen und Zitaten und führt gleichsam unter dem Deckmantel dieser Stilübungen seine literarischen Vorbilder an: Von Oscar Wilde über Thomas Pynchon und Henry Miller bis zu Gertrude Stein und Vladimir Nabokov. Die ersten drei Kapitel sind daher manchmal etwas langatmig zu lesen; der Einstieg in sein «Seminar» gleitet gelegentlich ins Manieristische ab. Dann aber, sichtlich befreit von den Geistern seiner literarischen Ahnen, gewinnt er stilistisch an Boden und präsentiert seine besondere Fähigkeit, wahrhaft bunt über die seltsamsten sexuellen Absonderlichkeiten und Verhältnisse erzählen zu können.

Aldo Busi: *Seminar der Jugend.*
Aus dem Italienischen von
Tobias Eisermann unter Mitarbeit
von Jane Ross. Gustav Lübbe Verlag,
Bergisch Gladbach 1990 und dtv,
München 1997.

Handbuch für den perfekten
Gentlemen (Mit wertvollen
Anregungen auch für Sie).
Aus dem Italienischen
von Frank Heibert. magnusbuch,
Berlin 1994.

Gerald Clarke
Truman Capote

«Ich bin ein Paganini des Wortes». Er war davon überzeugt, daß sich seine Sätze wie spielerisch von selbst bildeten. In der Tat war er ein literarischer Tausendsassa, der so unbeschwert durchs Leben tänzelte wie Holly Golightly in seinem Großstadtmärchen «Frühstück bei Tiffany» (1958). Er mag zwar ein kleiner Tolpatsch in seinen privaten Beziehungen gewesen sein, als Autor war er jedoch außergewöhnlich begabt und hatte höchste Ambitionen. Er konnte so schön schreiben, daß Jackie Kennedy sich bei ihm sogar für seinen Kondolenzbrief zum Tode ihres Sohnes bedankte: «Wenn alles, was du je geschrieben hast, lediglich zur Übung gewesen wäre, um diese sieben Zeilen zu schreiben, die ich – und Jack – gesehen haben, dann bin ich froh, daß du Schriftsteller geworden bist.»

Capote (1924–1984) hatte allerdings das Talent zum bösartigen Giftzwerg, ein kleinwüchsiges Klatschmaul mit quietschender Fistelstimme, von sarkastischem Witz und Charme. Die Hautevolee feiere und liebte ihn. Die britische Königinmutter brachte auf den Punkt, was alle dachten: «Wundervoll dieser exotische Kanarienvogel, so intelligent, weise und witzig.» Bis dorthin hatte er es geschafft, wenn auch nur als Hofnarr. Er, der weder ausreichend Bildung noch eine entsprechende Erziehung genossen hatte. Aber er war intelligent und lernte stets zur rechten Zeit die richtigen Leute kennen. Einer der angesehensten Literaturkritiker wurde erst sein Liebhaber und dann sein Lehrer. Die nötigen Umgangsformen und Floskeln für die *Small talks* auf Yachten und in Palästen ließ er sich von den amüsierten Ehefrauen der Superreichen und Mächtigen beibringen. Unter ihnen, den Schönen und Berühmten, fühlte er sich wohl – bis er ihnen das Spiel verdarb, sie ihn verstießen und er im Alkohol- und Tablettenrausch zugrunde ging.

Capote hat sein Leben um die High-Society herum angeordnet. Seine Kunst bestand nicht aus Schriftstellerei, sondern auch aus Selbststilisierung, der zur Schau getragenen Homosexualität, der privaten Mythenbildung. Schon bei seiner ersten Buchveröffentlichung «Andere Stimmen, andere Räume», einer symbolgeladenen Pubertätsstudie voll latenter Homosexualität in einer sensiblen, rhythmisierten Prosa, deutete sich diese Fähigkeit an. Fürs Autorenfoto räkelte er sich lasziv, mit weit geöffneten Augen und verführerischem Blick auf einem Kanapee und sorgte schon damit für Aufsehen. (Das Wort von der «männlichen Lolita» machte prompt die Runde.) Auch seine Kurzbiographie im Klappentext war ein Spiel mit der Kunstfigur Capote. Er habe bereits für einen drittklassigen Politiker Reden geschrieben, sei auf einem Vergnügungsdampfer als Tänzer aufgetreten und habe mit Glasmalerei von Blumen ein Vermögen verdient, bei der berühmten Wahrsagerin Mrs. Acey Jones gelernt und für ein Ratgebermagazin Anekdoten zusammengestellt. So gut wie nichts stimmte in diesem Lebensabriß, aber doch war er stimmig.

Capotes Biograph Gerald Clarke unterstützt diese Mythenbildung. Er analysiert nicht historisch-kritisch, literaturwissenschaftlich tiefschürfend Leben und Werk, er sammelt den Klatsch, die Anekdoten – wer mit wem, wer auf welcher Party wen beleidigt, wer mit wann warum schlief ... – akribisch und ausufernd; die Recherche ist eine Glanzleistung. Er fügt die Bausteine einer Biographie zusammen, die oberflächlich betrachtet zu einem maßgeblichen Teil aus gesellschaftlichem Leben bestand und die nun, zwischen zwei Buchdeckeln, sich selbst wie ein Roman liest. Die Geschichte einer steilen, exemplarischen amerikanischen Karriere – und eines ebenso steilen, tragischen Absturzes.

Bei «Andere Stimmen, andere Räume» waren die Rezensenten betört von der Sprache, zum Teil waren sie auch angewidert von der «realitätsfernen Phantasie eines kranken Hirns» und den «widerwärtigen Begleiterscheinungen», die sein «homosexuelles Thema drapieren wie Bartflechten». Sein zweifelhafter Ruhm drang bis nach Europa. Denham Fouts, berühmter Lustknabe von Prinzen, Lords und Milliardären, gebürtiger Amerikaner und eine legendäre Gestalt des internationalen schwulen Jet-sets, lud ihn zu sich nach London ein. Von Capotes Foto soll er so beeindruckt gewesen sein, daß er ihm einen Blankoscheck zugeschickt habe, mit einer handschriftlichen Notiz «Come». In Großbritannien wurde Capote in der Intellektuellenszene herumgereicht, von Cecil Beaton zu E. M. Forster. In Paris empfingen ihn Colette, Christian Dior, Jean Cocteau und Natalie Barney. Capote war *everybodys darling* und begehrt von Männern wie Frauen. «Es ist wirklich schade, daß ich mit Frauen nicht gerne ins Bett gehe. Ich hätte jede Frau in der Welt von der Garbo bis zur Dietrich haben können. Die Frauen lieben mich immer, und ich liebe attraktive und schöne Frauen, aber als Freundin, nicht als Geliebte. Ich kann nicht verstehen, warum jemand mit einer Frau schlafen möchte. Es ist langweilig, langweilig, langweilig!»

«Ich bin schwul, ich bin süchtig, ich bin ein Genie»

Capote war zu einem Prototyp des modernen Schriftstellers geworden: Ein *outcast*, einer, der sich hemmungslos den Süchten wie den Leidenschaften hingab, der von der Sensationspresse wie von der High-Society geliebt und gehätschelt wurde. Um ihn herum war Leben und Entertainment. Das ließ man sich nicht entgehen. Zeitweilig gab es sogar eine Klatschkolumne einzig für die Neuigkeiten aus Truman Capotes abenteuerlichem Leben.

Verborgen hinter Zynismus und Eloquenz war er gleichermaßen scharfsichtig wie sensibel. Wenn er beim Schreiben auch jeden Satz unter Umständen hunderte Mal umschrieb, beim Small talk, im Interview war er um eine bissige, schnelle Antwort nie verlegen. Aus jedem zweiten Satz, etwa in seinen Interviews mit Lawrence Grobel (gesammelt unter dem Titel «Ich bin schwul, ich bin süchtig, ich bin ein Genie»), spricht blanker Hohn und Schadenfreude, verdeckt ein tragikomisches Lachen seine hilflose Unsicherheit.

1966 war er auf der Höhe seines Ruhmes angelangt. «Kaltblütig», sein dokumentarischer Reportageroman über einen vierfachen Mord in einer Farmersfamilie in Kansas, war nach sechs Jahren Recherche abgeschlossen und veröffentlicht. Er hatte dafür jene Techniken genutzt, die er beim Drehbuchschreiben gelernt hatte. Seine Figuren präsentierte er in filmgerechten Szenen und verstand es, durch rasante Schnitte Spannung zu erzeugen. Er beschrieb die Realität, die *facts*, jedoch mit außergewöhnlichen journalistischen Mitteln und mit der Kunst eines brillanten Erzählers.

«Haben diese Leute geglaubt, ich sei nur da, um sie zu amüsieren?»

Der erwartete Pulitzer-Preis blieb jedoch aus (wie Capote niemals offizielle Ehrungen für sein Werk erhielt). Noch einmal wollte er ein ähnlich gewagtes Projekt angehen, in dem Fiktion und Tatsachen eine Einheit bilden. Ein Opus magnum sollte es werden, ein Kunstwerk des intellektuellen Klatsches, eine amerikanische Entsprechung von Prousts «Auf der Suche nach der verlorenen Zeit». Doch «Erhörte Gebete» wurde zum Endpunkt seiner schriftstellerischen Karriere.

Der Verlag Random House zahlte dem seit «Kaltblütig» hoch gefeierten Star einen soliden Vorschuß, 20th Century Fox kaufte vorab die Filmrechte. Als «Esquire» schließlich das erste Kapitel des lang angekündigten Romans abdruckte, tobte die Hautevolee. Über Nacht ließ man ihn fallen. Klatsch hat man sorgsam zu verbreiten, an auserwählte Mitwisser. Die Indiskretion hat diskret zu erfolgen. Dieses Gesetz hatte Capote verletzt, und damit mit der Gesellschaft gebrochen, von der er mehr abhängig war, als er vermutete. «Capote beißt die Hand, die ihn fütterte», kommentierte das «New York Magazine».

Seine Hauptfigur in «Answered Prayers» ist P. B. Jones, ein «Herseh-Riegel-Stricher»: «Es gab so gut wie nichts, das ich nicht für eine Tafel Schokolade getan hätte.» Gerne wäre er Schriftsteller, aber sein Geld verdient er erst mal als Angestellter einer Callboy-Agentur. Seine Lebensgeschichte – er wurde als Baby auf dem Balkon eines Kinos ausgesetzt – wird eher beiläufig erzählt. Wichtiger ist, was er über seine Bettgenossen aus der besseren Gesellschaft, über deren Schlafzimmerpraktiken berichten kann. Über Kate McLoud wußte das Plappermaul Jones/Capote zu erzählen: «Wenn aus Kate so viele Schwänze stecken würden, wie in sie hineingesteckt wurden, dann sähe sie aus wie ein Stachelschwein.» Über Sartre und die Beauvoir schreibt er: «Der schieläugige, bleiche, pfeifen-nuckelnde Jean-Paul Sartre und seine altjüngferliche Amüsierdame, die Beauvoir, hocken meist in einer Ecke wie ein verlassenes Bauchrednerpuppenpaar.» Dorothy Parker ist eine «Schnapsdrossel», Montgomery Clift «ein Schwanzlutscher» und Jean Cocteau hat einen Tripper, die Kennedy-Brüder sind «Hunde, die an jeden Feuerhydranten pinkeln müssen», Greta Garbo verhöhnt er als «unwirtlichen, aufgegebenen Tempel». Das Niveau schwankt dabei zwischen Klatschpresse und der sprachlichen Brillanz des frühen Capote.

Bis zuletzt kursierten geschickt gestreute Gerüchte, das gesamte Manuskript läge im Banksafe eines Liebhabers und würde eines Tages unerwartet auftauchen. Doch bloß drei Kapitel, alle zu Lebzeiten Capotes noch in Zeitschriften vorabgedruckt, erschienen und wurden posthum als Fragment, als der «sensationellste, berühmteste unveröffentlichte Roman der amerikanischen Literatur» auf den Markt gebracht.

«Haben diese Leute geglaubt, ich sei nur da, um sie zu amüsieren?» wunderte sich Capote über die Verwechslung von Hofnarr und Schriftsteller. Capote wußte, daß seine Zeit vorbei war, er literarisch ausgebrannt war. Er verfiel mehr und mehr dem Alkohol und den Tabletten. Kurz vor seinem 60. Geburtstag starb er an einer Überdosis, ob beabsichtigt oder nicht, blieb ungeklärt.

Gerald Clarke:
Truman Capote.
Aus dem Amerikanischen von
Brigitte Stein. Knaur Taschenbuch
Verlag, München 1993.

Truman Capote:
Die Grasharfe.
Roman. Aus dem Amerikanischen
von Annemarie Seidel und Friedrich
Podzsus. Suhrkamp Taschenbuch
Verlag, Frankfurt/Main 1990.
Baum der Nacht.
Erzählungen. Aus dem Amerika-
nischen von Liselotte Fassbinder.
dtv, München 1988.
Das Geheimnis.
Erzählung. Aus dem Amerikani-
schen von Maria Dessauer.
Insel Bücherei Nr. 1111, Insel Verlag,
Frankfurt/Main 1990.

Frühstück bei Tiffany.
Aus dem Amerikanischen von Hansi
Bochow-Blüthgen. Rowohlt Taschen-
buch Verlag, Reinbek 1959.
Kaltblütig.
Roman. Aus dem Amerikanischen von
K. H. Hansen. Rowohlt Taschenbuch
Verlag, Reinbek 1962.
Andere Stimmen, andere Räume.
Roman. Aus dem Amerikanischen
von Hansi Bochow-Blüthgen. Ullstein
Taschenbuch Verlag, Berlin 1986.
Die Musen sprechen.
Mit Porgy and Bess in Rußland.
Erzählung. Aus dem Amerikanischen
von Hansi Bochow-Blüthgen. Ullstein
Taschenbuch Verlag, Berlin 1987.

Wenn die Hunde bellen.
Stories und Porträts. Aus dem
Amerikanischen von Hansi Bochow-
Blüthgen u.a. Rowohlt Taschenbuch
Verlag, Reinbek 1992.
Erhörte Gebete.
Der unvollendete Roman.
Aus dem Amerikanischen von
Günter Panske. Rowohlt Taschenbuch
Verlag, Reinbek 1989.
*«Ich bin schwul, ich bin süchtig,
ich bin ein Genie».*
Ein intimes Gespräch mit
Lawrence Grobel. Aus dem Ameri-
kanischen von Thomas Lindquist.
Diogenes Taschenbuch Verlag,
Zürich 1986.

Jewgenij Charitonow
Unter Hausarrest

Schwule und lesbische Texte waren im Sowjetreich undenkbar und kursierten allenfalls per Hand vervielfältigt auf den gleichen privaten Wegen wie die Mitteilungen des politischen Untergrundes. Eine selbstbewußte, schwule Literatur ist auch im heutigen Rußland nicht wirklich denkbar. Erst nach und nach geben sich einige Autoren zu erkennen, schreiben nicht mehr hinter literarischen Masken oder benutzen geheime Codes, die erst entschlüsselt einem Text den homosexuellen Subtext entlocken lassen. In Moskau existiert seit wenigen Jahren nun sogar der erste schwul-lesbische Verlag, Glagol. Aleksandr Schatalow verlegt dort nicht nur schwule Klassiker (wie William S. Burroughs und James Baldwin oder auch Charlotte von Mahlsdorf), er kümmert sich ebenso um die wenigen zeitgenössischen russischen Autoren. Sein besonderes Verdienst ist jedoch, das Manuskript Jewgenij Charitonows aufgespürt zu haben. Denn nie zuvor hat ein russischer Autor Homosexualität derart offenkundig und intensiv zum literarischen Thema gemacht.

Charitonow, geboren 1941, war 1959 zum Studium an der Filmhochschule nach Moskau gekommen. Er arbeitete als Schauspieler und Theaterregisseur für freie Gruppen und verdiente seinen Lebensunterhalt als Sprachtherapeut für Stotterer. Ganz nebenbei war er zu einer charismatischen Figur der Moskauer Künstlerszene wie literarischen Subkultur der 70er Jahre geworden. Zu Lebzeiten konnte er nichts veröffentlichen. Seine Texte existierten nur in Samisdat-Ausgaben, die als getippte Kohlepapierdurchschläge zirkulierten. Kurz vor seinem plötzlichen Tod 1981 – er starb angeblich an einem Herzinfarkt mitten auf der Straße – sammelte er alle seit 1969 geschriebenen verbindlichen Texte und ordnete das Manuskript zu einem Buch, das er «Unter Hausarrest» nannte. Erscheinen konnte es nach einem langen Irrweg erst 1993.

Für Charitonow war seine dreifache Randexistenz, als Schwuler, politisch Unbequemer und Künstler in der UdSSR, Motor seines Schreibens. Weil er wußte, daß er für seine Texte keinen Publikationsort finden würde, konnte er gänzlich unbekümmert experimentieren. Mal sind es beinahe klassisch komponierte und erzählte Geschichten, zum Beispiel in «Die Röhre», in der der Erzähler atemlos sieben Tage lang dem schönen Mischa hinterherhechelt und aus Angst vor Entdeckung seiner Homosexualität niemals ihn wird ansprechen können. Wie in vielen der anderen Texte auch wird er sein Objekt der Begierde nicht erobern können. Eines der Grundmotive ist stets die unglückliche, die unerreichte, die unerreichbare Liebe, das immerwährende Werben, Anbaggern und Abgewiesenwerden. Daß dies kein selbstmitleidiges Heulsusenbuch wurde, liegt an Charitonows Selbstironie, an seinem sich immer wieder bahnbrechenden Hang zum Sarkasmus, nicht zuletzt an seiner Experimentierfreudigkeit. Sein Buch erscheint wie ein chaotischer, wahllos zusammengestellter Zettelkasten. Viel epigonenhafte Künstlichkeit, gestelzte Originalität, ein wenig *écriture automatique* und Selbstinszenierung. Daneben finden sich jedoch rebellische Pose, leise Poesie, subversive Pamphlete. Essayistisches vermischt sich mit Aphorismen und lyrischen Albernheiten, Formloses gesellt sich zu hochartistischen Prosastücken. Leidenschaftliche Erzählungen wechseln mit konkreter

Poesie und assoziativen Textspielereien. Als Vorbild diente ihm die japanische Hofdame Sei Shonagon, die im 10. Jahrhundert ihr «Kopfkissenbuch», eine Sammlung aus klassischer Hofdichtung, Novellen, Aphorismen und kleinen Essays, geschrieben hatte. Ihr Spiel mit literarischen Formen und mit Masken hat Charitonow fasziniert und inspiriert. Eine weitere Anregung mag für ihn von Oscar Wilde ausgegangen sein. Immer wieder betonte Charitonow sein Selbstverständnis als «Auserwählter», das er nicht nur mit seinen experimentellen Versuchen, sich vom literarischen Mainstream zu distanzieren, unterstrich.

Homosexualität als ästhetische Avantgarde

Als schwuler Mann pflegt er in seinen Texten die Attitüde des Dandys. Homosexualität bedeutet für ihn ästhetische Avantgarde: «Wenn wir nicht wären, würdet Ihr Euch in Eurem Geschmack stärker dem Unmittelbaren, Fleischlichen, Blutigen zuwenden. Mit Blick auf uns, doch Euch dessen nicht immer bewußt, meßt Ihr dem Spielerischen und Nichtzweckdienlichen große Bedeutung bei ...»

Charitonow liefert keine schwule Bekenntnisliteratur in der UdSSR: Er inszeniert sich als Künstler auf der Suche nach Form und Originalität und als Schwuler mit seinem ewigen Begehren nach Männerkörpern und dem Hunger nach Sex. Er schreibt vom Sex auf der Klappe (mit Löchern in der Zwischenwand), von einer absurden Samenspende, die den durchführenden Arzt zu einer schwulen Phantasiegestalt werden läßt, oder auch von einer Analuntersuchung auf Betreiben des KGB, um den passiven Geschlechtsverkehr nachzuweisen. Nur nebenbei offenbart Charitonow Details zur schwulen Sozialgeschichte in der Sowjetunion. Wie sich der Dichter August von Platen vor 150 Jahren wahrscheinlich als erster Deutscher bemühte, sich sein Bewußtsein als Homosexueller zu erschreiben, müht sich Charitonow auf seine Weise, sich als Schwuler mit all den Leidenschaften und Begehren sprachlich Gestalt zu geben. Und mehr noch: seine Existenz auf einer philosophischen, vor allem ästhetischen Ebene zu begründen.

Jewgenij Charitonow:
Unter Hausarrest.
Ein Kopfkissenbuch.
**Aus dem Russischen und mit einem
Nachwort von Gabriele Leupold.
Rowohlt Berlin, 1996.**

Jean Cocteau
Das Weißbuch

«Wir veröffentlichen dieses Werk, weil es bei weitem mehr Talent als Indezens beweist und weil in ihm eine Moral steckt, die jedem ehrlichen Mann verbietet, es der Unzahl anstößiger Bücher zuzuschlagen. Es wurde uns ohne Name und Anschrift eingesandt.» Der verlegerische Vorsatz zu «Das Weißbuch» ist, wie nicht selten bei homoerotischer Literatur (so auch bei Verlaines «Hombres»), kaum mehr als eine diskrete Verlegenheit. Als das Buch nämlich 1928 erstmals, anonym und in einer luxuriösen Kleinstauflage von 21 Exemplaren, erschien, wußte die literarische Welt sehr wohl, welcher Autor sich hinter diesem Werk verbarg. Aber auch als es zwei Jahre später in einer nunmehr größeren Auflage und mit Zeichnungen Jean Cocteaus illustriert erneut vorlag, wurde der Name des Autors immer noch verschwiegen.

«Man behauptet, ‹Das Weißbuch› sei mein Werk», schreibt Cocteau in einem Postskriptum verschämt und kokett zugleich. «Ich vermute, aus diesem Grunde fordern Sie mich auf, es zu illustrieren, und deshalb nehme ich auch an. (...) Aber was auch immer ich von diesem Buch halte, und wäre es von mir, wäre ich dafür nicht mit meinem Namen eingestanden, da es einer Autobiographie nahekommt und ich mir vorbehalte, selber eine zu schreiben, die noch außerordentlicher ausfiele.»

Ob es ein wenn auch recht offensichtliches Versteckspiel mit dem Leser war oder tatsächlich aus Scham geschah, läßt sich nur schwer eruieren, wahrscheinlich hatte beides Cocteau dazu bewogen. Denn längst hatte Cocteau, der Autor der Romane «Thomas der Schwindler» (1922) und «Die große Kluft» (1922), der Ballettlibretti «Parade» (1917) und «Le Bœuf sur le Toit» (1920), aufgrund seines Drogenkonsums und seiner offen gelebten Homosexualität innerhalb der guten Gesellschaft wie des offiziellen Kulturbetriebes den Ruf eines Enfant terrible. Memoiren hatte er immer verabscheut und für sich auch ausgeschlossen, jemals welche zu verfassen. «Das Weißbuch» ist auf Umwegen dann doch zu einem äußerst intimen Bekenntnisbuch geworden, einer Autobiographie sehr nahe. Denn die wenigen literarisierten Verschlüsselungen können die realen Bezüge wie die Personen kaum verdecken.

Bekenntnisse eines jungen Narziß

«Während mich nichts geniert, wenn es darum geht, über sexuelle Beziehungen zu reden», schreibt Cocteau, «hält mich die Scham zurück, wenn es darum geht, die Qualen zu schildern, derer ich imstande bin.» Und so liefert Cocteau in seinem «Weißbuch» die Geschichte der Entdeckung seiner homosexuellen Gefühle und die seiner homosexuellen Sozialisation. Es geht dabei weniger um den skandalösen, gar pornographischen Blick ins Schlafzimmer, sondern vielmehr um unerreichte Liebe und Scham einer gequälten Seele. Zunächst war es die früh registrierte Faszination für Männer, erste Verliebtheiten in der Schule. Noch verstören ihn diese Gefühle, versucht er sich in Frauenbeziehungen zu retten und flieht sogar in klösterliche Askese. Doch was er auch tut: Die muskulösen, sonnengebräunten Männer mit praller Hose sind seine *idée fixe*. Wie aus einem Handbuch schwuler

Prototypen entsprungen, tauchen sie in seinen Vorstellungen auf: Idealgestalten schwuler, homoerotischer Phantasien – Männer in Uniformen, Matrosen, unnahbar schöne Jünglinge. Schönheit ist stets der zentrale Begriff, mit dem er sie beschreibt und beinahe zu mystischen Göttergestalten stilisiert. Kein Wunder, daß André Gide von der so wenig «Handfestes» bietenden Lektüre enttäuscht war und seinen Eindruck in einem Satz zusammenfaßte: «Einige Obszönitäten sind ganz charmant erzählt.» Obszön aber ist das «Weißbuch» ganz und gar nicht, auch wenn die durchaus erotisierenden, in den verschiedenen Ausgaben wechselnden Zeichnungen Cocteaus einen anderen Eindruck vermitteln. (Für die englische Ausgabe verwendete er sogar Zeichnungen, die er ursprünglich für eine Illustration von «Querelle de Brest» angefertigt hatte.)

Sein Bekenntnis fällt zart, im Grunde diskret und vor allem sprachlich versiert aus. In eleganter Prosa mit einem Hang zu klassizistischen Schnörkeln schildert er seine Liebesunglücke, zumeist Urerlebnisse, die ihn ein Leben lang verfolgen. So etwa jener Schulkamerad Dargelos, der ihn einst bei einer Schneeballschlacht mit einem Stein verletzte. Männlicher als seine Mitschüler, und offensichtlich auch von die Lehrer betörendem Charme, hat sich Cocteau in ihn verliebt. «Das offenstehende Hemd unterstrich seinen langen Hals. Eine kräftige Locke kringelte sich über seiner Stirn. Sein Gesicht mit den etwas stumpfen Lippen, den ein wenig zugekniffenen Augen und die runde Nase verkörperten alle Anzeichen für den Typ, der verhängnisvoll für mich werden sollte.» Doch Cocteaus zaghaften Versuche, sich mit Dargelos anzufreunden, sind unbeholfen und zum Scheitern verurteilt. Cocteau beschwört diese – durch eine Lungenentzündung früh verstorbene – glorifizierte Gestalt immer wieder herauf. In seinem Film «Le sang d'un poète» («Das Blut des Dichters») (1930) und im Roman «Les Enfants terribles» («Kinder der Nacht») (1929), der Geschichte eines Geschwisterpaares, das sich in seiner Zimmergruft eine Welt aus ureigenen Ritualen, mit dem kultisch verehrten Dargelos im Zentrum, eingerichtet hat. Klaus Mann hat «Les Enfants terribles» zu einem Theaterstück verarbeitet, Jean-Pierre Melville den Stoff 1949 verfilmt.

In der Gestalt des H. im «Weißbuch» fließen die Erinnerungen an zwei Geliebte ineinander, an Jean Desbordes und Raymond Radiguet. Beide waren junge Schriftsteller, Groupies im gewissen Sinne. Als Cocteau Radiguet traf, war dieser kaum 16 Jahre alt. Mit 20 stirbt er bereits an Typhus. Ihre ambivalente Beziehung hatte jedoch ihrer beider literarische Arbeit stark angeregt. Desbordes lernte Cocteau 1926 kennen. Dessen von schwärmerischer, überaus sinnlicher Religiosität durchdrungener Gedichtband «J'adore» («Ich bete an») (1928) hatte Cocteau dazu angeregt, sich auf ähnliche Weise an einer Bekenntnisschrift zu versuchen: dem «Weißbuch». Die Liaison hielt nicht lange. Wie Cocteau war Desbordes dem Opium verfallen. 1937 heiratete er eine Studentin der Pharmazie. Zu diesem Zeitpunkt lebte Cocteau bereits seit einigen Jahren mit dem Halbaraber Marcel Khill zusammen und lernte gerade den jungen Jean Marais (geb. 1913) kennen: seine Muse der nächsten zehn Jahre. Für ihn schreibt er Liebesgedichte («Ich war im Paradies»), Theaterstücke («Die Höllenmaschine», «Der Doppeladler») und macht ihn mit «Die Schöne und das Tier» (1946), «Die schrecklichen Eltern» (1949) und «Orphée»(1950) zum international gefeierten Leinwand-Beau.

Seine Lebensgefährten wie auch unerreichbar verehrte Objekte der Begierde waren für Cocteau stets Antrieb und kreative Stimulation seiner Arbeit. In «Das Weißbuch» offenbart er die ersten erotischen Initiationen und Inspirationen. «Dank des Strafgesetzbuches», schreibt er zum Schluß des Buches, «bringt mich dieses Laster in Frankreich nicht ins Gefängnis. Aber ich dulde nicht, daß man mich toleriert. Dafür bin ich zu verliebt in die Liebe und in die Freiheit.»

Jean Cocteau:
Die große Kluft/
Das Weißbuch.
Aus dem Französischen von
Friedrich Hagen und Karsten Witte.
Thomas der Schwindler/
Das Phantom von Marseille.
Deutsch von Friedhelm Kemp.
Kinder der Nacht.
Deutsch von Friedhelm Kemp.
Das Blut eines Dichters/
Die Schöne und das Tier/Orphée
Alle erschienen im Fischer Taschen-
buch Verlag, Frankfurt/Main 1988,
im Rahmen der Werkausgabe.

Meine Reise um die Welt
in achtzig Tagen.
Kritische Poesie. Aus dem Franzö-
sischen von Friedrich Hagen.
Reclam-Verlag, Leipzig 1991.
Taschentheater.
Mit Zeichnungen des Autors.
Aus dem Französischen von
Anna Zaschke. Athenäum Verlag,
Frankfurt/Main 1989.
Kino und Poesie.
Notizen ausgewählt und übersetzt
von Klaus Eder. Fischer Taschenbuch
Verlag, Frankfurt/Main 1989.
Gezeichnete Poesie.
Herausgegeben und mit einer
Einleitung von Franz Joseph Hall.
Pendragon Verlag, Bielefeld 1991.
An einem anderen Ort.
Übertragung von Thomas Plaichinger.
Pendragon Verlag, Bielefeld 1989.

Das Blut der Liebe.
Gedichte, in deutsch geschrieben.
Pendragon Verlag, Bielefeld 1992.
Ich war im Paradies.
Liebesgedichte an Jean Marais.
Aus dem Französischen von Jürgen
Buchmann. Pendragon Verlag,
Bielefeld 1988.

Frederick Brown:
Jean Cocteau. Eine Biographie.
Aus dem Amerikanischen von Jürgen
Abel. Fischer Taschenbuch Verlag,
Frankfurt/Main 1985.

Monique Lange:
Jean Cocteau. Prinz ohne Reich.
Biographie. Aus dem Französischen
von Ulrike Schubert. Beck & Glückler
Verlag, Freiburg 1991.

Dennis Cooper

Sprung

Als 1991 «Frisk» erschien, Dennis Coopers bis dahin dritte Prosaveröffentlichung, sah sich der Autor mit mehr als der bereits gewohn-
ten Ablehnung seiner Bücher konfrontiert. Ein Teil der schwulen-
politischen Aktionsgruppe «Queer Nation» hatte zum Mord an dem
1953 geborenen Schriftsteller aufgerufen. Als vier Jahre später Todd Verows Verfilmung auf dem
Gay & Lesbian Film Festival in San Francisco uraufgeführt wurde, gab es erneut massiven Protest.
Kurzzeitig schien ein Abbruch des Festivals unvermeidlich.

Der Anlaß der Erregung war der gleiche wie beim Erscheinen des Romans: «Frisk» (deutscher
Titel «Sprung») sei politisch schädlich, schade dem Ansehen der Schwulen in der heterosexuellen
Öffentlichkeit, sei menschenverachtend, abstoßend und sadistisch. Dennis Cooper fühlte sich unver-
standen und hilflos diesen Attacken ausgesetzt.

Die Hauptfigur ist Dennis. Mit 13 Jahren bekam er Snuff-Fotos von verstümmelten Teenagern
in die Hände. Diese Bilder traumatisieren ihn und geben die Grundlage seiner sexuellen Obsession:
Er träumt davon, seine One-Night-Stands nach dem Sex ebenso bestialisch zu ermorden, diese Bilder
wahr zu machen. Zwar erfährt er Jahre später, daß die grausam-faszinierenden Fotos nur gestellt

waren, doch die Obsession bleibt. «Ich bin mir ziemlich sicher, wenn ich einen Typen aufschlitze, würde ich ihn so gut kennenlernen, wie das überhaupt möglich ist, denn ich hätte das, woraus er besteht in den Händen, im Mund, sonstwo.» Als er einige Zeit in Amsterdam verbringt, schreibt er einem alten Lover und schildert eine Reihe ritualisierter Morde, die er verübt haben will. Eine Windmühle auf dem Land wird zu einer Art Kopie des Schlosses des Marquis de Sade (der neben Jean Genet zu den großen Vorbildern Coopers gehört). In diesen Gemäuern zelebriert Dennis gemeinsam mit einem schwulen Paar aus Deutschland ein Inferno aus Kannibalismus, Pornographie, sadistischen Orgien und Hinrichtungen. Ob die Morde sich in der Phantasie von Dennis abspielen oder wirklich von ihm begangen worden sind, bleibt offen. Eine Befreiung von den Obsessionen gelingt schließlich erst, als der zur Hilfe herbeigeeilte Lover mit einem Amsterdamer Stricher die Snuff-Fotos aus Dennis' Jugendzeit mit maskenbildnerischer Perfektion nachstellt, fotografiert und so das Trauma beseitigt.

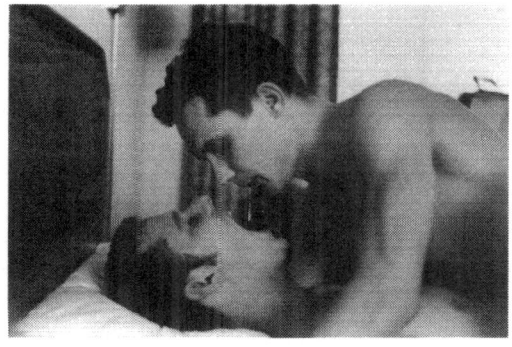

Szene aus Todd Verows Filmversion von «Frisk»

»... wenn ich einen Typen aufschlitze, würde ich ihn so gut kennenlernen, wie das überhaupt möglich ist.»

Sex, in allen Formen und Konstellationen, ist hier stets gegenwärtig. Cooper beschreibt ihn jedoch lakonisch und en passant, wie seine gesamte Prosa äußerst schmucklos, wenn auch mit beiläufigem Witz und morbider Poesie daherkommt. Pornographie kann daraus nicht entstehen, Erotik ebensowenig. Der eigentliche Skandal liegt deshalb keineswegs im explizit Sexuellen, sondern in der Überschreitung eines anderen Tabus: dem des entmystifizierten Körpers. Wie de Sade hat auch Cooper ein lustvolles, analytisches Vergnügen an der Sezierung, am Wühlen im Fleisch des anderen. Das Ineinanderverschmelzen zweier Körper bei der sexuellen Vereinigung nimmt Cooper geradezu wörtlich: Sein Held Dennis kriecht und greift tief hinein in seine Liebhaber. Er will sie riechen und schmecken, sämtliche Körperausscheidungen mit allen Sinnen erfahren. Erst in ihrem wirklichen Innern, in ihren Gedärmen, so glaubt er, kann er sie wahrhaftig kennenlernen, ihre Seele fressen.

Coopers Literatur ist bevölkert von desillusionierten Teenagern, schwule Jungs um die 20, Stricher, Punkrocker, spleenige Künstler und *looser*, die ihre Zeit mit schnellem, anonymem Sex, Drogen und Horrorvideos verbringen. Auch seine Erzählungen im Band «Wrong» (1992) (dt. «Trug», 1996) oder sein Roman «Closer» (1989) (dt. ‹Ran›, 1995) sind fern einer realistischen Darstellung gesellschaftlicher Wirklichkeit und eines moralischen Wertesystems. Vielmehr erscheinen sie wie riesige Labors, wie Versuchsanordnungen. Für Cooper zählen die klassischen Themen der amerikanischen Schwulenliteratur der 80er Jahre nicht mehr: Coming-out, Integration und Auseinandersetzung als Schwuler mit der Familie und der Gesellschaft. Für Cooper ist die Homosexualität bereits eine Selbstverständlichkeit, die keine Probleme mit der nichtschwulen Gesellschaft mehr aufwirft. Seine Geschichten spielen daher auch in einer hermetisch schwulen Welt. Doch will er keine realistische Lebenswelt nachstellen (das Hauptmißverständnis seiner Gegner), sondern künstliche Schreckensvisionen einer zur Hölle stilisierten Gegenwart entwerfen. Die omnipräsente Gewalt, die Illusionslosigkeit dieses Jahrzehnts potenziert er in seiner Literatur zu beiläufig geschilderten Horrorszenarien.

In seiner an die Grenzen der Toleranz gehenden Weltsicht unterscheidet sich Cooper fundamental von seinen etablierten Kollegen der amerikanischen «Gay Lit» wie David Leavitt, Armistead Maupin oder Edmund White. Ähnlich wie auch Gary Indiana («Callboy») wagt Cooper gegen die *political correctness* zu verstoßen und Schwule nicht nur als Bösewichte, sondern gleich als Massenmörder darzustellen. Die Empörung der Schwulenaktivisten über Cooper erklärt sich, wenn man sich erinnert, daß nur wenige Jahre vor «Frisk» man in Hollywood auf die Barrikaden ging und gegen das Stereotyp des homosexuellen Triebtäters wie etwa in «Schweigen der Lämmer» demonstrierte.

Cooper bedient sich dieser Ikonographie der Medien vom Wiederholungszwang der Serientäter und erweitert das Angebot an Literatur zum Thema um einen kühl und emotionslos geschriebenen Roman, der dennoch oder vielleicht gerade deshalb *hard stuff* bleibt.

Dennis Cooper:
Sprung.
Roman. Aus dem Amerikanischen von Frank Heibert, 1992.

Ran.
Roman. Aus dem Amerikanischen von Frank Heibert, 1995.

Trug.
Erzählungen. Aus dem Amerikanischen von Dino Heicker und Michael Sollorz, 1996. Alle im Passagen Verlag, Wien.

Quentin Crisp

Crisperanto. Aus dem Leben eines englischen Exzentrikers

«Wenn Quentin Crisp nicht existieren würde, wäre es ziemlich unwahrscheinlich, daß jemand den Mut hätte, ihn zu erfinden», vermerkte einmal die «London Times» über diesen Sohn der Stadt, der England allerdings längst den Rücken gekehrt hat. Exzentriker haben zwar auf der Insel eine jahrhundertelange Tradition, doch Quentin Crisp war selbst den Briten zuviel.

«Ich bin nicht berühmt, ich bin lediglich notorisch.» Die Selbstbeschreibung Quentin Crisps klingt nach kokettem Understatement und kühler Nüchternheit. Den Exzentriker alter Schule, einen letzten wahren Dandy, hat es in seinem langen Leben von der spießigen Insel nach New York, und zwar in die Lower East Side verschlagen. Dort haust er in einem kleinen Ein-Zimmer-Appartement, das er seit 15 Jahren nicht mehr geputzt haben will. Er schrieb erfolgreiche Bücher über Etikette («How to become a Virgin»), über Filme («How To Got To The Movies»), wurde von Sting als «Englishman in New York» besungen und Objekt zahlreicher Dokumentarfilme. Er selbst trat mit kleinen Rollen unter anderem in «Philadelphia» und als Queen Elizabeth I. in der Virginia Woolf-Verfilmung «Orlando» auf. Einer, der es zu Weltruhm gebracht hat, indem er immer nur er selbst war. Und so lautete letztlich auch seine simple und zugleich großartige Botschaft: «Vergiß alle Vorschriften. Sei Du selbst, ganz gleich, was die anderen sagen!»

Quentin Crisp ist ein mit Würde gealterter, aristokratisch selbstbewußter, effeminierter Egozentriker, dessen Singsang seiner Stimme auch nach Jahrzehnten in den USA immer noch *very british* und ein bißchen *snobby* ist.

Seine Lebensbestimmung, das wußte Crisp recht früh, war, Exzentriker zu sein, ein schwuler Exzentriker. «Ich wurde nicht nur einfach ein Homosexueller, der es zugab, sondern auch einer, dem man es ansah.» Fummel und Make-up, Stöckelschuhe und reizende Hüte – es konnte nicht extravagant und grell genug sein. Das Spiel mit den Geschlechtern, mit auffallendem Outfit ist längst an der Tagesordnung und kein Skandal mehr. Crisp stöckelte aber bereits in den 20er Jahren mit breitrandiger Kopfbedeckung, wehendem Seidenschal und etwas Wangenrouge durch die Straßen Londons, zu einer Zeit, als Großbritannien noch als Synonym für Moral und Tugend stand und entsprechend auch Prüderie und Intoleranz herrschten.

«Vielleicht gehört das ‹Tuntige› in die zwanziger Jahre, weil danach die Unterschiede zwischen den Geschlechtern, besonders die sichtbaren Unterschiede – zu verblassen begannen. Natürlich hat das den Frauen nie das geringste ausgemacht. Sie wissen, sie sind Frauen. Für Homosexuelle, die mit jedem Atemzug, mit jedem Schritt demonstrieren müssen, daß sie feminin sind, ist das frustrierend.»

«Crisperanto» ist Quentin Crisps Lebensgeschichte, erster Teil, bis 1968, die übrigens 1975 mit John Hurt in der Hauptrolle verfilmt wurde. 1996 veröffentlichte er die Fortsetzung über seine Jahre in New York unter dem Titel «Resident Alien». In selbstironischem Ton und mit Hang zum Bonmot plaudert Crisp über die Merkwürdigkeiten seiner Existenz. «Vom Morgenrot meiner Geschichte an war ich so sehr von den charakteristischen Merkmalen einer gewissen Sorte von Homosexuellen entstellt, daß mir als junger Mann klar wurde, ich würde mein Dilemma nicht länger ignorieren können.» Nonkonformismus wurde sein humanes Prinzip, auch wenn es für ihn mehr als Prophylaktikum gegen Drogenexzesse begriffen wurde. Andererseits zeigte die Art der Selbstdarstellung auch Suchterscheinungen: «Exhibitionismus ist wie eine Droge. Abhängig geworden in meiner Jugend, nahm ich nun Dosen, die so massiv waren, daß sie einen Novizen umgebracht hätten. Blind von Mascara und stumm von Lippenstift stolzierte ich durch die finsteren Straßen. (...) Manchmal trug ich die Stirnfransen so tief, daß der Weg vor mir völlig verhangen war. Das machte so gut wie gar nichts. Es gab immer genug andere, die schauten, wo ich langging.»

«Wenn es einen Himmel für Homosexuelle gibt, wird er sehr spärlich beleuchtet sein.»

Von der Mutter wird er zu einer journalistischen Ausbildung gedrängt. Vertane Zeit, wie Crisp bald darauf feststellt. Er geht bei einem Werbegraphiker in die Ausbildung und müht sich auch dort. Seine Bestimmung findet er erst Jahre später zufällig. Ein Job, bei dem alle Augen auf einen gerichtet sind, man ganz im Mittelpunkt steht; eine Arbeit, für die man nichts zu können braucht, für die man aber geboren sein muß, die keine speziellen Vorkenntnisse verlangt und wo man nicht in Gefahr gerät, sich die Fingernägel zu ruinieren: das Modellstehen in der Kunsthochschule. «Man brauchte bloß sein Jawort zu geben, und dann war man festgenagelt, wie in einer Ehe. Sie war auch leicht zu bekommen. Es herrschte Krieg und ich war nahezu das einzige einigermaßen männliche Wesen, das noch zwei Arme und zwei Beine hatte.» Vom Kriegsdienst war Crisp selbstverständlich freigestellt – «wegen sexueller Perversion». Nun war er also ein «Naked Civil Servant» (so auch der englische Originaltitel von «Crisperanto»), ein nackter Staatsdiener, ganz zu Diensten der werdenden Künstler Großbritanniens. Das Bild des Adonis gab er allerdings nicht ab: «Ich war in jeder Hinsicht zu kurz geraten, abgesehen von einer Hühnerbrust und einem riesigen Kopf. Ausgezogen glich ich weniger ‹Il David›, als vielmehr einem gerupften Huhn, das an Mysomatose gestorben war.»

So unterhaltsam und amüsant er sein kann, bisweilen ist er ein Moralist und kritischer Beobachter des schwulen Lebens, etwa wenn er sich über die Vorliebe mancher Schwuler für dunkle Örtlichkeiten ausläßt: «Wenn es einen Himmel für Homosexuelle gibt, was nicht sehr wahrscheinlich scheint, wird er sehr spärlich beleuchtet sein und voll mit Leuten, die recht zuversichtlich sein können, sich niemals wieder begegnen zu müssen. Der Wunsch nach einer solchen Umgebung ist nur zum Teil darauf zurückzuführen, daß sie sich ihrer selbst schämen und unerkannt bleiben wollen.» Weniger moralisierend und um so interessanter fällt seine Schilderung eines Londoner Kinos, das heimlicher Treffpunkt für Schwule war, aus: «Es spielte kaum eine Rolle, was für Filme dort gespielt wurden. Am häufigsten laufen Kriegsfilme, ihr Lärm kann am ehesten die quietschenden Sprungfedern der Sitze übertönen. Streifen mit ausgedehnten Schneeszenen werden vermieden, weil dadurch zuviel Licht in den Zuschauerraum geworfen wird.»

Überraschend ist, wie scheinbar gelassen, geradezu humorvoll Quentin Crisp von den jahrzehntelang ertragenen Schikanen, Pöbeleien und auch tätlichen Angriffen berichtet. Kaum, daß er wirklich einmal einen melancholischen oder nachdenklichen Ton anschlägt. Vielmehr scheint er ein verbissener Optimist zu sein: «Ein Pessimist ist jemand, der, wenn er im Bad ist, nicht heraussteigt, um ans Telefon zu gehen. Ich war unverbesserlich hoffnungsvoll. Ich habe nie absichtlich das Telefon vor sich hin läuten lassen, aus Angst, daß ich eine Botschaft von Gott verpassen könnte.» Einzig am Ende von «Crisperanto», beim vorläufigen Resümee seines Lebens angelangt, fällt die Bilanz nicht gerade umwerfend aus. «Liebe? – einmal eine halbe Stunde lang. Ruhm? – Wenn Ruhm lediglich heißt, bei einer großen Zahl von Menschen bekannt zu sein, die man selbst nicht kennt, dann war ich viele Jahre lang berühmt oder doch wenigstens berüchtigt.»

Quentin Crisp:
*Crisperanto. Aus dem Leben
eines englischen Exzentrikers.*
**Aus dem Englischen von Jörg
Trobitius. Fischer Taschenbuch Verlag,
Frankfurt/Main 1991.**

Rudi van Dantzig
Der verlorene Soldat

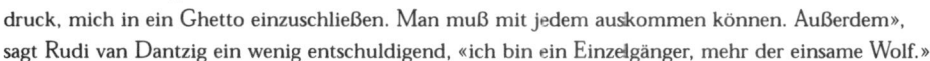

«Homosexualität ist in allem, was ich tue und denke. Liebe und Sexualität sind sehr wichtig in meinem Leben. Aber ich würde mich nie einer homosexuellen Organisation anschließen. Ich hätte sonst den Eindruck, mich in ein Ghetto einzuschließen. Man muß mit jedem auskommen können. Außerdem», sagt Rudi van Dantzig ein wenig entschuldigend, «ich bin ein Einzelgänger, mehr der einsame Wolf.»

Van Dantzigs Absage an die Schwulenbewegung klingt entschlossen. Als der damals 32jährige Choreograph am Niederländischen Staatsballett 1965 sein «Monument für einen verstorbenen Jungen» aufführte, war dies das erste Mal, daß Homosexualität zu einem zentralen Thema im Tanz gemacht wurde. Seine Choreographie war zu jener Zeit, selbst für die liberalen Niederlande, ein Tabubruch, ein getanztes Coming-out und mutiges Bekenntnis.

Mit 16 Jahren hatte van Dantzig den Ballettfilm «Die roten Schuhe» gesehen und daraufhin beschlossen, Tänzer zu werden. Bereits nach wenigen Jahren beim Staatsballett vertraute man ihm die künstlerische Leitung an. 20 Jahre leitete er das Ensemble. Zusammen mit Hans van Manen machte er es in den 60er Jahren zu einer der führenden Kompanien der europäischen Tanzavantgarde. Als er 1991 die Leitung abgab, hatte er über 50 Choreographien geschaffen. Seine Themen waren oft von sozialem und gesellschaftspolitischem Belang: Diskriminierung von Minderheiten, die Freiheit des einzelnen in der Gesellschaft, die allmähliche Zerstörung der Umwelt und intakter Strukturen. In diesem Kontext war Homosexualität für ihn eher ein Randproblem. In seinem autobiographischen Erstling «Der verlorene Soldat» (1986) wollte er das Thema auf seine Weise einem breiteren Publikum nahebringen. Tatsächlich wurde der 1992 von Roeland Kerbosch verfilmte Roman in den Niederlanden zu einem Verkaufshit, die sensible, aus der Perspektive des Kindes erzählte Geschichte von der Kritik gelobt und mit einem renommierten Literaturpreis ausgezeichnet. «Das Buch hat mehr Menschen erreicht, berührt und zum Nachdenken gebracht, als ich dies im Ballett je könnte», resümierte van Dantzig die Wirkung des Romans.

«Ein Erwachsenenleib ist seltsam, anders.»

Amsterdam in den letzten Monaten des Zweiten Weltkriegs. Die Deutschen haben die Stadt besetzt, Nahrungsmittel sind knapp, die Lage gespannt. Wie viele andere Kinder wird Jeroen zur Sicherheit in den Norden aufs Land verfrachtet. Die Bauernfamilien wissen nicht, was Essensmarken sind und Fliegerangriffe. Hier kann man sich satt essen und ist nicht ständig mit dem Krieg konfrontiert. Die Gastfamilie in einem winzig kleinen friesischen Fischerdorf nimmt ihn freundlich auf, behandelt ihn fast wie ihren eigenen Sohn. Doch die Idylle ist trügerisch; der Strand ist mit Minen verseucht, und auch hier gibt es deutsche Besatzer. Eines Tages aber steht unerwartet das Ende des Krieges fest. Alliierte Truppen haben den deutschen Feind in die Flucht geschlagen und Quartier im Dorf genommen. Beim gemeinsamen Friedensfest der Dorfbevölkerung mit den Befreiern entdeckt Jeroen einen

Soldaten, dessen Anblick ihn verwirrt und nicht mehr losläßt. Zwar versteht er seine Gefühle noch nicht, doch ahnt er, daß es die Sehnsucht nach Wärme, Liebe und Zärtlichkeit ist, die er sich von ihm erhofft. Die beiden finden tatsächlich zueinander. Jeroen macht seine ersten sexuellen Erfahrungen. Er ist fasziniert, empfindet aber zugleich Angst und Sehnsucht nach einem nächsten Mal.

«Nachts schlafe ich kaum. Immer wenn ich mich umdrehe, werde ich vom Schmerz in meinem Arm wach. Dann denke ich an den Soldaten, in meinem Kopf geht eine kleine Luke auf, und ich sehe ganz deutlich, als geschähe es in diesem Moment, was er mit mir machte. Danach bekomme ich die Luke nicht mehr zu, fühle mich schuldig.» Der Soldat Wolt war zärtlich zu ihm und küßte ihn. «Küssen darf man nicht, das ist verboten», sagt sich Jeroen verängstigt. «Und er hat mit nacktem Hintern auf mir gelegen, das darf man schon gar nicht.» Aber machen die Befreier nicht nur Dinge, die gut sind? «Jemanden küssen, bedeutet ihn zu lieben: Wolt hat mich fest in seinen Armen gehalten, als wollte er mich plattdrücken. Warum tut er das, er kannte mich ja nicht einmal ...» Jeroen weiß nicht, was er denken soll, versteht sich und seine Gefühle nicht und noch weniger Wolt. «Plötzlich habe ich Angst: Wenn ich morgen nicht zu ihm gehe, wird er dann hierherkommen und mich gefangennehmen?»

Beim Wiedersehen allerdings schwindet alle Furcht. «Alles was er tut, ist faszinierend und schön. Als ich meinen Arm auf seinen lege, blickt er mich überrascht an.» Was ihn tags zuvor noch in Unruhe und Verwirrung stürzte, macht ihn nun neugierig. «Ich hatte gedacht, er würde das gleiche tun wie gestern, ich hatte Angst davor, aber jetzt, wo es nicht geschieht, bin ich enttäuscht», bemerkt Jeroen betrübt. Doch die nächsten Erlebnisse geschehen forsch und unsensibel, kommen einer Vergewaltigung gleich. «Wir fallen auf die Matratze, sein Körper ist feindselig und tut mir weh, besteht

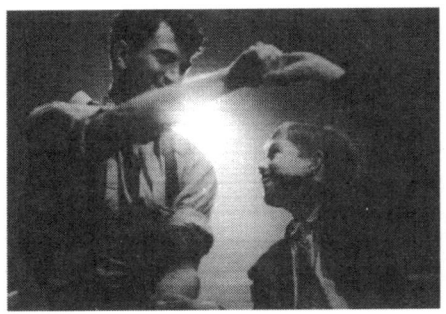

«Der verlorene Soldat» in der Verfilmung von Roeland Kerbosch

aus vorstehenden Teilen, die sich mir wühlend, vorstoßend aufdrängen – ein gigantisches Ringen, ein schmerzhaftes Geschehen, das sich unter Krämpfen und Zucken und Meeren leiser, keuchender Flüsterworte vollzieht. (...) Ein Erwachsenenleib ist seltsam, anders. Er fasziniert und stößt mich ab.»

Jeroen träumt davon, daß Wolt ihn mitnimmt in sein Heimatland, und als ahne er bereits, wie kurz diese Liebesaffäre tatsächlich sein wird, nimmt er alle körperlichen Details von Wolt begierig in sich auf: «Seine gesprungenen Lippen, die leicht nach innen gewölbte Linie seiner Wangen, die fast zusammengewachsenen Augenbrauen und sein runder, kräftiger Hals – ich wandere mit meinen Augen darüber, ich zeichne es sorgfältig auf, Farben, Linien, jede Unebenheit, jedes Merkmal: bloß nichts vergessen!» Eines Morgens ist Wolt verschwunden. Die Truppe wurde in der Nacht abgezogen. Der Junge bleibt einsam, verwirrt und mit seinen Erinnerungen allein zurück.

Rudi van Dantzig:
Der verlorene Soldat.
Aus dem Niederländischen von
Helga van Bluningen. Rowohlt
Taschenbuch Verlag, Reinbek 1988.

Lutz van Dick

Verdammt starke Liebe. Eine wahre Geschichte

Zwei junge, frisch verliebte Schwule haben sich zum ersten Rendezvous vor dem KaDeWe in Berlin verabredet. Doch das freudige Wiedersehen wird jäh getrübt. Sie werden Zeuge, wie Hooligans ein anderes schwules Paar in aller Öffentlichkeit niederschlagen. Kein Passant hilft ihnen, niemand schreitet ein. Ein alter Mann ist es schließlich, der den Mut hat, sich den Schlägern in den Weg zu stellen und so der Gewalt ein Ende zu gebieten. Besonders mutig, sagt er später zu den Jungen, nein, mutig sei er eigentlich nicht. «Es hat einen anderen Grund, wenn ich bestimmte Situationen in diesem Leben nicht mehr zu ertragen bereit bin. Nie mehr!»

Welche Situationen und Erlebnisse er damit meinte, schildert der eigentliche Roman: Die Geschichte einer schwulen Liebe in der Nazizeit. Die erste Liebe des 16jährigen Polen Stefan gehörte einem deutschen Soldaten – einem Feind.

Polen im Jahr 1941. Seit zwei Jahren ist das Land von den Deutschen besetzt. Die Lebensbedingungen verschlechtern sich zunehmend, die Bewegungsfreiheit der polnischen Bevölkerung wird der Situation der Juden ähnlich weiter eingeschränkt. Für Stefan ist es deshalb unmöglich, die höhere Schule zu besuchen. Doch glücklicherweise findet er eine Lehrstelle in einer deutschen Bäckerei, die knapp bemessene Lebensmittelzuteilung kann er so für die Familie hin und wieder mit einigen Broten aufstocken. Ein langgehegter Wunsch erfüllt sich zudem: er wird als Chorsänger im Stadttheater engagiert. Stefan erhält einen der begehrten Nacht-Passierscheine. Bei einem abendlichen Streifzug durch die Innenstadt passiert es: «Bis eben hatte ich mir die Auslagen eines großen Elektro-Fachgeschäftes angeschaut und wollte gerade über den Bahnhofs-Vorplatz nach Hause schlendern, als ich mich irgendwie beobachtet fühlte. (...) Nur einen Moment später ging er in weniger als zwei Meter Entfernung an mir vorbei, drehte sich dabei um und schaute mir direkt und ohne Scheu in die Augen.

Zunächst sah ich nur sein Gesicht – seine großen braunen Augen, die fein geschnittene Nase und die ausgeprägten Lippen. Da drehte er sich zum zweitenmal um, lächelte aufmunternd. Ich sah strahlende, etwas schiefe Zähne, starrte ihm nach, ohne mich von der Stelle zu rühren. Erst jetzt, beim zweiten Anschauen, begann ich, seine ganze Gestalt wahrzunehmen.

Zutiefst erschrak ich, als mir bewußt wurde: Dieser wunderschöne junge Mann, der nicht viel älter als ich sein konnte, trug eine Uniform, hatte eine Schirmmütze auf dem Kopf – war ein deutscher Soldat!»

«Lieber Willi, so lange habe ich von Dir keine Nachricht.»

Die politischen Verhältnisse können jedoch ihre Gefühle nicht verhindern: Sie verlieben sich Hals über Kopf ineinander. Eine Liebe, die versteckt und verheimlicht werden muß. Eine Liebe, die alle Widrigkeiten und Widerstände überwindet, aber der nur wenige Wochen Glück vergönnt sind.

Dann nämlich wird Willi zur Front geschickt und Stefan bleibt zurück voll verzweifelter Sehnsucht und Sorge um seinen Geliebten. Nach Wochen des Wartens schreibt Stefan schließlich selbst: «Lieber Willi, so lange habe ich von Dir keine Nachricht. Ich mache mir so viele Gedanken darüber. Du fehlst mir so sehr ... Ich kann nicht schlafen, ich denke nur an dich.» Der Brief wird für Stefan zum Verhängnis, vielleicht auch für Willi. Die Gestapo fängt ihn ab; Stefan wird verhört, als «schwule Sau» beschimpft und gefoltert. Von der Marter willenlos gemacht, unterschreibt er das ihm vorgelegte Geständnis. Wegen «widernatürlicher Unzucht mit Männern» wird Stefan nach § 175 zu fünf Jahren Zuchthaus verurteilt. Was folgt, ist eine grauenvolle Zeit in verschiedenen Straflagern. Er überlebt, wenn auch schwerkrank.

Lutz van Dick nennt diesen Jugendroman im Untertitel «Eine wahre Geschichte», und tatsächlich ist «Verdammt starke Liebe» vor allem ein Dokument. Der heute wieder in Polen lebende Stefan K. äußert sich selbst in einem Nachwort. «Willi verdanke ich bis heute», schreibt er, «daß ich meine Liebesgefühle von Anfang an als etwas Schönes erleben konnte. Inzwischen ist mir auch über meinen persönlichen Fall hinaus wichtig geworden, daß Menschen in allen Ländern dieser Welt endlich begreifen, daß es immer ein Verbrechen ist, Liebe zu bestrafen und Gewalt zu tolerieren. Allein umgekehrt macht es doch einen Sinn.»

Van Dicks Prosa vermeidet das Pathos, die Sprache ist schlicht und sachlich und verstärkt die Wirkung des Erzählten. Die Spannung entwickelt sich allein aus der Kraft des Authentischen, dem Sog, den das Unvermeidliche auslöst und der den Leser ergreift. In seinen Anmerkungen verweist van Dick stets auf die historischen Fakten und nimmt damit dieser Geschichte das Fiktive. Ein ähnliches Prinzip legte der deutsche, in Amsterdam lebende Autor bereits seinem Roman «Der Attentäter» (1988) über Herschel Grynszpan zugrunde. Wie ihm zu Beginn die unsentimentale, romantische Liebesgeschichte gelingt, so vermag er auch am Ende die Situation des Schreckens, die Ausgrenzung der Homosexuellen selbst innerhalb der Hierarchie in den Straflagern nachfühlbar zu machen.

Indem van Dick am Ende die Rahmenhandlung wieder aufgreift, nimmt er dem Erzählten das «längst Vergangene»: Die Nicht-Akzeptanz Anderslebender und -liebender, die Gewalt gegen Schwule, die Probleme eines angstfreien Coming-out bestehen weiterhin, wenn auch mit anderen Vorzeichen. In Amsterdam schließlich, wo die beiden frisch verliebten Jungs den alten Mann besuchen, scheint ein Stück Lebensutopie verwirklicht: Sie sehen schwule Pärchen, die ganz selbstverständlich Hand in Hand gehen. Der Heimweg von einer Schwulendisco führt sie am Monument für die homosexuellen Opfer des Nationalsozialismus vorbei. Sie fassen sich an der Hand: «Keinen Schritt zurück» wollen sie gehen. Stefans Geschichte ist ein Teil ihrer Geschichte geworden, ein Teil schwuler Geschichte und auch gemeinschaftlicher Verantwortung.

Lutz van Dick:
Verdammt starke Liebe.
Eine wahre Geschichte, **1991.**
Der Attentäter. Herschel
Grynszpan und die Vorgänge
um die «Kristallnacht», **1988.**
Beide erschienen im Rowohlt
Taschenbuch Verlag, Reinbek.

(1993 Namensänderung
in Lutz van Dijk)
Am Ende der Nacht. Abschied
von Bob, **1994.**
Anders als du denkst. Geschichten
über das erste Mal, **1996.**
Coming out. Lesben und Schwule
aus aller Welt, **1997.**

Niemand stirbt für sich allein.
Geschichten über Leben und Tod,
1997.
Alle erschienen im Patmos Verlag,
Düsseldorf.

Harry Baer
Schlafen kann ich wenn ich tot bin

Rainer Werner Fassbinder

44 Filme, 14 Theaterstücke, sechs Stückbearbeitungen, vier Hörspiele, drei Fernsehserien – allein Fassbinders Leistung als Autor kann beängstigen. Hinzu kam seine Tätigkeit als Schauspieler und Produzent, als Cutter, Theaterleiter, Komponist und Ausstatter. Atemlos schuf Rainer Werner Fassbinder (1945–1982) Film um Film, fast so, als könnte jede Schaffenspause den Tod bedeuten. Als er starb, war seine Verfilmung von Jean Genets «Querelle» gerade abgeschlossen, weitere Projekte parallel dazu in Arbeit, wie die Verfilmung von Pitigrillis Roman «Kokain» und ein Film über Rosa Luxemburg.

«Each man kills the thing he loves», singt Jeanne Moreau in «Querelle», Verszeilen von Oscar Wildes Liebhaber Lord Alfred Douglas. Ein Thema, das sich durch alle Arbeiten Fassbinders zieht: Mit den anderen nicht leben zu können, es alleine aber auch nicht auszuhalten.

Von «Katzelmacher» an – seinem ersten, 1968 entstandenen und später verfilmten Stück, erzählt Fassbinder immer wieder von der meist vergeblichen Suche nach Liebe und Geborgenheit in einer anonymen Gesellschaft. Die Verhältnisse jedoch wirken dieser Sehnsucht entgegen. Die erfüllte Liebe bleibt Utopie.

Im Münchner «antiteater», das er zusammen mit neun weiteren Schauspielern 1968 gründete – darunter Peer Raben, Irm Herrmann, Hanna Schygulla und Kurt Raab –, setzte er zunächst als Autor, Schauspieler und Regisseur seine Vorstellungen eines modernen, politisch bewußten Theaters um. Zwei Jahre später war jedoch die Filmarbeit zunehmend in den Mittelpunkt seines Schaffens gerückt. «Liebe ist kälter als der Tod» (1969) wurde gleich bei den Berliner Filmfestspielen uraufgeführt. Es folgten «Götter der Pest» (1969/70), «Warum läuft Herr R. Amok?» (1969/70) und das Selbstbildnis der Fassbinder-Clique in «Warnung vor einer heiligen Nutte» (1971).

Die Abstände zwischen den einzelnen Filmen wurden kürzer; möglich war diese Produktionsweise nur durch ein Mitarbeiter- und Schauspielerensemble, das sich bedingungslos auf Fassbinder eingeschworen hatte. «Wir alle waren schon damals abhängig von ihm», schreibt Harry Baer über diese frühen Jahre. «Und während er Drehbücher fabrizierte wie eine Legehenne und einen Film nach dem anderen herunterkurbelte, um uns nicht das Gefühl des Leerlaufs zu geben, verdiente er nebenher noch Geld als Schauspieler und ging als Theaterregisseur ‹fremd›.»

Durchzuhalten war dieser Output nur mit Drogen und Aufputschmitteln. «Schlafen kann ich wenn ich tot bin», zitiert Baer den Unermüdlichen. Von 1969 an bis zu dessen Tod war er künstlerischer Mitarbeiter Fassbinders und als Schauspieler, Regieassistent oder Produktionsleiter bei fast allen Filmprojekten beteiligt. «Die Stoffe, die er in diesem Affentempo produziert, fliegen ihm nicht zu, sie kommen zwanghaft aus ihm heraus. Kindheits- und Jugendalpträume von mangelnder Zuwendung, Einsamkeit, Kontaktangst und unbewältigter Pubertät, durcheinandergewirbelt mit Bildern der ‹schwarzen Serie›, jeder Menge amerikanischer und französischer B-Pictures und alter UFA-Schinken. Kino als Ersatzleben – Angst vor dem Leben, die sofort wieder in neue Kinobilder eingesperrt wird.»

**Brad Davis als Querelle in Fassbinders Verfilmung
des Genet-Romans.**

Harry Baer beleuchtet das Phänomen
Fassbinder von innen heraus. Er hat weder
den Anspruch einer filmwissenschaftlichen
Analyse noch den einer lückenlosen oder
gar objektiven Biographie. Sein Buch
beschreibt vielmehr eine intensive wie
kompromißlose Freundschaft. Es ist alles
andere als unbefangen und sachlich nüchtern, sondern emotionsgeladen und in
vielerlei Hinsicht faszinierender als manch
andere der zahlreichen Fassbinder-
Biographien.

«Meine Filme kreisen um das Problem, daß Leute überhaupt Beziehungen
haben. Ob sie nun schwul sind oder
normal sind oder lesbisch oder was weiß ich – in meinen Filmen und in all dem, was ich mache,
geht's darum, daß die Leute mit ihren Beziehungen Schwierigkeiten haben.» In seinem eigenen
Leben ist Fassbinder selbst immer wieder an Beziehungen gescheitert, mit Männern wie mit Frauen.

Homosexualität ist einige Male Thema seiner Filme und Stücke. Bereits in seinem ersten
Drama «Tropfen auf heiße Steine», entstanden 1965/66, uraufgeführt 1985, steht ein schwules Paar
im Mittelpunkt. In «Die bitteren Tränen der Petra von Kant», uraufgeführt 1971, verfilmt 1972,
zeigt er den hysterischen Machtkampf zweier Frauen.

«Ob sie nun schwul sind oder normal sind oder lesbisch»

«Faustrecht der Freiheit» (1974), mit Karl-Heinz Böhm, Peter Chatel und Fassbinder selbst in den
Hauptrollen, ist der erste Film, den er ausschließlich der Homosexualität widmet. Franz kommt
durch einen Lottogewinn unverhofft zu Geld und versucht den Aufstieg ins gutbürgerliche schwule
Leben. Die Liebesgeschichte wird unweigerlich zu einer Geschichte von Ausbeutung und Zerstörung.
Dem Proletarier Franz bleibt nur der Freitod. Fassbinders Porträt der neureichen blasierten Schwu-
lenschickeria fällt nicht positiv aus. «Faustrecht der Freiheit» wird von der Filmbewertungsstelle
mit dem Prädikat «Besonders wertvoll» ausgezeichnet, die freiwillige Selbstkontrolle gibt ihn jedoch,
aufgrund des «heiklen Themas», erst ab 18 Jahren frei und er darf nicht «am Karfreitag, Tag der
deutschen Einheit, Buß- und Bettag» und anderen Feiertagen gezeigt werden.

Neben der Auseinandersetzung mit der Unmöglichkeit von erfüllter Liebe und gleichberech-
tigter Erziehung in seinen Filmen arbeitete der bald zum Enfant terrible, gleichwohl international
zum Aushängeschild des Neuen Deutschen Films avancierte Fassbinder an einem zeitgeschichtlichen
Panorama der Bundesrepublik Deutschland. Ausgehend von der Gegenwart zeigte er die jüngste
deutsche Geschichte bis hin zur braunen Vergangenheit und davor: die 50er Jahre der Adenauer-Ära
mit «Die Ehe der Maria Braun» und mit «Lola», die NS-Zeit mit «Lili Marleen», bis hin zu den
20er Jahren mit seiner Verfilmung von Döblins «Berlin Alexanderplatz».

Die Grenzen zwischen Sentimentalität und Gefühl, Kommerz und ästhetischer Innovation,
Kitsch und Kunst, hob er auf. Ideologische Standpunkte, seien sie links oder rechts, gerieten ins

Wanken. Seine Kritik an sozialen und gesellschaftlichen Zuständen wurzelte im eigenen Erleben, in seiner Empathie für die Empfindungen der sogenannten «kleinen Leute».

Fassbinders Angst vor einem frühen Tod führte bei ihm zur «Produktions-Manie», wie Baer schreibt. Der tatsächliche Tod war «ein Betriebsunfall» des Tranquilizer-Junkies und «nicht der mystisch verquaste Schluß-Akkord der Schicksals-Symphonie eines Frühvollendeten». Als Fassbinder starb, habe er gerade die Lebenslust neu für sich entdeckt. «Die einen läßt nicht das Schicksal sterben, sondern bloß die maßlose Unvernunft. Und dieser Zufalls-Tod wäre nicht einmal ein Thema für einen Fassbinder-Film gewesen.»

Harry Baer:
Schlafen kann ich wenn ich tot bin. Das atemlose Leben des Rainer Werner Fassbinder.
Verlag Kiepenheuer & Witsch, Köln 1990.

Herbert Spaich:
Rainer Werner Fassbinder. Leben und Werk.
Beltz Quadriga Verlag, Weinheim 1992.

Juliane Lorenz (Hg.):
Das ganz normale Chaos. Gespräche über Rainer Werner Fassbinder.
Henschel Verlag, Berlin 1995.

Text + Kritik 103:
Rainer Werner Fassbinder.
edition text + kritik, München 1989.

Hans Günther Pflaum:
Rainer Werner Fassbinder. Bilder und Dokumente.
edition spangenberg, München 1992.

Christian Braad Thomsen:
Rainer Werner Fassbinder. Leben und Werk eines maßlosen Genies.
Aus dem Dänischen von Ursula Schmalbruch. Rogner & Bernhard bei Zweitausendeins, Hamburg 1993.

Peter Berling:
Die 13 Jahre des Rainer Werner Fassbinder. Seine Filme, seine Freunde, seine Feinde.
Bastei Lübbe Taschenbuch Verlag, Bergisch Gladbach 1995.

Peter W. Janssen/Wolfram Schütte (Hg.): *Rainer Werner Fassbinder.*
Fischer Taschenbuch Verlag, Frankfurt/Main 1992.

Rainer Werner Fassbinder:
Sämtliche Stücke.
Verlag der Autoren, Frankfurt/Main 1991.

Filme befreien den Kopf. Essays und Arbeitsnotizen.
Herausgegeben von Michael Töteberg. Fischer Taschenbuch Verlag, Frankfurt/Main 1984.

Hubert Fichte
Die Geschichte der Empfindlichkeit

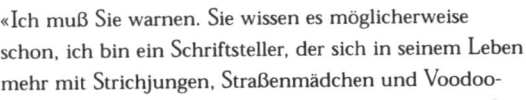

«Ich muß Sie warnen. Sie wissen es möglicherweise
schon, ich bin ein Schriftsteller, der sich in seinem Leben
mehr mit Strichjungen, Straßenmädchen und Voodoo-
priestern herumgetrieben hat als mit den wichtigsten Persönlichkeiten, mit denen man als Schriftsteller umgehen sollte ...»

Hubert Fichtes Warnung anläßlich eines Vortrages ist kein eitles Kokettieren, vielmehr
beschreibt sie seine Sonderstellung innerhalb des deutschen Literaturbetriebes der Nachkriegszeit.
1986 ist Fichte 50jährig überraschend verstorben. Sein Hauptwerk, «Die Geschichte der Empfindlichkeit». konnte er nicht vollenden. Hinterlassen hat er 8.000 Seiten Manuskript; auf 19 Bände
war dieses Opus magnum angelegt, 17 wurden schließlich von den Herausgebern ediert. Die zwei
anderen Bände waren lediglich von Fichte skizziert, aber noch nicht in Angriff genommen.

Zehn Jahre hatte Fichte (1935–1986) daran geschrieben. Jeder einzelne Band sollte für sich
stehen, in der Gesamtheit aber sollten sie ein Pendant zu Marcel Prousts «Auf der Suche nach der
verlorenen Zeit» und Hans Henny Jahnns «Fluß ohne Ufer» bilden. Ein Werk, das aus der Sensibilität und besonderen Wahrnehmung eines Homosexuellen heraus geschrieben ist.

Fichte wollte diesen Zyklus nur als fertiges Ganzes veröffentlichen, ihn der Öffentlichkeit und
der Literaturkritik auf einmal in den gierigen Rachen werfen. Daß er das Werk tatsächlich würde
abschließen können, mußte er zuletzt selbst bezweifeln. Freunde und Kollegen hatten den Eindruck,
er habe sich übernommen und sei künstlerisch ausgebrannt. Fichte wußte um seinen schlechten
gesundheitlichen Zustand. Er starb nach zwei Operationen an einem wuchernden Sarkom in der
Bauchhöhle.

Bis zuletzt hatte er an seiner «Geschichte der Empfindlichkeit» geschrieben und noch im
Krankenhaus Manuskripte überarbeitet. Kurz vor seinem Tod beauftragte er Gisela Lindemann,
Redakteurin beim NDR-Hörfunk, in deren Auftrag er zum Broterwerb Features erstellt hatte, und
den jungen Philologen Torsten Teichert, der über ihn eine wissenschaftliche Arbeit geschrieben hatte,
überraschend zur posthumen Herausgabe des Konvoluts. Von den 19 geplanten Einzelbänden waren
zwölf abgeschlossen, teilweise jedoch noch von Fichte in letzter Fassung bearbeitet. Hinzu kamen
vier Begleitbände mit sogenannten «Paralipomena», Ergänzungen in Form von Reiseberichten und
Radioessays. 1997 lag diese verlegerische Großleistung, allerdings von einigen editorischen Katastrophen begleitet, schließlich komplett vor – mit Ausnahme der Glossensammlung «Die zweite
Schuld», über die Fichte aus Gründen des Persönlichkeitsschutzes eine zwanzigjährige Sperrfrist
verhängt hatte.

Fichte, der Halbjude und Halbwaise, wuchs zum Teil bei seiner Großmutter in Hamburg und
in einem Waisenhaus auf. Als Kind spielte er kleine Rollen am Deutschen Theater und am Thalia-
Theater, aus der erhofften Schauspielerkarriere wurde jedoch nichts. Als junger Mann ging er nach
Frankreich, vagabundierte durchs Land und lebte zwei Jahre als Knecht und Schafhirte in der

Provence. Nach Deutschland zurückgekehrt, begann er eine Ausbildung als Landwirt. Sein erster Erzählungsband «Aufbruch nach Turku» (1963) wurde ein Achtungserfolg. Die ersten drei Romane ergänzten sich zu einer Hamburg-Trilogie. «Das Waisenhaus» (1968) erzählt seine Kindheitsgeschichte; «Die Palette» (1970), als Beginn der deutschen Popliteratur gefeiert, hat eine Beatkneipe und deren buntes Stammpublikum, bestehend aus Strichern, Pennern, Künstlern, Schwulen, Fixern und Transvestiten, zum Inhalt. «Detlevs Imitationen ‹Grünspan›» (1971) erzählt seine Kindheitsgeschichte während der Kriegsjahre weiter.

Die folgenden Jahre reiste Fichte in die Karibik, den Persischen Golf, nach Chile, Westafrika, Brasilien und in den Senegal. Über sieben Jahre verbrachte er in den Tropen, inmitten größter Armut, meist weit ab von der Zivilisation. Begleitet hat ihn seine Lebensgefährtin, die Fotografin Leonore Mau. Seine literarischen Reportagen und Aufzeichnungen (u.a. «Xango», 1976; «Petersilie», 1980 und «Lazarus und die Waschmaschine», 1985) nannte er «ethnopoetisch». Er berichtete über die Trancekultur in Westindien ebenso wie über schamanische Beschwörungsrituale in Lateinamerika und blutige Voodoozeremonien auf Haiti. Die Reportagen sollten letztlich nur Vorarbeiten sein für sein großes Lebenswerk: «Die Geschichte der Empfindlichkeit». Im Aufsatzband «Homosexualität und Literatur» (1987), der auch Teil dieses Zyklus ist, beschreibt Fichte im Rahmen eines Essays über den Schriftsteller Henry James die Struktur: «Es geht um das, was Henry James ‹private history› nennt, im Gegensatz zu ‹history›, Geschichte überhaupt, und im Gegensatz auch zu dem, was er ‹public history› nennt. Die private Geschichte, private Entwicklung heißt hier, abkürzend gesagt, Sexualität. Die ‹Geschichte der Empfindlichkeit› soll die sexuelle Entwicklung eines Mannes darstellen, das empfindliche Kaputtgehämmere durch Sexualität.»

Noch einmal ist Fichtes Biographie bzw. die seines Alter ego Jäcki Ausgangspunkt für das erzählerische Riesenprojekt. Im Roman «Hotel Garni» interviewt Jäcki seine Freundin, die Fotografin Irma, in einer schäbigen Hamburger Pension. Es wird die Geschichte einer weiblichen Sozialisation während des Zweiten Weltkriegs; sie berichtet von sexuellen Zwängen, Erniedrigungen durch den Mann, von einer ungewollten Schwangerschaft, von den Schwierigkeiten einer Frau, einen Beruf zu ergreifen, um selbständig werden zu können. Im zweiten Teil des Romans befragt Irma Jäcki. Er berichtet von seinen Lebensstationen: ein Kinderheim in Bayern, Landleben in Frankreich, die Landwirtschaftslehre in Schleswig-Holstein. «Ich wollte in die Welt. Europa war mir kaum groß genug ... Ich war der landlose Schwule, der Fruchtlose, die Lustpartie, der im Kataster keine Spur hinterläßt. Ich wollte schreiben.»

«Hotel Garni», Roman genannt, ist letztlich ein langer Dialog, wie die Abschrift eines Tonbandprotokolls einer durcherzählten Nacht. Lediglich eine Szene spielt in der Gegenwart, und zwar die Zeit zwischen den beiden Lebensberichten. Jäcki, der Schwule, schläft zum ersten Mal mit einer Frau. «Jäcki dachte, wenn ein Mann einem Mann die Kuppe des Zeigefingers an den Rand des Fingernagels legt, nur für eine Tausendstel Sekunde, brennt es für alle Zeiten unumkehrbar etwas in die Schalen des Hirns – Wie Sinne in das Silber der Filme.

Irma zu berühren ist gefährlicher ...

Jäcki dachte ... ein Schwuler kann keine Frau ficken ...

Früher hätte Jäcki geglaubt, man würde dabei ohnmächtig.»

Für Jäcki ist dieser Beischlaf ein Experiment, eine Erkundung auf fremdem Terrain. «Der erste Band führt hin zur Utopie der Bisexualität», beschrieb Fichte die Funktion von «Hotel Garni» innerhalb der «Geschichte der Empfindlichkeit». «Er behandelt Empfindlichkeit im Sinne von Sensibilität,

Eros, Fotoempfindlichkeit. Es wird einfach geschildert, wie sich eine Fotografin entwickelt und wie sich ein männlicher Homosexueller entwickelt. Diese beiden fangen ein Verhältnis an, das wollte ich erst, also ganz klassisch.»

«... das empfindliche Kaputtgehämmere durch Sexualität.»

«Der kleine Hauptbahnhof oder Lob des Strichs» führt Irma und Jäckis gemeinsame Geschichte fort. Hamburg von 1961 bis 1963. Jäckis Schriftstellerlaufbahn beginnt. Seine ersten Erzählungen erscheinen in Zeitungen, Arbeiten für Feuilletons, das erste Buch. Doch Jäcki sitzt zwischen den Stühlen. Einerseits sehnt er sich danach, integriert zu sein in die bürgerliche Normalität und auch in den zunächst faszinierenden Kulturbetrieb. Andererseits wehrt er sich gegen die für ihn unsinnig erscheinenden Normen und das angeblich Normale. Die Intellektuellen entlarvt Hubert Fichte dabei als Pseudoliberale, den Kulturbetrieb als eine Ansammlung geschwätziger, verlogener Selbstdarsteller. Als Schwuler vorurteilsfrei integriert zu werden, erscheint aussichtslos.

«Irma und Jäcki fingen an, gemeinsam Eröffnungen zu besuchen, Salzstangen zu knacken und Henkell trocken zu verweigern.

Helmuth, der Buchhändler, nahm Jäcki zur Seite:

– Es ist sehr nützlich, daß du dich mit Frau Mai ... sehen läßt.

Jäcki verstand nicht, was er meinte.

– Der Kulturreferent hat neulich auf der Party bei Rowohlt ... losgebrüllt, und dann hat er Schafe in der Provence gehütet und mit einem piemontesischen Primitiven zusammengelebt. Und der junge avantgardistische Lyriker, wie heißt er schnell, den sie als Lektor eingekauft haben, hat ganz laut gefragt: Stimmt es, daß er neben seinem Verhältnis mit Frau Mai mit Männern geschlechtlich verkehrt?

– Das ist ein Witz.

– Das ist ein Witz, sagt der Buchhändler:

– für den in der Freien und Hansestadt erwachsene Männer in Knast gehn.

– Wiederholungsfall: Sicherheitsverwahrung.

– Oder Kastration.»

Fichte stellt sie alle bloß, die Schriftsteller und Kritiker, die Lektoren und Feuilletonchefs. Ihre Mauscheleien und Intrigen, ihre Eitelkeiten und Heucheleien, ihr albernes, weil hohles Kulturgeschwätz.

«Der kleine Hauptbahnhof» ist aber auch eine Geschichte über das schwule Hamburg. «Strich kommt nicht vom Strich. Strich kommt von Streifen.» Mit diesem Satz beginnt der Roman; Jäcki streift durch das Hamburger Bahnhofsviertel. Von der «Wilfredo-Bar» zur «Goldenen Kugel», kurz vorbei an der «Palette», «Die Götterstuben» und das «Tusculum», Pissoirs und fremde Wohnungen, Bars und Stricherkneipen werden Jäckis zweites Zuhause. Wenn für Jäcki die Kultur einen Sinn hat, dann den, daß es Zeilenhonorar gibt für seine Artikel. Geld, das er für Strichjungen ausgeben kann.

Jäcki/Fichte bleibt der Suchende, Rastlose, Reisende. Ob Kulturschickeria oder stinkendes Klo einer Bar, Fichte registriert und beschreibt es in seinen unverkennbar knappen Sätzen. Sie ergeben keine realistisch-naturalistischen Beschreibungen, es sind Collagen aus Wirklichkeitspartikeln. Momentaufnahmen, die dem Leser genügend Zwischenräume lassen, selbst zu assoziieren, die Leerstellen aufzufüllen.

Jäcki begeht und erfaßt Strukturen. Und wieder ist es der Wunsch, überall gleichzeitig zu sein: bei der Freundin wie bei den Strichern, im Kiez und Milieu wie inmitten der sogenannten geistigen Elite. Und da ist auch die Angst, überall sein zu wollen und letztlich nirgends zu sein: «Bi ist nicht halb so schwierig, bi ist doppelt schlimm ... Paß bloß auf, daß du nachher nicht gar nichts bist.»

Die nachfolgenden Bände erzählen von Jäckis und Irmas Reisen; Exkursionen in fremde Kulturen, Erkundungen anderer Welten und währenddessen auch immer die Erfahrung des eigenen Ichs und der eigenen Sexualität. Die erste Reise geht 1964 nach Portugal, das noch ganz im Bann des Diktators Salazar steht («Eine glückliche Liebe», 1988) In «Platz der Gehenkten» (1989) erzählt Fichte von der Faszination, die Marakkesch auf Jäcki auslöst, und von seinem wohl leidenschaftlichsten sexuellen Erlebnis. Die sogenannten Glossenbände «Psyche» und «Schwarze Stadt» (beide 1990) beinhalten Tagebuchnotizen und Interviews aus New York und Afrika, «Alte Welt» (1992) Notizen, Briefe und Rundfunkfeatures über Reisen nach Griechenland, Paris, Rom und Sylt. «Explosion» (1993) führt nach Brasilien, «Forschungsbericht» (1989) in die Karibik.

Fichtes Werk ist schwer zu überschauen, weil experimentierfreudig in den verschiedenen Formen des Erzählens und der Textgattungen. So heterogen es auf den ersten Blick erscheint, fügt es sich in seiner collageartigen Struktur letztlich doch zu einem großen Ganzen zusammen, das allein durch Fichtes eigene Sprache und seiner Sucht nach literarisch geformter Erfahrung zusammengehalten wird.

«Die Realität ist so dicht.

Ich möchte sie ganz in den Roman hineinzwängen.

Ach, ich sollte nicht leben.

Schreiben nur.

Ich lebe so gern.

Und ich schreibe so gern.»

Diese Notiz aus dem Band «Alte Welt» stammt bereits aus dem Jahr 1967. Schreiben war damals schon Existenzgrundlage, und blieb es bis zuletzt. «Mein Roman ist eigentlich nichts anderes, als in einer bürgerlichen Welt von den Erinnerungen als Gammler leben zu können. Ich habe nicht die Zukunft schon hinter mir, sondern meine Vergangenheit vor mir.

Ich lebe von Büchern für Bücher.

(...)

Sich erinnern.

Darauf kommt es an.»

Hubert Fichte:
Die Geschichte der Empfindlichkeit.
Herausgeben von Torsten Teichert,
Ronald Kay, Gisela Lindemann
und Wolfgang von Wangenheim:
Hotel Garni.
Roman, 1987.
Homosexualität und Literatur 1.
Polemiken, 1987.
Homosexualität und Literatur 2.
Polemiken, 1988.
Der kleine Hauptbahnhof
oder Lob des Strichs.
Roman, 1988.

Eine Glückliche Liebe.
Roman, 1988.
Schulfunk.
Hörspiele, 1988.
Der Platz der Gehenkten.
Roman, 1989.
Forschungsbericht.
Roman, 1989.
Das Haus der Mina in São Luiz
de Maranhão. Materialien zum
Studium religiösen Verhaltens.
Zusammen mit Sergio Ferretti, 1989.
Psyche.
Glossen, 1990.

Die Geschichte der Nanã.
Roman, 1990.
Die Schwarze Stadt.
Glossen, 1990.
Paralipomena.
Lil's Book, 1991.
Alte Welt.
Glossen, 1992.
Explosion. Roman der Ethnologie.
Roman, 1993.
Hamburg Hauptbahnhof.
Register, 1993.
Alle erschienen im S. Fischer Verlag,
Frankfurt/Main.

Der Aufbruch nach Turku
und andere Erzählungen, 1985.
Das Waisenhaus.
Roman, 1984.
Wolli Indienfahrer.
Roman, 1993.
Versuch über die Pubertät.
Roman, 1982.
Detlevs Imitationen ‹Grünspan›.
Roman, 1982.
Die Palette.
Roman, 1981.
Ödipus auf Håknäss.
Schauspiel, 1992.
Alle erschienen im Fischer Taschen-
buch Verlag, Frankfurt/Main.

Hans Eppendorfer:
Der Ledermann spricht mit
Hubert Fichte.
Goldmann Taschenbuch Verlag,
München 1988.

Michael Fisch:
Personalbibliographie zu Leben
und Werk von Hubert Fichte.
Unter Berücksichtigung des Werkes
von Leonore Mau. Mit einem Text
von Gert Mattenklott. Edition diá,
Berlin 1994.

Torsten Teichert:
«Herzschlag aussen».
Die poetische Konstruktion
des Fremden und des Eigenen
im Werk von Hubert Fichte.
Fischer Taschenbuch Verlag,
Frankfurt/Main 1987.

Johann Nikolaus Tilling:
Hauchbilder der Erinnerung.
Biographische Spuren und die
Entwicklung literarischer Motive
im Werk Hubert Fichtes.
Verlag rosa Winkel, Berlin 1996.

Hartmut Böhme:
Hubert Fichte. Riten des Autors
und Leben der Literatur.
Verlag J.B. Metzler, Stuttgart 1992.

Hartmut Böhme/Nikolaus Tilling
(Hg.): Medium und Maske.
Die Literatur Hubert Fichtes
zwischen den Kulturen.
Verlag für Wissenschaft und
Forschung, Stuttgart 1995.

«Hälfte des Lebens»:
Leonore Mau: Hubert Fichte.
Eine fotografische Elegie von
Ronald Kay.
Dölling und Galitz Verlag,
Hamburg 1996.

E. M. Forster

Maurice

Daß E. M. Forsters Name hierzulande ein Begriff wurde, und eben nicht nur für Kenner der englischen Literatur, ist das Verdienst James Ivorys. Der schwule Regisseur hat zusammen mit seinem
Lebensgefährten, dem Produzenten Ismail Merchant, nahezu komplett das Romanwerk Forsters
in opulente und publikumswirksame Filme umgesetzt: «Zimmer mit Aussicht», «Howards End»,
«Auf der Reise nach Indien» und 1987 auch «Maurice». Die Uraufführung bei den Filmfestspielen
in Cannes brachte Ivory eine «Silberne Palme» für die beste Regie sowie James Wilby und Hugh
Grant einen Darstellerpreis und den entscheidenden Startschuß ihrer Weltkarriere. Derlei hätte sich
Forster wahrscheinlich niemals träumen lassen.
       Et hatte den um 1913 in erster Fassung entstandenen Roman mit der Auflage versehen, daß er
erst posthum veröffentlicht werden dürfte. Was dann 1970 eingelöst wurde. Ein halbes Jahrhundert,
sicherlich auch unter dem Eindruck des Prozesses gegen Oscar Wilde, hielt Edward Morgan Forster
dieses Buch (wie auch seine schwulen Kurzgeschichten) unter Verschluß. Immer wieder hatte er daran gearbeitet und 1960 schließlich zweifelnd das Manuskript mit einem großen Fragezeichen bedacht:
«Kann veröffentlicht werden – aber ist es das wert?».

Gespräche mit dem Exponenten der frühen englischen Homosexuellenbewegung, Edward Carpenter,
haben Forster zu diesem Liebesroman animiert. Für
Carpenter war «Maurice» ein politisches Manifest, ein
Ausdruck und deutliches Zeichen dafür, daß es eine
natürliche, glückliche Liebe zwischen Männern gibt,
die weder Mitleid noch Entschuldigung benötigt. «Begonnen 1913 – Beendet 1914. Gewidmet einem glücklichen Jahr», schrieb Forster als Vorspruch. Vielleicht
hätte eine Veröffentlichung ein Jahrzehnt zuvor anderen
Homosexuellen viele glückliche Jahre gebracht. Als
Forster «Maurice» fertiggestellt hatte, zählte er längst zu
den bekanntesten englischen Romanciers, war ein anerkannter *grand seigneur* der nachviktorianischen Literatur.
Was hätte Forster mit seinem literarischen Coming-out
zu verlieren gehabt? Gegenüber seinen Freunden, etwa
Christopher Isherwood und Virginia Woolf, hatte er sich

«Maurice» in der Verfilmung von James Ivory

offen über seine Homosexualität geäußert. Den letzten
Schritt, den er Maurice gehen läßt, wagte er selbst allerdings nicht. Die Frage warum freilich ist
müßig. Ebenso müßig zu fragen, was das Buch, beizeiten veröffentlicht, hätte bewirken können.
Die «Gay Liberation Front» Großbritanniens in den frühen 70er Jahren nahm es Forster übel. «Der
Roman (hätte) uns damals Mut machen und Selbstachtung geben können», heißt es in dem 1974
erschienenen Manifest «Das unerhörte Schweigen der Schwulen». Durch die Auflage der posthumen
Veröffentlichung jedoch habe Forster den Glauben geschürt, «daß Homosexualität etwas Schänd-
liches und zu Verheimlichendes sei».

«So viel Glück, wie Männer unter diesem Himmel nur haben können»

«Maurice» ist die Geschichte einer Liebe, einer Selbstfindung, einer Entwicklung hin zu einem selbstbewußten Leben als Homosexueller. Kurzum ein Buch mit allen nötigen Ingredienzen des Coming-
out-Romans. Fast im Alleingang kämpft der junge Maurice Hall, Student in Cambridge und später
Finanzmakler in London, gegen Vorurteile, sexuelle Tabus, traditionelle Klassenschranken und für
sein persönliches Glück in den Armen eines anderen Mannes. Auf der Universität hat er den gleichaltrigen Clive kennengelernt, einen intellektuellen, etwas versnobten, dafür recht hübschen Land-
adligen. Sie freunden sich an und unter Clives Initiative vertieft sich die Beziehung. Als ihm Clive
seine Liebe gesteht, ist Maurice zunächst noch «bis auf den Grund seiner Vorstadtseele schockiert»,
später jedoch genießen sie zusammen «so viel Glück, wie Männer unter diesem Himmel nur
haben können». Maurice ist verwirrt. Doch gerade als er sich seine wirklichen Gefühle eingestehen
kann, serviert ihn Clive kalt ab und beendet die Beziehung. Während Maurice einen entscheidenden
Schritt nach vorn gemacht hat und sich zu seinem wahren Begehren bekennt, verleugnet sich
Clive und gibt dem Druck der Gesellschaft nach: Er heiratet und verfällt in Langeweile und Kon-
formismus. Für Maurice bricht eine Welt zusammen. Eifersucht und Selbstzweifel quälen ihn.
Er stürzt sich in Arbeit, vergeblich. Er besucht einen Arzt und stellt ihn erst einmal auf die Probe:

«Sagen Sie mal, kommen Sie in Ihrer Praxis eigentlich mit diesen scheußlichen Leuten von der Art Oscar Wilde zusammen?» Die Therapie allerdings macht ihm klar, daß er homosexuell ist und dies auch bleiben wird.

Bei einem Besuch seines inzwischen zum Ehemann gewordenen Freundes Clive erfährt Maurice eine leidenschaftliche Nacht mit dessen Jagdaufseher Alec. Maurice schwebt im siebten Himmel. Sein Leben, das weiß er nun, hat nur einen Sinn mit einem geliebten Mann an seiner Seite. Seine Ängste vor einer möglichen Erpressung durch Alec stellen sich als unnötig heraus. Noch einmal erleben sie eine stürmische Nacht, diesmal in einer billigen Absteige. Und schon droht das Ende des Glücks, denn Alec will am nächsten Morgen mit dem Schiff nach Argentinien auswandern. Aber er verpaßt absichtlich die Abfahrt, um mit Maurice ein gemeinsames Leben zu beginnen: «Und jetzt werden wir nicht wieder getrennt, und diese Geschichte hat ein Ende.»

Forsters Freunde, denen er das Manuskript zu lesen gegeben hatte, empfanden das Happy-End als zu aufgesetzt. Dennoch hatte er an diesem Schluß festgehalten und ihn mehrfach umgearbeitet, um ihn so plausibel wie möglich zu gestalten. Forsters Botschaft war eindeutig: Diese Liebe ist möglich. Nicht die Homosexualität ist das Problem, sondern die Gesellschaft, die sie nicht akzeptiert.

Als der Roman 1971 schließlich in Großbritannien erschien, war die Kritik erwartungsgemäß gespalten. Den älteren und konservativen Herren unter den Rezensenten war das Werk ob seines Themas immer noch suspekt und unangenehm. Andere bemängelten, sicherlich zu Recht, die etwas konstruierte Handlung. Doch fällt es schwer, «Maurice» als nostalgische Kuriosität abzutun oder als verstaubte Trouvaille der Schwulenliteratur. Selbst in den frühen 70er Jahren war dieses Buch mit seiner grundsätzlich positiv dargestellten homosexuellen Liebe samt Happy-End einmalig. Zum anderen bewies Forster mit diesem Roman, in den viele Erfahrungen aus seiner Studienzeit in Cambridge eingeflossen waren, seine einfühlsame Erzählweise, die bisweilen humorvoll und bissig die gesellschaftliche Realität seines Landes spiegelt. 1990 erfuhr Forster übrigens eine besondere Anerkennung. Neben dem Wirtschaftstheoretiker Mayard Keynes und dem Philosophen Ludwig Wittgenstein gehört er zu den berühmten homosexuellen Absolventen von Cambridge, denen man mit einem Obelisken auf dem Campus eine besondere Ehre erwies. Auch das hätte sich Forster sicherlich niemals träumen lassen.

E. M. Forster: *Maurice.*
Aus dem Englischen von Nils-Henning von Hugo, 1991.
Augenblick der Ewigkeit.
Erzählungen. Aus dem Englischen von Nils-Henning von Hugo, 1993.

Engel und Narren.
Roman. Aus dem Englischen von Nils-Henning von Hugo, 1994.
Zimmer mit Aussicht.
Roman. Aus dem Englischen von Werner Peterich, 1988.

Wiedersehen in Howards End.
Roman. Aus dem Englischen von Egon Pöllinger, 1989.
Alle erschienen im Goldmann Taschenbuch Verlag, München.

James Miller
Die Leidenschaft des Michel Foucault

Michel Foucault

Die Faszination, die die Texte Foucaults (1926–1984), des Analytikers von Machtstrukturen, des Historikers der Sexualität, ausüben, hat sicherlich viel damit zu tun, daß sie trotz aller Wissenschaftlichkeit erkennen lassen, daß sich hier ein Autor exponiert. Die Forschungen Foucaults, der bis zu seinem Tode am Collège de France lehrte und maßgeblich den Strukturalismus mitbegründete, zielten letztlich alle auf das Wesen des Menschen, auf seine ursprüngliche Freiheit. Als der gerade 35jährige 1961 mit seiner Untersuchung der Geschichte der Psychiatrie «Wahnsinn und Gesellschaft» an die Öffentlichkeit trat, war diese Verbindung von Philosophie, Gegenwartskritik, literarischer Sprache und Geschichte ein Novum. Die Überschreitung disziplinärer Grenzen löste Irritationen aus und wurde zu seinem Markenzeichen. Auch die nachfolgenden Arbeiten folgen diesem Prinzip, etwa über die Geschichte von Verbrechen und Strafvollzug («Überwachen und Strafen») oder «Sexualität und Wahrheit», seine groß angelegte, in drei Bänden vorliegende Untersuchung zur Geschichte der Sexualität, in der er sich unter anderem ausführlich mit der Rolle der Homosexualität in der Antike beschäftigt. Seine eigene Homosexualität, sein damit verbundenes Anderssein, beschäftigte ihn zwar zeitlebens, aber darüber öffentlich reden, sie dezidiert auch zum Thema seiner Forschung zu machen, gelang ihm erst am Ende seines Lebens. Dennoch wurde seine Homosexualität weitgehend diskret behandelt, ebenso sein Tod infolge von Aids. Die Familie gab als offizielle Todesursache Krebs an und bemühte sich sogar, die entsprechenden Hinweise in den Krankenhausunterlagen vernichten zu lassen.

Hervé Guibert war es schließlich, der in seinem autobiographischen Roman «Dem Freund, der mir das Leben nicht gerettet hat» in der leicht zu entschlüsselnden Figur des Muzil die letzten Monate des Philosophen und seinen Umgang mit der Aidserkrankung beschrieb und damit allen weiteren Gerüchten um die Todesursache ein Ende setzte. Wie stark jedoch beeinflußte Foucaults eigene Homosexualität seine Philosophie? Ist die Behauptung des französischen Kollegen Marcel Gauchet, «nun endlich sei zu entdecken, daß Foucaults gesamtes Werk ein Plädoyer *pro domo* für seine Homosexualität» sei, eine groteske Übertreibung, eine unzulässige Verkürzung oder eventuell doch ein entscheidender Hinweis für das Verständnis seiner Arbeiten?

In jedem Fall weiter geht der amerikanische Professor für Politische Wissenschaften James Miller in «Die Leidenschaft des Michel Foucault». Ihm war 1987 ein Gerücht zu Ohren gekommen, Foucault habe erst kurz vor seinem überraschenden Tod 1984 von seiner Aidserkrankung erfahren und sei dennoch weiterhin in die schwulen Saunen Kaliforniens gegangen, um dort vorsätzlich andere Männer mit dem Virus zu infizieren. Miller ließ der Gedanke nicht los und begann mit seiner Recherche, die zu einem 700-Seitenwerk mit allein 100 Seiten Fußnoten und Anhang geriet.

«Was könnte schöner sein, als wegen der Liebe zu jungen Männern zu sterben?»

Gleich im ersten Satz stellt James Miller klar: «Dieses Buch ist keine Biographie, obwohl es chronologisch den Konturen der Lebensbahn von Michel Foucault folgt. Es bietet Interpretationen einer Vielzahl seiner Texte, will aber auch kein vollständiger Überblick über sein Werk sein.» Millers Leistung besteht darin, durch die Verzahnung von Leben und Werk eine Interpretation des Schaffens Foucaults zu liefern, wie gleichermaßen durch Anekdoten und nicht immer stichhaltig zu überprüfende Einschätzungen die Biographie Foucaults nachzuzeichnen. Vor allem vermag er jene Lücken aufzufüllen, die der Foucault-Freund Didier Eribon in seiner Biographie aus Takt oder vielleicht aus Scham belassen hat. Während Eribon sich ganz auf die intellektuelle Entwicklung und Arbeit Foucaults konzentriert und den Philosophen so mehr als intellektuelle Größe denn als Menschen zeichnet, geht James Miller diese Zurückhaltung in bezug auf Foucaults Privatsphäre gänzlich ab. Er kündigt in seinem Vorwort eine «Mischung aus Anekdoten und Exegese» an und löst auch beides ein: bislang unbekannte biographische Details aus Gesprächen mit Freunden, Kollegen, Liebhabern; Zitate aus entlegenen Schriften und Texten, aus kaum wahrgenommenen Interviews, unter anderem für verschiedene Schwulenzeitschriften. Da geht dann plötzlich Heideggers Philosophie in die Erläuterung des Fist-fuckings über, stehen die Phantasien des Marquis de Sade neben einem Gang durch die S/M-Szene in San Francisco, finden sich die iranische Revolution und eine Vorlesung über neoliberale Theorien neben den ersten Erfahrungen mit LSD. Drogen und die Entdeckung des S/M, so Foucault in einem Gespräch, sind für ihn die «Verwirklichung neuer Genußmöglichkeiten». «Ich glaube», erklärt er 1978, «daß es von politischer Bedeutung ist, daß Sexualität so funktionieren kann, wie sie in Badehäusern funktioniert. Dort trifft man auf Männer, für die du das Gleiche bist, wie sie für dich sind: nichts als ein Körper, der verschiedene Kombinationen und Herbeiführungen von Lust möglich macht. Du hörst damit auf, der Gefangene des eigenen Gesichts, deiner eigenen Vergangenheit, der eigenen Identität zu sein.» Was Guibert in seinem Roman andeutete, schildert Miller in aller Ausführlichkeit. Als Foucault 1975 bei seinem ersten Kalifornienbesuch von einem Universitätskollegen in die Leder- und S/M-Szene San Franciscos, rund um die legendäre Folsom Street, eingeführt worden war, habe er, so in einem Gespräch, den entscheidenden Weg gefunden, «sich selbst zu erfinden», Grenzerfahrungen zu durchleben und aus sich herauszutreten. Wahrheit war für ihn am ehesten dort zu finden, wo die Existenz sich Zerreißproben ausgesetzt sieht: in Situationen des Umsturzes, der Revolution, angesichts des Todes, im Grenzbereich zum Wahnsinn und in Momenten der Ekstase, seien sie sexuell oder durch Drogen ausgelöst.

Millers Kernthese: Die Ursprünge der theoretischen Arbeiten Foucaults – er selbst bezeichnete sie einmal auch als «Fragmente einer Autobiographie» – seien in seinen Sexualpraktiken, seinen Todesphantasien und Gewaltvorstellungen zu suchen. Hinweise dazu fand er in einer ausführlichen Schilderung einer Hinrichtung in Foucaults «Überwachen und Strafen», seinem Interesse an de Sade, an Antonin Artauds «Theater der Grausamkeit», seinen Freitodversuchen. Selbst Hervé Guiberts fiktionalisiertes Porträt Foucaults in «Dem Freund, der mir das Leben nicht gerettet hat» wird herangezogen. Nicht alles bei Miller ist schlüssig geraten, zu viele argumentativ herangezogene Zitate scheinen willkürlich gewählt, viele Quellen sind mehr als fraglich. Gerade die spektakuläre Behauptung, Foucault habe gezielt die «Umarmung der Krankheit des Todes» gesucht, sich wissentlich infiziert und «Safer Sex»-Empfehlungen unbekümmert abgewiesen mit der Feststellung «Was könnte

(...) schöner sein, als wegen der Liebe zu jungen Männern zu sterben?» bleibt spekulativ. Zumal zu diesem Zeitpunkt, 1983, das Wissen um die Krankheit und eine damit verbundene nötige Veränderung im Sexualverhalten noch so gering war, daß dies retrospektiv betrachtet nicht zwingend als verantwortungslose Praxis gedeutet werden muß.

Millers gelegentlich plakativer Stil, er schrieb früher unter anderem für das Musikmagazin «Rolling Stone», macht es insbesondere interessierten und Foucaults Philosophie noch nicht so vertrauten Lesern einfach, erste Einblicke zu gewinnen.

James Miller:
Die Leidenschaft des Michel Foucault.
Aus dem Amerikanischen von Michael Büsges. Unter Mitwirkung von Hubert Winkels. Verlag Kiepenheuer & Witsch, Köln 1995.

Didier Eribon:
Michel Foucault. Eine Biographie.
Aus dem Französischen von Hans-Horst Henschen. Suhrkamp Taschenbuch Verlag, Frankfurt/Main 1993.

Wilhelm Schmid:
Die Geburt der Philosophie im Garten der Lüste. Michel Foucaults Archäologie des platonischen Eros.
Fischer Taschenbuch Verlag, Frankfurt/Main 1994.

Michel Foucault:
Der Wille zum Wissen.
Sexualität und Wahrheit 1.
Aus dem Französischen von Ulrich Raulff und Walter Seitter. Suhrkamp Taschenbuch Verlag, Frankfurt/Main 1983.
Der Gebrauch der Lüste.
Sexualität und Wahrheit 2.
Aus dem Französischen von Ulrich Raulff und Walter Seitter. Suhrkamp Taschenbuch Verlag, Frankfurt/Main 1989.
Die Sorge um sich.
Sexualität und Wahrheit 3.
Aus dem Französischen von Ulrich Raulff und Walter Seitter. Suhrkamp Taschenbuch Verlag, Frankfurt/Main 1989.

Überwachen und Strafen.
Die Geburt des Gefängnisses.
Aus dem Französischen von Walter Seitter. Suhrkamp Taschenbuch Verlag, Frankfurt/Main 1977.
Die Ordnung der Dinge.
Eine Archäologie der Humanwissenschaften.
Aus dem Französischen von Ulrich Köppen. Suhrkamp Taschenbuch Verlag, Frankfurt/Main 1989.
Von der Freundschaft.
Michel Foucault im Gespräch.
Deutsch von Marianne Karbe und Walter Seitter. Merve Verlag, Berlin 1984.
Schriften zur Literatur.
Deutsch von Karin von Hofer und Anneliese Botond. Fischer Taschenbuch Verlag, Frankfurt/Main 1988.

Christoph Geiser
Das Gefängnis der Wünsche

Den Verfall bürgerlicher Familienstrukturen sezierend,
rechnete der schweizer Autor Christoph Geiser
(geb. 1949) in seinen frühen Romanen wie «Grünsee»
(1978) und «Brachland» (1980) mit seinem großbürgerlichen Hintergrund ab. Was dort noch zaghaft angedeutet wird, rückt in «Wüstenfahrt» (1984), der Geschichte einer schwulen Beziehung zweier sehr ungleicher Partner, erstmals in den Mittel-punkt: die (eigene) Homosexualität. Dieses Coming-out des damals bereits zu den wichtigsten jüngeren Schriftstellern seines Landes zählenden Autors machte sich schließlich auch ästhetisch bemerkbar.

Die Beschäftigung mit dem Maler Caravaggio und mit Marquis de Sade, so schrieb Geiser einmal über seine literarische Entwicklung, habe ihm den entscheidenden Zugang zu einer Bilderwelt und Rhetorik des Pathetischen und Obszönen eröffnet. Mehr und mehr verließ Geiser die Formen des traditionellen Erzählens und experimentierte in seinen neueren Romanen, Imagination trat an die Stelle linear erzählter Geschichten.

In «Das geheime Fieber» (1987) begibt er sich geradezu obsessiv auf die Spurensuche nach Bildern des um 1570 geborenen Renaissancemalers Caravaggio, der auch Derek Jarman bereits zu einer sehr eindrücklichen filmischen Interpretation seines Lebens inspiriert hat. Geiser imaginiert sich in die Entstehung dieser Bilder hinein, in Caravaggio selbst, den ehemaligen Stricher und nunmehr Maler und auch Mörder. Er vermischt die eigenen Empfindungen bei der Betrachtung der Bilder mit der dokumentarischen Nachzeichnung einzelner Lebensstationen Caravaggios zu einer sukzessive sich überlagernden, und dabei geradezu besessen auf die homosexuellen Aspekte fixierten, delirischen Phantasie.

In «Das Gefängnis der Wünsche» (1992) entwickelt Geiser dieses Stilprinzip konsequent fort. Schauplatz ist der Kopf des Ich-Erzählers. Dort allein kann die bemerkenswerte Begegnung überhaupt nur stattfinden. Denn obgleich sie Zeitgenossen waren, sind sie sich nie begegnet: der Geheimrat Johann Wolfgang von Goethe und der «blutige Mann» (Hubert Fichte) Marquis de Sade. Auch hier ist seine Bilderflut weder nach Zeit noch Raum geordnet. Von der Bastille im Jahre 1789, in die de Sade eingekerkert ist, zum Berlin im Jahr der Maueröffnung ist es nur einen Absatz weit. Das Paris zur Zeit der Revolution, in der die Guillotine fein säuberlich den Kopf vom Körper, den Geist vom Trieb trennt, liegt dicht an Weimar zu Zeiten Goethes und dem vor der Stadt befindlichen KZ in der direkten Gegenwart. Die sadistischen Gedankenspiele und theoretisch bleibenden Folterspiele de Sades wurden dort von der Realität eingeholt und mit geradezu industrieller Professionalität vollzogen.

Geisers Roman ist ein Monolog des Ich-Erzählers mit den beiden Protagonisten de Sade und Goethe: Das Böse steht dem Guten gegenüber, der Sadist dem Humanisten und Idealisten, die hemmungslose Sexualität dem aufklärerischen, sublimierenden Geist. Ihre Stimmen vermischen sich mit der des Erzählers zu einem höchst komplexen, mal ironisch-distanzierten, dann wieder sehr voyeuristischen oder sich einfühlenden Sprechen. Es ist ein erregtes, monomanisches und hektisches Sprechen im emotionalen Rausch, mit dem der Erzähler gegen die eigene Sprachlosigkeit und Angst anzukämpfen versucht.

Die Situation de Sades im Kerker wird dabei zur alles übergreifenden Metapher: Gefangen sind die Lüste, die Begierden, die sexuellen Wünsche, die nur noch im Kopf gelebt werden können. Geiser polemisiert keineswegs gegen Goethe, sondern bringt ihm dennoch Respekt und Bewunderung entgegen. Seine Sympathien liegen deutlich bei de Sade. Mit ihm, der im Gefängnis zum Pornographen und Philosophen wurde (Geiser selbst verbrachte 1970 einige Monate wegen Militärdienstverweigerung in Haft), verbindet ihn das intellektuelle Spiel, Sexualität ohne Rücksicht auf Realisierungsmöglichkeiten, ohne Tabus weiterzudenken – bis an den Grenzen dieses Denkens, rücksichtslos in seinen homosexuellen Vorstellungen. «Eine Zumutung ... sind die drastisch benannten sexuellen Obsessionen (zumal analer Art), die das Buch bis an den Rand des Erträglichen durchziehen», empörte sich denn auch zum Beispiel die «Frankfurter Allgemeine Zeitung».

Die Ordnung der Lust

Geiser führt de Sade schließlich in die Katakomben einer Berliner Schwulensauna, die nicht zufällig den Namen «Apollo» trägt. «Du begreifst es allmählich: Es ist nichts dabei! Du wirst nicht mehr geköpft, gehenkt, verbrannt, von einem hohen Turm gestoßen, totgeschlagen, gesteinigt, von einem Berg ins Meer gestürzt, kastriert, lebendigen Leibs begraben. Und es ist nicht einmal exklusiv – gewöhnliches Volk da. Keine Privilegierten. Keine philosophische Sünde. Nein, keine Sünde mehr!» Dort findet de Sade das fast perfekte «Gefängnis der Wünsche»: «Und es wäre dein Raum ... dein idealer Raum ... auf zwei Stockwerken, labyrinthisch, und für jedes Bedürfnis wäre da ein Raum ... und keine Fenster gehen nach draußen! Keine Außenwelt. Auch kein Geräusch von draußen. Gut isoliert.» Hier regiert das Sichverlieren im sexuellen Rausch und in animalischen Instinkten, wo ein Heer von Körpern sich zu einem einzigen Leib verschmelzt. Der Ausflug endet schließlich in der grotesken Vision eines gewissermaßen polymorph perversen, pansexuellen de Sade: «Da stehst du – Heroine! Und wie hast du dich verkleidet! Aus dem Fundus deiner Kerkerschränke.

Krinolinen. Schnürstiefel. Seidenstrümpfe, Strapse, Rüschen, Reizwäsche, Schleifchen und Perücken. Korsetts, Fischbein. Make-up, Ketchup, Lippenstift und Puder. Und – mit Peitsche, aus der einschlägigen Boutique, die elegante schwarze Lederpeitsche, die aussieht wie ein Knirps®. Und auf den Löckchen deiner Coiffure à la Belle Poule schaukelt die Fregatte, die berühmte. Und – du hebst die Röcke überm Stützkorsett, so daß es eine Sprungschanze wäre. Und vor den Gummibusen schnallst du dir Jeff Stryker und zerreißt damit Narziß, der verkleidet als Justine an deiner Seilwinde von der Decke hängt. Und aus deinem Maul quillt – Schaum! Blut! Gift und Galle! Tod und Teufel, Fluch um Fluch.

Und – ringsum Scherben.»

Das Spiel mit rein fiktionalen Möglichkeiten, verortet im Monolog, führte Christoph Geiser auch in seinem nachfolgenden Roman «Kahn, Knabe, schnelle Fahrt» (1995) weiter. Ausgehend von einem Foto, das ihn als Vierzehnjährigen zeigt, phantasiert er sich zurück, um dem Jungen von damals eine neue Biographie zu erfinden. Eine Begegnung mit der eigenen Geschichte, in der Wunsch- und Realbiographie aufeinandertreffen und bei der er sich in einen nahezu ins Pornographische abhebenden erotischen Erzähl-Exzeß hineinsteigert.

Er redet auf den Jungen ein, konfrontiert ihn mit seiner gesammelten Lebenserfahrung, verführt ihn, initiiert ihn in die Liebe und den Sex unter Männern. Er verordnet ihm mit autoritärer Stimme: «Wir wollen es so!», «Sag nicht nein! (...) Frag nicht lang! nie!» – all die verpaßten Chancen des tatsächlich gelebten Lebens werden hier nachgeholt. Erste erotische Begegnungen im Schwimmbad, der erste Analverkehr in der Umkleidekabine, das erste Mal mit einem Schwarzen und schließlich immer orgiastischere sexuelle Erfahrungen, die sich weiter in einen barocken Rausch an Bildern verlieren und zugleich auch eine Suche nach einer Sprache des Begehrens darstellen. Sein zweites Ich findet schließlich mit 30 Jahren den Tod durch Aids: «... du müßtest mich hassen, denn ich hätte dir die Pforte des Todes geöffnet. Beizeiten ... Behutsam natürlich. Mit viel Rhetorik. Viel Gleitcrème ... Doch es ist die Pforte des Todes. Da hilft alle Intimpflege nichts. Der Tod nämlich, müßtest du wissen, und noch ahntest du's nicht und ich weiß es doch längst! – kommt von hinten. Im Chlorgeruch, im Eukalyptusduft eines Dampfbades, (...) in den lauen Nächten des Frühlings, im lichten Gebüsch – auf dem Klo. Unter der goldenen Dusche. In der Badekabine. Am Strand. Im Hotelzimmer. Im Bett. (...) Über den Badewannenrand gebeugt. Überm Böckchen – egal welchem – reitet der Tod dich von hinten, ein apokalyptischer Reiter.»

Christoph Geiser:
Das Gefängnis der Wünsche.
Roman. Verlag Nagel & Kimche,
Zürich/Frauenfeld 1992.
Grünsee.
Roman. Benzinger Verlag,
Weinheim 1978.
Brachland.
Roman. Benzinger Verlag,
Weinheim 1980.

Disziplinen. Vorgeschichten.
Lenos Verlag, Basel 1982.
Wüstenfahrt.
Verlag Nagel & Kimche, Zürich/
Frauenfeld 1984.
Das geheime Fieber.
Verlag Nagel & Kimche, Zürich/
Frauenfeld 1987 und Fischer Taschenbuch Verlag, Frankfurt/Main 1990.

Zimmer mit Frühstück.
Erzählung. Lenos Verlag, Basel 1992.
Wunschangst.
Erzählungen. MännerschwarmSkript
Verlag, Hamburg 1993.
Kahn, Knabe, schnelle Fahrt.
Eine Fantasie.
Verlag Nagel & Kimche, Zürich/
Frauenfeld 1995.

Jean Genet
Querelle

Aus dem Kanon schwuler Männermythen, wie sie etwa die Discogruppe «Village People» in ihrem Outfit erfolgsträchtig vorführten, ist der Matrose nicht wegzudenken. Ob Herman Melvilles «Billy Budd» oder Karl Heinrich Ulrichs «Manor» – die (reine Männer-)Welt der Matrosen in ihren körperbetonten Uniformen erregten die schwule Phantasie auch auf literarischem Niveau. Jean Cocteau hatte bereits mit seinen erotisch-pornographischen Zeichnungen die schwüle Sinnlichkeit von Jean Genets 1953 erstmals veröffentlichtem Roman bildhaft umgesetzt. Die Verfilmung durch Rainer Werner Fassbinder schuf weitere Konkretisierungen, sei es mit dem

Plakatentwurf Andy Warhols oder den Szenenfotos mit Brad Davis als Hauptdarsteller. Allesamt wurden sie in zigtausend schwulen Haushalten zu dekorativen Ikonen.

«Querelle de Brest» (so der Originaltitel) war durch seine sexuelle Direktheit und dem ausgelebten Spiel mit Männlichkeitsbildern, Momenten von Erniedrigung, Vergewaltigung und Hingabe längst zu einem schwulen Bestseller geworden; durch Rainer Werner Fassbinders Verfilmung 1982, seinem letzten Film, erhielt dieser Stoff erst recht Kultstatus.

Für Fassbinder war «Querelle» «vielleicht der radikalste Roman der Weltliteratur, was die Diskrepanz von objektiver Handlung und subjektiver Phantasie anbetrifft. Das äußerliche Geschehen abgelöst von der Bilderwelt des Jean Genet ergibt eine wenig interessante, eher drittklassige Kriminalgeschichte, mit der zu beschäftigen sich kaum lohnte.» Was sich lohne, so Fassbinder im Vorwort zum Drehbuch, sei «die Auseinandersetzung mit der Erzählweise des Jean Genet, die Auseinandersetzung mit einer außergewöhnlichen Phantasie, die eine auf den ersten Blick fremdartige Welt entstehen läßt, eine Welt, in der eigene Gesetze zu gelten scheinen, die einer erstaunlichen Mythologie verpflichtet sind».

Der junge Matrose George Querellle, genannt Querelle, der sich mit Diebstählen und als Opiumhändler verdingt, kehrt nach langer Zeit auf der «Le Vengeur» in seine Heimatstadt, den Kriegshafen Brest, zurück. Hier verstrickt er sich in diverse erotische Abenteuer, die ihm schließlich einen neuen Zugang zu seiner Sexualität ermöglichen. Sein Leutnant Seblon ist in heimlicher Liebe zu ihm verfangen. Sein Begehren offenbart Seblon lediglich in seinem Tagebuch, das dem Roman als Art Rahmenhandlung dient. Querelle ist eine so starke, überwältigende männliche Schönheit, daß sie Macht über andere ausüben kann: «Auf den ersten Blick, als Querelle die hemmungslose Zärtlichkeit sah, mit der ein hastiger Wimpernschlag über seinen Oberkörper und sein Gesicht streifte, begriff er seine Macht: von seinem Körper drangen blendende Strahlen durch die Augen bis hinunter zum Magen des Offiziers».

Querelle weiß um seine Ausstrahlung und um die Gefühle seines Vorgesetzten. Kokett und lässig spielt er mit seinen körperlichen Reizen und gefällt sich in der Situation des Verehrt- und Begehrtwerdens. «Der Leutnant sprach in trockenem Ton. Er wehrte sich gegen sein Gefühl. Seine Augen unternahmen vergebliche und schmerzliche Bemühungen, Querelles Hosenschlitz und seine Hüften nicht allzu auffällig zu fixieren.» Für Leutnant Seblon ist Querelle derart «von Natur aus ... schön», daß er es für undenkbar hält, daß dieser sich auch noch «die Schönheit des Verbrechens» zu eigen machte.

«Der erste Stoß war so stark, daß er ihn fast tötete.»

Tatsächlich aber hat Querelle bei einer Opiumtransaktion seinen Helfer und Mitmatrosen Vic ermordet. Ein Verbrechen, das er rituell sühnt, indem er sich Norbert, genannt Nono, dem Mann der Bordellchefin Lysianes, hingibt. Besonders diese Szene dieser detailliert geschilderten Penetration hat «Querelle» das Verdikt der Pornographie eingebracht: «Norbert lastete schwer auf ihm. Ruhig drang er ein, bis zur Wurzel des Gliedes, so daß sein Bauch Querelles Hintern berührte. Mit beiden, plötzlich furchtbar und mächtig gewordenen Händen zog er Querelle an sich. Er schob sie unter des Matrosen Bauch. Die Wärme in Querelles Innern überraschte ihn. Mit großer Behutsamkeit drang er noch tiefer ein, er wollte seine Lust und seine Kraft ganz fühlen. Querelle wunderte sich, daß er so wenig litt. (...) Der erste Stoß war so stark, daß er ihn fast tötete. Querelle stöhnte, zuerst leise, dann stärker, bis er schließlich schamlos röchelte. Dieser hemmungslose Ausdruck seiner Lust bewies Norbert, daß der Matrose in gewissem Sinne kein Mann war, da er im Augenblick höchsten Genusses nicht die Zurückhaltung und Scham des männlichen Mannes bewahrte.»

Querelle empfindet den Sexualakt mit Nono als selbstauferlegte Strafe. Er hatte bei einem Würfelspiel mit ihm verloren, genauer: verlieren wollen. Sein Mord an Vic war zu sühnen. Bei ihm hatte Querelle zum ersten Mal gewagt, mit einem Mann zu flirten. Querelle befreit sich mit «Selbstbestrafung» von der Schuld des Mordes und zugleich von der eigenen Verantwortung für den Sex mit Nono. Erst mit dieser List kann sich Querelle, der zuvor noch nie Sex mit einem Mann gehabt hatte, ganz hingeben und erhält die Initiation in diese andere Welt, nämlich die der Homosexuellen. Obgleich die beiden nun immer wieder zusammen ins Bett gehen – versteht sich Querelle weiterhin als heterosexuell. Zärtliche Gefühle sind ausgeschlossen. Denn nur so, glaubt Querelle, kann er seine Männlichkeit bewahren. Schritt für Schritt jedoch nähert er sich einem anderen sexuellen Selbstverständnis. Der Polizist Mario bringt ihn dazu, auch mit ihm zu schlafen, und zum ersten Mal küßt Querelle einen anderen Mann auf den Mund – das entscheidende Zeichen für Intimität. Und bei dem 17jährigen Maurer Gil, der im Affekt einen Mord begangen und nun untergetaucht ist, übernimmt Querelle erstmals beim Sexualakt die aktive Rolle. Für ihn empfindet Querelle auch so etwas wie Liebe. Weil ihn dieses Gefühl ängstigt oder aber weil in der Genetschen Mythologie Mord und Verrat an höchster Stelle stehen, verrät Querelle seinen Geliebten an die Polizei.

Jean Genet (1910–1985) hatte sich zeitlebens mit der Aura von Gewalt, Verbrechen umgeben und einen eignen Mythos um seine Person kreiert: der schreibende Dieb und Strichjunge, der «poète maudit». Wieviel davon Dichtung ist, läßt sich auch heute noch nicht eindeutig sagen. Weitgehend gelungen ist dies allerdings Edmund White in seiner 1993 erschienenen monumentalen Biographie «Jean Genet».

So kriminell und fern jeglicher bürgerlicher Erziehung, wie sich Genet gern gab, war er dennoch nicht. Zwar wurde er insgesamt 13mal verurteilt zu zusammengenommen 44 Monaten Haft, doch meist wegen recht banaler Diebstähle. Der 1910 geborene und bei Zieheltern aufgewachsene Genet flieht bald aus der dörflichen Enge, landet in Erziehungsanstalten und schließlich im Gefängnis. In der Hölle der Anstalt von Mettray, berichtete Genet, habe er gelernt, sich zu seinen drei Grundwerten zu bekennen: zur Homosexualität, zum Diebstahl und zum Verrat. «Ich erschuf in mir selbst, im Alter von 12 oder 15 Jahren, den Beobachter, der ich sein wollte und somit den Schriftsteller, der ich werden wollte.» Genet blieb heimatlos, ohne festen Wohnsitz, sogar noch, als er längst ein berühmter, reicher und selbst von konservativen Kreisen anerkannter Schriftsteller geworden war. Die Faszination des Verbrechens und die zelebrierte eigene Homosexualität wurden zu Leitthemen seiner Romane, vom «Tagebuch eines Diebes» bis zu «Das Totenfest», der literarischen Verarbeitung seiner Liebe zu einem deutschen Nazi während des Zweiten Weltkriegs. Er selbst hatte von seiner Homosexualität eine sehr eigene Auffassung: «Was ist ein Homosexueller? Ein Mann, ... der sich weigert, in jenes System einzutreten, nach dem sich die ganze Welt organisiert. Der Homosexuelle lehnt es ab, verneint es, zerstört es, ob er will oder nicht ... Es ist das Gegenteil des gesellschaftlichen Zwanges, der Gesellschaftskomödie. Daraus folgt, daß der Homosexuelle, wenn er mehr oder weniger darauf eingeht, eine Rolle in dieser Komödie zu spielen, wie Proust oder wie Gide, betrügt, er lügt: Alles, was er sagt, wird suspekt. Meine Phantasie ist in Verworfenheit getaucht, doch zumindest in dieser Hinsicht ist sie edel, ist sie rein. Ich lehne Irreführung ab.»

Die Außenseiter, von der Gesellschaft Verachteten machte Genet zu seinen Helden in der Literatur und er sich zu ihren Verbündeten im politischen Kampf. In seinen letzten Lebensjahren engagierte er sich bei der «Black Panther-Bewegung», setzte sich für die deutschen Angehörigen der «RAF» ein und besuchte zuletzt 1983 ein Palästinenser-Lager im Libanon. Von seinen Erfahrungen dort berichtete er in seinem letzten, posthum erschienenen Buch, «Ein verliebter Gefangener» (1986).

Jean Genet: *Querelle.*
Deutsch von Ruth Uecker-Lutz.
Rowohlt Taschenbuch Verlag,
Reinbek 1974.
Notre-Dame-des-Fleurs.
Überarbeitete deutsche Übersetzung
von Gerhard Hock, mit einem Nach-
wort von Armin M. Huttenlocher.
Merlin Verlag, Gifkendorf 1997.
(Erster Band der entstehenden
Gesamtausgabe Jean Genet.)
Tagebuch eines Diebes.
Aus dem Französischen von Gerhard
Hock und Helmut Voßkämper.
Merlin Verlag, Gifkendorf 1983.
Das Wunder der Rose.
Aus dem Französischen von Manfred
Unruh. Rowohlt Taschenbuch Verlag,
Reinbek 1976.
Ein verliebter Gefangener.
Palästinensische Erinnerungen.
Kiepenheuer & Witsch, Köln 1989.
Die Zofen.
Aus dem Französischen von Gerhard
Hock. Merlin Verlag, Gifkendorf.

Unter Aufsicht.
Aus dem Französischen von Gerhard
Hock. Merlin Verlag, Gifkendorf.
Die Wände.
Aus dem Französischen von Ernst
Sander. Merlin Verlag, Gifkendorf.
Der Balkon.
Aus dem Französischen von Gerhard
Hock. Merlin Verlag, Gifkendorf.
Ein Liebesgesang.
Deutsch von Gerhard Edler.
Merlin Verlag, Gifkendorf 1983.
Die Parade.
Deutsch von Gerhard Edler.
Merlin Verlag, Gifkendorf 1985.
Der Seiltänzer.
Deutsch von Manon Grisebach.
Merlin Verlag, Gifkendorf 1995.
Spendid's/Sie.
Stücke. Deutsch von Peter Handke
und Peter Krumme. Verlag der
Autoren, Frankfurt/Main 1994.
Die Neger.
Drama. Deutsch von Peter Stein,
Merlin Verlag, Gifkendorf 1983.

Briefe an Roger Blin und andere
Schriften zum Theater.
Deutsch von Gerald und Uta Szyszko-
witz. Merlin Verlag, Gifkendorf 1996.

Edmund White:
Jean Genet. Eine Biographie.
Aus dem Amerikanischen von
Benjamin Schwarz. Kindler Verlag,
München 1993.

Fichte – Genet. Ein Interview.
Deutsch/Französisch. Rimbaud
Verlag, Aachen 1992.

Albert Dichy/Pascal Fouché:
Jean Genet. Versuch einer
Chronologie 1910–1944.
Deutsch von Rolf Stürmer.
Merlin Verlag, Gifkendorf 1993.

Josef Winkler:
Das Zöglingsheft des Jean Genet.
Suhrkamp Taschenbuch Verlag,
Frankfurt/Main 1994.

Stefan George

Gedichte

«Es führten Fäden von George und seinem Kreis ins Lager des Feindes, darüber täuschten wir uns nicht, während wir den ‹Siebenten Ring› für das größte Gedichtbuch in deutscher Sprache hielten», schrieb Klaus Mann 1933 aus der Emigration. «Hier (in den Büchern Georges, d. A.) ist alles schon da, ausgeführt mit einem Glanz und einer Reinheit, vor der die Größen von Goebbels Gnaden schweigend in die Knie brechen müßten: der Führergedanke in seiner radikalen Pointierung;

der Kult des heroischen Jünglings; die Verherrlichung der Zucht, des heldischen Todes; das Anti-Materialistische; die Wiederentdeckung jenes ‹geheimen Deutschland› mit seiner Landschaft, Sitte und Sprache.»

Klaus Mann sieht die Gefahren in Georges Geisteshaltung, aber er nimmt ihn auch vor einer nationalsozialistischen Vereinnahmung in Schutz. Viele vermuteten tatsächlich in George einen Wegbereiter des deutschen Faschismus. Die Affinitäten waren vorhanden und das von ihm geschaffene Vokabular («Das neue Reich», «Stern des Bundes») bot sich geradezu an. Stefan George jedoch ging, nachdem er jegliche Ehrungen durch das Regime abgelehnt und es damit brüskiert hatte, ins selbstgewählte Exil nach Minusio ins Tessin. Dort starb er im Jahr der Machtergreifung. An seinem Sterbebett saß einer seiner letzten Schüler, Claus Schenk Graf von Stauffenberg, der am 20. Juli 1944 mit seinem Attentat auf Hitler versuchte, die NS-Diktatur zu beenden.

George ist eine Ausnahmegestalt in der deutschen Literatur. Mit 26 Jahren gründete er seinen eigenen Verlag und die gleichnamige Zeitschrift «Blätter für die Kunst», ein Unternehmen, das sich von Anbeginn an als exklusiv verstand und sich dem breiten Publikum bewußt versagte. Dank des elterlichen Erbes war der Weinhändlersohn aus Bingen zeitlebens davor bewahrt, einem Broterwerb nachzugehen. Er hatte nie einen festen Wohnsitz, sondern befand sich oft auf Reisen oder ließ sich von Freunden und Bewunderern als Gast aufnehmen und in gewisser Weise auch aushalten.

Recht schnell avancierte er zu meisterlichen Würden und einer kultivierten Dichterpersönlichkeit. George stilisierte sich selbst und seine Lebensweise, wurde zum Weisen und Wissenden, zum Priester und Künder. Künder eines Wissens jedoch, das nur einem ausgewählten Kreis von Wahlverwandten zugänglich gemacht wurde, Verehrern, die ihm huldigten und ihn gegen die Alltäglichkeit abschirmten. Ein Kreis, der übrigens nur aus Männern bestand. Unter ihnen Max Kommerell, Karl Wolfskehl, Ludwig Klages und der Graphiker Melchior Lechter. Wer, wie Friedrich Gundolf, von sich aus den Kreis verließ, und das auch noch wegen einer Heirat, der mußte mit lebenslanger Ächtung rechnen.

Mit 23 Jahren hatte George sich in einen jungen Literaten verliebt, den Wiener Hugo von Hofmannsthal. Der war offensichtlich von den deutlichen Avancen Georges derart verschreckt, daß man die peinliche Situation beinahe bis zu einem Duell gesteigert hätte. Vater Hofmannsthal verbot, zum Schutz des Sohnes, jeglichen weiteren Kontakt. Ein öffentlicher Skandal konnte abgewendet werden. Auf literarischer Ebene blieb man sogar in Verbindung.

«Mein verlangen hingekauert»

Dieses Erlebnis scheint auf George traumatisch gewirkt zu haben. Fortan sublimierte er seine homosexuellen Gefühle, überhöhte sie ästhetisch in einem kultisch angelegten Freundschafts-Mythos, der seinen Höhepunkt in der gottgleichen Verehrung des Maximilian Kronberger fand. Der 46jährige George war 1902 dem damals 14jährigen ephebischen Jüngling in München begegnet. Kronberger hat das erste Zusammentreffen, man könnte es heute Anmache nennen, in seinem Tagebuch festgehalten: «Schon lange hatte ein Herr, dem ich öfters in der Leopoldstraße begegnete, meine Aufmerksamkeit auf sich gezogen. Er war ziemlich groß, hielt sich jedoch schief, die rechte Schulter höher als die linke. Am interessantesten war sein Kopf. Die Stirn hoch, die geistreichen Augen ziemlich tiefliegend, die Nase feingeschnitten, der Mund gewöhnlich fest zusammengekniffen, das Kinn etwas vorspringend, die Backenknochen scharf markiert. Er hatte langes, schwarzes, nach hinten gekämmtes, seidenweiches, üppiges Haar; trug gewöhnlich schwarzen Mantel, dunkle Jacke, graue Beinkleider, Stock mit eingelegtem Knopf und ziemlich hohen Hut. Eines Tages (...) stand ich vor unserem Haus, als dieser Herr auf mich zukam und mich um die Erlaubnis bat, meinen Kopf, den er sehr interessant finde, abzeichnen zu dürfen. Ich erlaubte es natürlich.»

Kronberger wurde in den Kreis um George aufgenommen, schrieb selbst Gedichte und nahm an den gespenstischen Dichter-Maskenzügen der Gruppe teil. Zwei Jahre später verstarb Kronberger plötzlich. Stefan George war ein gebrochener Mann. Für viele ihm Nahestehende war die nun stattfindende Glorifizierung des Jungen nicht mehr nachvollziehbar. Sein Band «Maximin. Ein Gedenkbuch» wurde zum Manifest. Die eigentliche Gestalt des Maximilian Kronberger war entrückt zu einer Traumgestalt, einer Illusion seines Geistes, die mit dem realen Toten nur noch wenig gemein hatte. In seiner Vorrede des Gedenkbuches verglich George ihn mit dem jungen Alexander den Großen und Jesus von Nazareth. Maximilian wurde zur Erlösergestalt:

Jetzt naht nach Tausenden von Jahren
Ein einziger freier Augenblick:
Da brechen endlich alle Ketten,
Und aus der weitgeborstnen Erde
Steigt jung und schön ein neuer Halbgott auf.

Das sektiererische und theatralische Verhalten des George-Kreises war, kaum verwunderlich, immer wieder Zielscheibe des Spotts und der Satire. Dennoch blieben trotz der überspannten Exzentrizität die offenen Bewunderer seiner sprachlich entschlackten Dichtkunst. Sie reichten von Gottfried Benn über Walter Benjamin bis Theodor W. Adorno und Bertolt Brecht. Wer George persönlich kennenlernte, bestätigte seine charismatische Ausstrahlung, die Albernheiten, wie den zelebrierten Gestus, mit dem er seine Gedichte vorlas, wie er seine Zigarette hielt oder seine Haarmähne zurechtstrich, vergessen ließ.

Fast 700 Gedichte, oft süße, betörende, oft spröde und herbe, sowie Nachdichtungen von Rimbaud, Verlaine, Shakespeares Sonetten, Dantes «Göttlicher Komödie» und Baudelaires «Blumen des Bösen» umfaßt das lyrische Werk Georges, für dessen Druck er eine eigene Typographie entworfen hatte. Homoerotische oder gar homosexuelle Motive sind dabei nie offenkundig, sondern sorgsam maskiert.

Mein verlangen hingekauert
Labest du mich deinem seime.
Ich empfange von dem keime
Von dem hauch der mich umdauert:

Dass aus schein und dunklem schaume
Dass aus freudenruf und zähre
Unzertrennbar sich gebäre
Bild aus dir und mir im traume.

(Aus: «Einverleibung»)

Das Du bleibt meist geschlechtsneutral, ist mal «Engel», mal «Liebe», «Seele» oder «Kind». An den Widmungsinitialen konnte der eingeweihte Kreis erkennen, wem die jeweilige Liebesbezeugung galt. Anspielungen auf Figuren der homosexuellen Tradition, etwa Platon, Verlaine, Algabal (der einem Gedichtband den Namen gab), David und Jonathan und Ludwig II., deuten auf die homoerotische Komponente der Gedichte hin.

Stefan George: *Gedichte.*
Auswahl und Nachwort von Ernst
Klett. Cotta's Bibliothek der Moderne,
Band 20, Stuttgart 1983.
Werke.
2 Bände. Herausgegeben von Robert
Boehringer. Verlag Klett-Cotta,
Stuttgart 1984.
Werke.
Ausgabe in vier Bänden. Mit einem
Nachwort von Werner Vortriede.
dtv, München 1983.

Stefan George.
Ausgewählt von Thomas Böhme.
Unabhängige Verlagsbuchhandlung
Ackerstraße, Berlin 1992.

Franz Schonauer:
Stefan George.
Rowohlt Taschenbuch Verlag,
Reinbek 1960.

Georg Peter Landmann (Hg.):
Der George-Kreis.
Eine Auswahl aus seinen Schriften.
Verlag Klett-Cotta, Stuttgart 1983.

Marita Keilson-Lauritz:
Von der Liebe die Freundschaft
heißt. Zur Homoerotik im Werk
Stefan Georges.
Verlag rosa Winkel, Berlin 1987.

André Gide
Die Falschmünzer

Wer sich von André Gides «Die Falschmünzer» einen Krimi über Geldfälscher und andere kriminelle Delikte erhofft, wird enttäuscht werden. Zwar gibt es tatsächlich eine Episode, die von gefälschter Währung handelt, aber sie ist eher beiläufig und kaum dazu angetan, die Atmosphäre großer Verbrechen heraufzubeschwören. In «Les Faux-Monnayeurs» verwendet der französische Literaturnobelpreisträger Gide (1869–1951) Falschmünzertum vielmehr im übertragenen Sinne: es geht um Heuchelei, um Doppelspiel, der Frage nach dem Sein hinter dem Schein. Die Falschmünzerei ist eine metaphorische und symbolische Angelegenheit, die sich auf alle Handlungsstränge und Personen dieses Romans bezieht. Und sie ist der Titel eines Romans im Roman, dessen Entwicklung beschrieben wird, in dem es um einen Schriftsteller geht, der einen Roman schreibt ... Das Vexierspiel dieser Verschachtelung hat André Gide wie kaum ein anderer zuvor fast bis zum Exzeß ausgekostet und zum Bauprinzip dieses Romans werden lassen. Blendwerk und Falschmünzerei ist auch das Buch im Buch, denn es wird nie geschrieben. Vielmehr läßt uns Edouard in seinem Tagebuch den Entstehungsprozeß und sein Scheitern an diesem Stoff miterleben, seinen «Kampf zwischen dem, was die Wirklichkeit diesem Romancier bietet, und dem, was er seinerseits daraus zu machen bestrebt ist».

Edouard, seinen päderastischen Obsessionen ausgeliefert, ist Dreh- und Angelpunkt des weitverzweigten Geschehens. Um ihn kreisen, mehrfach verknüpft, die Schicksale einer Gruppe von Abiturienten. Allen voran Olivier, sein Neffe. Schon ihre erste Begegnung entfacht eine gegenseitige Liebe, die sie jedoch nicht aussprechen und aus unnötiger Rücksichtnahme einander verheimlichen. Der frühreife und intellektuelle Olivier gerät aufgrund dieser unerfüllten Liebe sogar in die Fänge eines anderen Knabenliebhabers, des Grafen Robert de Passavant. Ein Blender und Hochstapler, also «Falschmünzer», der den schriftstellerisch dilettierenden Olivier mit einer zu gründenden Literaturzeitschrift ködert und ihn gleich zu deren Chefredakteur ernennt. Daß sich diese Zeitschrift später als Bluff entpuppt, versteht sich fast von selbst. Als Olivier auf einer Party bei de Passavant nach einem Streit sich hemmungslos betrinkt und von Edouard nach Hause gebracht werden muß, kann – vom Alkohol enthemmt – ihre Leidenschaft die schamvolle Zurückhaltung überwinden. Die erste gemeinsame Nacht, die Gide mit literarischer Raffinesse eher andeutet, denn konkret beschreibt, wird zu einem «Gipfel der Freuden». Ihr «Glückstaumel» jedoch ist nicht von Dauer. Längst hat Edouard ein Auge auf einen anderen Jungen, auf Boris, geworfen. Der wiederum hat sich in George verliebt, der bei einer von der Clique aufgezwungenen Mutprobe zu Tode kommt.

Edouards Leidenschaft bleibt ungebändigt. Der letzte Satz des Romans entstammt seinem Tagebuch und verweist auf die Fortsetzung des amourösen Reigens: «Ich bin neugierig auf die Bekanntschaft mit Caloub.»

Als Gide 1925 seine «Faux-Monnayeurs» veröffentlichte, war er ein weit über Frankreich hinaus gefeierter Autor; sein Erfolg beruhte unter anderem auf «Enge Pforte» (1909), «Die Verliese des Vatikan» (1914) und «Pastoral-Symphonie» (1919).

Gides freimütiger Umgang mit Päderastie und Homosexualität in den «Falschmünzern», seine Darstellung der gleichgeschlechtlichen Liebe als Selbstverständlichkeit, die nicht mehr explizit verteidigt werden muß, sorgte für entsprechenden Aufruhr. Der Skandal der öffentlich eingestandenen Homosexualität fand allerdings bereits einige Jahre zuvor statt.

In dem autobiographischen Bericht über seine ersten 26 Lebensjahre (1869–1895) «Stirb und werde», der ab 1920 in verschiedenen Fassungen publiziert wurde, schilderte Gide freimütig sein sexuelles Schlüsselerlebnis.

«Noch lange blieb ich in einem Zustand bebender Glückseligkeit»

Auf einer ausgedehnten Reise durch Tunesien und Algerien, gemeinsam mit dem befreundeten Maler Paul-Albert Laurens, hatte Gide zufällig Oscar Wilde getroffen. Sie verbrachten den Tag zusammen und saßen abends in einem Café, in dem ein hübscher Araberjunge Flöte spielte. Gide war fasziniert. Später, wieder auf der Straße, fragte Wilde für ihn ganz überraschend: «‹Dear, wollen Sie den kleinen Musikanten?› Wie dunkel das Gäßchen doch war! Ich glaubte, mir würde der Herzschlag aussetzen, und wie ich meinen ganzen Mut zusammen nehmen mußte, um ‹Ja› zu antworten, und wie mir die Stimme dabei fast versagte!» Oscar Wilde arrangierte das Tête-à-Tête und brach danach in ein «endloses, unbezähmbares, unverschämtes Gelächter» aus. André Gide verlor in dieser Nacht gewissermaßen seine sexuelle, päderastische Unschuld: «Noch lange, nachdem Mohammed mich alleingelassen hatte, blieb ich in einem Zustand bebender Glückseligkeit, obwohl ich an seiner Seite fünfmal den Gipfel der Lust erreicht hatte, erneuerte ich meine Ekstase wieder und wieder und verlängerte, ins Hotelzimmer zurückgekehrt, ihre Nachklänge bis zum Morgen.»

Diese Souveränität und Offenheit verschlug seinen Feinden zunächst die Sprache. Gleich zu Beginn warnte er seine Leser. Er wisse sehr wohl, «wie sehr ich mir schade, indem ich dies und das Folgende mitteile; ich sehe voraus, wie man es gegen mich ausbeuten kann. Aber meine Erzählung will wahrhaftig sein, und nichts anderes».

Bereits zwei Jahre zuvor hatte Gide für ähnliches Aufsehen gesorgt, als er sich als der Autor des bereits 1911 veröffentlichten Essays «Corydon» zu erkennen gab. Die erste Ausgabe dieser «vier sokratischen Dialoge», eine Apologie der gleichgeschlechtlichen Liebe, war damals anonym erschienen.

Der Skandal war vorprogrammiert. Die intellektuelle Rechte begann bereits 1921, als die ersten Auszüge aus «Stirb und werde» erschienen, heftig zu polemisieren. Als dann, trotz eindringlicher Warnungen enger Freunde, «Corydon» unter Gides Namen erschien und bald darauf «Die Falschmünzer», überschlugen sich die Reaktionen.

Gleichwohl mußte die Literaturkritik anerkennen, daß Gide mit seinem Motiv des Spiegels im Spiegel, in dem sich das Verhältnis des Lebens zur Literatur, der Literatur zum Leben gleichermaßen bricht, die Form des modernen Romans entscheidend weiterentwickelt hat. Wie überlegen er diese polyphone Erzählweise angewandt hatte, verriet er in «Tagebuch des Falschmünzers», einer Art Werkstattbericht, der parallel zum Roman entstand.

Der katholischen Kirche war die Kunstfertigkeit und die literarische Leistung egal: Sie setzte ein Jahr nach Gides Tod 1951 sein Gesamtwerk auf den Index – zuviel Kritik an bürgerlichen und christlichen Moralvorstellungen und ein zu eindeutig offenes Bekenntnis zur Homosexualität.

André Gide:
Die Falschmünzer/Tagebuch des Falschmünzers.
Aus dem Französischen von Christine Stemmermann.
dtv, München 1997.
Die Verliese des Vatikan.
Aus dem Französischen von Andrea Doberkan. dtv, München 1997.

Schwurgericht.
Drei Bücher vom Verbrechen.
Aus dem Französischen von Ralph Schmidberger und Johanna Borek. Eichborn Verlag, Frankfurt/Main 1997.
Gesammelte Werke.
In 12 Bänden. Herausgegeben von Hans Hinterhäuser, Peter Schnyder und Raimund Theis. Deutsche Verlags-Anstalt, Stuttgart 1989–1997.

Klaus Mann:
André Gide und die Krise des modernen Denkens.
Rowohlt Taschenbuch Verlag, Reinbek 1984.

Claude Martin:
André Gide.
Deutsch von Ingeborg Esterer. Rowohlt Taschenbuch Verlag, Reinbek 1963.

Allen Ginsberg
Das Geheul

«Nehmen Sie Ihre Röcke hoch, meine Damen – jetzt geht es durch
die Hölle!» So kündigte der amerikanische Lyriker William Carlos
Williams in seinem Vorwort den Lesern von Ginsbergs erstem
Gedichtband eine teuflische Lektüre an. «Howl and other Poems»
erschien 1956. Allen Ginsberg (1926–1997), Sohn eines russischen Lyrikers und Literaturprofessors
und einer Geisteskranken, war gerade 30 Jahre alt. Das 17seitige Langgedicht «Howl» (Das Geheul)
war tatsächlich Höllenlärm in den Ohren vieler Amerikaner. Während des Zweiten Weltkriegs
bekannte sich Ginsberg zu seiner Homosexualität und wurde vom Militärdienst befreit. Während
andere ihre homosexuelle Orientierung hinter einer Maske aus bürgerlichen Konventionen verbargen,
stellte Ginsberg sie schon in seiner ersten Veröffentlichung in den Mittelpunkt seiner Lyrik. Seine
erotischen Erfahrungen, seine Liebesverhältnisse – Ginsberg lieferte wie zu anderen Bereichen des
Lebens auch hier Details bis hin zur Schilderung von Orgasmen oder, wie in «Sphinkter» (1986),
einen Zustandsbericht über seinen Anus («Immer noch geschmeidig muskulös, /ohne Scham weit
offen für die Freude»). Das in England gedruckte Buch wurde von den Zollbehörden beschlagnahmt,
der Prozeß um die vermeintlich obszönen Verse in «Howl and other Poems» verursachte einen
landesweiten Skandal. Es waren vor allem Passagen wie jene über die Männer, «die sich in den Arsch
ficken ließen von heiligen Motorradfahrern und dabei vor Freude schrien/die bliesen und geblasen
wurden von jenen menschlichen Seraphim, den Seeleuten», welche die Zensoren vor Scham und
Wut erröten ließen. Heute gehört «Howl» neben Jack Kerouacs «On the Road» und William
S. Burroughs «Naked Lunch» zu den literarischen Werken der Beat generation und zur Pflichtlek-
türe an den High-Schools. Die US-Gesamtauflage nähert sich inzwischen der Millionengrenze.

Ginsbergs Lyrik traf den Nerv der Zeit. Seine Gedichte sprach er, zum Teil unter Drogen, auf
Tonband und tippte sie später ab. Die Verszeilen entsprachen der Länge und dem Fluß des Atems.
«Die Poesie ist gewöhnlich so etwas wie der rhythmische Ausdruck von Gefühlen», erklärte Ginsberg.
«Das Gefühl ähnelt einem Trieb, der innen drin aufsteigt – genau wie der Sexualtrieb; meist ist
er so deutlich und bestimmt wie dieser. Es ist ein Gefühl, das irgendwo in der Magengrube beginnt,
dann in die Brust aufsteigt und an Mund und Ohren herauskommt: als Wimmern oder Stöhnen
oder Seufzen.» Es waren Gesänge, Litaneien, form- und traditionslos wirkende ekstatische Verse mit
Gespür für Rhythmik und Metrum, die Ginsberg von seinem Vorbild Walt Whitman gelernt hatte.
Visionäre Prophetien, endlose Kaskaden, Reflexionen, Blasphemien. Eine wahre Bilderflut von
hektischen Impressionen, reich an Details, Zitaten und Anspielungen. Seine Inhalte waren der
Schönheit des Alltäglichen gewidmet, minutiös registrierte Beobachtungen des Alltags; Erfahrungen
aus sexuellen Erkundungen und politischem Aufbegehren. Privates, Intimes gehört zur kritischen
Auseinandersetzung mit der amerikanischen Wirklichkeit «Es sollte», so erklärte er, «keinen Unterschied geben zwischen dem, was wir niederschreiben, und dem, was wir wirklich wissen, so wie wir
es jeden Tag miteinander erfahren. Und die Heuchelei der Literatur hat ein Ende.»

Ginsberg und seine Freunde lieferten den literarischen Sound für die sich von San Francisco aus verbreitende Gegenkultur zur behäbigen Eisenhower-Ära. «Beatniks» taufte sie der Zeitungs-kolumnist Herb Caen, in Anlehnung an die «Beat generation» und die gerade durchs All fliegenden russischen «Sputniks». «Ich sah die besten Köpfe meiner Generation vom Wahn zerstört/hungrig hysterisch nackt/(...) /mit Träumen, mit Drogen, mit Wahnvorstellungen, Alkohol/und Schwanz und endlosem Rumficken/unvergleichlich blinde Straßen mit zuckenden Wolken/und Blitzen im Hirn (...) Visionen! Vorahnungen! Wunder! Exstasen! Alles den amerikanischen Bach hinunter!»

Programmatisch sind bereits die ersten Zeilen des Gedichts «Geheul». Als er es, zusammen mit «Moloch» («Moloch! Einsamkeit! Dreck! Häßlichkeit! Mülleimer und unerschwingliche Dollars! Angstschreie von Kindern unter den Treppen! Schluchzende Boys in der Armee!»), am 13. Oktober 1944 in der «Six Gallery» in San Francisco zum ersten Mal vortrug, wurde er als Prophet gefeiert.

Als Student an der Columbia University of New York fiel Ginsberg nicht nur durch eine Wand-schmiererei auf – «Butler (der damalige Präsident der Universität) hat keine Eier». Durch William S. Burroughs kam er in den Genuß exzessiver Drogenerfahrungen und im Rausch zu einer inzwischen legendären Vision des englischen Romantik-Dichters William Blake, der mit leidenschaftlichem Ton Weltuntergangsgedichte deklamierte. Danach wurde er erst einmal für acht Monate in die Psychiatrie gesteckt, aber Ginsberg wußte danach definitiv, daß er zum Dichter und nicht zum Marketing-Berater berufen war.

«So sanft dieser Mann, so süß der Moment»

Der Weg von New York an den San Francisco Bay führte über Neal Cassady. In ihn hatte sich Ginsberg verliebt, der lebte jedoch mit Frau und Familie. Als Mrs. Cassady die beiden zusammen im Bett erwischte, drückte sie ihm der Legende nach einen 20-Dollar-Schein in die Hand und schickte ihn an die andere Seite des Bays, nach Berkeley. So verschlug es den bis dahin recht erfolglosen, aber Genialität ausstrahlenden Dichter nach San Francisco, um dort die literarische, künstlerische und politische Avantgarde der USA und die Flower-Power-Bewegung mitzubegründen.

In seinem Gedicht «Viele Lieben» läßt Ginsberg neben einigen anderen Affären und Beziehun-gen auch jene erste gemeinsame Nacht mit Neal Cassady Revue passieren:

Neal Cassady war mein Meister: er zwang mich auf die Knie
und lehrte mich die Liebe seines Schwanzes und die Geheimnisse seiner Seele
Und wir trafen und unterhielten uns, gingen am Abend am Park entlang
Bis nach Harlem, wärmten alte Geschichten (...)
Und blieben dann nach einer langen Nacht zum Pennen in Harlem.
(...)
Ich behielt meine Unterwäsche an, meine Shorts, und er seine kurzen, knappen Unterhosen –
die Lichter gelöscht in dem schmalen Bett drehte ich mich auf die Seite, meinen Rücken seinem
    irischen Jungen-Torso zugewandt,
und kauerte und balancierte auf der Kante, und hielt auf Distanz –
und ließ meinen Kopf und meinen Arm seitlich raushängen, abgerückt
Und er der meine Angst sah streckte seinen Arm aus und legte ihn um meine Brust
und sagte dabei: «Rück an mich ran» und zog mich in seine Umarmung:

Zitternd lag ich da, und spürte seinen großen Arm gleich dem eines Königs.

(...)

Seine Lende sanft an mir, in männlicher Freundschaft sich an mich schmiegend, weiter
   rangeschoben & in mich gedrückt, offen für meine wachen Sinne,
begann langsam größer zu werden, signalisierte mir weitere und tiefere Zuneigung, sexuelle
   Zärtlichkeit.
So sanft dieser Mann, so süß der Moment, so freundlich die Schenkel die sich weichhäutig
   kraftvoll an mir rieben,
daß mein Körper vor lauter Glück zittert und bebt, wenn er sich daran erinnert –

In den späten 60er Jahren erlebte Ginsberg den Höhepunkt seines Erfolges. Sein Porträt hängt in Postershops neben denen der Beatles, von Karl Marx und Bob Dylan. Auf seinen Lesungen, die in ihrer Stimmung Popkonzerten gleichkamen und bei denen er sich auch gelegentlich seiner Kleidung entledigte, kultivierte Ginsberg sein Image als Protestsänger, der beharrlich den *American Way of Life* als Lüge und Selbstbetrug entlarvte. Er engagierte sich gegen den Vietnamkrieg, vertiefte sich in fernöstliche Religionen und fehlte bei keiner Protestkundgebung. Er setzte sich für die Liberalisierung der Drogengesetze und gegen Atomkraftwerke ein, betätigte sich als «gay activist» in der Schwulenbewegung. Im «Who's Who» ließ er sich als verheiratet mit seinem Lebensgefährten Peter Orlovsky eintragen. Sein öffentlicher Umgang mit der Homosexualität führte zu Ausweisungen aus Kuba und der ČSSR.

Ginsberg gehörte mit seiner permanenten Selbstentblößung und der beständigen Polemik gegen die konsumorientierte Gesellschaft längst zu den arrivierten Poeten seines Landes. Er mischte sich nach wie vor in die Politik ein, äußerte sich gegen die Nicaragua-Politik der USA oder forderte «Frieden für Bosnien-Herzegowina». Finanziell war er abgesichert durch eine hochdotierte Professur am Brooklyn College und durch einen Exklusiv-Vertrag mit dem New Yorker Verlagsimperium Harper & Collins, in dem sein Gesamtwerk kontinuierlich in dickleibigen Ausgaben mit Gedichten, Essays, Interviews und Tagebüchern herausgebracht wurde – sorgfältig ediert, so daß in den Anmerkungen selbst die Namen der einzelnen Liebhaber samt Foto zu finden sind. Der Columbia University hatte er seinen Nachlaß zu Lebzeiten verkauft und lieferte dafür alljährlich ein gutes Dutzend Kartons mit Manuskripten und Dokumenten ab. Aus dem deutschen Buchhandel ist Ginsberg fast gänzlich verschwunden, und auch sein «Geheul» ist offiziell vergriffen. 1989 wurde er jedoch von einem Berliner Verlag als Fotograf und Porträtist der Beat generation und New Yorker Kulturszene entdeckt; während sich die Gedichtauswahl «Viele Lieben» ausschließlich dem Thema schwuler Liebe in Ginsbergs poetischem Werk widmet.

Allen Ginsberg:
Das Geheul und andere Gedichte.
Englisch/Deutsch. Übersetzung
von Carl Weissner. Einführung von
William Carlos Williams und Nach-
wort von Walter Höllerer. Limes
Verlag, Wiesbaden/München 1979.

Viele Lieben. Many Loves.
Ausgewählte Gedichte aus den
Jahren 1954–1987.
Aus dem Amerikanischen von
Jürgen Schmidt. Apartment Edition,
Hannover 1994.
Notizbücher. **Herausgegeben**
von Gordon Ball. Deutsch von
Bernd Samland. Hanser Verlag,
München 1980.

Jukebox Elegien. Gedichte
aus einem Vierteljahrhundert,
1953–1978.
Deutsch von Heiner Bastian.
Hanser Verlag, München 1982.
Reality Sandwiches.
Fotografien. Herausgegeben
von Michael Köhler. Nishen Verlag,
Berlin 1989.

Georges-Arthur Goldschmidt
Die Absonderung

Als Elfjähriger muß Georges-Arthur Goldschmidt 1939 sein idyllisches
Zuhause in Reinbek bei Hamburg verlassen. An einem Sommertag
setzen ihn seine Eltern in einen Zug, stoßen ihn hinaus in die Welt,
um ihn vor der Deportation zu retten. Was mit ihm geschieht, warum
dies geschieht, wird dem Jungen nicht klar. Ebensowenig, was das Wort «Jude» bedeutet, nur daß es
ihn zu einem Aussätzigen, einem Flüchtling hat werden lassen.

Ein Kinderheim im besetzten Frankreich wird zu seinem Unterschlupf – und zum Ort seines
Martyriums. Von seinen Mitinsassen gequält und vergewaltigt, von den Aufsehern durch Rutenschlä-
ge, Einsperren und Draußen-in-der-Kälte-Stehen gezüchtigt, schafft sich das Kind eine eigene Traumwelt. Ein Fluchtpunkt im Innern, das ihm zur letzten Bastion wird. Zugleich aber ist der Junge,
der seine eigene Körperlichkeit und Sexualität entdeckt, mehr und mehr darüber verstört, daß er
die Schmerzen der Mißhandlungen plötzlich als sexuelle, homoerotisch durchsetzte Lust empfindet.

«Sie banden ihm die Hände an das Kopfende des Betts und setzten sich ihm auf das Gesicht.
(...) Nichts anderes war er mehr als: Sitzplatz. Sehr hoch über sich hörte er reden und lachen,
wie quer durch den eigenen Körper hin. Der auf seinem Kopf hockte, tat nach Belieben, bewegte
sich, veränderte die Position, während in ihm ein unendlicher Friede einzog; so war er in Sicherheit,
die Angst los.»

Die Erlebnisse seiner Kindheit haben Georges-Arthur Goldschmidt, der in Paris als Autor und
Übersetzer (u.a. von Peter Handke) lebt, nie losgelassen. Immer wieder beschwört er fast zwanghaft
die pubertären Nöte und das Erwachen der homosexuellen Neigungen, die in selbstquälerischen
Folter- und Opferphantasien gebannt werden. Das Ritual des Erzählens ist der Versuch, Herr über
die traumatischen Erlebnisse zu werden. Das Kind jedoch vermag seine masochistischen Obsessionen
ebensowenig zu verstehen wie sein Jüdischsein. Diese Erinnerungen an ein beständiges Gefühl von
Schuld und Andersartigkeit, von Verlorenheit in der Fremde, ohne Freunde und Ratgebende, und
die «tödliche, sich nie mehr schließend Wunde der Scham» verarbeitet Goldschmidt in poetisch-
dichte Prosa, in halluzinatorische Bilder von Schrecken und Faszination.

In «Ein Garten in Deutschland» (1988) schildert er die Kindheitsidylle in der elterlichen Villa.
Er registriert die Erregtheit und Nervosität der Familie, ohne deren Grund zu kennen. Verstört ist
er selbst durch eine Reproduktion in einem Kunstband. Wie schon bei Yukio Mishima ist es eine
Darstellung des «Heiligen Sebastian», der zum Urerlebnis homoerotischer und sadomasochistischer
Phantasien wird: «Die langen Haare des jungen Mannes hängen ihm über die Schultern – man
erschaudert bei dem Gedanken an ihre leichte Berührung –, ein Pfeil durchbohrt seinen nackten
Schenkel etwas über dem Knie und dringt in den Baumstamm hinter ihm, ein anderer durchbohrt
den Bauch, neben dem Nabel, ein ganz kleiner Blutfaden, man könnte meinen, er sei schon getrock-
net, läuft bis zu diesem ganz kurzen, mit einer dünnen Schnur zusammengebundenen Lenden-
schurz, mit dem der Jugendliche bekleidet ist.»

Diese «sündige Buchseite» verfolgt das Kind, erschüttert es zutiefst, ohne auch nur zu ahnen, was dahintersteckt. Als der Knabe schließlich von seinen Eltern aus dem paradiesischen «Garten in Deutschland» in die Fremde nach Frankreich geschickt wird, glaubt er, es geschehe dieses Bildes wegen. Der Lust wegen, mit der er die Qualen und das Leiden des Opfers betrachtete.

«*Die Wunde der Scham*»

In der vielfach ausgezeichneten Erzählung «Die Absonderung» konzentriert er sich auf die fünf Jahre in einem katholischen Kinderheim in den französischen Alpen. Daneben liefert Goldschmidt das literarische Psychogramm seiner Kindheit. Der Junge empfindet sich als Fremder, auch sich selbst gegenüber. Die ihn schützen sollen, die Erzieher, züchtigen ihn. Die Sehnsucht nach Wärme, nach der Berührung anderer Haut, nach Nacktheit erfüllt sich schließlich in der Strafe: «Er wünschte sich die Strafe herbei, mit der Haselgerte gezüchtigt zu werden, sich unter der Rute zu winden, zu brüllen, zu flehen.» Tagsüber muß er draußen im Wald die Ruten schneiden, mit denen er nachts geschlagen wird. Die Demütigungen durch die Heimleiter, Mißhandlungen durch die anderen Jungen, sogar Vergewaltigungen – der Knabe beginnt sie sogar zu provozieren, sie sich herbeizuwünschen, denn sie geben ihm so etwas wie Identität. Das Gefühl von Geborgenheit und einen Weg zur Selbstfindung verschafft er sich in der Rolle des Opfers: «Er fieberte der Strafe entgegen, er erkannte sich in ihr: er war stolz, der Gestrafte zu sein, ... er schrie auf vor zukünftiger Erinnerung, über das Tal hinweg: er wußte von nun an, daß er stumm, inhaltslos hinter sich selber stehen würde, daß er sich sein fühlte». An anderer Stelle, in «Der unterbrochene Wald» (1992), in dem Goldschmidt die Erfahrungen und Erlebnisse noch einmal poetisch verdichtet und, fern jeglicher Chronologie, zu Bildern des Schreckens und der Schönheit (der Natur) stilisiert, schreibt er: «Die Züchtigung setzte ihm sonderbar zu, umriß den Körper, rechtfertigte die Existenz.»

Anders als Robert Musils Zögling Törleß wird dieser Junge immer Opfer bleiben und niemals die Chance erhalten, zum Täter zu werden. Beinahe zwanghaft wird der Alltag, jeder Blick des Jungen sexuell aufgeladen beschrieben. Die masochistische Grundkonstitution bestimmt seine Wahrnehmung.

Zugleich beschäftigt sich Goldschmidt in diesem fragmentarisierten und collageartigen Text verstärkt mit der Frage nach der Schuld: Der vermeintlichen Schuld, die er durch seine sexuellen Phantasien auf sich geladen hat, die Schuld, als Jude überlebt zu haben, wo Millionen andere deportiert und vernichtet wurden, die Schuld, die Rolle des Opfers geradezu bereitwillig und mit Lust übernommen zu haben.

In «Die Aussetzung» (1996) schreibt er die seelische Erkundung seiner Kindheit fort und erzählt Episoden aus seinem 16. Lebensjahr. Weil das Kinderheim zu riskant geworden war, wird der Junge auf einem Bauernhof im Hochtal von Savoyen versteckt. Sein Martyrium aus unverstandener Sexualität, vermeintlicher Schuld, drückender Scham und des Gefühls des Andersseins setzt sich fort.

«Ein Garten in Deutschland» wie auch «Der unterbrochene Wald» schrieb der Exilant Goldschmidt in französischer Sprache. Erst mit «Die Absonderung» und der fast zeitgleich entstandenen Erzählung «Die Aussetzung» (1991) fand er wieder zur deutschen Sprache zurück; einer überaus präzisen, gleichwohl poetischen Sprache, die luzid und leicht, in langen rhythmischen Satzperioden den Klang des Französischen zu imitieren scheint, die einen Sog erzeugt, dessen man sich als Leser kaum erwehren kann.

Georges-Arthur Goldschmidt:
Die Absonderung.
Erzählung. Mit einem Vorwort von
Peter Handke, 1993.
Der unterbrochene Wald.
Erzählung. Aus dem Französischen
von Peter Handke, 1992.
Beide erschienen im Fischer
Taschenbuch Verlag, Frankfurt/Main.

Ein Garten in Deutschland.
Erzählung. Aus dem Französischen
von Eugen Helmlé, Suhrkamp
Taschenbuch Verlag, Frankfurt/
Main 1988.

Der bestrafte Narziß.
Essay. Aus dem Französischen von
Mariette Müller, 1994.
Die Aussetzung.
Erzählung, 1996.
Beide erschienen im Ammann Verlag,
Zürich.

Frank Goyke

Der kleine Pariser

Kriminalkommissar Dietrich Kölling kann gelegentlich recht unfreund-
lich sein. Mürrisch, bärbeißig, zynisch – und überdies herzkrank. Ein
fähiger Beamter, der die Polizeiroutine im Halbschlaf erledigt und die
Vorschriften dabei nicht immer so genau beachtet. Eine Mischung aus
Kommissar Maigret und Wachtmeister Studer. Ein Single, Junggeselle ohne Privatleben. Aber alles
andere als schwul. Autor Frank Goyke (geb. 1961) hat sich die schwulen Handlungsstränge und
Themen für Opfer und Täter und für Köllings neuen, einem ausgerechnet minderjährigen Jungen
hoffnungslos verfallenen Mitarbeiter namens Hans-Joachim Tangermann aufbewahrt. In «Tegler
Trauerspiel» bekommt er reichlich Probleme, weil sein Lover, ein drogenabhängiger Stricher, an
schlechtem Stoff stirbt.

Ein Stricher steht auch titelgebend im Mittelpunkt des ersten Kölling-Krimis: «Der kleine
Pariser» (1992). «Dietrich Kölling ärgerte sich. Ihn langweilte es, am Schreibtisch zu sitzen, ein
Pult mit Telefonen zu hüten und Papiere zu sortieren. Aber Verbrecher langweilten ihn auch,
ihr Geschwätz von der grausamen Kindheit, mit dem sie sich zu Opfern erklärten, all ihre Recht-
fertigungsversuche und Verharmlosungsstrategien.»

Kölling, den arroganten Wessi, hat es von Hannover nach Leipzig verschlagen («Weil die
Politiker unbedingt Polizisten aus Westdeutschland an die Ostdeutschen verschenken wollten»), und
er leidet nicht nur an der schmutzigen, kalten Stadt und dem Sächsisch seiner Bewohner, sondern
zunehmend auch unter seinem Beruf. Ein Anruf zieht ihn aus der Langeweile. «‹Alarm›, rief er seinen
Kollegen zu. ‹Wo brennt's›, fragte der Kriminalobermeister Becker. ‹Ein Toter verschandelt die reiz-
vollen Leipziger Wiesen und Wälder und will entsorgt sein›, sagte Dietrich Kölling.» Es bleibt nicht
bei dieser Leiche mit fein säuberlich durchtrennter Kehle. Ein selbsternannter «Hüter von Moral und
Sitte» sorgt für Ordnung in der Stadt. Die Schwulenszene Leipzigs ist für ihn ein Rattennest, das
dringlich bereinigt werden muß. Die Leichen, denen er zuvor gewissenhaft die Schuhe auszieht, sind
Schwule. Für jeden einzelnen legt er pedantisch geführte Dossiers an. Nach jedem Mord wandert ein
Fall zu den Akten, und zuvor wird, Ordnung muß sein, ein Hinrichtungsprotokoll unterzeichnet.

Kölling und seine Mannen tappen auf der Suche nach dem Motiv lange im dunkeln: Ein Eifersuchtsdrama unter Schwulen? Oder gar ein Schuhfetischist? Ein Privatkrieg in der Szene? Erst als mit dem «Kleinen Pariser», einem gewitzten Edelstricher, das nächste Opfer auserkoren ist, zieht sich die Schlinge um den Serienmörder zu.

Bereits mit seinem zweiten Kölling-Krimi, «Grüsse vom Boss» (1993) läßt Goyke seinen Kommissar nach Berlin versetzen, in die «deutsche Hauptstadt des Verbrechens». In dem von der Raymond-Chandler-Gesellschaft mit dem Marlowe-Preis ausgezeichneten Kriminalroman «Dummer Junge, toter Junge» (1995) gerät Köllings schwuler Kollege Tangermann erneut in Konflikt mit seinen erotischen Vorlieben. Was zunächst wie ein Ritualmord an einem 16jährigen Schüler aussieht, weitet sich, inmitten der Weihnachtsfesttage, zu einem verzwickten Fall aus. Ein verdächtiger Schuljunge flieht nach Frankreich – und Tangermann, der in diesem Band den Tölpel abgeben muß, verknallt sich natürlich gleich in den Burschen. Für Tangermanns päderastische Gelüste bringt der Chef sogar Verständnis auf. Für den Gabentisch will Kölling seinem Kollegen einen Bildband mit nackten Knaben schenken, doch in den schwulen Buchladen traut er sich nicht hinein. Und schließlich läßt ihn Goyke auch noch eine Gruppentherapiesitzung beim «Polizeibeauftragten für gleichgeschlechtliche Lebensweisen» durchstehen, um das Arbeitsverhältnis zu Tangermann zu entspannen. Eine ziemlich bösartige, satirische Szene!

Tödliche Anrufe

Mit einem Serientäter, wenn auch von der besonderen Gattung des Sado-Päderasten, hat es Kölling ebenfalls in «Ruf doch mal an» (1994) zu tun. Ein anonymer Anrufer kriegt in den Nachmittagsstunden, wenn die Eltern außer Haus sind, die Kinder dazu, sich mit dem Fön in die Badewanne zu legen. Was unglaublich klingt, hat dennoch eine reale Vorlage: ein so gearteter Fall sorgte 1988 in der Hauptstadt der DDR für Aufregung und Schlagzeilen.

Nicht alle der bislang sieben Kölling-Krimis streifen die schwule Szene oder enthalten schwule Figuren. Alle sind jedoch von gleicher Qualität. Die Erzählweise ist einfach und überschaubar, geprägt durch schnelle und harte Schnitte. Es ist Goykes Gespür, den einzelnen Milieus eine eigene glaubwürdige Sprache zu geben; aktueller Szeneslang und Gossenjargon wechseln problemlos mit Beamtendeutsch. Authentizität ist es schließlich, die seine Schilderungen von Kiez und Alltag auszeichnet. Goyke zeigt nicht die Villen der Neureichen und Führungseliten, wie sie in «Derrick» & Co. in schöner Regelmäßigkeit ausgeleuchtet werden. Er ist in den Sozialbauwohnungen und heruntergekommenen Hinterhöfen zu Hause, dem proletarischen Kleine-Leute-Milieu der Millionenstadt, den Subkulturen und deren Randexistenzen. Die Atmosphäre, die er jeweils stiftet, stimmt ebenso wie die soziale und psychologische Charakterisierung seiner Figuren. Mit Heimattümelei und Lokalkolorit als bloße Staffage hat dies wenig zu tun, vielmehr mit schonungslosem, bisweilen gar tagesaktuellem Realismus. Das alles erzählt er in lakonischem Ton mit recht viel Sinn für Ironie und Sarkasmus.

Frank Goyke:
Der kleine Pariser/Grüsse
vom Boss, **1996.**
Ruf doch mal an, **1994.**

Tegler Trauerspiel, **1994.**
Dummer Junge, toter Junge, **1995**
Knaben Liebe, **1995.**
Felix, mon amour, **1996.**
Hexentanz, **1997.**

Alle erschienen im Verlag
Schwarzkopf & Schwarzkopf, Berlin.

Juan Goytisolo
Jagdverbot

In seinen Romanen, etwa «Identitätszeichen» (1978) oder «Johann
ohne Land» (1981), ist der in Barcelona geborene Spanier katalani-
scher und baskischer Abstammung immer wieder seiner Herkunft
nachgegangen. Stets auf der Suche danach, ob es für ihn überhaupt
so etwas wie Identität durch Herkunft geben kann, mußte dies für Goytisolo, der 1957 aus Protest
gegen das Franco-Regime nach Paris ins Exil ging, letztlich offenbleiben. «Kastilier in Katalonien,
französisch Gesinnter in Spanien, Spanier in Frankreich, Lateinamerikaner in Nordamerika, Nesrani
oder Christ in Marokko und Kanake überall», so beschrieb er sich selbst ein wenig kokettierend im
ersten Band seiner Autobiographie «Jagdverbot» (1985). Goytisolo, ein Grenzgänger zwischen den
Kulturen, ein Reisender, aber auch Vermittler zwischen Orient und Okzident, der die gegenseitige
Durchdringung von Lebensweisen propagiert und in dessen Arbeiten – Essays, Filmen und Romanen
– Einflüsse jüdischer, arabischer, maurischer, islamischer und europäischer Kultur sich verbinden.

In «Jagdverbot», der Geschichte seines Lebens bis zum Alter von 25 Jahren, folgt Goytisolo
zunächst der eigenen Familiengeschichte, um sich dann der eigenen Identität, ihren Brüchen
und ihrem Wandel zu widmen. Er versucht nicht, durch eine lineare Erzählstruktur seine eigene
Geschichte als eine lückenlose Kette von Ereignissen darzustellen, sondern setzt den autobiographischen Passagen kursiv gesetzte Abschnitte entgegen, in denen er das Schreiben als Erinnern
reflektiert. Sich selbst läßt er mal in der ersten Person erzählen, mal spricht er distanziert von einem
Er oder hält Zwiesprache mit sich im vertrauten Du: «Ich, du, dieser Juan Goytisolo.»

Goytisolo stammt aus gutbürgerlichem, katholischem Elternhaus, das der Falange treu ergeben
war. Die Familie war wohlhabend, der soziale Abstieg der einstigen Besitzer einer Zuckerrohrplantage
ist jedoch vorgezeichnet. Der Vater, lebenslang lungenkrank, war für den jungen Juan ein wehleidiger
Jammerlappen, der nichts von dem hatte, was er von einem Mann erwartete, zu dem er aufschauen
könnte. Verehrungswürdige Männer, die seine jugendliche Faszination und seine erotischen Träume
beschäftigten, sind türkische Ringer (über die er als Erwachsener eine TV-Dokumentation drehte)
oder indische Soldaten. Als sein Großvater sich sexuell an ihm verging, ekelte er sich zwar vor ihm,
aber es ist nicht die Homosexualität an sich, die ihn verstörte, sondern die unterwürfige Haltung, die
sein Großvater fortan zeigte und daß er sich bis an sein Lebensende zur Strafe von Juans Vater demü-
tigen ließ. Goytisolos Männer werden später immer vor allem Selbstbewußtsein und Virilität aus-
strahlen. Männer, wie er sie in arabischen Ländern und seinem Zweitwohnsitz in Marrakesch trifft.

Der junge Goytisolo studierte Literatur und Jura, veröffentlichte seine ersten literarischen Texte.
Mehr und mehr entfernte er sich von den Werten seiner Gesellschaftsschicht. Er entdeckte den Kom-
munismus und das (homosexuelle) «Laster»; beides schon allein aus Haß auf jene Moral, wie sie
Kirche, Staat oder Gesellschaft einklagen. Seine schwulen Erfahrungen geschahen dennoch versteckt.
Der Weg zu einem offenen Bekenntnis der eigenen Homosexualität ist noch weit. Ein Mitstudent,
der sein Coming-out wagte, wird von den Freunden verstoßen. Goytisolo beteiligte sich an dieser

Ausgrenzung. Als er als Ehrengast einer Delegation Kuba besuchte, erlebte er dort eine öffentlich inszenierte Denunziation zweier lesbischer Milizangehöriger, die in einem Schulungslager «ertappt» worden waren. Goytisolo schwieg bei diesem entwürdigenden Schauspiel, was seine kubanischen Kampfgenossen als Zustimmung und Billigung interpretierten.

«von kriegsgewohnter, extremer Männlichkeit»

In Paris arbeitete Goytisolo mit Jorge Semprun und anderen Schriftstellern für die Untergrundorganisation gegen Franco. Als Berater für spanische Literatur im Verlagshaus Gallimard saß er an einer kulturellen Schaltstelle und wurde automatisch Teil der linksintellektuellen Zirkel und Exilantenkreise. «Dein literarischer Ruhm», schrieb Goytisolo selbstkritisch in seinem Rückblick, «stand in keinem Verhältnis zum Umfang deines Werkes und zu seinen Diensten», sondern «war mit Sicherheit das Ergebnis deiner einträglichen und angepaßten Haltung als Mitläufer der Partei.»

Bei Gallimard lernte Goytisolo die Lektorin und Autorin Monique Lange kennen, die er schließlich heiratete. Ironischerweise fand er durch sie erst zu seiner homosexuellen Identität. Abwechselnd lebte er bei ihr in Paris und bei seinem Freund Abdelhadi in Marrakesch. Monique Lange verarbeitete diese Beziehung 1959 in ihrem Roman «Les poissons-chats».

Das Schicksal seines Großvaters schleicht sich immer wieder in seine Gedanken: «Die Vorstellung, seinen Spuren zu folgen, mich ebenfalls mit einem armseligen und zerstörten Leben abzufinden, war das wirkungsvollste Gift gegen meine Zweifel und mein Zögern an dem mehr oder weniger erwarteten Tag, an dem ich mich in der widersprüchlichen Lage befand, eine intensive Liebesbeziehung mit Monique zu erleben und zugleich ein bis dahin unbekanntes physisches Glück mit einem marokkanischen Maurer zu entdecken, der vorübergehend in Frankreich lebte und arbeitete.» Fast all seine späteren Lebenspartner und Liebhaber werden diesem Typus entsprechen, Männer von geringer Bildung, sogar Analphabeten, mit kräftigen Händen und von «kriegsgewohnter, extremer Männlichkeit».

Die Wendung des «Stigmas» Homosexualität zu einer lustvollen Neugier auf das Fremde schildert Goytisolo unter anderem im zweiten Band der Autobiographie «Die Häutungen der Schlange» (1986). Sie setzt in ihrem Bericht Mitte der fünfziger Jahre an und schildert – neben der sexuellen Selbstfindung, die mit der Entdeckung der arabischen Welt zusammenfällt – die Abkehr vom Kommunismus und seine Begegnung mit Jean Genet.

Juan Goytisolo:
Jagdverbot. Eine spanische Jugend,
1994.
Die Häutungen der Schlange.
Ein Leben im Exil,
1995.
Gaudí in Kappadokien.
Reiseerzählungen,
1996.
Alle erschienen im Hanser Verlag,
München und aus dem Spanischen
von Eugen Helmlé.

Rückforderung des Conde
don Julín.
Deutsch von Joachim A. Frank, 1981.
Engel und Paria.
Roman. Aus dem Spanischen von
Thomas Brovot, 1995.
Beide erschienen im Suhrkamp Verlag,
Frankfurt/Main 1995.

Julien Green
Der Übeltäter

«Es ist ein hinterhältiges Buch. Robert sagt, man erfahre die Wahrheit durch eine halboffene Tür wie in gewissen englischen Romanen», notierte Julien Green am 7. Mai 1956 in seinem Tagebuch. Gemeint war die versteckte Wahrheit, die in der gerade erschienenen Fassung von «Le Malfaiteur» von Uneingeweihten kaum zu entdecken war, weil der gewichtige Mittelteil fehlte. Enge Freunde hatten ihm diese Selbstzensur geraten. Man fürchtete ansonsten einen Skandal. So kam es, daß den ersten Leser dieser Geschichte des homosexuellen Jean und seiner Cousine Hedwig der immerhin 80seitige Mittelteil, «Jeans Beichte», vorenthalten wurde. Erst 1973 wurde der Roman in Frankreich ungekürzt veröffentlicht; die deutsche Ausgabe folgte wiederum 20 Jahre später.

Die Szenerie ähnelt jenen der anderen Romane des 1900 in Paris als Sohn einer amerikanischen Familie geborenen Julien Green. Eine Villa in der französischen Provinz, das Haus der Familie Vasseur. Wuchtige Bilder, schwere Vorhänge, kalter Marmor, mächtige Leuchter bilden die bourgeoise Kulisse. Die Frauen geben den Ton an, die Männer bleiben Statisten. Es herrscht Vernunft vor Gefühl, so auch bei der Heirat. Madame Vasseur hat ebenso wie ihre Tochter Ulrike, eine kühle Schönheit, standesgemäß und einzig nach finanziellen Gesichtspunkten geheiratet. Beide sind, wie auch das Hauspersonal, seelisch erstarrte Wesen. Der Leidenschaft und dem Ruf des Herzens geben sich hingegen der Sohn Jean und seine Cousine Hedwig hin. Beide sind in den gleichen Mann verliebt, ihm verfallen: Gaston Dolange. Ein Galan, ein hübscher Gigolo, kalt und zynisch, und zu guter Letzt nur ein Stricher, den allein das Geld interessiert. «Die Verschränkung aus Leiden und Leidenschaft», wie es Walter Benjamin in seinem Essay über Julien Green formulierte, hält Jean und Hedwig gefangen, trotz besseren Wissens.

Als Jean wegen einer Affäre mit einem Jungen von der Polizei bedrängt wird, kann der Familienclan den Skandal vertuschen. Jean verläßt jedoch das Land. Angeblich zu Studienzwecken (er arbeitet an einer Ikonologie des heiligen Sebastian!) reist er nach Neapel. Von dort aus schreibt er Hedwig einen aufklärenden Brief, eben «Jeans Beichte». Jean gesteht nicht nur seine Homosexualität, sondern berichtet ausführlich, in einer Mischung aus Zorn und Aufbegehren, von seinem Leiden als Homosexueller, in dieser großbürgerlichen Welt mitten in der Provinz vom Glück vollkommen ausgeschlossen zu sein.

Selbstironisch und mit einem Hang zu Pathos und Polemik legt er ihr sein Seelenleben dar. Vier Jahrzehnte, die er an den Rand der Gesellschaft gedrängt, zum Versteckspiel verdammt, sich immer in der Angst vor Entlarvung, Verhaftung und der nachfolgenden Scham befand. Selbstekel überkam ihn, wie zuweilen auch die Lust zur Revolte. Die Begierde trieb ihn in die Parks, wo er immer wieder junge Männer finden konnte. Das war jedoch keine Liebe, sondern allenfalls ein Selbstzweck, der zur Sucht wurde. Nur einmal hatte er sein Herz für einen anderen geöffnet: für Gaston. Vor ihm will er sie warnen. Vergeblich, Hedwig erreicht diese Lebensbeichte nicht. Es ist Madame Pauque, die schattengleiche, verhaßte Schwester der Hausherrin, die Hüterin der bürgerlichen Ordnung, der beim alljährlichen Großkampftag gegen die Motten der Brief in die Hände fällt. Doch der Skandal bleibt aus. Das Haus Vasseur übersteht auch dies mit Contenance.

«Zu welchem Glauben hätte ich konvertieren sollen?»

Der Konvention wird alles geopfert, selbst Menschen. Jean nimmt sich in Neapel das Leben, und auch Hedwig erliegt den moralischen Zwängen. In ihrer blinden Leidenschaft und der Scham kann sie nur Frieden im Tod finden.

Vieles spricht dafür, daß Julien Green eigene Erfahrungen in Jeans emphatische Beichte eingebracht hat. Ein Geständnis, das zugleich Anklage und auch Aufruf zur Revolte ist. «Aber die Natur gibt sich manchmal anarchistisch. Könnte man nicht sagen», schreibt Jean in seinem Brief, «daß sie bestimmte Individuen auswählt, um sie zum Widerstand anzustiften? Nicht etwa zum Widerstand gegen sie selbst, wie man behauptet hat, sondern zum Widerstand gegen die Moral, und das ist etwas ganz anderes.»

Julien Green hat seine homosexuellen Neigungen bereits in seinem 1931 veröffentlichten Roman «Der andere Schlaf», die Geschichte einer zarten Jugendliebe, offenbart und später auch in seiner zweibändigen Autobiographie «Junge Jahre» und «Jugend» (beide 1984) thematisiert. Doch wie sein Protagonist Jean war auch er stets von Selbstzweifeln und vor allem von religiösen Bedenken geplagt. «Zu welchem Glauben hätte ich konvertieren sollen», legt er Jean in den Mund, «nachdem ich in keiner Kirche mehr Hilfe fand, nach der ich suchte?» Zweimal ist Green, seines Zeichens Mitglied der ehrwürdigen Académie Française und selbst mit 95 Jahren ein äußerst produktiver Autor, vom Protestantismus zum Katholizismus konvertiert. Religiöse Besorgnis sei es auch gewesen, so Green in einem Nachwort einer französischen Ausgabe, die ihn 1938 mehr und mehr zur Abkehr von der Welt und den Problemen des «Malfaiteur» und zum Abbruch des Romans gebracht hat. In seinen Tagebüchern (die in sechs voluminösen Bänden veröffentlicht sind) verrät er jedoch, daß ihn der Roman in den 40er Jahren nie ganz losgelassen hat, so daß er später die Arbeit daran wieder aufnahm.

Falsche Moral und die engen religiösen wie gesellschaftlichen Grenzen sind es, die in seinen Romanen, wie «Leviathan» oder «Treibgut», eine Art seelischen Kessel erzeugen, dessen Druck irgendwann nicht mehr zu ertragen ist. Die Folgen sind dann mal Mord, wie im Fall des in einen Mitstudenten verliebten John Day in «Moira», oder der Freitod, wie in «Der Übeltäter».

«Das hier ist immer ein Hausen, ein Geschehen voller Angst und Magie, das vielleicht niemals verzehrender war als unter der Decke des zivilisierten Daseins und der bürgerlich-christlichen Welt», schrieb Walter Benjamin 1930, der neben Klaus Mann zu den frühen Bewunderern Greens in Deutschland gehörte. Er traf damit genau jene Stimmung, die Greens Romane so eigen machen: diese schwüle, von unterdrückten Leidenschaften aufgeheizte Atmosphäre. Gleichzeitig legt sich über alles ein mystischer Schleier, es bleibt geheimnisvoll, wenn nicht gar gespenstisch.

Souverän, weniger diskret und «durch halboffene Türen» erzählt Green die Geschichte des Leidens und der Leidenschaft von Jean und Hedwig bis zum bitteren Ende. Die Tragödie fordert ihre Opfer, und den Opfern gehört das Mitleid der Leser wie des Autors: «Man kann durchaus sagen, daß der Fall, von dem dieses Buch erzählt, beinahe alltäglich geworden ist», schreibt Green. «Aber er ist darum nicht weniger schwierig und schmerzlich und verdient die Aufmerksamkeit all derer, denen die Leiden des Herzens nicht fremd sind.»

Julien Green: *Der Übeltäter.*
Aus dem Französischen von Anja
Lazarowicz, 1995.
Der Geisterseher.
Deutsch von Franz Hessel, 1996.
Mont Cinère.
Deutsch von Rosa Breuer-Lucka und
Brigitte Weidmann, 1987.
Varuna.
Deutsch von Elisabeth Edl, 1996.
Alle erschienen im Carl Hanser
Verlag, München.

Moira.
Deutsch von Georg Goyert, 1991.
Der andere Schlaf.
Deutsch von Peter Handke, 1990.

Leviathan.
Deutsch von Eva Rechel-Mertens,
1991.
Junge Jahre.
Autobiographie. Deutsch von
Eva Rechel-Mertens, 1988.
Jugend. Autobiographie 1919–1930.
Deutsch von Eva Rechel-Mertens,
1989.
Jeder Mensch in seiner Nacht.
Deutsch von Ernst Sander, 1995.
Träume und Schwindelgefühle.
Erzählungen. Deutsch von Helmut
Kossodo, 1992.
Treibgut.
Deutsch von Friedrich Burschell, 1995.
Alle erschienen bei dtv, München.

Die Dramen.
Deutsch von Irène Kuhn. Langen
Müller Verlag, München 1987.
Tagebücher (Fünf Bände).
Herausgegeben von Jacques Petit.
Aus dem Französischen von
Eva Groepler, Eva Moldenhauer
und Alain Claude Sulzer. List Verlag
München, 1990–1995.
Ende einer Welt. Juni 1940.
Aus dem Französischen und mit
einem Vorwort von Elisabeth Edl.
List Verlag, München 1992.

Jim Grimsley
Das Leben zwischen den Sternen

Dan Crell, der junge Verwaltungsangestellte im Krankenhaus ist
freundlich, hilfsbereit, aber auch unnahbar. Nicht zuletzt deshalb, weil
er, der Bluter, sich durch Blutpräparate mit dem HI-Virus infiziert hat.
Seitdem meidet er stärker als zuvor engere Kontakte zu anderen
Menschen. Doch bei Ford McKinney ist es anders und für Dan fast wie ein Traum: Ein gutaussehender, junger Kinderarzt aus einer reichen, angesehenen Südstaatenfamilie wirbt um seine
Aufmerksamkeit, seine Liebe. Anders als Dan hat Ford, der sich gerne als *tough guy* gibt, wesentlich
mehr Schwierigkeiten, mit seinem Schwulsein offen umzugehen.

Sie zögern eine Weile, sich aufeinander einzulassen. Beide haben Angst, bei der Suche nach
Schutz und Geborgenheit nicht die Balance zwischen Nähe und Distanz zu finden. Diese Angst
verliert sich niemals ganz. Was sie wollen, ist für sich eine Familie zu sein, mit allem, was sie in ihrer
Kindheit entbehrten: Die Familie als ein Ort der Liebe, des Vertrauens, der Treue und der Obhut.
Nicht jedoch der Angst und Gewalt, des Streits. Mit einer feierlichen Geste steckt Dan seinem
Geliebten das Weihnachtsgeschenk an den Finger – einen Ring: «Nicht aus blindem Vertrauen in
die Geste der anderen, derjenigen, die heirateten. Sondern als ihr Zeichen, neu erfunden wie ihre
Verbindung, selbst gegen Hindernisse und Widersprüche.»

Jim Grimsley erzählt die Geschichte des Kennenlernens und der Beziehung in Rückblenden.
Die eigentliche Handlung findet aber an drei Tagen rund ums Weihnachtsfest statt. Drei Jahre

leben die beiden schon zusammen, nun soll das Coming-out und die schwule Emanzipation die letzte Weihe erhalten: Dan will seinen Lebensgefährten zum Fest mit «nach Hause» bringen. «Mir wird es leichter fallen, mich als deine Familie zu fühlen, wenn du mich immer noch haben willst, nachdem du gesehen hast, wo ich herkomme», erklärt er seinem Lebensgefährten das Motiv für diese Reise. Nicht nur die Ungewißheit, wie seine Mutter auf seinen Lebensgefährten reagieren wird, beunruhigt ihn.

«Sie fühlten sich fast nackt bei dieser Gewißheit.»

Im gleichen Maße brechen die niemals ganz ausgeräumten Minderwertigkeitskomplexe auf, die Scham der Herkunft. Dans Mutter lebt in einem alten Wohnmobil am Rande eines Friedhofes, den sie gemeinsam mit ihrem neuen Ehemann verwaltet. Wie wird Ford, der Sohn aus bestem Hause, auf seine ärmliche Herkunft reagieren? Dans Mutter jedoch beweist Offenherzigkeit und Sympathie, ohne die eigene Unsicherheit in dieser neuen Situation zu überspielen. Ganz anders verhalten sich schließlich Fords Eltern, denen die beiden kurz entschlossen ebenso einen Festbesuch abstatten: Sie werden vor die Tür gesetzt und Fords Vater droht sogar mit der Polizei. Doch Grimsley läßt in der letzten Szene das Paar engumschlungen am abendlichen Strand spazierengehen. «Ihre Verbundenheit war so deutlich, daß es nicht mehr darauf ankam, sie zu demonstrieren. Jeder, der sie sah, mußte es wissen. Sie fühlten sich fast nackt bei dieser Gewißheit.»

Grimsley (geb. 1955) arbeitet unbefangen mit den Mitteln des Trivialen. Er beschwört die großen Gefühle herauf und verzichtet dabei gänzlich auf Ironie. Daß daraus kein kitschtriefender Groschenroman wurde, ist auf Jim Grimsleys literarisches Vermögen zurückzuführen, genau beobachten zu können und seine Figuren allein aus ihrem Verhalten, ihrem Handeln heraus zu charakterisieren. Er erklärt sie nicht, kommentiert sie nicht, noch gibt er moralische Wertungen ab.

Diese feinfühlig erzählte Geschichte einer schönen, aber nicht unproblematischen Liebe kommt ohne Effekthascherei und spektakuläre Aktionen aus. Grimsleys Thema sind die seismographisch erspürten Schwankungen einer Liebe zweier ganz normaler schwuler Männer.

«Das Leben zwischen den Sternen» ist ein in sich geschlossener Roman und Teil einer (geplanten) Südstaaten-Trilogie. In «Wintervögel» (1992) erzählt er in kargem und direktem Stil von der Kindheit Dannys, dem Leben in einer Familie, die vom gewalttätigen, alkoholabhängigen und jähzornigen Vater allmählich zugrunde gerichtet wird. Ein Alptraum. In knappen, präzisen Dialogen, die den Dramatiker Grimsley bezeugen – er hat als Hausautor des Theaters «Seven Stages» in Atlanta über ein Dutzend Theaterstücke geschrieben –, erzählt er vom Verlust der Kindheit, verlorenen Träumen und vagen Hoffnungen auf eine unsichere, aber bessere Zukunft. Ein düsteres, in seiner traumatischen Atmosphäre fesselndes wie verstörendes Buch. Der abschließende, noch nicht veröffentlichte dritte Teil soll von der Aidserkrankung Dans handeln.

Jim Grimsley:
Das Leben zwischen den Sternen.
**Aus dem Amerikanischen von
Frank Heibert. Edition día, Berlin
1993 und Fischer Taschenbuch Verlag,
Frankfurt/Main 1996.**

Wintervögel.
**Aus dem Amerikanischen von Frank
Heibert. Edition día, Berlin 1992.**

Dream Boy.
**Aus dem Amerikanischen von Frank
Heibert. Fischer Taschenbuch Verlag,
Frankfurt/Main 1997.**

Hervé Guibert
Dem Freund, der mir das Leben nicht gerettet hat

Beim Erscheinen der französischen Ausgabe 1990 löste das Buch eine große und emotional geführte Debatte um Aids aus. Besonders umstritten war nicht nur die schonungslos offene Art, wie der Journalist, Schriftsteller und Fotograf über seine Aidserkrankung berichtete, sondern sein literarisches «Outing» des Aids-Todes des 1984 offiziell an Krebs verstorbenen Michel Foucault.

«Der Verfallsprozeß, der in meinem Blut begonnen hat, greift von Tag zu Tag weiter um sich.» Geradezu penibel beschreibt Guibert die langsame Ausbreitung des Virus in seinem Körper und die allmählich einsetzende Zerstörung des Organismus, die er zu spüren glaubt. HIV, das Virus, «das sich an irgendeiner Stelle, man wußte nicht wo, des Lymphsystems oder des Nervensystems oder des Gehirns verkrochen hatte, wo es seine Waffen putzte, tödlich auf sein Uhrwerk gespannt, dessen Detonation auf sechs Jahre eingestellt war, ganz zu schweigen von meinem Pilz unter der Zunge, der ein Dauergast geworden war und den zu behandeln wir aufgegeben hatten». Sarkastisch und zugleich unendlich zärtlich schreibt Guibert über seine «Krankheit zum Tode» und von den tödlichen Bedingungen des Lebens vor der Infektion. Immer wieder ist seine Atemlosigkeit und Erschöpfung dieser leicht gehetzten Prosa anzumerken, die sich – als kaum getarnte Hommage an Thomas Bernhard – mit der Energie des Verzweifelten in langen Satzkaskaden ergießt.

Was der 1955 geborene Guibert als «Roman» vorlegte, war ein mehr oder weniger autobiographischer Bericht, in dem lediglich einige Namen verändert waren. Es hatte nicht lange gedauert, bis die literarische Öffentlichkeit Guiberts Buch als Schlüsselroman erkannt und bald auch die Personen demaskiert hatte, unter anderem den Philosophen Michel Foucault und die Schauspielerin Isabelle Adjani (im Roman Marine). Dieses Moment der Schlüsselloch-Dramatik verhalf «Dem Freund, der mir das Leben nicht gerettet hat» zu entsprechend publizistischem Interesse und zu Lesern. Zuvor war Guibert im deutschsprachigen Raum kaum bekannt gewesen. Lediglich eine seiner sieben früheren Veröffentlichungen, die Erzählung «Blinde» (1986), war übersetzt worden, und Patrice Chéreaus Film «L'Homme blessé – Der verführte Mann», für den er das Drehbuch geschrieben hatte, war in die hiesigen Kinos gelangt.

«Das Labyrinth meines Buches schlägt zusammen über mir»

In Rückblicken bis auf das Jahr 1980 erzählt Guibert in «Dem Freund, der mir das Leben nicht gerettet hat» seine Chronik der 80er Jahre, die weitgehend zu einer Aufzeichnung von Krankheit wurde, von Tod und Todeserfahrung, Schwäche und Hilflosigkeit. Er beschreibt die quälenden Untersuchungs- und Behandlungsmethoden, die Schäbigkeit der Krankenhäuser, die Leiden seiner Freunde. Während die amerikanische Schwulenliteratur bei der Thematisierung von Aids meist ein positives Denken zu vermitteln versucht, gibt sich Guibert keiner Illusion hin. Es gibt keinen Freund, der ihn mehr retten könnte. Jener, von dem er sie erhofft hatte – Bill, Beschäftigter eines US-Pharmakonzerns –, hatte ihn wie viele andere betroffene Freunde in einem bösartigen Spiel zum Narren gemacht. Immer wieder hingehalten, allein durch persönliche Beziehungen auserwählt zu werden, um an einer (vielleicht) rettenden Testreihe mit einem neuen Medikament in den USA teilnehmen zu können, setzt der Ich-Erzähler seine ganze Zuversicht auf Bill und das pharmazeutische Wunder. Der aber genießt es, über seine Freunde eine fast messianische und letztlich lebensentscheidende Macht zu haben. Eine Rettung gibt es nicht, weder ein neues Medikament, noch die Hoffnung, bis zu der medizinischen Entdeckung zu überleben. «Das Labyrinth meines Buches schlägt zusammen über mir», schreibt Guibert im 100. und letzten, nur wenige Zeilen umfassenden Kapitel. «Ich sitze in der Scheiße. Wie tief willst du mich noch stürzen sehen? Häng dich auf, Bill! Meine Muskeln sind zergangen. Ich habe endlich meine Kinderbeine und meine Kinderarme wieder.»

Parallel zu der eigenen Krankheitsgeschichte, seiner persönlichen Auseinandersetzung mit dem Positivsein und schließlich der Aidserkrankung, erzählt Guibert das Sterben seines Freundes Muzil. «Todesursache: AIDS» verkündete das Registerblatt. «Die Schwester hatte verlangt, man solle den Eintrag streichen, ihn völlig tilgen, abschaben nötigenfalls, oder besser die ganze Seite herausreißen und neu schreiben, freilich seien die Register vertraulich, aber man weiß ja nie, vielleicht käme in zehn, zwanzig Jahren irgendein Mistkäfer von Biograph und würde die Seite fotokopieren.» Muzil ist Michel Foucault. 1977 hatten sie sich kennengelernt. Foucault schrieb an seiner (unvollendeten) monumentalen Sittengeschichte «Sexualität und Wahrheit», lebte versteckt und führte sexuell ein Doppelleben. Niemand außerhalb des engeren Freundeskreises sollte von seinem Schwulsein erfahren. In Paris traute er sich gerade mal in seine Lederbar, seinem ausschweifenden Sexleben widmete er sich andernorts, wo er sicher sein konnte, nicht als der berühmte Philosoph erkannt zu werden. Was lag ferner und zugleich näher als New York und San Francisco, wo er in S/M-Kneipen und Saunen seiner Vorliebe für exzessive Orgien nachgehen konnte. Dieses Doppelleben gewinnt in Guiberts Buch eine zentrale Bedeutung. Bis zuletzt verheimlicht Muzil/Foucault seine Krankheit, selbst beste Freunde und Familienangehörige erfahren nichts davon. Sein zeitweiliger Liebhaber, der Schriftsteller und Philosoph Jean Paul Aron, der zwei Jahre zuvor an den Folgen von Aids verstarb, ging wesentlich offener mit der Infektion um. Kurz vor seinem Tod hatte er sich in einem längeren Aufsatz «Mon sida» (Mein Aids) zu seiner Aidserkrankung bekannt.

Hervé Guibert hat seine «Aids-Biographie» weitergeführt. Seine Chronik des Sterbens setzte er mit «Mitleidsprotokoll» (1991) fort, wo er die behandelnde Ärztin in das Zentrum seines Erzählens stellt. Posthum erschienen «L'homme au chapeau rouge» und «Cytomégalovirus. Journals d'hospitalisation» (beide 1992), die jedoch nicht mehr ins Deutsche übersetzt wurden. Die radikale Selbstentblößung hielt er bei, auch seinen Hang zum Narzißmus. Beides gipfelt in dem Videofilm «La pudeur ou l'impudeur» (Die Scham oder die Schamlosigkeit), den Guibert selbst wenige Monate vor seinem Tod im Auftrag des Privatsenders TF 1 gedreht hat. Die Kamera auf ein Stativ gestellt, erlaubt er den Blick auf die persönlichsten Verrichtungen: Untersuchungen im Krankenhaus, der Gang zur Toilette, das Waschen, An- und Ausziehen, der nackte, von der Krankheit gezeichnete Körper vor dem Spiegel. Schonungslos wie auch seine Bücher, exhibitionistisch sowie schamlos und radikal gegen sich selbst. Nur unter größten Schwierigkeiten konnte der Film überhaupt im französischen Fernsehen ausgestrahlt werden. Der Medienkontrollrat befürchtete eine unnötige Desillusionierung von Aids-Erkrankten. Am 27. Dezember 1991 verstarb Guibert 36jährig, wenige Tage nach einem mißglückten Freitodversuch.

Hervé Guibert: *Dem Freund, der
mir das Leben nicht gerettet hat.*
Aus dem Französischen von Hinrich
Schmidt-Henkel. Rowohlt Taschen-
buch Verlag, Reinbek 1993.
Mitleidsprotokoll.
Aus dem Französischen von
Hinrich Schmidt-Henkel. Rowohlt
Taschenbuch Verlag, Reinbek 1994.

Das Paradies.
Aus dem Französischen von Hinrich
Schmidt-Henkel, Rowohlt Verlag,
Reinbek 1994.
Blinde.
Deutsch von Thomas Plaichinger.
Rowohlt Taschenbuch Verlag,
Reinbek 1994.

Photographien.
Verlag Schirmer/Mosel, München
1993.
Phantom-Bild. Über Photographie.
Aus dem Französischen und
mit einem Nachwort von
Thomas Laux. Reclam Verlag,
Leipzig 1993.

Theodor Lessing
Haarmann. Die Geschichte eines Werwolfs

Fritz Haarmann

«Warte, warte nur ein Weilchen/Dann kommt Haarmann auch zu dir/
mit dem kleinen Hackebeilchen/und macht Hackefleisch aus dir.»
Fritz Haarmann war nicht nur ein Mörder; das «Monster», der «Werwolf» ist zu einem Mythos, zu einer Legende geworden.

14 Tage dauerte seine Verhandlung nur und geriet zu einem aufsehenerregenden Schauprozeß. Es gab Zeitungs-Sonderausgaben, landesweit sensationsheischende
Reportagen über die Geschehnisse in Hannover. Ein gefundenes Fressen für die Presse, denn
der Fall Haarmann war in der Tat ein «Schauerroman in Fortsetzungen, den das Leben verfaßte».
Eine Geschichte im Stil eines blutrünstigen Groschenromans über Sex, Gewalt, zwielichte Gestalten,
über Unterwelt und Bandenkrieg, Verbrechen aus Habgier. Und nicht zuletzt über Haarmann, den
«perversen und sadistischen Homosexuellen», wie ihn ein Journalist taufte.

Haarmann, 1879 in Hannover geboren, betrieb offiziell Handel mit Altkleidern und Fleisch
und war immer wieder in kleinere und größere Gaunereien involviert. Dank seiner guten Kontakte
zum «Milieu» diente er der Polizei als Spitzel, und er ließ sich Informationen über Hehlereien gut
bezahlen. Aber auch als Homosexueller war er der Justiz bekannt; mehrfach wurde er nach § 175
verurteilt und in Haft genommen. Seine Sexualpartner (und späteren Opfer) fand der wegen eines
«bestehenden Intelligenzdefekts» aus dem Militär entlassene Haarmann gewöhnlich vor dem Hauptbahnhof oder vor Jugendherbergen. Dort traf er auf junge Männer, die auf Trebe waren, keinen
festen Wohnsitz hatten und deren Verschwinden im Zweifelsfall niemand sofort bemerken würde.

Haarmanns Mordtrieb hatte ein sexuelles Motiv: Er litt an Impotenz. Sexuelle Befriedigung
erlangte er durch «mutuelle Onanie» (wie es im Gerichtsprotokoll heißt). Seine Sexualität habe sich
letztlich ganz auf das Orale verlagert – auf Küssen, Lutschen, Saugen, und in letzter Konsequenz,
auf Beißen. In Momenten ekstatischer Erregung und sexueller Raserei durchbiß er die Kehlen seiner
meist zwischen 16 und 20 Jahre alten Sexualpartner. «Ich habe mich mit ganzem Leibe auf die jungen Leute geworfen. Sie waren durch das Herumtreiben und die Ausschweifungen ermattet. Ich habe

ihren Adamsapfel durchbissen, zugleich wohl auch mit den Händen gewürgt und gedrosselt. An der Leiche brach ich zusammen. Ich machte mir dann schwarzen Kaffee. Den Toten legte ich auf den Boden und tat ein Tuch übers Gesicht. Dann sieht er einen nicht so an.»

Nicht nur dem Serienmord eines Homosexuellen galt das überaus große und langanhaltende Interesse, es nährte sich auch aus den nie ganz geklärten Umständen der Leichenbeseitigung. Haarmann zerlegte die Ermordeten fachmännisch auf seinem Küchentisch. Das Fleisch löste er von den Knochen, die er dann in die Leine warf. Nach seiner Verhaftung wurde das Flußbett aufgestaut und bei einer schaurigen Suchaktion der Polizei mehr als 500 Leichenteile geborgen. Das Fleisch soll er regelmäßig an Nachbarn und Bekannte verschenkt haben. Als einige es nicht nehmen wollten, weil ihnen davon stets schlecht davon geworden war, soll er es mit tierischem Fleisch vermischt zu Wurst verarbeitet und so die Bewohner seines Viertels zu Kannibalen gemacht haben. Das Image der «Bestie» war es vor allem, das für massenwirksame Schlagzeilen sorgte und das der Sexualwissenschaftler Magnus Hirschfeld in seinen Prozeßberichten für das Berliner «12 Uhr Blatt» zu korrigieren versuchte. «Das Bild selbst, das sich während der Verhandlung darbietet ist ... stark wechselnd. Bald überwiegt der Eindruck, daß Haarmann selbst das Opfer schwerer krankhafter Belastung und zugleich das Opfer des ihm geistig überlegenen Mitangeklagten Grans (Haarmanns Lebensgefährten, d. A.) ist, bald wiederum gewinnt man die Überzeugung, der Mörder ist sich völlig darüber klar gewesen, daß die jungen Menschen, die er in seine Wohnung brachte, diese lebendig nicht wieder verlassen würden.» Hirschfeld hatte erwartet, «in Anbetracht der Schwere und Häufigkeit der Mordtaten» einen «verrohten, verblödeten Menschen» vorzufinden, dem «zumindest seine Brutalität auf die Stirn geschrieben stände. Um so überraschter war ich, wie wohl fast alle, als sie nun persönlich dieser Bestie in Menschengestalt gegenüberstanden, einen Angeklagten zu sehen, dessen ewig lächelnde Miene, dessen weiche Züge ... einen ganz anderen Eindruck machten.» Abwegig sei es, «in irgendwelcher Weise die homosexuelle Veranlagung Haarmanns für seine Mordtaten verantwortlich zu machen». Die Boulevardpresse war da allerdings ganz anderer Meinung. «Untier», «Teufel», «Atavismus» lauteten ihre Schlagzeilen.

«Ich habe nur die gebissen, wo ich richtig drin verliebt war»

Lediglich 22 Vertreter der Presse durften der Gerichtsverhandlung beiwohnen. Neben Magnus Hirschfeld gehörte auch Theodor Lessing (geboren 1872, 1933 von Nationalsozialisten in seinem Marienbader Exil ermordet) dazu. «Man hatte mich zugelassen, erstens, weil man mehr als den Namen von mir kannte, zweitens, weil man von einem beamteten Hochschullehrer nicht eben eine Kritik der Behörden seiner Heimatstadt erwartete; drittens, weil man von der keineswegs ‹radikalen› Presse, die zu vertreten ich übernommen hatte, am wenigsten die damals doch als notwendig sich ergebende scharfe Beleuchtung der verrotteten Zustände fürchtete.»

Tatsächlich aber hatte das Gericht mit Lessing einen Prozeßbeobachter, der ihm keineswegs gelegen sein konnte. Der Polizeiapparat hatte bei seinen Ermittlungen jede Menge folgenschwerer Fehler begangen, lange Zeit den Spitzel Haarmann geschützt und war Hinweisen nicht nachgegangen. Sechs Jahre lang konnte Haarmann immerhin sein Unwesen treiben. «Kaum jemals ist ein bedeutender Prozeß unfähiger, kleinlicher und törichter geführt worden», notierte Lessing. Für die Justiz galt es, den Fall Haarmann möglichst schnell über die Bühne zu bringen, bevor dieser vielleicht selbst für die Polizei unangenehme Dinge aussagen konnte. Und ebenso fest stand: Haarmann mußte für zurechnungsfähig erkannt und also zum Tode verurteilt werden. Die Bevölkerung forderte eine spektakuläre Hinrichtung. Die Sachverständigen schlossen Geisteskrankheiten aus und wiesen frühere Gutachten über Haarmann als «irrig» zurück. «Wie Kraut und Rüben laufen diesen Sachverständigen ... die Begriffe durcheinander», schreibt Theodor Lessing in seinem Buch über Haarmann, «deren Klärung das elementarste Geschäft der Psychologie ist.»

«Die beiden tiefsten Gefühle seiner Natur sind das Bedürfnis nach Wollust und das Bedürfnis nach Zärtlichkeit», charakterisiert Lessing Fritz Haarmann. «Er möchte geliebt, ja er möchte gerne bewundert sein und steckt voll von Beobachtungs- und Beeinträchtigungsideen, wobei er mault und schmollt wie ein dummes, störrisches Kind, das sich immer benachteiligt wähnt. – Er liebt weibliche Arbeiten, backt, kocht und stopft Strümpfe, raucht aber dabei schwere Zigarren. Immerhin gehört er zum Typus des ‹Weibsmannes› (die sogenannte Tante). (...) Im allgemeinen erscheint er wie ein gar nicht bösartiges, ganz im Augenblick lebendes, völlig eigenbezügliches und durchaus triebhaftes Tier; renommistisch, aber leicht lenkbar. (...) Er ist ein Stück Natur: ohne Logik und ohne Moral. Aber auch ohne logische und moralische Heuchelei.» Mit seinen einfühlsamen Schilderungen hatte sich Lessing unbeliebt gemacht, er wurde schließlich von den Gerichtsverhandlungen ausgeschlossen.

Am 19. Dezember, morgens 10 Uhr, wurde das Urteil gefällt. Theodor Lessing hatte in einer Schrift gefordert, Haarmann ins Irrenhaus zu stecken. «Grans dagegen dürfte für sein Lebensschmarotzertum mit ein, zwei Jahren Gefängnis wegen Hehlerei genug gestraft sein. Er gehe ins Ausland, arbeite und werde ein Mann. Dann wird er sicherlich noch eine angesehene Stütze dieser Zeit und dieser Gesellschaft.»

Hans Grans wird wegen Anstiftung und wegen Beihilfe zum Mord in einem anderen Fall zu 12 Jahren Zuchthaus, Haarmann wegen erwiesenen Mordes in 24 Fällen 24mal zum Tode verurteilt. Am 15. April 1925 erfolgt die Hinrichtung durch das Fallbeil.

Fritz Haarmann freute sich über die Aufmerksamkeit, die ihm zuteil wurde. Geradezu erleichtert beantwortete er ausführlich alle Fragen. Noch in 1000 Jahren, prophezeite er, werde man sich an ihn erinnern. Die Folgeerscheinungen waren tatsächlich beträchtlich. Unmittelbar nach seiner Hinrichtung diente sein Fall rechtsradikalen Schriften als Agitationsargument gegen Homosexuelle und deren Emanzipationsversuche. Der Prozeß selbst hatte in weiten Teilen der Bevölkerung Vorurteile gegen Homosexuelle bestärkt, so daß die Bemühungen, den Paragraphen 175 zu streichen, einen herben Rückschlag erlitten.

Alfred Döblin gestaltete seinen Franz Biberkopf in «Berlin Alexanderplatz» nach dem Vorbild Haarmanns, Fritz Lang wurde durch ihn zu «M – eine Stadt sucht einen Mörder» (1930/31) inspiriert, Fassbinder-Schüler Ulli Lommel zu seinem Film «Die Zärtlichkeit der Wölfe» (1973) mit Kurt Raab in der Hauptrolle. Die Gesprächsprotokolle des Gerichtspsychiaters Ernst Schultze dienten für Romuald Karmakars Film «Der Totmacher» (mit Götz George als Haarmann, 1995) wie vielen verschiedenen Theaterstücken als Material.

Theodor Lessing:
Haarmann.
Die Geschichte eines Werwolfs.
Herausgegeben von Rainer
Marwedel. Luchterhand Verlag,
Frankfurt/Main 1989.

Christine Pozsár/Michael Farin (Hg.):
Die Haarmann-Protokolle.
Rowohlt Taschenbuch Verlag,
Reinbek 1995.

Peer Meter/Christian Gorny:
Haarmann (Teil 1). Edition Comic
Art, Carlsen Verlag, Hamburg 1990.

Friedhelm Werremeier:
Haarmann. Nachruf auf einen
Werwolf.
Heyne Verlag, München 1992.

Joseph Hansen
Verbrannte Finger. Ein Fall für Dave Brandstetter

Es verwundert zunächst, daß immerhin bereits 1966 zum ersten Mal ein schwuler Detektiv in einem Krimi auftaucht. George Baxt hatte für «A Queer Kind of Death» den Kommissar Pharaoh Love kreiert, der den Tod eines Strichers aufzuklären hat. Der Krimi, wie auch die beiden nachfolgenden Bände, «Swing Low, Sweet Harriet» (1967) und «Topsy and Evil» (1968), fanden Gnade selbst beim amerikanischen Doyen der *crime fiction*, Anthony Boucher, der sie in «The New York Times Book Review» besprach. Akzeptabel war dieser schwule Krimiheld wahrscheinlich nur, weil er die bekannten Stereotypen und Vorurteile transportierte. Die homosexuellen Männer darin waren zu diesem sexuellen Verhalten verführt worden oder hatten sich – aus niedrigen Beweggründen – dazu «entschlossen». Zum Bild des schwulen Mannes gehörte ein dekadentes, selbstzerstörerisches und damit unnatürliches Verhalten. Dieser Umstand gibt Joseph Hansen seine Bedeutung. Der Versicherungsdetektiv Dave Brandstetter, sein Held von insgesamt 12 Romanen und zwei Kurzgeschichten, ist kultiviert und intelligent, finanziell abgesichert, mit Weitblick ausgestattet – und offen selbstbewußt schwul. Brandstetter, der für die «Medallion»-Versicherung seines Vaters all jene Fälle überprüft, die nicht ganz koscher erscheinen, verheimlicht nie seine Parteilichkeit, wenn es um Opfer von Rassismus oder ideologischer Engstirnigkeit geht. Zudem demonstriert er immer wieder seine geistige wie politische Verbundenheit mit der aufkommenden Schwulenbewegung in den USA.

In der Zeit vor Stonewall mußte der 1923 geborene Hansen seine Romane noch unter Pseudonym (James Colton) in einem kleinen, auf Erotika spezialisierten Verlag herausbringen. Seinen ersten, 1970 erschienenen Brandstetter-Roman, «Fadeout» (dt. «Verbrannte Finger»), veröffentlichte er jedoch unter seinem richtigen Namen.

Dave Brandstetter untersucht den Tod des Countrysängers Fox Olson, dessen Auto zertrümmert in einer Schlucht aufgefunden wird. Von der Leiche fehlt jede Spur. Ob sich Olson einfach nur aus dem Staub gemacht hat, die Ehefrau die Lebensversicherung kassieren will oder doch ein Unfall geschehen ist, soll Brandstetter klären. Je mehr er schließlich recherchiert, wird das scheinhafte Eheidyll der Olsons deutlich. Nach langen Jahren war auf wundersame Weise eine alte Jugendliebe von Fox aufgetaucht, Doug Sawyer. In ihm brachen alte Wunden wieder auf, denn diese Liebe war ein Mann, und Fox mußte sich seiner Lebenslüge stellen. Er wollte seine schwulen Neigungen nicht länger verdrängen. Zu viele Menschen waren aber von dem erfolgreichen Musiker und Rundfunkmoderator abhängig – Plattenproduzenten, Manager, Radiobesitzer –, als daß sie zugesehen hätten, wie Fox mit einem Coming-out sich die Karriere und ihnen den finanziellen Miterfolg zerstört.

«Ein Dekorateur, du meine Güte!»

Brandstetter erlebt in «Verbrannte Finger» ebenfalls eine Phase des Umbruchs. Sein langjähriger Lebensgefährte, der Innenausstatter Rod Flemming, ist an Krebs gestorben. Als sie sich kennenlernten, war Daves erster Eindruck alles andere als positiv: «Als er Rod zum ersten Mal gesehen hatte, als er zum ersten Mal mit ihm gesprochen hatte, während sein Herz schneller schlug und sein Mund ganz trocken war, hatte er sich gesagt: Daraus wird nichts, das reicht höchstens für einen netten Abend. Der Bursche war feminin. Eine Tunte. Ausgeschlossen, mit so jemandem zusammenzuleben. Ein Dekorateur, du meine Güte! Das war beinahe so schlimm wie ein Damenfriseur ...»

Trotz aller Gegensätze – Dave als der in privilegierten Verhältnissen Aufgewachsene liebt entsprechend anspruchsvolle, klassische Musik («Messiaens neue ‹Chronochromie›», «eine Aufnahme von E. Power Biggs mit Orgelkonzerten von Buxtehude»), Rod, der weniger gebildete Typ, schwärmt für Musicals («alles Laute, Glitzernde vom Broadway») und Klatsch – scheint die Beziehung erfüllt und harmonisch gewesen zu sein. Beinahe leitmotivisch tauchen Erinnerungen an diese Liebe auch in den späteren Romanen auf. Am Schluß von «Verbrannte Finger» lernt Dave den Künstler Doug Sawyer kennen, der in den Fortsetzungen zu seinem neuen Lebensgefährten wird. Doch diese Beziehung scheitert, nicht zuletzt, weil beide noch zu sehr an ihren verstorbenen Lebenspartnern hängen. Nach einigen One-Night-Stands verliebt sich Brandstetter schließlich in den jungen schwarzen Nachrichtensprecher Cecil Harris.

Joseph Hansen liefert in seiner Brandstetter-Serie ein genaues Porträt der politischen Entwicklung des Südens von Kalifornien und der *gay community* in den gesamten USA. Die Leichtigkeit und sexuelle Sorglosigkeit der 70er Jahre schwindet. Spätestens mit «Frühe Gräber» beherrschen die Aids-Hysterie, Hetzkampagnen gegen Schwule durch die politische Rechte und das massenhafte Sterben die Szenerie. Drehen sich die Fälle in den ersten Bänden betont um schwule Themen, werden diese zunehmend zugunsten von Drogenhandel, Sekten, Gifttransporten in den Hintergrund gedrängt, während Hansen sich auf die Entwicklungen im Privatleben seines Detektivs bzw. das Zusammenleben mit der heterosexuellen Umwelt beschränkt.

Hansen läßt seinen Helden weniger nach dem Täter suchen, als vielmehr dessen Beweggründe in Erfahrung bringen. Daraus beziehen Hansens Krimis letztlich ihre Spannung: aus dem psychologischen Netz von Beziehungen und Abhängigkeiten, wo Heuchelei, Doppelmoral und Furcht jene Atmosphäre schaffen, in der Menschen aus Neid, Mißgunst oder blanker Angst zu Gewaltverbrechern werden. Ist der Mörder oder der Dieb gefaßt, ist für Brandstetter damit noch lange nicht die Frage nach der Schuld oder gar Sühne beantwortet. Hansens Figuren, insbesondere auch sein Serienheld, sind gebrochen. Ein klischeehaftes Happy-End ist ihnen nicht vergönnt, dafür bleiben diese Romane zu sehr der Wirklichkeit verhaftet. Hansen setzt sie den Widrigkeiten des Lebens aus, ohne sie jedoch als wehleidige oder selbstmitleidige Figuren vorzuführen. Joseph Hansen wie auch Dave Brandstetter sind letztlich aufrechte Kämpfernaturen, die gegen jede Form von Intoleranz, Haß und Dummheit antreten. Mit einem zwar aggressiven, gleichwohl positiven Blick auf diese Welt können sie sich auch wenn schon keinen paradiesischen Zustand, doch Momente des Glücks verschaffen.

Joseph Hansen:
Verbrannte Finger. Ein Fall für Dave Brandstetter, 1983.
Keine Prämie für Mord, 1984.
Die logische Lösung, 1984.

Jeder hat einen Feind, 1985.
Mondschein-Trucker, 1989.
Frühe Gräber, 1989.
Verkaufte Haut, 1991.

Alle Übertragungen aus dem Amerikanischen von Friedrich A. Hofschuster; Goldmann Taschenbuch Verlag, München.

John Gruen
Keith Haring

Keith Haring

Seine Arbeiten zieren T-Shirts, Kalender, Bettwäsche,
Poster, Baseball-Mützen und Sticker. Jeder kennt sie, hat
sie irgendwo schon mal gesehen – die bunten, witzigen,
lebendigen Strichzeichnungen, das Strahlenbaby, die
kläffenden Hunde, den Mann mit dem Loch im Bauch. Längst sind die Werke Teil der Alltagskultur.
Die Arbeiten Keith Harings (1958–1990) gleichen Piktogrammen: Sie bilden eine universelle
Bildsprache, sind leicht verständlich, ideal für eine globale Verbreitung und von hohem Wiedererkennungswert.

Unermüdlich zeichnete und malte Haring im Dienst der guten Sache, gegen die Diskriminierung von Farbigen und Schwulen, gegen Drogen und Apartheid, für den Schutz der Umwelt, für ein Leben in Frieden ohne Waffen und Atomkraft, für Safer Sex und gegen die Ausgrenzung Aidskranker. 1990 starb Haring selbst an den Folgen dieser Krankheit.

Als Keith Haring 1978 von der Kunsthochschule Pittsburgh, Pennsylvania, nach New York kam, beeindruckten den 20jährigen Provinzler die Graffiti der Straßenkids an Häuserwänden und U-Bahn-Wagen ebenso wie die für ihn neue Schwulenszene «Ich hab' mich hier recht schnell eingelebt. Man vergesse nicht, das war 1978 – kein Mensch dachte an etwas wie Aids. In der Szene zog man von einer Bar zur anderen, und nach und nach fand ich heraus, welche die interessantesten Lokale waren – Bars wie ‹The Studs›, wo Pornofilme liefen und es eine Art Darkroom für anonyme Sexkontakte gab, in denen die Typen ungestört aneinander rumfummeln konnten. Anfangs war mir das fremd, aber schließlich wurde es zu einem *way of life* – es gehörte einfach zur allabendlichen Routine, wenigstens in meinen ersten Jahren in New York.»

Haring stürzt sich in die Kunstszene und die Subkultur der Stadt. Er lernt den Graffiti-Sprayer Fab Five Fred kennen und wird nun auch einer von jenen, die die New Yorker U-Bahnen «verschönern» – zum Entsetzen der Stadtverwaltung. Doch seine Zeichnungen heben sich von denen der anderen ab und erregen zunehmend Aufmerksamkeit. Der kometenhafte Aufstieg nimmt seinen Lauf. Popdiva Madonna, selbst gerade auf dem Weg zum Weltstar, lernt ihn kennen und lieben. Andy Warhol preist die Bedeutung seiner Kunst. Zu seiner ersten Ausstellung in New York kommen am Eröffnungsabend bereits 4.000 Menschen. Die documenta 7 in Kassel wird sein erfolgreiches Europadebüt, gleich danach präsentiert ihn auch die Biennale in Venedig.

Mit Haring zieht eine neue Kunstform von der Straße in die Galerien und Museen. Der modernen Malerei eröffnet er damit nicht nur neue Wege und entwickelt zugleich die Pop-art der 60er Jahre fort. Warhol hatte noch die Alltags- und Massenkultur als Ausgangsmaterial für seine Arbeiten verwendet. Haring jedoch geht einen entscheidenen Schritt weiter, er nutzt die Stilmittel der Subkultur in künstlerisch souveräner Weise und wagt es darüber hinaus, seine Bilder wiederum zu klaren Botschaften zu machen.

«Leben zu erschaffen, Leben zu erfinden»

Dazu bedient er sich einer in sich geschlossenen Symbolsprache; Haring hatte neben Kunst auch Semiotik studiert. Er schaffte sich schlichte Zeichen, die eher an rituelle, archaische Symbole denn an eigenwillige Privatcodes erinnern. Nicht umsonst weist seine Zeichensprache die weiche Linienführung von populären Comics auf. «Meine Zeichnungen versuchen nicht, das Leben nachzuahmen, sie versuchen Leben zu erschaffen, Leben zu erfinden», erklärt Haring seine Ambition. Die unverwechselbaren und oftmals komischen Figuren wurden zu einer Art Warenzeichen einer Kunst, die nach wie vor hoch im Kurs steht. Ihr Schöpfer hat sie und sich jedoch nie ganz vom Kunsthandel einverleiben lassen und blieb, trotz des weltweiten Erfolgs, auf dem Boden der Realität. Er liebte es zu arbeiten, mit seinen Zeichnungen Spaß und Freude zu bereiten. Reine Kunsttheorie war ihm ebenso verhaßt wie der große Kommerz. Folgerichtig nahm er die Vermarktung seiner Produkte selbst in die Hand, um einer boomartigen, unkontrollierten Verwendung seiner Motive Einhalt zu gebieten. 1986 eröffnete er in New York seinen ersten «Pop Shop», in dem ausschließlich Produkte – vom T-Shirt bis zum Kaffeebecher – mit seinen Arbeiten verkauft wurden.

Anders als etwa Andy Warhol, der in den 60er Jahren seine Homosexualität weitgehend zu verbergen versucht und sie in seinen Arbeiten eher kaschiert zum Ausdruck gebracht hatte, demonstrierte Haring von Anfang an sein selbstbewußtes, schwules Lebensgefühl in eindeutigen homoerotischen Zeichnungen.

1988 brach bei Keith Haring die Krankheit aus. Sein Arzt hatte ein Karposi-Sarkom, den Aidstyischen Hautkrebs, festgestellt. «Ich bin rüber an den East River, stand am Ufer der Lower East Side und habe bloß geheult», erzählte er seinem Biographen John Gruen. Von nun an arbeitete Haring noch mehr als zuvor. Wandbilder, Plakatmotive für die Aids-Organisation ACT UP, Zeichnungen für die Aids-Aufklärung, Plastiken für Kinderheime. Seine Energie schien unerschöpflich. Noch 1989 malte er in Barcelona auf eine große Hauswand den hoffnungsvollen Satz: «Together we can stop Aids». Nach Ausbruch der Krankheit hatte sich Haring entschlossen, in jeder Stadt, die ihn zu einer Ausstellung einlud, ein großes Projekt zu hinterlassen. Etwas, das bleiben würde, das nicht, wie Graffiti, so schnell wieder zum Verschwinden gebracht werden würde. Er bemalte auch in anderen Städten ganze Hauswände oder Mauern und entwarf überdimensionale Plastiken für Parks und monumentale, bunte Klettergerüste für Spielplätze.

Am 12. Februar 1990 starb Keith Haring. John Gruen schildert in seiner Biographie die letzten Augenblicke: «Beinahe über Nacht war Keith in beängstigender Weise abgemagert. Die wasserhellen, blauen Augen lagen tief in den Höhlen, sein Gesicht hatte eine aschgraue Farbe angenommen. Wie sein keuchender stoßweiser Atem erkennen ließ, war er tatsächlich sehr erregt, und die Hände zogen an den Infusionsschläuchen, an den Geräten ... Nachdem sich Keith wieder beruhigt hatte, flüsterte er: ‹Block ... Block ... Stift.› ... Mühsam setzte sich Keith auf. Er begann einen kurzen Strich, fügte einen zweiten hinzu – es war ein stockender, zaghafter Vorgang – und noch ein Strich. Dann brach er ab ... Er zeichnete die gleichen Striche noch einmal – und fügte jetzt noch einen hinzu, und plötzlich wurden zwei Beinchen sichtbar. Die ganze Zeit war er unglaublich konzentriert, und sein Atem schien wieder normal ... Es war erstaunlich, wie nun auf dem Blatt Keith Harings bekanntestes Symbol erschien: Das Strahlenbaby.» Das lebensbejahende, Inbegriff kindlicher Unschuld und ungebremster Kreativität, jenes ausdrucksstarke und unvergeßliche Zeichen, mit dem er zehn Jahre zuvor seine Karriere einleitete, war sein letztes Geschenk an das Leben.

John Gruen, Kulturkritiker und langjähriger Freund des Künstlers, dessen Tochter Harings ehemalige Assistentin war und heute den Nachlaß betreut, hat für seine opulent bebilderte Biographie mehr als 50 Freunde und Weggefährten Harings, seine Familie, Sammler und Künstler interviewt. Nachdenklich und selbstkritisch, aber auch selbstironisch plaudert Haring selbst eloquent aus seinem Intim- wie Künstlerleben, reflektiert seinen Aufstieg und sein Selbstverständnis wie auch seine politischen Vorstellungen. Aus diesen Gesprächen hat Gruen eine lebendige und spannende Collage zusammengestellt, die Haring weniger von der kunsthistorischen Seite her beleuchtet, sondern ihn vor allem als Menschen plastisch zeigt.

Keith Haring:
*Die autorisierte Biographie
von John Gruen.*
Aus dem Amerikanischen von
Walter Hartmann. Heyne Verlag,
München 1991.

Tagebücher.
Aus dem Amerikanischen von
Wolfgang Krege. Einleitung von
Robert Farris Thompson und mit
einem Vorwort von David Hockney.
S. Fischer Verlag, Frankfurt/Main,
1997.
*Editions On Paper 1982–1990.
Das druckgraphische Werk.*
Herausgegeben von Klaus Littmann.
Edition Cantz Verlag,
Stuttgart 1993.

Germano Celant (Hg.):
Keith Haring.
Mit Beiträgen von Barry Blinderman,
Germano Celant, David Galloway,
Bruce D. Kurtz. Prestel Verlag,
München 1992.

Magnus Hirschfeld

Berlins Drittes Geschlecht.
Schwule und Lesben um 1900

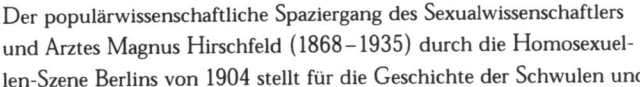

Der populärwissenschaftliche Spaziergang des Sexualwissenschaftlers und Arztes Magnus Hirschfeld (1868–1935) durch die Homosexuellen-Szene Berlins von 1904 stellt für die Geschichte der Schwulen und Lesben Deutschlands ein einmaliges Dokument dar. Niemals zuvor war so ausführlich in einer selbständigen Veröffentlichung über die Homosexuellen und ihre Lebensumstände berichtet worden, ohne daß die auf ihre «krankhafte Veranlagung» oder die Sittenlosigkeit und widernatürliche Lasterhaftigkeit der «Sodomiten» im Großstadtdschungel abzielte, wie etwa in den «Briefen über die Galanterien von Berlin, auf einer Reise gesammelt von einem österreichischen Offizier» (1782).

Die Studie Hirschfelds, des Vorkämpfers für die Gleichberechtigung Homosexueller und Mitbegründer des «Wissenschaftlich-humanitären Komitees», der ersten deutschen Homosexuellenvereinigung, sollte verständlicherweise ein positives Licht auf die «Urninge» werfen. Deshalb machte er die Schwulen lieber etwas ordentlicher und anständiger, als sie es wahrscheinlich waren. Immer wieder betonte Hirschfeld den züchtigen und gar nicht sexuell ausgerichteten Umgang der «Urninge» untereinander. Platonisch, also keusch, seien die meisten Verhältnisse. Der «eigentliche päderastische Akt», gemeint war Analverkehr, versicherte Hirschfeld, käme nur ganz selten vor.

«Herr Schwan, geborene Hilde»

Trotz der Vorsichtsmaßnahmen gegenüber den Zensurstellen des Wilhelminischen Reiches ist erstaunlich, mit welcher Offenheit er leichthin aus dem für manchen sicherlich überraschend breitgefächerten schwul-lesbischen Leben im Berlin der Jahrhundertwende erzählt. So war Cruising im Tiergarten, der zentralen Parkanlage, damals schon angesagt. Hirschfeld ist aber zwischen den Büschen und Sträuchern nicht nur als Forscher unterwegs, er war auch zu Besuch bei einer Gesellschaft aus «lauter homosexuellen Prinzen, Grafen und Baronen», bei der es sehr galant und geistreich zugeht. Man spricht über Reisen und Literatur, «fast gar nicht über Politik» und wechselt bald zum neuesten Hofklatsch. Andere Verhältnisse herrschen in einer kleinen Vorortkneipe. Ein Arbeiter feiert Geburtstag mit «Bockwürsten, Kartoffelsalat und Schweizer Käse» und zum Amüsemang tritt «Schwanhilde» auf, auch «Herr Schwan, geborene Hilde» genannt, um seine Fähigkeit als Damenimitator unter Beweis zu stellen. Danach wird das Unterhaltungsprogramm wieder maskuliner: «Ein echter Mann», ein Kohlenhändler vom Landwehrkanal mit tätowierten Armen, singt eine «Reihe nicht eben dezenter Lieder im Berliner Volkston».

Magnus Hirschfelds Weg durch die schwule Subkultur führt auch zur Soldatenprostitution in der Reichshauptstadt. Der einfache heterosexuelle Soldat aus der Provinz konnte mit seinem kärglichen Sold nicht allzuviel anstellen. Der wohlhabende «Urning», der sich den Anschluß an den einsamen Militärangehörigen in fescher Uniform gern was kosten ließ, sorgte für ihn, besuchte mit ihm kulturelle Veranstaltungen und stopfte ihm unter Umständen gar die Socken.

Ausführlich schildert Hirschfeld die gut zwei Dutzend schwulen Lokalitäten; Tanzlokale und Ballsäle etwa, zu deren großen «Urningsbällen» Hunderte aus allen Himmelsrichtungen anreisten. Andere begegneten sich in privaten Teegesellschaften und Clubs. Die urnischen Damen hingegen «treffen sich vielfach in Konditoreien».

Angetan zeigt sich Hirschfeld von den weiblichen Kosenamen der Schwulen – von der einfachen Frieda (bürgerlich Fritz) und Ottilie (im sonstigen Leben einfach Otto genannt) bis zu den exklusiveren Namensschöpfungen wie der «Dragonerbraut» «Traudchen Hundgeburt», «die Locusblume» (die offensichtlich häufiger auf Klappen anzutreffen ist) oder auch die «Käseklara» und «Kaiserin Messalina». Neu war Hirschfeld dies aber nicht, ließ er sich doch gern auch «Tante Magnesia» nennen.

Nachdem sich die Gäste privater Teestunden all ihrer Neuigkeiten entledigt haben, berichtet Hirschfeld, und «mit erstaunlicher Geschwindigkeit Berge von Kuchen und Ströme von Kaffee» verschwunden sind und den «Sprech- und Kauwerkzeugen einigermaßen genüge geschehen» ist, wird das Handwerkszeug ausgepackt, gehäkelt und gestrickt, und mit Gesängen, Deklamationen und anderen Unterhaltungsvorträgen die versammelte Urningsrunde erheitert.

Hirschfelds Alltagsreportage aus der homosexuellen Subkultur Berlins, die 1908 bereits in der 28. Auflage erschien, unterschlägt auch nicht die Schattenseiten dieses Lebens im Versteck und unter ständiger Bedrohung durch die Justiz. Sein Kapitel über das triste Weihnachtsfest des vereinsamten, alleinstehenden schwulen Mannes ohne Familienanschluß liest sich passagenweise wie eine unfreiwillige Satire. Es zeigt jedoch die Lebensverhältnisse jenseits der Festivitäten und Bälle, wie Hirschfelds Erfahrungen mit den zahlreichen Freitodkandidaten unter Schwulen, mit Gewalt und Mißhandlung oder auch Erpressung Homosexueller durch sogenannte «Rupfer» zeigen.

Einen vollkommen anderen, auf humorige Weise kontrastierenden Blick auf diese Lebenswelt zeigt der im Anhang aufgenommene Bericht «Ein Besuch bei den Homosexuellen in Berlin» von Paul Näcke. Hirschfeld hatte den Psychiater zu einem Rundgang durch die «Szene» eingeladen. Mit akademischer Akribie und Ernsthaftigkeit versuchte dieser seine Beobachtungen zu fixieren. Hilflos bemühte er sich, das homosexuelle Phänomen mit wissenschaftlich tauglichem Zahlenmaterial zu versehen (Anzahl der homosexuellen Frauen in künstlerischen und wissenschaftlichen Berufen: 40%, Feldarbeiterinnen 10%, Fabrikarbeiterinnen 5% (davon 3% Zigarrenarbeiterinnen), Lehrerinnen 1%, Dienstboten 10%, Huren 5%). Fasziniert streifte Näcke durch das Berliner Nachtleben, sah und erlebte Tunten, Travestiekünstler, sich küssende Arbeiter und hochrangige Beamte in mannmännlicher Zweisamkeit, er kommt aus dem Staunen kaum heraus. Wie kuriose ethnologische Notizen einer Urwaldexpedition lesen sich folglich seine Aufzeichnungen: «Bezüglich des Rauchens findet sich dagegen kein Unterschied zwischen Homosexuellen und Normalen. Sie rauchen Zigaretten oder Zigarren, und erstere sind durchaus kein Kennzeichen für Urninge.»

Magnus Hirschfeld:
Berlins Drittes Geschlecht.
Im Anhang Paul Näcke: «*Ein Besuch bei den Homosexuellen in Berlin».*
Herausgegeben und mit einem Nachwort versehen von Manfred Herzer. Verlag rosa Winkel, Berlin 1991.

Von einst bis jetzt. Geschichte einer homosexuellen Bewegung 1897–1922.
Herausgegeben und mit einem Nachwort versehen von Manfred Herzer und James Steakley. Verlag rosa Winkel, Berlin 1986.

Manfred Herzer:
Magnus Hirschfeld. Leben und Werk eines jüdischen, schwulen und sozialistischen Sexologen.
Campus Verlag, Frankfurt/Main 1992.

Heinrich Hössli
Eros

1817 wird in Berlin Franz Desgouttes öffentlich der Prozeß gemacht.
Der Rechtsagent ist angeklagt, seinen 22jährigen Geliebten Daniel
Hemmeler erstochen zu haben. Desgouttes gesteht die Tat reumütig
ein: er habe den Mord im Alkoholrausch begangen und wünsche
sich nichts mehr, als selbst den Tod zu finden. Am 30. September 1817 wird die Hinrichtung vollzogen. Desgouttes wird erwürgt, gerädert, und «der Leichnam hernach auf das Rad geflochten,
erst am Abend davon abgenommen» und verscharrt.

Der Fall ist eine Sensation. Die «Leidensgeschichte Desgouttes» wird für den Hutmacher
Heinrich Hössli (1784 – 1864) aus dem schweizerischen Glarus zu einem Schlüsselerlebnis. Er verfaßt
einen Aufsatz («Geschlechtsverhältnisse»). Im Bewußtsein seiner schriftstellerischen Laienhaftigkeit
schickt er seine Abhandlung an Heinrich Zschokke, einen der erfolgreichsten schweizer Unterhal-
tungsschriftsteller seiner Zeit. Zschokke greift das Thema auf und veröffentlicht 1821 die Novelle
«Eros, oder die Liebe» in Form eines Streitgespräches dreier Männer (hinter denen Desgouttes,
Hemmeler und Zschokke zu erkennen sind) über das Wesen des antiken (also mann-männlichen)
Eros. Hössli sieht seine aufklärerischen Absichten durch Zschokke jedoch verraten, da dieser jener
Form der Liebe alle Natürlichkeit absprach.

So machte sich Hössli autodidaktisch daran, eine kulturhistorische Rechtfertigung der Männerliebe abzufassen. Auf drei Bände legte er «Eros. Die Männerliebe der Griechen, ihre Beziehungen
zur Geschichte, Erziehung, Literatur und Gesetzgebung aller Zeiten» an; 17 Jahre arbeitete er an dem
Werk. Als der erste, mit feurigem Pathos und Herzblut geschriebene Band 1836 erschien, meldete
sich der Evangelische Rat der Regierung in Glarus. Der Band mußte zwar nicht gleich wieder ein-
gestampft werden, durfte jedoch im Kanton nicht vertrieben werden; für den zweiten Band erhielt
Hössli ein Druckverbot und mußte ihn deshalb in St. Gallen publizieren.

Der abschließende dritte Teil, der «vor schamloser Frechheit und unzüchtiger Rede erbebend»
sich dem fleischlichen Teil der Männerliebe widmen sollte, wurde nie veröffentlicht. Wahrscheinlich wirkten nicht allein die Zensurmaßnahmen hemmend. Der «körperliche Punkt» wurde stets
artig umgangen, dafür fehlte Hössli vielleicht die Sprache, vielleicht der Mut, und so ganz
wollte es auch nicht in die Rechtfertigungsstrategie der Männerliebe als wahre tiefe Liebe zweier
männlicher Seelen passen, wie die «griechische Liebe» verstanden werden sollte. Reiner Sex zwischen
Männern, die fleischliche Lust – dafür war immer noch schwer Verständnis oder gar Akzeptanz
zu finden.

Hössli ging mit Eifer und großem Engagement an seine selbstgestellte Aufgabe, «dem
Schutzgeist des menschlichen Geschlechts» zugedacht. Die «Männlichliebenden» sah er ähnlichen
fanatischen Verfolgungen ausgesetzt wie die als Hexen verbrannten Frauen.

Für Hössli gab es keine «Zuverlässigkeit der äußern Kennzeichen im Geschlechtsleben des
Leibes und der Seele», das meinte, daß für ihn in einem männlichen Körper durchaus eine weibliche

Seele wohnen kann. Diese These blieb jedoch nur angedeutet. Karl Heinrich Ulrichs faßte sie einige Jahre später neu und formte sie zur Idee des Uranismus.

«Die Männerliebe ist wahre Natur, Naturgesetz.»

Für Hössli war es zunächst wichtig, die Folgen der Hetze auf «Sodomiter» darzustellen, deren Leben in Angst, Verstellung und Verzweiflung. Daß diese Liebe «natürlich» ist, stand für ihn außer Zweifel. Deshalb prangerte er es als unmenschlich an, wenn entsprechend veranlagte Menschen «in innern und äußern Lebenswiderspruch» gedrängt werden.»Des Menschen Wesen» nämlich «ändert sich nie, die Natur keines ihrer ewigen Gesetze (...). Nur der Wahnmensch sagt zum Bruder: ‹Das ist nicht deine Natur, weil sie die meine ist – Sünde ist die deinige, weil sie wie meine nicht ist.›»

Um seine Anschauung zu untermauern, stellte Hössli eine Anthologie mit 42 literarischen Zeugnissen zur Männerliebe zusammen – von der klassischen Antike (Horaz, Anakreon, Plutarch) und, überraschenderweise, auch viele aus dem türkischen, persischen und arabischen Sprachraum. Hössli ließ ein umfassendes Kompendium von literarischen Äußerungen zur «griechischen Liebe» folgen. «Schriften und Schriftsteller über die Liebe des Plato» betitelte er dies Kapitel und führte Zitate von Lessing, Byron, Klopstock, Winckelmann, Johannes von Müller und Herder an.

Platons in «Phaidros» und «Das Gastmahl» ausgeführten Ideen zur Männerliebe, also der platonischen Liebe, sah Hössli weithin mißverstanden, ja geradezu beabsichtigt entstellt («Verhunzungen der Klassiker», «literarische Schinderstreiche und Diebstähle») – alles bloß, um das wahre Wesen, die Existenz eines mann-männlichen Eros zu verschweigen und zu negieren. «Die Griechen glaubten, lehrten und ehrten die Männerliebe – sie haben sie nicht erfunden und nicht eingeführt und nicht einführen können, das ist Glaube für solche, die Hexen und Ketzer verfolgen und verbrennen, für Halbmenschen, nicht für Griechen.» Denn ihnen war die Männerliebe «eben so natürlich, als uns unnatürlich», die «Wurzeln des Eros liegen in den Tiefen der Menschennatur». Mehr noch: «Die Männerliebe ist wahre Natur, Naturgesetz.»

Dies versprach Hössli mit seinem wenig strukturierten Werk zu belegen. Die Beweise kündigte er im ersten Band für den nächsten Teil an, aber blieb sie auch dort schuldig. Hössli überschlägt sich in seinem Enthusiasmus; das macht seine Schrift weitschweifig und redundant, an Originalität verliert sie dadurch aber nicht. Es darf dabei nicht übersehen werden: Hössli war vermutlich Einzelkämpfer und wissenschaftlicher Laie, sein «Eros. Die Männerliebe der Griechen» stellte einen mutigen Kraftakt und einen Grundstein für die Emanzipation der Homosexuellen dar, lange bevor es dieses Wort überhaupt gab. Bedingt durch die geographische Abgeschiedenheit und die fehlenden intellektuellen Kontakte fand Hösslis Werk nur langsam Verbreitung 1866, zwei Jahre nach seinem Tod, stieß der deutsche Jurist Karl Heinrich Ulrichs auf die Schriften und setzte sich mit den Ideen seines «Vorgängers im Kampfe» kritisch auseinander.

Heinrich Hössli:
Eros. Die Männerliebe der Griechen, ihre Beziehungen zur Geschichte, Erziehung, Literatur und Gesetzgebung aller Zeiten.
2 Bände. Reprint der Ausgabe von 1836/38.

Materialien zu Heinrich Hössli «Eros. Die Männerliebe der Griechen, ihre Beziehungen zur Geschichte, Erziehung, Literatur und Gesetzgebung aller Zeiten».
Alle erschienen im Verlag rosa Winkel, Berlin 1996.

Andrew Holleran
Tänzer der Nacht

Als 1978 Andrew Hollerans «Tänzer der Nacht» erschien, nahm die Presse diesen Erstling mit wohlwohlend bis hymnisch gestimmter Kritik als Teil selbstbewußter schwuler Kultur wahr. Ein bis dahin einmaliger Fall. Zwar hatte es in den Jahrzehnten zuvor bereits eindeutig homosexuelle Romane gegeben, wie Gore Vidals «Geschlossener Kreis» (1949) und James Baldwins «Giovannis Zimmer» (1956). Hollerans Roman jedoch gehört zu einer neuen Generation schwuler Literatur, entstanden aus dem Geist der «gay liberation movement» von 1969, die gleichsam ein neues Genre bildete: «gay fiction».

Eingebettet in den ironisch-gebrochenen Briefwechsel eines schwulen Mannes, der sich gemeinsam mit seinem Lebensgefährten aus New York zurückgezogen hat, erzählt Holleran die Geschichte des Märchenprinzen Antony Malone. Der entkommt seiner begüterten, puritanischen Familie und findet im Großstadtdschungel von New York endlich das, wovon er in der Provinz nur träumen konnte: Die Erfüllung jeglicher sexueller Phantasien, Männer, so viele man haben will, keine Nacht ohne ein Abenteuer. Schwierig hingegen ist die Erfüllung eines anderen Wunsches: den Mann fürs Leben zu finden. Malone hat die besten Voraussetzungen: Er ist jung, Anfang 20, gutaussehend, intelligent, charmant. Die erste große Liebe läßt nicht lange auf sich warten; Frankie verläßt Frau und Kind für ihn, und das Glück zu zweit scheint vollkommen. Doch Malone kann den Versuchungen nicht widerstehen. Es warten andere Männer, andere Abenteuer. Die etwas durchgeknallte Modetrine Sutherland, mit sarkastischen Bonmots im Stil eines Oscar Wilde, wird sein Führer durch den schwulen Underground der Stadt: ein faszinierendes, aber auch grausames und seltsames Universum. Malone taucht ein und geht in dieser neuen Welt auf. Er durchkämmt die Docks und Diskotheken, den schwulen Strand von Fire Island. Keine Droge, keine sexuelle Spielart, die er nicht ausprobiert. Das Leben eine Party. Sex, Rausch und Exstase werden zur Sucht. Irgendwann ist keine Steigerung mehr möglich. Irgendwann, nach Phasen entfesselter und ausschweifend gelebter, aber letztlich sinnentleerter Sexualität, stellt sich auch ihm die Frage: Macht Sex glücklich?

Wie Larry Kramer in seinem Roman «Faggots» (1978) wagt Holleran am Ende jenes ersten Jahrzehnts nach dem «Stonewall»-Aufstand zu hinterfragen, ob dieser allein auf sexuelle Erfüllung ausgerichtete schwule Lebensstil das war, wofür man gekämpft hatte. Er beschreibt nüchtern und schonungslos, ohne moralisch zu werten, die «circuit queens». Jene schwulen Mittelschichtsjungs, die von einer schwulen Metropole zur nächsten jeten, von New York nach Atlanta, von New Orleans nach Key West – stets auf der Suche nach neuen Vergnügen, nach neuen sexuellen Abenteuern. Letztlich aber bleibt alles austauschbar wie das Styling dieser schwulen, allseits fröhlich-hedonistischen Schickeria: der uniformierte *gay clone* mit trainiertem Körper und Macho-Outfit.

Macht Sex glücklich?

Sie registrieren zwar, wie die zunehmende Ästhetisierung der Szene, der Zwang zu Entertainment und steter sexueller Potenz sie unter Druck setzt. Aber statt Alternativen zu entwickeln, beugen sie sich, halten den Teufelskreis in Gang, versuchen den Riten sexuellen Begehrens nachzukommen, den immer höher gesteckten Forderungen nach einem idealen Körper. Auch Malone stylt sich in einem Sportstudio und vergißt, daß «sein Körper eigentlich von Natur aus schön war». Aber er «arbeitete daran, seinen Körper muskulöser zu machen, bis er schließlich außergewöhnlich wurde – einer der berühmtesten Körper des homosexuellen New York».

«Tänzer der Nacht» ist eine letzte Hymne auf den totalen Sex, ein Märchen aus der Zeit vor Aids, ein Abgesang. Drei Jahre nach seinem Erscheinen veröffentlichte die «New York Times» die erste, inzwischen legendäre Meldung über eine rätselhafte Krankheit, das *gay related syndrom*. Auch Holleran kennt in «Tänzer der Nacht» eine «große Krankheit der Homosexuellen». Doch die ist anno 1978 noch nicht Aids, sondern die «Heiligkeit des Gesichts, das man nie anspricht, ... hoffnungslose(r) Romantizismus».

Als 1983 endlich Hollerans langerwarteter zweiter Roman «Nächte auf Aruba» erscheint, wurde dieser zwar von der Kritik einhellig positiv aufgenommen, für viele war er dennoch eine Enttäuschung. Das lag nicht an dem Thema, die Auseinandersetzung seines schwulen Helden Paul mit seinen katholischen Eltern, dessen homosexuelle Identität mit dem Familienleben unvereinbar zu sein scheint. Von Holleran war erwartet worden, daß er literarisch Stellung nimmt zu dem, was die *gay community* seit zwei Jahren beschäftigte: Aids. Holleran erwähnt die Krankheit nur am Rande. Nicht, daß sie ihn nicht interessiert hätte – sie war ihm längst viel zu nah gekommen.

Mit der Aidskrise kapitulierte Holleran als Romancier. Er zählt zu jenen acht stil- und meinungsbildenden, schwulen amerikanischen Literaten, die 1979 die legendäre Autorengruppe «Violet Quill» gegründet hatten. 1990 lebten von ihnen lediglich noch Felice Picano, Edmund White und er selbst. Kein Roman könnte der katastrophalen Realität angemessen sein, schrieb Holleran 1987 in einem Aufsatz. Er empfand es als unvertretbar, als Autor über ein Grauen zu schreiben, das andere real erlebten. Um Aids literarisch umsetzen zu können, sah er nur zwei Möglichkeiten: entweder die Komödie oder aber moralisch aufbauende Literatur. Er entschied sich weder für das eine noch für das andere und veröffentlichte 1988 die journalistische Essaysammlung «Ground Zero». Erst 1996 machte er mit «The Beauty of Men», dem eindringlichen wie bedrückenden Porträt eines alternden, einsamen schwulen Mannes, wieder als Romancier von sich reden.

Andrew Holleran:
Tänzer der Nacht.
Aus dem Amerikanischen von
Gerd-Christian von Maltzahn.
Bruno Gmünder Verlag,
Berlin 1985.

Nächte auf Aruba.
Aus dem Amerikanischen von
Gerd-Christian von Maltzahn.
Knaur Taschenbuch Verlag,
München 1986

Alan Hollinghurst
Die Schwimmbad-Bibliothek

William Beckwirth genießt sein junges Leben in vollen Zügen. Der attraktive, intelligente Mann aus reichem, adligen Haus streift durch die Bars und Diskotheken, sucht in schmuddeligen Pornokinos wie in Schwimmbädern nach kurzen Flirts und sexuellen Begegnungen. Das Sportstudio des luxuriösen «Corinthian Club» dient der körperlichen Ertüchtigung wie der erotischen Entspannung unter den Duschen danach. London ist sein Jagdrevier, und seine Beute ist reichlich.

Als er auf einer Klappe einen arabischen Teenager aufzureißen versucht, macht er Bekanntschaft mit seiner Lordschaft Charles Nantwich, allerdings auf wenig alltägliche Weise. Der 80jährige Ex-Kolonialbeamte erleidet an diesem etwas anrüchigen Ort einen Kollaps, und William kümmert sich spontan um ihn. Die Mund-zu-Mund-Beatmung rettet Nantwich das Leben. Wenige Tage später begegnet er ihm erneut, diesmal im Schwimmbad des Clubs, das ihm eine «Bibliothek der unkatalogisierten Freuden» ist, wo Körperkult und Narzißmus, Triebe und sexuelle Erwartungen eine ständige Spannung herstellen. Hier wird die Männerfreundschaft zwischen William und Nantwich endgültig besiegelt. Der tattrig-tuntige Lord gewinnt mit seinem Charme Williams Zuneigung, und eines Tages kann er endlich mit einem Anliegen an ihn herantreten: Nantwich wünscht sich William als Ghostwriter für seine Memoiren. Der willigt ein und künftig beugt sich der bislang so faule Müßiggänger Tag für Tag über die Tagebücher und Fotosammlungen des alten Lord. Mehr und mehr taucht er ein in dessen Leben und dessen völlig andere, schwieriger verlaufene sexuelle Selbstverwirklichung. Die ersten homoerotischen Erfahrungen beim Studium in Oxford, im schwül-dekadenten Vorkriegs-London oder als Regierungsvertreter im Sudan der 20er Jahre. Die Restriktionen, denen Homosexuelle ausgesetzt waren, zwangen zum Versteckspiel. In den 50er Jahren mußte der Lord seiner Neigungen wegen sogar ins Gefängnis, und William erfährt aus den Tagebuchnotizen, daß niemand anderes dafür verantwortlich war als sein eigener Großvater.

«Die Schwimmbad-Bibliothek», in Großbritannien 1988 erschienen, ist der erste Roman des langjährigen Literaturredakteurs von «Times Literary Supplement» und Dozenten an den Universitäten von Oxford und London. Von den heimischen Kritikern wurde das Buch zu den wichtigsten Debüts der 80er Jahre und er selbst zu den 20 besten Gegenwartsautoren des Landes gezählt. Was man an ihm besonders schätzte, war die vielschichtige, witzig und brillant erzählte Momentaufnahme der *gay british upperclass* und des schwulen Lebens der Prä-Aids-Ära. Andererseits ist der Roman geschickt gespickt mit historischen wie literarischen Querverweisen, mit Topoi und verstecken Zitaten. Die sprachliche Virtuosität ließ ihn gar nicht erst in den Ruf eines *enfant terrible* und Provokateurs geraten. Scheinbar mühelos reiht sich der 1954 geborene Hollinghurst in die Tradition großer englischer schwuler Autoren von Ronald Firbanks bis Oscar Wilde, Lord Byron, E. M. Forster und Evelyn Waugh ein und imitiert deren Stile bisweilen in den eingeschobenen Tagebuchauszügen des Lord Nantwich. Durch diesen Kunstgriff beschwört Hollinghurst jene vergangenen Tage herauf

und konfrontiert in einem ständigen Vexierspiel die verschiedenen Epochen und Stimmungen –
die plüschig-prüde des Viktorianischen Zeitalters mit den sexuell leichtlebigen 80er Jahren samt
deren latenten Morbidität.

«Der letzte Sommer, der noch einmal so sein sollte»

Wo die Autoren der Jahrhundertwende sich jedoch noch meist Verschlüsselungen und der
Camouflage bedienen mußten, um ihren erotischen Wünschen und homosexuellen Leidenschaften
Ausdruck zu verleihen, kann Hollinghurst unverblümt ins Detail gehen. Mit überraschender
Deutlichkeit, wie sonst nur aus der Pornoliteratur bekannt, läßt Hollinghurst seinen Helden William
anderen Männern an die Wäsche bzw. an deren Körperteile gehen. Die Schwächen des Romans, etwa
daß seine Figuren letztlich nur wenig Kontur haben, sondern eher von einer gewissen typenhaften
Formelhaftigkeit sind (der schöne, eitle Promiske; der dekadente, tuntige Alte; der sexuell frustrierte
Intellektuelle mit Halbglatze), überspielt Hollinghurst mit Erotik. Immer dann, wenn der in viele
kleine Episoden zerfallende Roman beliebig wird, die Tagebücher Nantwichs vielleicht langweilen
könnten, schiebt er eine Sexszene ein und sichert sich so die Aufmerksamkeit des Lesers.

    «Die Schwimmbad-Bibliothek» spielt im Sommer des Jahres 1983, «der letzte Sommer, der
noch einmal so sein sollte». Der letzte, bevor Aids in diese Welt einbricht und der sexuellen Unbe-
kümmertheit ein schlagartiges Ende setzt. Die Krankheit wird zwar niemals genannt, aber es schwingt
stets eine wehmütige Stimmung mit, der nostalgisch verklärte Blick zurück in die Ära der Unschuld.
In seinem zweiten, 1994 veröffentlichten Roman «The Folding Star» widmet sich Hollinghurst
explizit der Seuche und ihren Folgen. Ein thematisch gewichtigerer Roman, komplexer und keineswegs so leicht wie «The Swimming Pool Library», nicht zuletzt durch die Verknüpfung von Tod
und Sterben mit Aids und dem Holocaust.

Alan Hollinghurst:
Die Schwimmbad-Bibliothek.
**Aus dem Englischen von Eike
Schönfeld. Fischer Taschenbuch
Verlag, Frankfurt/Main 1994.**

Christopher Isherwood
Christopher und die Seinen

Am 14. März 1929 kam der 24 Jahre junge Schriftsteller Christopher Bradshaw Isherwood nach Deutschland, um seinen Onkel, einen britischen Konsul, in Bremen zu besuchen. Das eigentliche Ziel sollte Berlin sein. Dort wartete schon Isherwoods Freund Wystan Hugh Auden, der wie er Mitglied der linksextremen Gruppe «Pylon Poets» in Oxford gewesen war. Isherwoods Onkel warnte ihn eindringlich vor Berlin: «Die Stadt ist verdammt, mehr noch als Sodom es je gewesen ist. Die Leute realisieren nicht einmal, wie tief sie gesunken sind ... Das Schrecklichste aller Übel haust dort, der Teufel, der kein Gesicht mehr hat.» Aber was hilft gutes Zureden, wenn gerade der schlechte Ruf Berlins es ist, der ihn dorthin zieht?

«Berlin meant boys», steht später in Isherwoods autobiographischen Aufzeichnungen «Christopher und die Seinen» (1977). Berlin versprach den «Tanz auf dem Vulkan». Aus der geplanten Stippvisite wurden Jahre, und «wenn die Sache mit Hitler nicht passiert wäre», so sagte er einmal, wäre er gern für immer geblieben. Es waren insbesondere die jungen, «blonden Germanen», die es Isherwood angetan hatten, proletarische Jungs, denen er Anzüge und Krawatten abkaufte, die er in russische Filme schleppte oder zum Achterbahnfahren in den Lunapark; mit denen er die Nächte in düsteren Kaschemmen verbrachte und von denen er sich auch betrügen ließ. Über 150 homosexuelle Bars und Kneipen soll es Ende der zwanziger Jahre in Berlin gegeben haben, im Westen der Stadt die exklusiveren, im Osten eher die schäbigen. Eine weitverzweigte schwule Subkultur existierte, wie sie im prüden England nicht vorzustellen war.

Eine erste Unterkunft fand Isherwood (1904–1986) übrigens beim Sexualwissenschaftler Dr. Magnus Hirschfeld, diesen «komisch-ernsten alten Professor mit Seehundsbart, dicker Brille und klobigen deutsch-jüdischen Stiefeln» in seinem «Institut für Sexualforschung».

Seine Erlebnisse hält Isherwood ausführlich in seinem Tagebuch fest. Sie sollten Grundlage bilden für einen weitgespannten Berlin-Roman. Tatsächlich schreibt er «Mr. Norris steigt um» (1935) und «Leb' wohl Berlin. Ein Roman in Episoden», beides in sich geschlossene Teile des Panoramas der untergehenden Stadt. «The Lost» (Die Verlorenen) sollte es heißen. Es blieb beim Plan. Isherwood vernichtete seine Tagebücher. Freunden erklärte er, daß er die «vereinfachende, glaubwürdigere fiktive Vergangenheit» der Romane vorzöge. In Wirklichkeit aber ging es Isherwood darum, die Aufzeichnungen, die viele intime Details seines Sexuallebens enthielten, nicht in falsche Hände geraten zu lassen.

«Ich bin eine Kamera mit offenem Verschluß, nehme auf, registriere nur, denke nichts. Eines Tages werde ich alle diese Bilder entwickelt und sorgfältig kopiert und fixiert haben.» Mit diesem nüchternen, schönen (und vielzitierten) Bild hat Isherwood in «Leb' wohl Berlin» seine Arbeitsweise beschrieben. «I am a camera» hieß denn auch das Theaterstück, das 1951 von John Van Druten nach der Buchvorlage entstand. Die sechs Erzählungen wurden schließlich zum Musical «Cabaret» verarbeitet, welches wiederum von Bob Fosse 1972 in ein filmisches Meisterwerk umgesetzt wurde. Die «Berlin Stories», wie Isherwood die beiden Romane zusammenfassend nannte, begründeten seinen

Ruhm und prägten sein Image. Das vielfältige Spätwerk des seit 1946 als amerikanischer Staatsbürger in Kalifornien lebenden Isherwood war selbst Amerikanern kaum bekannt, etwa «Praterveilchen», sein Roman über die Wiener Filmindustrie, oder seine Auseinandersetzung mit dem Hinduismus. Er übersetzte Klassiker der Hindu-Philosophie, schilderte in «My Guru and His Disciple» (1980) seine Konvertierung zur Vendata-Lehre und seine Freundschaft mit dem Swami Prabhavananda. Im Roman «Treffen am Fluß» (1967) verband er die Themen Hinduismus und Homosexualität.

«Ich bin eine Kamera mit offenem Verschluß»

Der Erzähler Christopher Isherwood, von dem der Autor Isherwood sich im Nachwort etwas distanziert, verbindet in «Leb' wohl Berlin» die einzelnen Erzählungen miteinander. Er hält sich gerade so mit Englischunterricht über Wasser und wohnt bei der fürsorglichen Vermieterin Fräulein Schröder in einer kleinen Privatpension. Mit ihm lebt dort eine recht skurrile, bunte Truppe: Prostituierte und Barkeeper, eine bayrische Kunstjodlerin, die mit dem Aufstieg der Nationalsozialisten mehr und mehr Mut faßt, ihren Antisemitismus und Fremdenhaß offen zu äußern, und die flatterhafte, naive Nachtclub-Sängerin Sally Bowles. Liza Minelli gelang mit dieser Rolle in «Cabaret» der Durchbruch als Weltstar. Die Episode «Auf Rügen» schildert einen Badeurlaub 1931 auf der Insel, gemeinsam mit einem schwulen Paar, dem Engländer Peter und Otto, einem Berliner Jungen aus dem Arbeiterviertel Wedding. In «Die Novaks» ist der Erzähler zu Ottos Familie gezogen und lebt dort mit ihm in der völlig überbelegten Dachkammerwohnung. In der Episode «Die Landauers» beschreibt Isherwood das Schicksal einer reichen jüdischen Familie, die die zunehmende Bedrohung durch die Nazis nicht wahrhaben wollen.

Isherwood schildert nicht die kulturellen Attraktionen, für die das Berlin dieser Jahre weltberühmt war und mit Namen wie Erwin Piscator, Alfred Döblin, Max Reinhardt und Fritz Lang assoziiert wurde. Ihn interessiert das Alltagsleben, der kleine Mann wie der dekadente Großbürger. Seine Beobachtungen, verarbeitet in einer Mischung aus literarischer Alltagsreportage und Autobiographie, ergeben ein genau analysiertes Bild dieser Stadt im Umbruch. Viel schöner als die Deutschen selbst erkennt Isherwood die allmähliche Auflösung der sozialen und politischen Strukturen; er nimmt mit feinem Sensor die Erschütterung wahr und sieht die drohende Gefahr der marschierenden SA-Trupps.

Auch wenn aus dem großen Berlin-Projekt «The Lost» nichts wurde – ganz haben Isherwood die Berliner Jahre nie losgelassen. 1976 lieferte der inzwischen 72jährige Schriftsteller mit «Christopher und die Seinen» den Klartext zu seinen beiden Berlin-Büchern und erzählt darin von den realen Erlebnissen und Vorbildern, die er in seiner Literatur verarbeitet hat. «Die Seinen» – das sind unter anderen W. H. Auden, E. M. Forster, Stephen Spender, Klaus Mann und dessen Schwester Erika (die Auden einen Tag vor ihrer Ausbürgerung heiratete, um ihr einen britischen Paß zu verschaffen); das sind aber auch immer wieder die Berliner Jungs, seine Liebhaber und Affären. Keinen Zweifel läßt Isherwood daran, daß vor allem sie der Grund waren, um nach Berlin zu gehen und um endlich einmal ungezwungen seine Homosexualität ausleben zu können. Nicht erahnen läßt sich in «Leb' wohl Berlin», daß sich zwischen Isherwood und Otto Novak, dem Weddinger Proletarierjungen, eine leidenschaftliche Affäre abgespielt hatte. Im wirklichen Leben hatte er mit seinem Vorbild für Otto keineswegs das karge Bett geteilt, um aus nächster Nähe das Arbeitermilieu zu studieren, sondern weil es sein Geliebter war. Andeutungen auf seine eigene Homosexualität hatte

Isherwood nämlich, bis auf zwei, drei Ausnahmen, strikt vermieden. «Ich muß auch offen gestehen», erzählte Isherwood 1973 in einem Interview, «daß es mich damals verlegen gemacht hätte, einen schwulen Charakter zu schaffen und ihm meinen Namen zu geben.» Ganz anders hingegen in seinen späteren Romanen, etwa «Der Einzelgänger» (1964). Hier erzählt er von einem Tag im Leben des 58jährigen Universitätsprofessors George, der seinen Lebensgefährten durch einen Autounfall verloren hat. Isherwood liefert damit das melancholische, liebevolle wie schonungslose Porträt eines schwulen Mannes, der sich mit seiner Einsamkeit konfrontiert sieht. Für Edmund White ist dies «einer der ersten und besten Romane der heutigen Schwulenbewegung».

«Christopher und die Seinen» des immerhin schon 76jährigen Isherwood ist kluge Klatschliteratur, Werkstattbericht und Zeitdokument in einem. Isherwood schreibt in der dritten Person. Dies weniger aus Verleugnung der eigenen Identität, ganz im Gegenteil: um genügend Distanz zu sich selbst, dem jungen Mitzwanziger damals in Berlin zu schaffen. Denn Isherwoods Selbstfindungsprozeß als schwuler Mann war noch längst nicht abgeschlossen. Ein kämpferischer Homosexueller vom Format eines Hirschfeld war ihm unangenehm. Isherwood war eher versucht, sein Schwulsein zu kaschieren als es allzu offen einzugestehen. Erst zum Ende seiner Berliner Jahre hat er auch in diesem Punkt an Selbstbewußtsein gewonnen: «Als Homosexueller hatte er zwischen Peinlichkeit und Rebellion geschwankt. Peinlich war es ihm, sobald er das Gefühl hatte, er stelle eine egoistische Forderung nach seinen Rechten zu einer Zeit, da nur gemeinsames Handeln zählte. Rebellisch wurde er, wenn er die Behandlung der Homosexuellen zu einem Prüfstein machte, an dem sich jede politische Partei und Regierung messen lassen mußte. All diesen Gruppierungen rief er zu: ‹Na gut, wir haben eure Freiheitsrede gehört. Gilt die nun auch für uns oder nicht?!›»

Am 10. Mai 1933 wird Isherwood Augenzeuge der Bücherverbrennung auf dem Platz neben der Staatsoper Unter den Linden. Auf dem Scheiterhaufen landen neben einer Büste Hirschfelds auch Bücher aus dessen Institut, das Studenten wenige Tage zuvor geplündert hatten. «Christopher, der in der Menge stand, sagte ‹Schande›, aber nicht laut», schreibt Isherwood in seinen Erinnerungen. Drei Tage später verläßt er gemeinsam mit seinem Freund Heinz Nazi-Deutschland. 1952 kehrte er als Reporter für den «Observer» noch einmal zurück. Seine Eindrücke schildert er zehn Jahre später in seinem Roman «Down there on a visit». Die Stadt kam ihm «sonderbar glänzend, übertrieben vor, nur Reklame und Neonlichter. Da waren stiernackige Geschäftsleute mit Zigarren, stark geschminkte Frauen, juwelenbehängt, Hotelpagen flitzten hin und her wie nervöse Fische und es schien mir, als würden alle nur vor sich hinmurmeln: Nichts ist passiert, nichts ist passiert. Man merkte, daß es ihnen gelungen war, eine Welt ohne Vergangenheit neu zu erschaffen».

Christopher Isherwood:
Christopher und die Seinen.
Aus dem Englischen von Stefan
Troßbach. Bruno Gmünder Verlag,
Berlin 1992.

Der Einzelgänger.
Aus dem Englischen von Axel Kaun.
Albino Verlag, Berlin 1984 und
dtv, München 1991.
Mr. Norris steigt um.
Aus dem Englischen von Wolfgang
Eisermann. Albino Verlag, Berlin 1983.

*Leb' wohl Berlin. Ein Roman
in Episoden.*
Aus dem Englischen von Susanne
Rademacher. Ullstein Taschenbuch
Verlag, Berlin 1997.

Hans Henny Jahnn
Jeden ereilt es

In der deutschsprachigen Literatur steht er recht einsam dar – wuchtig, monumental, unzugänglich. Ein Gigant in jeder Hinsicht, vergöttert, verhaßt, verspottet, verehrt und kaum gelesen. Als Gigant erscheint er auch, weil er sich in so vielen, so unterschiedlichen Bereichen gleichermaßen betätigte und große Ziele erreichte – als Orgelbauer, Dramatiker, Hormonforscher, Kirchengründer, Atomkriegsgegner, Ökologe und Architekt. Geradezu monumental wirkt er durch sein Prosawerk: Es macht ihn zu einem Phantasten, der sich im Denken, Fühlen und Träumen von gesellschaftlichen Normen und Verbindlichkeiten keine Grenzen setzen ließ. Sein Leben wie sein schriftstellerisches Schaffen sind von fixen Ideen und Obsessionen durchzogen, die sich wie Motivwiederholungen in seinem breiten, umfangreichen Werk wiederfinden.

1911 lernte Jahnn seinen Freund und späteren Lebensgefährten Gottlieb Harms kennen. Diese Beziehung, die mit all ihren Facetten zum Thema der Romane wird, bleibt bis weit über Harms Tod hinaus auch Mittelpunkt in Jahnns Leben. Nach Ausbruch des Ersten Weltkriegs 1915 emigrieren die beiden erklärten Pazifisten nach Norwegen. Dort entsteht 1919 das Drama «Pastor Ephraim Magnus», für das er den renommierten Kleist-Preis erhält, der ihn über Nacht berühmt macht.

Als Folge seiner vehementen Ablehnung der christlichen Glaubens- und Moralvorstellungen und seinem Wunsch nach neuen, gesellschaftlichen Formen in denen der Krieg zwischen Rassen und Klassen beendet ist, gründete Jahnn gemeinsam mit seinem Lebensgefährten die reformerische Ugrino-Gesellschaft, die sich aber nicht lange halten kann: Sie bleibt eine mit Freunden erprobte kleine Utopie.

Auf einem eigens dafür gekauften Areal in der Lüneburger Heide sollte das auf archaischen Formen basierende, gemeinschaftliche Leben und Arbeiten, wie die Schöpfung von kanonisierten, zeitlos gültigen Kunstwerken, verwirklicht werden. Jahnn entwarf dafür Kult- und Profanbauten. Doch die immensen Summen für die Umsetzung konnten selbst von potenten Mäzenen nicht aufgebracht werden. Geblieben ist der Ugrino-Verlag, in dem einige Werke Jahnns sowie Kompositionen aus dem Frühbarock (wie Buxtehude und Scheidt) veröffentlicht wurden. 1926 heirateten Harms und Jahnn das Schwesternpaar Ellinor und Monna Phillips, die mit ihnen zusammen in einer bohemehaften Künstlerclique lebten. Als Autodidakt entwickelte sich Jahnn, neben seiner schriftstellerischen Tätigkeit, zum Orgelfachmann. Seine Restaurierung der Arp-Schnitger-Orgel in der Jakobikirche zu Hamburg wurde weltweit beachtet. Im Februar 1931 starb Gottlieb Harms. 1934 verließ Jahnn Deutschland und ging ins Exil. Auf Bornholm kaufte er sich einen Bauernhof und widmete sich der Hormonforschung. 1950 kehrte er nach Hamburg zurück und gehörte zu den Mitbegründern der Freien Akademie der Künste, deren erster Präsident er wurde. 1956 ehrte ihn die Stadt Hamburg mit dem Lessing-Preis. Als Generalsekretär des PEN-Clubs setzte er sich leidenschaftlich für eine Verhinderung der sich abzeichnenden Spaltung zwischen Ost und West ein und engagierte sich bis zu seinem Tod gegen die Wiederbewaffnung Deutschlands und die atomare

Aufrüstung. Auf eigene testamentarische Verfügung hin wurde er im Doppelgrab neben seinem Lebensgefährten Gottlieb Harms bestattet. Ihm hatte er in der monumentalen Romantrilogie «Fluß ohne Ufer» (1948–1961) ein literarisches Denkmal gesetzt.

Literaturkritik und Literaturwissenschaft taten sich schwer mit Jahnns sinnlich-erotischer Prosa. Man schätzte und würdigte an ihm die Sprachkunst und die gigantische Architektur etwa von «Fluß ohne Ufer» und «Perrudja» (1929). Gleichzeitig schreckten viele vor der nicht zu verkennenden sexuellen Komponente dieser ausführlich archaisch-mythischen Männerfreundschaften, um die es zentral geht, zurück. »Pansexuell» wurde einer der Begriffe, mit denen man das Offensichtliche zu bannen trachtete. Jahnn ging es dabei jedoch nie um das rein Sexuelle zwischen Männern oder gar um den flüchtigen Kontakt: Ziel ist stets die Lebensgemeinschaft, die seelisch-körperliche Einheit einer erfüllten Beziehung zweier Männer. Immer wieder stoßen dabei zwei Typen von Mann aufeinander: der eher intellektuelle, gebildete und dafür in erotischer Hinsicht unbedarftere und blockierte Typ und der Naturbursche: einfach, unverbildet, auch in seinem erotischen und sexuellen Begehren, das er als selbstverständlichen Teil der Natur erkennt und entsprechend schuldfrei und ungezwungen auslebt.

Der am «offen schwulste» seiner Romane ist «Jeden ereilt es». Er ist Torso geblieben wie auch «Perrudja» und «Fluß ohne Ufer». Jahnn hatte 1951 mit diesem letzten Romanprojekt begonnen, das auf einem Film-Exposé mit dem Titel «Die Schuldigen» basierte. Es sollte «der Liebesroman» werden, «den ich mir selber schulde, wobei ich auf niemand Rücksicht nehme ... keine Absonderlichkeit verwerflich finde». Abgesehen von einer in sich geschlossenen Traumsequenz, der von Peter Weigl verfilmten «Nacht aus Blei», erschien der unvollendete Roman erst 1968 nach Jahnns Tod.

«Da hinein wollte er sein Horn stoßen, in die eigenen Eingeweide hinein»

Wie in «Fluß ohne Ufer» steht im Mittelpunkt eine schicksalhafte Zwillingsbrüderschaft, eine Gemeinschaft, die durch einen Mord entstanden und besiegelt worden ist. An Matthieu, einem Studenten und Sohn eines reichen Reeders, soll Vergeltung verübt werden für einen im Meer gesunkenen Frachter. Eine Horde Jugendlicher hat ihn gefangengenommen und in eine abgelegene Gegend verschleppt. Dort soll er als Sühne für die ertrunkenen Matrosen buchstäblich geschlachtet werden. Schon ist ihm der Bauch aufgeschlitzt und er spürt die Hand des Schlächters in seinen Eingeweiden, da taucht die Rettung in Gestalt des Matrosen Gari auf. Der erscheint wie ein Engel: splitternackt betritt er die Szene, vertreibt die Peiniger und befreit Matthieu. Mit einem rituellen Treueschwur schließen sie ewige Freundschaft. Matthieu gesundet, und ihre Freundschaft entwickelt sich von gemeinsamen Besuchen in Restaurants und in der Badeanstalt über heimlich verbrachte Nächte zu einer erotischen Liebesbeziehung. Ihre erste Liebesnacht beschreibt Matthieu im Rückblick als vollkommene Einswerdung: «Heute weiß ich, wonach ihn verlangt; nach sich selber durch mich. Er liebte mich, um sich selber durch und durch lieben und genießen zu können. Alle Spalten, die er, wann auch immer, mit seinem großen Glied ausfüllte, waren für ihn nicht menschlich, nicht Teil seines menschlichen Leibes. Leib, Leib des Nächsten – sein Spiegelbild, sein eingebildetes Spiegelbild – war ich; – bin ich. Auch da hinein wollte er sein Horn stoßen, in die eigenen Eingeweide hinein.»

Doch das Idyll täuscht. Denn auch hier hat Jahnn seine beiden archetypischen schwulen Männergestalten zueinandergeführt. Da ist Matthieu, der eher menschenscheue, nachdenkliche, weltfremde Intellektuelle. Und da Gari, Sohn einer Prostituierten, ein Kerl, gut gebaut mit einem «harten Pfund Fleisch zwischen den Schenkeln», naturverbunden und tatkräftig.

Der Feingeist Matthieu hat Probleme damit, wie sich die Freundschaft entwickelt. Der Sex zerstört für ihn die Intimität der Freundschaft. Als sie wieder einmal gemeinsam im Schwimmbad sind (in der gleichen Umkleidekabine!), versucht Gari nach leidenschaftlichen Küssen und Fummeleien, die Beziehung sexuell weiterzuentwickeln und holt aus zur «Regel vom Loch»:

«‹Wenn du ein Loch hättest, Matthieu, wären wir seit langem ein Bein und ein Fleisch.› ‹Mein Gott, kommt es darauf an?› ‹Unser Körper hat seine Vorteile. Seit vielen Millionen Jahren hat man diese Regel vom Loch, in das man etwas hineinsteckt. Wie viele Millionen Jahre es sind, weißt du sicherlich besser als ich. – Und die Griechen, zum Beispiel – haben die Regel in allen Fällen – unter allen Umständen – anerkannt.› ‹Was willst du damit sagen?› ‹Denke darüber nach. – Es ist einfach genug. Und du weißt es viel besser als ich.›»

Eine – auch sexuell befriedigende – Beziehung zweier so unterschiedlicher Männer scheint letztlich nicht möglich. Matthieu bleibt verklemmt und zu sehr den Konventionen verhaftet, als daß er, wie Gari, der knackige Sexprotz, so selbstverständlich und offen seine Homosexualität ausleben könnte. Und eben auch sexuell sind die beiden, zumindest beim Analverkehr, nicht «kompatibel». Die «Regel vom Loch, in das man etwas hineinsteckt», die metaphysische Erfahrung des Ineinanderverschmelzens, will bei Matthieu nicht funktionieren. Er schlägt schließlich vor, mit einer Freundin Garis ein Kind zu zeugen und dieses dann gemeinsam großzuziehen (wie es Jahnn in seinem Leben tatsächlich arrangierte). Wie das Beziehungsdrama sich auflöst – Jahnn hat es nicht verraten. Vielleicht wußte er selbst keine glückliche Lösung und hat den Roman deshalb abgebrochen.

Hans Henny Jahnn:
Fluß ohne Ufe. Roman in drei Teilen.
Herausgegeben von Uwe Schweikert, 1986.
Perrudja.
Herausgegeben von Gerd Rupprecht, 1985.
Dramen I. 1917–1929.
Herausgegeben von Ulrich Blitz, 1988.
Dramen II. 1930–1959.
Herausgegeben von Uwe Schweikert, 1993. Alle im Rahmen der 11bändigen Werkausgabe. Verlag Hoffmann & Campe, Hamburg.

Nacht aus Blei.
Von Hase & Koehler Verlag, Mainz 1994.

Die Marmeladenesser.
Erzählung. Steidl Verlag, Göttingen 1996.
13 nicht geheure Geschichten.
Hoffmann & Campe Verlag, Hamburg 1995.

Thomas Freemann:
Hans Henny Jahnn.
Eine Biographie.
Deutsch von Maria Poelchau. Verlag Hoffmann & Campe, Hamburg 1986.

Hartmut Böhme/
Uwe Schweikert (Hg.):
Archaische Moderne.
Der Dichter, Architekt und Orgelbauer Hans Henny Jahnn.
Verlag für Wissenschaft und Forschung, Stuttgart 1996.

Jochen Hengst/
Heinrich Lewinski (Hg.):
Hans Henny Jahnn. Fluß ohne Ufer. Eine Dokumentation in Bildern und Texten.
Dölling und Galitz Verlag, Hamburg 1994.

Elsbeth Wolffheim:
Hans Henny Jahnn.
Rowohlt Taschenbuch Verlag, Reinbek 1989.

Derek Jarman
Auf eigene Gefahr

Seinem letzten autobiographischen Buch, «Auf eigene Gefahr», gab er den pathetischen Untertitel «Vermächtnis eines Heiligen». Und das war tatsächlich weder Hochstapelei noch Selbstüberschätzung. Am 22. September 1991 wurde Derek Jarman heiliggesprochen. In seinem berühmten Gartenhaus in Dungeness in Kent, mit Blick auf ein Atomkraftwerk, versammelte sich eine Abordnung des schwulen Ordens der «Sister of Perpetual Indulgence», sang die Hymne «Amazing Pride», legte rituell die Hände auf und gab ihm den neuen Namen, «Heiliger Derek von Dungeness des Ordens der Zelluloidritter». Gekrönt wurde er sinnigerweise mit einem aus Zelluloidstreifen gebastelten Heiligenschein. Dies in Anerkennung seiner Filme und Bücher, seines Engagements für die Anliegen lesbischer und schwuler Menschen und weil «seine Nase so sexy ist».

Die mit trockenem Humor erzählte Episode aus Jarmans «Auf eigene Gefahr» ist nur eine von vielen. Sein Buch ist pointiert und sprunghaft, und dennoch logisch geordnet, mit Zitaten und Überschriften aus der Boulevardpresse und Meldungen aus Schwulenzeitungen durchsetzt. Wenn er polemisiert, etwa gegen das ihm menschenfeindlich erscheinende Jugendschutzgesetz Großbritanniens, nach dem homosexuelle Kontakte erst ab 21 Jahren straffrei sind, liefert er mit einem passenden Zitat die entscheidenden Fakten zur Untermauerung gleich nach: «1990 gingen beim Aids-Notruf in England, der Nationalen Helpline, über 14.000 Anrufe von lesbischen, schwulen und bisexuellen Kindern und Jugendlichen unter 16 ein. Weitere 38.000 Anrufe kamen von lesbischen, schwulen und bisexuellen jungen Erwachsenen im Alter zwischen 16 und 21 Jahre.»

«Das scheint mir eine vernünftige Weise, mit dem Tod umzugehen, ein Kunstwerk zu werden und so im Tod noch einen Wert zu behalten.»

«Auf eigene Gefahr» ist eine Lebensbeschreibung, die sich weniger um das künstlerische Werk Jarmans dreht als vielmehr um den Schwulenaktivisten, den HIV-Infizierten, den Rebellen.

1982 hatte er sich dazu entschlossen, private Aufzeichnungen zu führen. «Es gab bis dahin kaum schwule Autobiographien, abgesehen von ein paar zaghaften Versuchen in der schwulen Presse. Eine Autobiographie, in der eine sexuelle Handlung beschrieben wurde, hatte noch nie jemand veröffentlicht, zumindest niemand aus meiner Generation. Es schien höchste Zeit, diese Lücke zu schließen.» 1984 veröffentlichte er «Dancing Ledge», 1991 «Modern Nature». «At Your Own Risk» (1992) ist die erste seiner in deutscher Übersetzung erschienenen autobiographischen Schriften. Seine Reflexionen und Erinnerungen sind ein Parforce-Ritt durch die jüngere britische Schwulen- und Kulturgeschichte und ergeben ein ziemlich authentisches Sittenbild der 50er bis 90er Jahre in Großbritannien. Er erzählt von seinem sexuellen Aufbruch in den «Swinging Sixties», vom Sex in Künstlerkreisen, wo Vernissagen von David Hockney und Premierenfeiern von John Gielgud zu inoffiziellen Schwulenparties wurden.

Als Künstler wie als Schwuler war Jarman rücksichtslos konsequent, und auch mit seiner HIV-Infektion ging er offen um. Er erfuhr von ihr am 22. Dezember 1986. Die Krankenschwester tröstet er: «Ich habe Weihnachten sowieso nie gemocht.» In seinen Filmen ging er so weit, wie es für ihn möglich war. Kompromisse mußte er dennoch machen: «Ich hätte gerne richtiges Ficken in meinen Filmen gehabt – das hätte mich befriedigt. Sich vorzustellen, wie die Teenager im Bett über ihren tragbaren Fernsehgeräten wichsen.»

Das letzte Kapitel, die 90er Jahre, ist Jarmans Auseinandersetzung mit Aids und den britischen Medien gewidmet. Freddie Mercurys Tod, die immer heftigere Homophobie der Presse sind dafür auslösende Momente. Seine Empfindungen gegenüber dem eigenen Krankheitszustand sind jedoch kaum Thema. Das hat er den anderen Büchern vorbehalten.

Nur eine kurze Passage, eine Art Vision und unerfüllt gebliebener Traum, läßt seine Gefühle erahnen und kennzeichnet ihn zugleich bis zuletzt als künstlerischen wie politischen Rebellen: «Ich werde ein Staatsbegräbnis haben, ich werde alle Jungen in die Sauna und ins Bräunungsstudio schicken, damit sie dann ganz nackt, gebräunt und schön durch London marschieren können. Für eine Nacht wird das Unterhaus in ein Hinterzimmer für die unter 21jährigen verwandelt werden. Ich werde mich verbrennen lassen, und Christopher wird meine Asche mit schwarzer Farbe vermischen und damit fünf Leinwände bemalen, die ich vorher signiert habe das wird mein letztes Kunstwerk sein. Das scheint mir eine vernünftige Weise, mit dem Tod umzugehen, ein Kunstwerk zu werden und so im Tod noch einen Wert zu behalten.»

Derek Jarman:
Auf eigene Gefahr.
Vermächtnis eines Heiligen.
Aus dem Englischen von Waltraud Kolb. PVS Verleger, Wien 1996.

Blue. Das Buch zum Film.
Englisch/Deutsch. Aus dem Englischen von Sven Rosenkranz.
Verlag Martin Schmitz, Kassel 1994.

Derek Jarmans Garten.
Mit Fotografien von Howard Sooley.
Verlag Volk & Welt, Berlin 1996.
Chroma. Ein Buch der Farben.
Deutsch von Almute Carstens.
Merve Verlag, Berlin 1995.

Konstantinos Kavafis
Um zu bleiben. Liebesgedichte

«Die bedauerlichen Gesetze der Gesellschaft – nicht geboren aus Gesundheit und nicht aus Vernunft – machten mein Werk klein. Sie legten meinen Äußerungen Zügel an; sie hinderten mich, Licht und Ergriffenheit denen zu geben, die wie ich geschaffen sind. (...) Und ich werde ein Gegenstand des Rätsels bleiben, ich werde am besten verstanden werden aus dem, was ich verleugnet habe.»

Wovon er schreiben wollte, und es bis ins hohe Alter nur zaghaft wagte, war seine Liebe, seine homosexuellen Empfindungen und die damit verbundenen glücklichen wie erniedrigenden Momente. Doch die Scham hinderte ihn daran, dies offen zu tun.

Die Bedeutung des Werkes von Konstantinos Kavafis wird heute kaum mehr angezweifelt. Als letzter Vertreter der klassischen griechischen Literatur und zugleich als Neuerer der modernen Poesie hält Kavafis' Lyrik eine Schlüsselposition inne. Selbst unter Kennern werden jedoch die homosexuellen Komponenten seines Werkes gern bagatellisiert oder gar ignoriert. Wie beispielsweise lange Zeit August von Platen oder auch Walt Whitman, wird Kavafis vor der eigenen Homosexualität in Schutz genommen. Auch wenn er erst in seinen letzten Lebensjahren dazu offen in seinen Gedichten Stellung bezog, ist sein Gesamtwerk kaum anders zu lesen und zu interpretieren als das eines Homosexuellen, dessen Empfindungen stets gegenwärtig sind.

Konstantinos Kavafis wurde am 29. April 1863 in Alexandria/Ägypten geboren. Die Eltern waren recht wohlhabend und zählten zu den griechischen Handels- und Beamtenfamilien, die in der Handelsmetropole lebten. Nach dem Tod seines Vaters verbrachte Kavafis die Kindheit und frühe Jugend in London, von 1880 bis 1885 lebte er in Konstantinopel, danach bis zu seinem Tod wieder in Alexandria.

Kavafis führte ein recht zurückgezogenes, stilles Leben. Er blieb unverheiratet, reiste wenig. Seit seiner Jugend schrieb er Geschichten, später begann er mit Gedichten. Die Auslandsaufenthalte ermöglichten ihm, die westliche Literatur wie auch byzantinische Traditionen kennenzulernen. Seine eigentümliche Schreibweise der griechischen Sprache erklärt sich daher, mit altertümlichen und ungebräuchlichen Formulierungen, die von seltener Würde und Eindringlichkeit sind. In seinen Dichtungen, die historische Themen wie persönliche Empfindungen zum Thema haben, bemühte er sich weniger um vollendete Formschönheit, als vielmehr um sprachliche und formale Einfachheit, Ernst und Anteilnahme zu vermitteln. Erst mit Mitte vierzig, seine frühen Arbeiten erkannte er nun nicht mehr an, hatte er seinen eigenen Stil und Ton gefunden. Sein Haus war zu einem literarischen Salon und Treffpunkt für junge Literaten geworden. Eng befreundet war er mit E. M. Forster, der sich bei T. S. Eliot für Kavafis einsetzte. Mit Erfolg. Eliot kümmerte sich um die Erstveröffentlichung einer Auswahl seiner Gedichte in englischer Sprache.

Ein Text Forsters gibt Auskunft, wie dieser den scheuen, stets korrekt gekleideten Mann mit übergroßer schwarzer Hornbrille, seinen ironisch-mephistophelischen oder auch schwermütigen Gesichtszügen erlebt hat: «Ein griechischer Gentleman mit einem Strohhut, der vollkommen bewegungslos, mit einer leichten Drehung zum Universum dasteht, vielleicht sogar mit ausgebreiteten Armen ... Ja, es ist Mr. Kavafis, und er begibt sich gerade von der Wohnung ins Büro, oder vom Büro in die Wohnung. Trifft das erstere zu, dann verschwindet er, falls er gesehen wurde, mit einer kleinen Geste der Verzweiflung, andernfalls ist er vielleicht dazu zu bewegen, einen Satz zu beginnen – einen unendlich komplizierten, aber wohlgebauten Satz, verschachtelt, aber nie verwirrt, voll von Einschränkungen, die tatsächlich etwas einschränken. Ein Satz, der sich mit Logik auf sein geplantes Ende zu bewegt, das aber immer ein bildhafteres und aufregenderes Ende ist, als vorher zu ahnen war. Der Satz wird manchmal auf der Straße zu Ende geführt, manchmal wird er vom Verkehrslärm verschluckt, dann wieder dauert der Satz bis in die Wohnung. Es geht um das durchtriebene Verhalten des Kaisers Alexios Komnenos im Jahre 1096 oder um Oliven, deren Chancen und Preise, um das Schicksal seiner Freunde, um die Dialekte im Inneren Kleinasiens. Mit derselben Leichtigkeit erklingt er in griechisch, französisch oder englisch. Und trotz seines intellektuellen Reichtums und seiner humanen Betrachtungsweise, trotz der Toleranz seiner Urteile spürt man, daß auch er mit einer leichten Umdrehung zum Universum steht: Es ist der Satz eines Dichters.»

Kavafis' Gedichte waren Früchte einer ungeheuren, vor allem klassischen Bildung. Immer wieder wird die Hellas Thema und Motiv seiner Lyrik, in der sich Spruchartiges im Stil des Umgangstones mit antiquierter Gelehrsamkeit, die Sprache von Seefahrern, Journalisten und Rhetorikern mit Mundartlich-Vulgärem und Bizarr-Ästhetischem mischt. Jedes Gedicht ist das Ergebnis zäher Arbeit. Historischen Stoffen gingen aufwendige Studien voraus. Bis 1911 vollendete er lediglich 24 Gedichte. Bis zum Jahre 1931 entstanden 129 Texte. An eine Veröffentlichung in Buchform dachte Kavafis dabei nie. Seine Texte erschienen zu Lebzeiten in Zeitschriften oder auf Einzelblättern. In einer kleinen Druckerei ließ er einzelne Gedichte auf schlichtes Papier drucken und verteilte diese an Freunde. Ergänzt wurde das eigenwillige Publikationsverhalten dadurch, daß er über die Verteilung der Blätter pedantische Listen führte.

Seinen Lebensunterhalt verdiente er als Beamter im Ministerium für Wasserwirtschaft. In seinem 29. Lebensjahr hatte er dort eine feste Anstellung gefunden, die er bis zu seiner Pensionierung behielt. Über sein Privatleben ist kaum etwas bekannt; manches jedoch läßt sich aus den Gedichten rekonstruieren. Etwa seine ersten erotischen Erlebnisse in England, seine erste, unglückliche Liebe zu seinem Cousin. Er lebte unauffällig, ein unspektakuläres, von Pflichtbewußtsein und Ordungssinn geregeltes Leben. Etwas außergewöhnlich war hingegen die Wohngegend: das alexandrinische Griechen- und Bordellviertel «Massalia», das zu seiner Zeit keineswegs zu den besten Adressen gehörte. Gleich um die Ecke lag das griechische Hospital und die Patriarchskirche Agios Sabas. «Wo könnte es mir besser gehen?» schrieb Kavafis scherzhaft. «Unten, die Bordellquartiere für die fleischlichen Genüsse. Und da ist die Kirche, die die Sünden vergibt. Und hier das Hospital, wo wir alle sterben werden.» Dort starb er tatsächlich 70jährig an seinem Geburtstag im Jahre 1933 an Kehlkopfkrebs.

Als er seine Altbauwohnung in der Rue Lepsis 10 bezog, ahnte er nicht, daß er dort bis zu seinem Lebensende bleiben würde. «Ich bezog sie zusammen mit einem Freund. Ich hatte nicht vor, länger hier zu wohnen. Dann verließ mich der Freund, und ich behielt sie für mich selbst, doch hatte ich dabei immer vor, wieder auszuziehen. Die Jahre vergingen, ohne meine letztliche Entscheidung.» Das mit dem Freund ist ein wenig gelogen; der Mitbewohner war sein ebenfalls homosexueller Bruder Paul, der ihn 1908, geschäftlich ruiniert, Hals über Kopf verließ. Konstantinos fühlte sich im Stich und allein gelassen.

Abends durchstreifte Kavafis das Viertel auf der Suche nach erotischen Erlebnissen. Alexandria war überfüllt mit jungen Einwanderern, die von Griechenland oder aus Kleinasien gekommen waren, in der Hoffnung, es hier zu einem akzeptablen Auskommen zu bringen. Den wenigsten gelang dies auch. Die sexuellen Begegnungen fanden meist in billigen Absteigen statt. Einigen Gedichten ist zu entnehmen, daß Kavafis in früheren Jahren von den Hausangestellten seiner Mutter gedeckt worden war, wenn er abends spät das Haus verließ, um die sogenannten «schlechten Viertel» aufzusuchen.

«Die Bilder deiner Eintagslieben, schließ halbverborgen sie in deine Verse ein»

Am Morgen nach einer gemeinsamen Nacht mit einem Liebhaber schrieb er mit großen Buchstaben an die Wand über seinem Bett: «Du darfst nicht wieder hierherkommen, du darfst dies nicht wieder tun.» Bereits in seiner Jugendzeit hatte er sich Zettel geschrieben, die ihn ermahnen sollten: «Ich schwöre, ich werde es nicht wieder tun!»

Kavafis' erotische Liebesgedichte entstanden nicht als unmittelbare Übersetzung des Erlebten und Empfundenen, sondern im fortgeschrittenen Alter aus sehnsüchtiger, aber genauer Erinnerung. Da nämlich erst hatte er sich soweit von seinen Ängsten befreit, daß er seine Gefühle ohne Umschweife und Verschlüsselungen zum Ausdruck bringen konnte. In «Wenn es entflammt» formuliert er diesen Anspruch, die Erinnerungen an seine erotischen Begegnungen in den Gedichten festzuhalten:

Sieh, Dichter, zu, daß du sie bannst,
auch wenn es wenig ist, was davon blieb,
die Bilder deiner Eintagslieben,
schließ halbverborgen sie in deine Verse ein.

Es sind Gedichte, die durchzogen sind von stiller Trauer und Melancholie, vom Schmerz des unglücklich Liebenden und dessen, der nur heimlich seinen Gefühlen und Sehnsüchten nachzugeben vermag. Das Leiden und die Lust an der Homosexualität führt ihn von der Euphorie des Liebesüberschwangs bis in die tiefste Verzweiflung und Vereinsamung. Es sind Reflexionen über die äußeren Bedingungen dieser erotischen Begegnungen in schäbigen, heruntergekommenen Absteigen inmitten einer puritanisch prüden Gesellschaft. Es sind Schilderungen seiner inneren Kämpfe gegen das vermeintliche Laster, die ihn zunächst nächtelang plagen und dann doch wieder schwach werden lassen. Dies zusammen macht das letztlich recht schmale lyrische Werk zu einem außerordentlichen, emanzipatorischen wie literarischen Meilenstein in der homosexuellen Literatur.

Eine Nacht

Das Zimmer war elend und ärmlich,
über einer schlechten Taverne verborgen.
Vom Fenster aus sah man die Gasse,
schmutzig und eng. Von unten
die Stimmen der Arbeiter.
Sie spielten Karten und feierten.

Doch dort, auf dem billigen, erniedrigten Lager
nahm ich den Körper der Liebe, besaß die Lippen
voll Lust und gerötet von Trunkenheit –
so voller Lust und rot, daß noch jetzt,
da ich's schreibe – nach all den vielen Jahren! –
ich trunken bin in meinen nüchternen Wänden.

Insbesondere die unverstellte Offenheit in den späten Liebesgedichten verschaffte Kavafis viele Fürsprecher. Marguerite Yourcenar stellte ihn dem französischen Publikum vor, in Deutschland war es 1960 Hans Magnus Enzensberger, in Großbritannien W. H. Auden und Stephen Spender. Und auch David Hockney: 1966 schuf er einen Zyklus aus dreizehn Radierungen zu Gedichten von Kavafis. Sie finden sich als Illustrationen in dem deutschen Auswahlband «Um zu bleiben», der ausnahmslos offen homoerotische Gedichte enthält.

Konstantinos Kavafis:
Um zu bleiben.
Liebesgedichte. Griechisch und
Deutsch. Übersetzung und Nachwort
von Michael Schroeder. Suhrkamp
Verlag, Frankfurt/Main 1989.
Die Lüge ist nur gealterte
Wahrheit.
Notate, Prosa und Gedichte aus dem
Nachlaß. Herausgegeben, übersetzt
und mit einem Nachwort von
Asteris Kutulas. Carl Hanser Verlag,
München 1991.

Die vier Wände meines Zimmers.
Verworfene und unveröffentlichte
Gedichte. Aus dem Griechischen
von Asteris und Ina Kutulas.
Carl Hanser Verlag, München 1994.
Das gesammelte Werk.
Eingeleitet und aus dem Neugriechi-
schen von Helmut von den Steinen.
Castrum Peregrini Presse,
Amsterdam 1985.

Am hellichten Tag.
Aus dem Griechischen von Marco
Mariolea. Mit einem Nachwort
von Dimitris Daskapoulos.
Residenz Verlag, Salzburg 1989.
Das Gesamtwerk.
Griechisch/deutsch. Herausgegeben
und übersetzt von Robert Elsie.
Mit einem Nachwort von Marguerite
Yourcenar. Ammann Verlag,
Zürich 1997.

Ralf König
Bullenklöten!

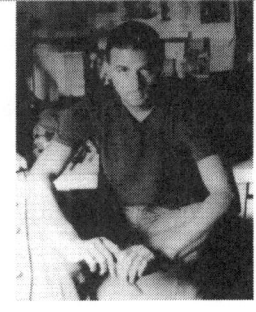

«Die in Kadern gezeichnete Comic-Geschichte erzählt von all den kleinen Nöten, sexuellen Verwirrungen und Beziehungskisten des homosexuellen Kleinbürgers. Die amüsant und aufschlußreich dargestellten
Situationen tragen jedoch deutliche ‹Szene›-Bezüge, so daß ... Kinder
und Jugendliche kaum einen Zugang zu dem Plot finden.» Im großen und ganzen treffend, was der
Rezensent, ein gewisser Herr Will, über Ralf Königs Comicroman «Bullenklöten!» schreibt. Darüber
freuen konnte sich der 1960 geborene Zeichner dennoch nicht. Denn Herr Will rezensierte im
Auftrag des Bayerischen Landesjugendamtes und forderte mit seiner Analyse von der Bundesprüfstelle
für jugendgefährdende Schriften, das Werk zu indizieren (das heißt, den freien Verkauf zu verbieten),
«um eine massive Desorientierung von Kindern und Jugendlichen zu vermeiden».

Nicht nur, daß «in zotigen Alltagsdialogen» eine «auf Sexualgenuß zentrierte Gedankenwelt
nachdrücklich präsentiert» wird. Schlimmer noch: Es werden «wiederholt diskriminierende Äußerungen gegen Heterosexualität vorgebracht». Und dies alles ein Jahr nach der mit dem Bundesfilm-
preis ausgezeichneten Verfilmung von «Der bewegte Mann» (1995), einer der erfolgreichsten deutschen Kinokomödien überhaupt, bedacht mit zahlreichen nationalen wie internationalen Comic-
preisen. Nicht zum ersten und letzten Mal hatten Ralf Königs Comics, die in elf Sprachen übersetzt
sind, für Aufsehen unter Sittenwächtern gesorgt; selbst «Kondom des Grauens» wurde 1996, also
ziemlich genau acht Jahre nach seiner Erstveröffentlichung und als die Verfilmung bereits in den
Kinos zu sehen war, noch einmal von einem eifrigen Staatsanwalt aus Thüringen in den Buchhandlungen beschlagnahmt. Doch ohne Erfolg: sowohl im Fall von «Bullenklöten!» wie bei «Kondom des
Grauens» mußten die Richter und die Bundesprüfstelle zugestehen: König macht Kunst und keine
Pornographie.

Ralf König hat seinen Comicroman «Dicke Dödel 1: Bullenklöten!» ganz bewußt nicht, wie zuvor die Bände «Lysistrata», «Der bewegte Mann» oder «Zitronenröllchen», in einem Publikumsverlag, sondern in einem schwulen Kleinverlag herausgebracht. Denn hier geht's in der Tat noch deutlicher und heftiger zur Sache als in «Kondom des Grauens» und «Bis auf die Knochen».

Die Helden der Geschichte sind Konrad und Paul. Einige Dutzend kurze (Alltags-)Geschichten lang hat König bereits aus ihrem (Zusammen-)Leben erzählt. Von Paul, dem Umtriebigen und Ausschweifenden, und Konrad, dem eher Ruhigeren und Schöngeistigeren. Ein zartes Seelchen und auch noch Klavierlehrer. In «Bullenklöten!» hat Konrad ein kleines Problem. Er ist 17 Jahre alt, hat es faustdick hinter den Ohren und ist sein Klavierschüler. Konrad hat sich in das angeblich reine, unverdorbene Wesen Hals über Kopf verliebt.

Paul hingegen hat auf einer Baustelle einen Spanier entdeckt. Ein Koloß mit den titelgebenden Bullenklöten, ein Muskelprotz der natürlichen Art: «Was für ein Tier». Das Tier heißt Rámon. Doch Pauls Hoffnungen auf den Seitensprung seines Lebens schwinden schnell: «Was willst du? Ich nix mache mit Männer!» Und doch trifft man sich auf ein Bier in der Kneipe und kommt schließlich zu einer pikanten Abmachung: Rámon läßt sich von Paul den Arsch lecken, dafür muß sich Paul im Gegenzug sexuell weiterbilden: «Du Möse lecke!» Paul glaubt an einen Scherz, Rámon aber macht zu seinem Entsetzen Ernst damit. Worüber Paul sich zuvor noch im kleinen schwulen Kreis auf dem heimischen Sofa vor einem Hetero-Pornovideo lustig machte, wird nun bittere Realität für ihn ...

«Ich nix mache mit Männer!»

Die Figuren in Ralf Königs Comics – ob Tunte, Kulturtrine, Lederkerl oder Sexmaniac – sind zu Botschaftern des schwulen Lebens in der heterosexuellen Wirklichkeit geworden. Weil die dargestellten Probleme, wie die beispielsweise seiner Serienhelden Konrad und Paul, so banal und gewöhnlich sind, die in jedermanns – und -fraus Leben vorkommen, weil die Katastrophen, die sich im Zusammenleben und -lieben nun mal ergeben, sich nicht sonderlich von jenen gemischtgeschlechtlicher Paare unterscheiden, identifizieren sich auch heterosexuelle Fans mit den Knollennasen.

König lauscht, wie sein erklärtes Vorbild Claire Brétecher, seine Dialoge dem schwulen Alltag ab. Schwule und ihre Macken, ihre unendliche sexuelle Lust, ihre Borniertheit und ihre Hysterien. Ihre großen und kleinen menschlichen Enttäuschungen, ihre Ängste, vor dem Alter und vor der Einsamkeit. Die Authentizität und der damit verbundene Wiedererkennungseffekt bei schwulen Lesern hat diese Figuren und Geschichten zu einem festen Bestandteil schwuler Identität werden lassen. Seine Gestalten haben Charme, trotz ihrer leichten Trotteligkeit und Schwanzfixierung. Und plötzlich erkennt man in den Comics, daß zwischen wahrem Leben und Fiktion ein gar nicht so großer Unterschied mehr besteht. Selbst der Sex, ganz gleich in welcher Stellung und Variante, ist bei Ralf König zum Wiehern und saukomisch.

Gern zitiert er die pralle Fleischeslust eines Tom of Finland und Szenen aus Pornofilmen. Doch bei König wird daraus weniger Pornographie denn ein subversives und höchst komisches Spiel mit schwulen Supersex-Phantasien, mit Dauererotisierung – und deren Folgen für den Geschlechtsverkehr des gewöhnlichen Homosexuellen.

«Bullenklöten!» ist Ralf Königs bisher zeichnerisch wie in der dramaturgischen Komposition bester Comicroman. Kunstvoll überschneiden sich die beiden Erzählstränge Konrads und Pauls, führen zu immer absurderen Verwirrungen und Steigerungen des Chaos. Konrads ach so harmloser Klavierschüler etwa entpuppt sich als durchtriebenes Flittchen, das im heimischen Garten mit Lover und per Selbstauslöser an Deutlichkeit nichts zu wünschen übrig lassende Pornofotos geknipst hat. Die Verwicklungen nehmen kein Ende: Screwball-Comedy at it's best.

Und wie es sich für eine gute Komödie gehört, hat sie schicksalhafte Tiefen und dramatische Abstürze. Auf das schrille und bizarre Durcheinander folgt tragische Ernüchterung. Wegen Macho-Man Rámon verliert Paul den Verstand und im Liebes- oder besser Sexrausch gibt er deshalb auch seine Beziehung zu Konrad bedenkenlos auf. Aber es gibt ein romantisches Happy-End, ein richtig schöner Kinoschluß zum Abblenden: Konrad und Paul am Nordseestrand. «Er ist weg ... Es ist vorbei. Und safe war's auch nicht.» – «Ich weiß», sagt Konrad und nimmt Paul in den Arm.

Ralf König:
Dicke Dödel 1: Bullenklöten!,
1992.
Safere Zeiten & Macho Comix,
1997.
Beide erschienen im Männer-schwarmSkript Verlag, Hamburg.

Beach Boys, **1989.**
Der bewegte Mann, **1987.**
Pretty Baby, **1988.**
Heiße Herzen.
Liebeslesebuch (gemeinsam mit Detlev Meyer), 1990.
Lysistrata, **1987.**
Alle erschienen im Rowohlt Taschenbuch Verlag, Reinbek.

Konrad und Paul. Band 1–3,
1993–1997.
Prall aus dem Leben, **1989.**
Zitronenröllchen und andere Schwulcomix, **1990.**
Silvestertuntenball und andere Schwulcomix, **1991.**
Sahneschnittchen und andere Schwulcomix, **1992.**
Alle erschienen im Carlsen Verlag, Hamburg.

Und das mit links!
Janssen Verlag, Berlin 1993.

Kondom des Grauens, **1988.**
Bis auf die Knochen, **1990.**
Sahnesteif. Die Krönung von Ralf König, **1996.**
Alle erschienen in der Edition Kunst der Comics, Sonneberg.

Joachim Bartholomae (Hg.):
Mal mir mal 'nen Schwulen.
Das Buch zu Ralf König.
MännerschwarmSkript Verlag, Hamburg 1996.

Friedrich Kröhnke
P 14

«Dafür fuhr Gide nach Afrika» – Heinrich Kautz findet sein Paradies
in einer völlig anderen Kultur, nur wenige Kilometer von seiner
Schöneberger Kellerwohnung entfernt – im Ost-Berlin der Vorwende-
zeit. In einem Sportzentrum an der Leninallee begegnet der leidlich
erfolglose Dichter und Museumsführer im Nebenerwerb bei seinen regelmäßigen Ausflügen in die
andere Hälfte der Stadt dem 14jährigen David. Der ist nicht unbedingt eine klassische Schönheit,
aber ein Junge, der den Mittdreißiger (mit lichter werdendem Haar und Bauchansatz) nicht nur
erotisch reizt, sondern auch im Herzen berührt. Eine Basecap der Marke «Boy» ist das erste Freund-
schaftsgeschenk für den Legastheniker und Breakdancer. Man trifft sich regelmäßiger, redet, unternimmt Ausflüge, und stolz führt David seinen neidischen Kumpels im FDJ-Jugendclub seinen neuen
Freund aus dem Westen vor (der Titel «P 14» bezieht sich auf die Altersbegrenzung für Discos, Kinos
usw.). Allmählich und ganz nebenbei wird aus der Freundschaft eine Liebe. Wer hier jedoch wen
verführt, läßt sich kaum sagen. Was Kautz in der kalten und von Geld dominierten Stricherszene im
Westen nicht finden konnte, fällt ihm mit David gewissermaßen in den Schoß. Und nicht einmal die
sonst so nötige Heimlichkeit trübt das junge Glück. Im Betonpalast im Hohenschönhausener Heim
ist die Mutter Davids froh, wenn sich jemand um ihren Sohn kümmert. Ist sie einfach nur naiv oder
akzeptieren sie und ihr neuer Lebensgefährte tatsächlich die Beziehung der beiden?

Friedrich Kröhnke hält das in der Schwebe. Die Begegnung und das ganz und gar nicht keusche Verhältnis schildert er mit großer Selbstverständlichkeit. Beide sehen mit den Augen des anderen
ihre Welt neu, wachsen miteinander. Ein Idyll im Plattenbau. In tagebuchartigem Protokollstil, aus
der Distanz des Berichterstatters, setzt er den Erzähler in die Rolle des Chronisten. Mehr und mehr
gelingt es Kröhnke, seinen Leser zu fesseln, dieser nicht gerade gewöhnlichen Liebe alles scheinbar
Schockierende, Skandalöse, aber auch allzu Verklärende zu nehmen. Seinem lakonischen Erzählstil
ist klebrige Lüsternheit fern: keine sich in vergeistigten Sphären eines Gustav von Aschenbach verzeh-
rende Leidenschaft, keine mit pädagogischem Eros ausgestattete Rechtfertigungsrede. Da er die
Sexualität der beiden direkt und ohne Umschweife thematisiert, kann sie erst gar nicht zur Sensation
und zum Tabubruch führen. Kröhnke schildert sein Alter ego Kautz (dessen Name wie auch der
seiner Protagonisten in anderen Erzählungen und Romanen, etwa Kranick oder Kleykamp, wieder-
erkennbar mit einem K beginnt) selbstironisch und selbstkritisch. Kautz kann es sich – trotz mage-
rem Monatseinkommen und dank des Währungsgefälles – leisten, als großer Gönner aufzutreten.
Die Geschenke des «Sendboten aus einer anderen Welt», die David so liebevoll in seinem Zimmer
zu einer «Art Heinrich-Kautz-Altar» aufgebaut hat, ist das Bestechung, Bezahlung oder sind's doch
einfach nur Liebesgaben? Und der intensive Blick in die Welt des «realen Sozialismus» der DDR
samt Kettwurst und der Lobpreisung der Landschaft der Mark Brandenburg: Ist das der von
Projektionen getrübte Blick des verklärten Altlinken oder desjenigen, der von Weltanschauungen
unbeeinflußt die Poesie des Alltags noch zu erkennen versteht?

Idyll im Plattenbau

«Das Paradies geht zugrunde», heißt es an einer Stelle, und Kröhnke beschreibt die im Untergang befindliche Alltagskultur – von der Krusta-Stube bis zur Club-Cola –, wie auch schon in seiner «Emil und die Detektive»-Variation «Grundeis. Ein Fall» (1990), etwas wehmütig und sentimental. Doch das Glück gerät ins Wanken. David weiß, daß Kautz ihn liebt, weil er ein Junge ist. So fragt er eines Tages ängstlich: «Du? Wenn ein Junge dann so siebzehn wird oder so, willst du dann nichts mehr von ihm wissen?» «Ach was», sagt Kautz und gibt doch keine richtige Antwort. Andererseits, auch Kautz sieht sein Glück bedroht, denn David will es auch mal mit einem Mädchen probieren. Ja schlimmer noch: einmal entfährt es ihm, daß er es eigentlich «eklig» findet, was sie da treiben. Kautz entflieht nach Italien,und Kröhnke läßt ihn natürlich nicht einfach irgendwohin in die Sonne fahren, sondern zur Wallfahrt an August von Platens Grab in Palermo. Während er in der Ferne weilt, bricht zu Hause die Welt zusammen: Die Mauer ist offen, die DDR untergegangen. Und mit ihr die Liebe? Noch einmal läßt Kröhnke seine beiden Protagonisten zusammenkommen, diesmal in der Schöneberger Wohnung des Dichters, wo sie nüchtern resümieren. «Hier warst du einer mit dickem Geld. Und allzeit warst du einer, der gehen konnte, wenn er genug hatte von: Aus technischen Gründen geschlossen, von: Sie werden plaziert, von: Heute kein Bier, heute nur Saft. Ein lieblicher Ort! Die Mauer deines Schlaraffenlandes ist keine aus Hirsebrei!» Dann aber liegen David und Kautz noch einmal «miteinander im Bett, und David sagt, daß er glücklich ist». Ob es (Selbst-)Lüge ist, Wunschtraum oder Wirklichkeit? – Kröhnke läßt es offen und vermeidet trotz aller idealisierter Darstellung ein richtiges Happy-End.

Dennoch geht Kröhnke bei dieser Liebe weiter als in seinen Veröffentlichungen davor. Denn anders als bei vielen Autoren von päderastischer und pädophiler Gebrauchsliteratur sind seine Erzählungen und Romane von Grund auf realistisch, ob bei der Darstellung der Gefahren durch Justiz oder alles anderem als idyllischen Wirklichkeit auf Bahnhofsstrich und Männerklo. Schönfärberische Schilderungen von der Liebe zwischen Mann und Knabe waren bei Kröhnke niemals zu erwarten. Und für potentielle Leser unter den Päderasten waren sie stets zu wenig traumtänzerisch und romantisch. Liebesenttäuschungen und die Gefühllosigkeit der Halbwelt erfahren sie tagtäglich selbst ausreichend.

Aber «P 14» als ein kalkuliertes Entgegenkommen an entsprechende Lesererwartungen zu deuten, hieße, den Roman gründlich mißzuverstehen. Auch Kröhnkes Held Kautz weiß, daß seine Liebesbemühungen «Besuche in Sackgassen» sind, wie es Schriftstellerkollege Peter Schult 1978 in seiner Autobiographie formulierte. Sein Kautz ist kein Träumer, er nimmt auch nicht desillusioniert sein Dilemma hin. Er ergreift sein Glück und lebt es, ein wenig schwärmerisch, ein wenig mit dem verklärten Blick des Verliebten und der Nüchternheit desjenigen, dem die Liebe schon mehrfach das Herz gebrochen hat. Die einerseits Romantik nicht ausschließende, andererseits Sentimentalität jedoch vermeidende Grundhaltung macht diesen Roman so suggestiv und einnehmend.

Friedrich Kröhnke:
P 14, **1992.**
Was gibt es heut bei der Polizei?,
1989.
Grundeis. Ein Fall, **1990.**
Aqualand, **1996.**

**Alle erschienen im Ammann Verlag,
Zürich.**
KnabenKönig mit halber Stelle.
Erzählungen, 1988.
Leporello.
Erzählungen, 1989.

Dieser Berliner Sommer.
**Erzählungen, 1994.
Alle erschienen im Verlag rosa
Winkel, Berlin.**

Elisarion von Kupffer
Lieblingminne und Freundesliebe in der Weltliteratur

Eigentlich müßte Elisarion von Kupffers Buch im Guinessbuch der Rekorde stehen, aber dafür ist es wahrscheinlich zu anrüchig. Seine «Lieblingminne und Freundesliebe in der Weltliteratur» ist immerhin die weltweit erste Anthologie literarischer Texte zu männlicher Homosexualität.

Wer eine Sammlung pornographischer schwuler Stellen erwartet, wird sich aber schnell getäuscht sehen. Denn nicht Einhand-Literatur für den einsamen Männerfreund sollte da versammelt werden (davon wird es 1900 auch soviel noch nicht gegeben haben), sondern künstlerisch anspruchsvolle, homoerotische Kleinodien aus aller Herren Länder.

«Wir leben leider in einer so unmännlichen Zeit, daß jedes Eintreten für männliche Rechte, um von Vorrechten zu schweigen, als eine unmoderne Blasphemie und Herabsetzung der weiblichen Vorherrschaft empfunden und getadelt wird.» Elisarion von Kupffer stürzt sich gleich mit dem ersten Satz seiner Einführung aufs argumentative Glatteis, mußte er doch damit rechnen, reichlich mißverstanden zu werden. Seine innere Wut, die ihn dazu trieb, innerhalb weniger Monate eine editorische Mammutarbeit zu bewältigen, rührt nämlich keineswegs aus dem emanzipatorischen Kampf der Frau. Wenn er sich für mehr «Männlichkeit» einsetzt, dann meint er damit, mehr Männlichkeit bei den Homosexuellen.

Man schreibt das Jahr 1899. Oscar Wildes Prozeß ist noch präsent. Der Kampf der gleichgeschlechtlich Liebenden hat gerade erst begonnen und findet vor allem innerhalb der eigenen Reihen statt. Und es gibt noch nicht einmal ein Wort, mit dem man sich selbst bezeichnet. Ein Ungar namens Karl Maria Kertbeny «erfindet» den Begriff der Homosexualität, der Hannoveraner Jurist Karl Heinrich Ulrichs präsentiert seine Wortschöpfung «Urning», der Sexualwissenschaftler Magnus Hirschfeld propagiert seine «Zwischenstufentheorie». Dem 1872 in Estland geborenen Elisarion von Kupffer paßt dies alles nicht. Zuviel wird ihm da unter Wissenschaftlern von wischengeschlechtlichem gefaselt. «Kurz, wir haben einen ganzen Wust von krankhaften und albernen Geschichten, die unserer Kultur zu nichts fruchten. Und was das Verdriesslichste dabei war, die Spitzen unserer ganzen Menschheitsgeschichte wurden dabei verzerrt, so dass man diese reichen Geister und Helden in ihren urnischen Unterröckchen kaum wiedererkennen kann.»

Der 26jährige Rußland-Deutsche läßt sich 1898 in Berlin-Charlottenburg nieder und durchstöbert die Weltliteratur nach Belegen für die «Lieblingminne und Freundesliebe». Es war eine für diese Zeit einmalige, beeindruckende Leistung mit deutlich emanzipatorischem Impetus. Von Kupffer konnte auf keinerlei Vorarbeiten zurückgreifen. Mehr noch: Vieles mußte er selbst überhaupt erst ins Deutsche übertragen, Verse von Vergil oder Pindar ebenso wie Michelangelo, Friedrich den Großen und Paul Verlaine. Der von ihm zusammengestellte klassische Kanon wurde später für ähnlich geartete Sammlungen immer wieder übernommen.

«*Ich habe mein Geschick in dir gefunden*».

Von Kupffers Anthologie sollte belegen: Die «Freundesliebe» ist weltumspannend, in allen Epochen und Kontinenten zu Hause und befähigt dazu, große Kunst zu schaffen. Seine Textsammlung beginnt mit König Davids Klage um Jonathan (in der Lutherschen Übersetzung), enthält griechische und römische Klassiker, und versammelt arabische und japanische Trouvaillen. Es fehlen natürlich weder William Shakespeare noch August von Platen, Johann Joachim Winckelmann oder Lord Byron. Von Kupffer war auch so frei, einige, von heute aus betrachtet echt kitschige, Verse seiner Zeitgenossen Freiherr Karl von Levetzow, Oskar Linke und Heinrich Bulthaupt aufzunehmen. Eigene Gedichte fehlen ebensowenig wie jene seines Lebensgefährten Eduard von Mayer («Ich habe mein Geschick in dir gefunden»).

Gemeinsam mit ihm fand der eher rastlose Elisarion von Kupffer während des ersten Weltkrieges in der Schweiz eine Heimat. 1922 erhielten sie die Schweizer Staatsbürgerschaft. Von Kupffer widmete sich inzwischen der Malerei und verwirklichte in Minusio/Locarno einen langgehegten Plan: den Bau einer modernen Tempelanlage. Dort hoffte er Platons Idee aus dem «Symposium», der Hälftenhaftigkeit des Menschen, in Verbindung mit seiner eigenen Vorstellung von Androgynität in einer religionsähnlichen Gemeinschaft Gestalt zu geben. Den Tempel gibt es heute noch, er beherbergt ein kleines Museum. Daraus verschwunden allerdings sind die klassizistischen, recht erotischen Wandmalereien des Erbauers.

Seine Sammlung machte Eindruck. 1900 erschien sie im Berliner Verlag Adolf Brandt, der auch das Homosexuellenblatt «Der Eigene» herausbrachte. 1903 übernahm der Leipziger Verleger Max Spohr das Buch und druckte die zweite Auflage. Die Staatsanwaltschaft wurde nun plötzlich aufmerksam und beschlagnahmte das Werk. Ein angesehener Altphilologe, Ulrich von Wilamowitz-Moellendorf, bescheinigte der Justiz jedoch den kulturhistorisch bedeutsamen Wert der Anthologie samt seines Kunstanspruches. Der Verkauf wurde daraufhin wieder gestattet.

Von Kupffer starb 1942 in Minusio/Locarno, wo auch Stefan George bereits einige Jahre zuvor seine letzten Lebensjahre verbracht hatte. Sein Lebensgefährte Eduard von Mayer lebte bis 1960.

Von Elisarion von Kupffers Buch haben nur wenige Exemplare die beiden Weltkriege überlebt und sind in Bibliotheken so gut wie gar nicht zu erhalten. Das Originalexemplar für den 1996 publizierten Reprint stammte übrigens aus der Staatlichen Bibliothek im bayerischen Passau.

*Lieblingminne und Freundesliebe
in der Weltliteratur.*
**Eine Sammlung mit einer ethisch-
politischen Einleitung von Elisarion
von Kupffer. Nachdruck der Ausgabe
von 1900. Mit einem Vorwort
von Marita Keilson-Lauritz.
Verlag rosa Winkel, Berlin 1996.**

Tony Kushner
Engel in Amerika

In San Francisco 1990 uraufgeführt, wurde «Engel in Amerika» 1993 am Broadway inszeniert und neben vier Tony Awards auch gleich mit dem Pulitzer-Preis ausgezeichnet. Der Welterfolg zeichnete sich jedoch schon vor dem Preisregen ab. Die Engel waren in Australien ebenso auf den Bühnen zu sehen wie in Polen oder Skandinavien. Innerhalb von zwei Spielzeiten wurde das Drama im deutschsprachigen Raum von mehr als zwei Dutzend Theatern auf den Spielplan genommen. Tony Kushner rückte mit diesem zweiteiligen, zusammen etwa siebenstündigen Stück über Nacht auf in die Liste der bekanntesten US-amerikanischen Autoren. «Engel in Amerika – Schwule Variationen über gesellschaftliche Themen», weniger ein dramaturgisch dichtes Stück denn eine Szenencollage, eine Revue, in der sich Melodram, Sozialkitsch, Traumspiel und politischer Reißer vereinen, wurde schnell als eines der wichtigsten Beiträge des amerikanischen Dramas des 20. Jahrhunderts erkannt. Sein Personal – Juden, Atheisten, Christen und Mormonen, Schwarze und Weiße, Schwule und Heterosexuelle, Konservative und Liberale – ist bewußt multikulturell angelegt und ebenso geschickt miteinander verknüpft wie seine in- und übereinander geblendeten Handlungsstränge. Trotz dieser Vielschichtigkeit behält jeder eine eigene Sprache, und selbst die szenischen Ausbrüche ins Mystische und Geschichtliche fügen sich problemlos ein.

Teil 1 des Stückes, Untertitel: «Die Jahrtausendwende naht», spielt im Jahre 1985. Die Welt ist bankrott, die Natur futsch, die Körper und die Köpfe verseucht. Die USA befindet sich in Endzeitstimmung. Der Reaganismus steht in höchster Blüte und mit ihm die Bigotterie, Heuchelei und politischen Machenschaften. Da hilft auch die Religion nicht mehr viel weiter.

Vier Menschen, jeder auf seine Weise unglücklich, sind vergeblich damit beschäftigt, ihre Lebenslügen, ihre Schuld, ihre Sexualität, ihre Krankheit wie ihre Einsamkeit zu überwinden.

Die Beziehung des schwulen Paares Louis und Prior zerfällt. Der jüdische Prior hat Aids, und Louis eine panische Angst davor. Sein linksliberales Geschwätz gilt in den eigenen vier Wänden nicht mehr; er verläßt seinen Lebensgefährten.

Auch um die Ehe des Mormonenpaares Harper steht es nicht zum besten. Harper ist sexuell ausgehungert, weil ihr Mann sich lieber heimlich im Schwulenpark vergnügt. Sie frißt das Leid der Welt in sich hinein, schluckt Valiumtabletten, deliriert und verliert sich in Traumwelten. Ihr Mann Joe kämpft mit seiner verheimlichten Homosexualität und seinen religiösen Bedenken – und schafft dennoch sein Coming-out. Er sperrt sich dagegen, sich in die politischen Machenschaften des rechtskonservativen Anwalts und Lobbyisten Roy Cohn hineinziehen zu lassen, dem nach erwiesener Korruption die Anwaltslizenz entzogen werden soll. Roy Cohn ist eine historische Figur.

Cohn war ein berüchtigter Bluthund des Kommunistenjägers Joe McCarthy, der es wie kein anderer verstand, Kommunisten, Homosexuelle und andere Feinde des amerikanischen Staates in den Tod durch Diffamierung zu hetzen. Durch illegale Einflußnahme auf das Gericht trug er zur Hinrichtung der wegen Spionage für den KGB verdächtigten Ethel Rosenberg bei. Im Stück stattet sie ihm einen Traum-Besuch ab und rettet ihm sogar das Leben.

Nach McCarthy Sturz konnte sich Roy Cohn in New York als Society-Anwalt etablieren, nicht zuletzt dank seiner guten Beziehungen zur Presse und zur Regierung. Cohn war schwul, und trotzdem in der Öffentlichkeit einer der lautesten Gegner der Homosexuellenbewegung. Und er war an Aids erkrankt. 1986 starb er an den Folgen der HIV-Infektion, offiziell jedoch an Leberkrebs. Als im Stück sein Hausarzt ihm die Diagnose Aids mitteilt, erläutert ihm Cohn sein sexuelles Selbstverständnis und seine Sicht auf die Homosexualität:

«Engel in Amerika» in der Inszenierung des American Conservatory Theatre San Francisco

«Weißt du, was dein Problem ist, Henry? Du klebst an Wörtern, an Etiketten, du glaubst, die bedeuten, was sie zu bedeuten scheinen. AIDS. Homosexuell. Schwul. Lesbisch. Du glaubst, das sind Worte, die dir sagen, mit wem einer ins Bett geht, aber das sagen sie dir absolut nicht. (...) Wie alle Etiketten besagen sie einzig und allein eines: Wo steht ein solchermaßen identifiziertes Individuum in der Nahrungskette, in der Hackordnung? Nicht um Ideologie oder sexuelle Vorlieben geht es, sondern um etwas viel einfacheres: um Power. (...) Für einen, der das nicht versteht, ist ‹homosexuell› genau das, was ich bin, weil ich Sex mit Männern habe. Doch in Wirklichkeit ist das falsch. Homosexuelle sind nicht Männer, die mit anderen Männern schlafen. Homosexuelle sind Männer, die es in fünfzehn Jahren immer noch nicht geschafft haben, auch nur eine winzige Anti-Diskriminierungsverordnung im Stadtrat durchzubringen. Homosexuelle sind Männer, die niemand kennen will und die niemand kennt. Power gleich Null. Klingt das nach mir, Henry? (...) Ich habe Sex mit Männern. Aber im Unterschied zu fast jedem anderen Mann, auf den das auch zutrifft, nehme ich den Burschen, den ich ficke, mit ins Weiße Haus, und Präsident Reagan lächelt uns zu und schüttelt ihm die Hand. (...) Roy Cohn ist kein Homosexueller. Roy Cohn ist ein heterosexueller Mann, der mit Typen bumst.»

«Total Steven Spielberg!»

Die Paare und Konstellationen lösen sich auf, finden zu neuen Verbindungen. Die sozialen und politischen Strukturen sind wie die gesellschaftlichen und persönlichen aufgeweicht. Eine Welt im Umbruch, über der zuletzt ein Engel einbricht, der sich dem sterbenden Prior zuvor schon mit seiner Stimme und merkwürdigen Botschaften angekündigt hatte. Mit Pauken und Trompeten stürzt er durch die Decke in das Krankenzimmer. (Tony Kushner: «Der Engel ist der Einbruch des Göttlichen in das Profane.») «Total Steven Spielberg!» entfährt es Prior. «Sei gegrüßt, Prophet; das Große Werk beginnt. Der Bote ist gekommen», verkündet der Engel als Deus ex machina und beendet mit dieser kryptischen Offenbarung den ersten Teil des Stückes.

In einer Folge aus 25 Szenen erzählt Tony Kushner (geb. 1956) seine drei parallel verlaufenden Geschichten, die zunehmend miteinander verknüpft werden. Kushners Stück ist perfekt getimt und offeriert neben Sentimentalität, Großstadthorror und jüdischem Witz den Hauch des Exotischen. Er befriedigt dabei, sprachlich mit intellektuellem Wortwitz und zynischen Reden, szenisch mit dem wohl ersten schwulen Analsex auf offener Bühne und den indiskreten Blicken in das Leben Homosexueller im ausgehenden 20. Jahrhundert, die Lust am Voyeurismus und am Banalen. Mit kalkulierter Provokation ist «Engel in Amerika» einerseits bis in die Nebensätze *politically correct*, andererseits überfordert er sein bürgerliches Publikum nicht zu sehr, um es gegen die *message* des Dramas sich verschließen zu lassen. «Ich hoffe einfach, daß Menschen kommen und sich anhören, was ich zu sagen habe: das Stück und ich sind Teil eines Kampfes für Bürgerrechte der Homosexuellen», erklärte Kushner in einem Interview.

Das Neue an Kushners Stück ist, das wohl auch mitverantwortlich für das weltweite breite Interesse in den ersten Jahren nach der Uraufführung ist, daß er im Gegensatz zu anderen Aids-Stücken sich nicht einem konkreten Krankheitsfall widmet oder rührig sich um Aufklärung bemüht. Kushner, der ACT UP-Aktivist, der linke, jüdische, schwule Brecht-Verehrer, geht einen entscheidenden Schritt weiter. Sein Stück läßt Momentaufnahmen einer sich auflösenden Epoche aufblitzen. Aids ist dabei einer von vielen Aspekten, ein realer Bestandteil dieses Zeitalters und Metapher zugleich. Kushner stellt die Krankheit und ihre Folgen erstmals in einen weiter gefaßten gesellschaftlichen Zusammenhang. Sein «Engel in Amerika» wird so zu einem Zeit-Drama, das sich nicht so einfach als ein Stück Ghetto-Literatur abdrängen läßt, das der Darstellung von Aids auf der Bühne eine neue Dimension ermöglicht: die eines gesamtgesellschaftlichen, nicht allein randgruppenspezifischen Problems.

Der 1993 in New York uraufgeführte zweite Teil von «Engel in Amerika» mit dem Untertitel «Perestroika» entwickelt das Personal und die Geschichten weiter. Das Stück ist nun aber mit gewagter religiöser, endzeitlicher Metaphorik überladen und gleitet immer mehr ins Absurde. «Sentimentalität vermeiden!» notierte der Autor im Vorwort als Warnung für künftige Darsteller und Regisseure, wohl nicht zu Unrecht.

Prior ist keineswegs tot, sondern zu einer Konferenz der Engel geladen, um als Götterbote zwischen Himmel und Erde angeworben zu werden, Louis und Joe verleben die ersten Wochen ihrer Beziehung wenn nicht leidenschaftlich im Bett, dann ebenso leidenschaftlich über Politik streitend. Roy Cohn stirbt den langsamen Aidstod und tyrannisiert dabei den tuntigen Krankenpfleger Beelize. Harper wird Dank ihrer fürsorglichen Mormonen-Mutter Pitt aus den Valium-Traumlandschaften zurückgeholt. Für ihre aufopfernde Pflege wird sie schließlich vom Engel und Autor mit einem unerwarteten, aber beglückenden transzendenten Orgasmus belohnt. Roy Cohn fährt in die Hölle und bietet, ganz der alte, Gott seine Dienste an. Louis kehrt reumütig zu Prior zurück. Nur Joe bleibt als *looser* einsam und verlassen.

Die letzten Sätze gehören dem kranken Prior. Seine Schlußrede klingt nach Predigt und ist die Vision für das nächste Jahrtausend: «Diese Krankheit wird für viele von uns das Ende bedeuten, aber nicht für alle, und der Toten wird gedacht, und sie werden mit den Lebenden kämpfen, wir gehen nicht fort. Wir werden keines versteckten Todes mehr sterben. Die Welt dreht sich nur vorwärts. Ihr seid wunderbar, jeder einzelne von euch. Und ich segne euch: *Mehr Leben.* Das Große Werk beginnt.»

Tony Kushner:
Engel in Amerika.
Deutsch von Frank Heibert.
In: Spectaculum LVI, Suhrkamp
Verlag, Frankfurt/Main 1993.

David Leavitt
Die verlorene Sprache der Kräne

Sie sind jung, attraktiv, erfolgreich und aufstrebend. Sie stehen mit beiden Beinen im Leben und haben es bereits zu etwas gebracht: Schwule in New York, mit nettem Apartment am Stadtrand und hochtechnisierter Einbauküche. Treue ist angesagt und die feste Zweierbeziehung. Der Sex ist safe und clean. Er kommt vom Pornovideo und das *outside-cruising* findet nur noch über den Bildschirm des Home-Computers statt.

Die Romane und Erzählungen des 1961 in Pittsburgh geborenen David Leavitt beschreiben die gestylte Welt der amerikanischen (schwulen) Mittelklasse, ihre erstarrten Gefühle und das vorgetäuschte Glück einer Generation, die von politischer Bewegung nichts mehr wissen will, die sich selbst genug ist.

Man tut Leavitt jedoch unrecht, wenn man ihn in einem Atemzug mit Autorinnen und Autoren seiner Generation wie Tama Janowitz, Jay McInnery & Co. nennt. Seine Texte haben mit deren «Wow!-Wie-sind-wir-heute-wieder-jung-aktiv-lebendig-&-überhaupt-ganz-schrill»-Literatur und «Bright lights, big cities»-Romanen nur wenig gemein.

Als David Leavitt seine ersten Erzählungen veröffentlichte, war er gerade 22 Jahre alt. Sie erschienen nicht irgendwo, sondern gleich in «The New Yorker» und «Harper's». In diesen Geschichten, im Band «Familientanz» zusammengefaßt, finden sich bereits die Grundthemen seiner späteren Romane: gestörte Beziehungen innerhalb der Familie, der Blick hinter die Fassade des Mittelstands-Amerikaners, schwule Liebesversuche und Bindungsprobleme. Diese Motive sind auch fast alle im 1986 veröffentlichten ersten Roman «Die verlorene Sprache der Kräne» vertreten, der zu einem Welterfolg wurde und ihm gleich einen festen Platz in der amerikanischen Gegenwartsliteratur zuwies. 1992 wurde das Buch von Nigel Finch sehr erfolgreich verfilmt.

Philip Benjamin, Verlagslektor mit Schwerpunkt Liebesromane (!), erlebt seine erste tiefe und zunächst auch glückliche Liebe. Der Mann seines Herzens heißt Elliot und ist Graphiker mit recht bohemehaftem Lebensstil. Trotz aller Wesensunterschiede: Die Beziehung scheint zu funktionieren, und der Höhenflug der Gefühle gibt Philip die nötige Kraft, seinen Eltern von seinem Schwulsein zu erzählen. Was er damit allerdings auslöst, bezeichnet seine Mutter Rose als einen «schrecklichen, perversen Betriebsunfall des Schicksals». Sein Vater Owen hat nämlich über 20 Jahre eine durchschnittliche, leidenschaftslose Ehe geführt und ist jeden Sonntagnachmittag in schwulen Pornokinos seinen verdrängten homosexuellen Neigungen nachgegangen. Die Offenheit, das Coming-out des eigenen Sohns helfen ihm, zu seiner eigenen Homosexualität zu stehen.

«Ein schrecklicher, perverser Betriebsunfall des Schicksals»

Die Figuren dieses Romans sind allesamt gebrochen. Zunächst ist da der sich abzeichnende Verlust der Wohnung, der das Ehepaar bedroht. Sie scheinen zu den vielen Opfern des New Yorker Spekulantentums zu gehören. Dann beginnt das brüchige Gebäude ihrer Selbsttäuschungen allmählich über ihnen zusammenzustürzen. Bürgerliche Konventionen und die eigene Unaufrichtigkeit hindern sie lange Zeit daran, die eigene Ehe als schreckliche Farce zu erkennen. Auch Philips Beziehung zerbricht, doch bahnt sich am Ende eine neue an, welche die «wahre, große Liebe» werden könnte.

Leavitts Roman klingt derart komprimiert nach Hedwig Courths-Mahler für Schwule, und das hätte aus dem Stoff bei einem anderen Autor durchaus auch passieren können. Aber Leavitt ist dem ebenso entgangen wie der Gefahr, ein reißerisches, anstößiges Buch zu schreiben. Er gibt zwar Einblick ins Innerste seiner Personen, er verrät ihr intimstes Denken und Handeln, aber gibt sie nicht an den Voyeurismus, die Sensationslust des Lesers preis. Sein Vermögen ist die ruhige, klare Erzählweise, mit der es ihm gelingt, seine Figuren psychologisch auszuleuchten, ohne daß sich dies wie trockene Seelenanalyse liest. Er vermag sich in seine Gestalten hineinzuversetzen, aus ihnen zu sprechen, und das nicht nur bei den schwulen Jungen, die sehr viel Autobiographisches transportieren, sondern ebenso bei der sterbenden krebskranken Mutter oder der plötzlich orientierungslos gewordenen Ehefrau. Diese differenziert entwickelten Charaktere und sein sensibler Erzählton lassen die etwas konstruiert erscheinenden Handlungsstränge und Personenkonstellationen in den Hintergrund treten.

Eines der Grundmotive dieses Romans ist das Versagen der Kommunikation. Seine Protagonisten reden entweder aneinander vorbei, weil sie die Wahrheit nicht aussprechen können, oder aber sie schweigen, leben auf autistisch-abgegrenzte Weise. Als Metapher für die Sprachlosigkeit steht die Geschichte des kleinen Mädchens, die dem Roman den Titel gab. Ohne elterliche Fürsorge wächst das Kind in einem Zimmer auf, von dessen Fenster aus es auf Baukräne blickt, deren Bewegungen das Kind nachahmt, ebenso wie es aus den Geräuschen eine eigene Sprache entwickelt.

Nebenhandlungen, Reflexionen und Rückblenden bilden in sich geschlossene Erzähleinheiten innerhalb des Buches, die an Leavitts literarischen Beginn mit Kurzgeschichten erinnern. Oft wechselt er in den verschiedenen Abschnitten die Blickrichtung, erzählt aus den unterschiedlichsten Perspektiven seiner Figuren und kann ihnen so in ihrer Darstellung tatsächlich auch gerecht werden. Mit oft nur einem einzigen Satz setzt er die Gefühle und Erschütterungen seiner Gestalten in Bewegung, die auf den Leser übergeht.

David Leavitt:
Die verlorene Sprache der Kräne,
1991.
Familientanz.
Stories, 1987.
Alles was uns fehlt,
1994.
Alt genug, um fremdzugehen.
Stories, 1997.
**Alle erschienen im Rowohlt Taschen-
buch Verlag, Reinbek und aus dem
Amerikanischen von Sabine Hedinger.**

John Henry Mackay
Die Bücher der namenlosen Liebe

«Ich habe einen Kampf gekämpft, einen Kampf, in dem ich unterlegen bin. Ich habe ihn gekämpft um die Liebe, die die Liebe auch meines Lebens ist, um die Liebe, die ich die ‹namenlose› nannte, da kein Name sie heute recht noch nennt.

Ich habe ihn gekämpft um die Ehre, die Wahrheit und die Schönheit dieser Liebe.

Ich habe ihn gekämpft mit meiner ganzen Kraft: bewußt, zielsicher und hingebend.

Ich bin in ihm unterlegen. Vielleicht gerade deswegen bin ich in ihm unterlegen.

Der Kampf ist beendet.

Er ist beendet für Heute, um Morgen wieder zu beginnen.

Aber zwischen diesem Heute und jenem Morgen liegt eine lange Nacht. (...) Denn ein solcher Kampf wird nur einmal gekämpft in einem Leben, nur einmal in dem Leben einer Generation.»

Seinen Kampf für die Anerkennung der «namenlosen Liebe» hatte der 1864 in Schottland geborene, jedoch in Deutschland aufgewachsene John Henry Mackay unter seinem Pseudonym Sagitta geführt. Sagitta, der Pfeil. Sieben «Bücher der namenlosen Liebe» verfaßte er unter diesem Namen, wobei der Begriff auf die zum Teil recht kurzen, eher pamphletartigen Schriften nur bedingt zutrifft. Sieben Bücher, die beschlagnahmt wurden und schließlich zur Verurteilung des Verlegers führten. Mackays einzigartiger Versuch auf literarischem Wege, zudem im Alleingang, Aufklärung in Sachen Homosexualität zu betreiben, scheiterte. Hirschfelds Theorie eines «dritten Geschlechts» lehnte Mackay vehement ab. Er verstand unter dieser «Liebe, die ihren Namen nicht zu nennen wagt», wie Oscar Wildes Geliebter Lord Alfred Douglas es in einem Gedicht formulierte, zunächst die Liebe zwischen (erwachsenem) Mann und einem Heranwachsenden oder Knaben. Ihm ging es um die «reine Liebe»; von den «Schädlingen und Finsterlingen» und «gewerbsmäßigen Verführern der Jugend» distanzierte er sich vehement in seinem Vorwort zur Gesamtausgabe. «Ich habe in diesen Büchern nicht einen jener, fremden und toten Sprachen entlehnten Fachausdrücke, nicht einmal auch nur eines der vieldeutigen Worte gebraucht, die zu den unentbehrlichen Hilfsmitteln und den wirkungsvollen Allüren der Wissenschaft geworden zu sein scheinen ...» Da genau beginnt auch Mackays Dilemma. Der «namenlosen Liebe» will er auch keinen Namen geben, um sie nicht durch den Verdacht puren sexuellen Triebes oder Unsittlichkeit in Verruf zu bringen. Er beschreibt sie nicht, sondern deutet sie allenfalls an. Sie auszusprechen, eben beim Namen zu nennen, wagt er nicht. Seine viel zu lebensferne Unterscheidung zwischen einer «reinen Liebe» und gelebter Sexualität mochten nur die wenigsten der «Betroffenen» nachvollzogen haben. Entsprechend gering war das Echo auf Mackays Schriften.

«Ein Knabe mußte es sein»

In seinem ersten «Buch», einer Bekenntnisschrift von gerade einmal sechs Druckseiten Umfang, umreißt er die Geschichte der Unterdrückung der gleichgeschlechtlich Liebenden. Es folgen «Wer sind wir?», ein pathetisches Langgedicht und Hymne auf die Knabenliebe. «Fanny Skaller», das dritte Buch, umfaßt bereits 200 Seiten. Der Ich-Erzähler ist von einem Jungen, mit dem er sich verabredet hatte, sitzengelassen worden. Er kramt in seiner Schachtel mit Fotos, Bildern seiner Geliebten, deren Geschichte er nun nach und nach Revue passieren läßt. Zehn Geschichten der Annäherung, des Verliebens und des Scheiterns, die nacheinander auch die Geschichte eines Päderasten ergeben, wie er sich seiner Neigung nach und nach bewußt wird und seine sexuelle Identität dabei findet. Nicht zuletzt sind es auch zehn Porträts völlig unterschiedlich ausgeprägter Charakteren vom Gelegenheitsstricher bis zum aufbrausenden Naturburschen.

Die weiteren Bände beinhalten einen in Venedig angesiedelten dramatischen Dialog zwischen einem Gymnasiasten und einem Künstler («Über die Stufen von Marmor»), eine Sammlung mit 65 Gedichten («Am Rande des Lebens») und das imaginäre, pamphletartige Gespräch mit einem Fremden («Gehör! – Nur einen Augenblick!»), eine Art Schlußplädoyer, in dem er sich vehement gegen die Verurteilung der Knabenliebe als Krankheit, Laster oder Verbrechen ausspricht.

Bevor Mackay zu Sagitta wurde, hatte er mit der Veröffentlichung der Gesamtausgabe und einer Biographie entscheidend zur Wiederentdeckung des Philosophen Max Stirner beigetragen. Dessen Ideen des theoretischen Anarchismus griff Mackay schließlich auch in seinen beiden programmatischen «Büchern der Freiheit», «Die Anarchisten» (1891) und «Die Freiheitssucher. Psychologie einer Entwicklung» (1921) auf. Seine frühen Gedichte, Erzählungen und der vielbeachtete Sportroman «Der Schwimmer» (1901) waren bereits schon von seinem sozialen Engagement gekennzeichnet, aber sehr dem Naturalismus verpflichtet.

Als er 1905 mit der Arbeit an seinen «Büchern der namenlosen Liebe» begann, erhoffte er sich durch ein Rundschreiben an «Gleichgesinnte», genügend Subskriptionsabonnenten zu gewinnen. Vergeblich. Mackay veröffentlichte die erste Schrift auf eigene Kosten und startete einen weiteren Rundbrief. Doch erneut blieb die erhoffte Resonanz aus. Dank eines Mäzens konnte er 1908 seine Flugschrift «Gehör! – Nur einen Augenblick!» in einer Auflage von 50.000 Exemplaren drucken lassen und über 3.000 Stück nicht nur an Zeitungsredaktionen zur Besprechung, sondern auch an Bibliotheken und Büchereien schicken. Doch keine einzige davon reagierte. Weitere 1.200 Exemplare sandte er, mit einem Begleitschreiben des Verlegers, an die Vorsteher von evangelischen Jünglingsvereinen, zumeist waren es Pfarrer. Mackay hoffte von ihnen Verständnis für seine Sache, aber er erhielt statt dessen eine «Flut niedriger Beschimpfungen, maßlosen Haß und sinnlose Wut». Zwei der Empfänger stellten Strafanzeige wegen «Beleidigung» und die Schrift wurde, samt der beiden ersten veröffentlichten Bücher, beschlagnahmt, der Verleger Benedikt Friedländer verurteilt.

18 Jahre später, 1926, erschien Mackays letzter Roman «Der Puppenjunge», der als siebenter Band den «Büchern der namenlosen Liebe» angefügt wurde. Mit weniger aufklärerischem Anspruch und damit auch weitaus offener und realistischer beschreibt er erneut die Problematik der Jungenliebe, angesiedelt in einem Berliner Arbeiterviertel und der schwulen Subkultur der 20er Jahre. Hermann Graff kommt in die Metropole, um dort bei einem Verlag eine neue Stellung anzunehmen, aber auch, um sich einen Freund zu suchen. Er trifft auf den jugendlichen Günther, der von zu Hause weggelaufen und ins Strichermilieu abgerutscht ist. Hermann verliebt sich in Günther, doch der

sieht nur einen Kunden in ihm. Als schließlich die Polizei von ihrem Verhältnis erfährt, sagt Günther gegen Hermann aus. Der Junge wird in eine Anstalt verbracht, Hermann zu einer Gefängnisstrafe verurteilt. Auch wenn er sich nach dem Erlebnis des Verrats von seiner Liebe zu Günther lossagen kann, hält er weiterhin an seiner Vorstellung einer aufopfernden homosexuellen Liebe fest.

Auch dieses Buch, über 360 Seiten stark, veröffentlichte Mackay unter dem Namen Sagitta. In seinem Testament verfügte der 1933 verstorbene Schriftsteller, daß bei künftigen Nachdrucken der sieben «Bücher der namenlosen Liebe» das Geheimnis um das Pseudonym gelüftet werden und sie den Vermerk tragen sollten: «Ich war SAGITTA. Ich schrieb diese Bücher in den Jahren, in denen man meine künstlerische Kraft erloschen glaubte.» Das geschah zum ersten Mal im Rahmen des Reprints der Gesamtausgabe im Jahr 1979.

John Henry Mackay:
Die Bücher der namenlosen Liebe.
Zwei Bände. Verlag rosa Winkel,
Berlin 1979.
Die gedachte Welt.
Ein Roman und drei Geschichten
aus dem Nachlaß. Herausgegeben
von Edward Mornin. Peter Lang
Verlag, Frankfurt/Main 1989.

Die Anarchisten. Kulturgemälde
aus dem Ende des XIX. Jahr-
hunderts.
Roman. Forum Verlag, Leipzig 1992.
Abrechnung. Randbemerkung
zu Leben und Werk.
Verlag der Mackay-Gesellschaft,
Freiburg 1978.

K. H. Z. Sonemann:
Der Bahnbrecher John Henry
Mackay.
Sein Leben und sein Werk. Verlag der
Mackay-Gesellschaft, Freiburg 1979.

Charlotte von Mahlsdorf
Ich bin meine eigene Frau

«Als der Senator vorfuhr, stand ich in Schürze und mit mehreren Staubtüchern im Saal, um noch einmal über die Stühle zu wischen.» Selbst an jenem Tag 1992, als Char-
lotte von Mahlsdorf für ihre Verdienste «um Volk und Staat» im Namen des Bundespräsidenten das Verdienstkreuz am Bande überreicht bekam, blieb sie ihrer Rolle treu: die des staubwedelnden Haus-mädchens im eigenen Reich. Bereits als Kind hatte sie diese Leidenschaft: Sie putzte und wienerte, wusch und wischte, bis alles die gewünschte Ordnung und Sauberkeit aufwies. «Ja, Kind, du hättest 1900 als Mädchen leben müssen, dann hätte ich dich als Dienstmädchen engagiert. Du wärst 'ne Perle gewesen», hatte der Onkel schon in den 30er Jahren erkannt. Da mußte das 1928 geborene Putzteufelchen Lothar noch die verhaßten Hosen tragen, dabei liebte er Frauenkleider. Schon als Kind war ihm bewußt, daß er eigentlich hätte ein Mädchen werden sollen. Und so wurde aus Lothar allmählich Charlotte. Die zweite Leidenschaft, neben den schlichten, aber weiblichen Hausfrauen-kleidern, gilt «altem Kram». Konkret: Mobiliar und Hausrat aus der wilhelminischen Ära; Dinge,

die Charlotte bereits als Kind mit traumwandlerischer Sicherheit aus Müllhalden zog und auf dem heimischen Dachboden in Sicherheit brachte.

Spätestens mit Erscheinen ihrer Autobiographie «Ich bin meine eigene Frau» 1992 und der parallel entstandenen gleichnamigen Verfilmung ihrer Lebensgeschichte (Regie: Rosa von Praunheim) wurde Charlotte von Mahlsdorf alias Lothar Berfelde zu einem Dauergast in Talkshows, zum Liebling aller Medien und Ziel Tausender Touristen, die Charlotte in ihrem Museumswohnhaus besuchen wollten. Dort war (bis 1996) der Ertrag lebenslanger Sammelleidenschaft zu besichtigen, ein Museum des Alltagsguts der Gründerzeit: Möbelstücke, Uhren, Musikautomaten, Standuhren und Grammophone, Lampen, eine komplette Küche und die noch letzte erhaltene «Zille»-Kneipe samt Schanktisch und Wirtshausmöbeln. Wie es dahin kam, erzählt Charlotte von Mahlsdorf alias Lothar Berfelde in ihrer anekdotenreichen, fesselnd erzählten Autobiographie. Ein Leben als Gesamtkunstwerk, eine Lebensgeschichte, die durch zwei Diktaturen führt. Charlotte ist nicht nur ein Beispiel für Aufopferung, Courage, Leidensfähigkeit und den aufrechten Gang, in ihren Erfahrungen ist die Geschichte einer ganzen Generation Homosexueller in Deutschland gebündelt: Eine Kindheit und Jugend unter den Nazis mit tagtäglicher Angst vor Ausgrenzung, Verfolgung und Ermordung. Der jähzornige Vater, eine Reitpeitschennatur, kann den Anblick seines mißratenen Sohnes nicht ertragen und will ihn «totschlagen wie einen räudigen Hund» und Schwester und Mutter gleich mit «über den Haufen schießen». In Todesangst entscheidet sich Charlotte zur Gegenwehr. Sie erschlägt nachts den Vater im Schlaf. Die 16jährige wird zu vier Jahren Jugendgefängnis verurteilt, kommt aber wegen guter Führung bald frei. Kurz vor Kriegsende läuft Charlotte einer SS-Streife auf der Suche nach Fahnenflüchtigen und Drückebergern in die Fänge. Charlotte soll auf der Stelle standrechtlich erschossen werden, doch sie weigert sich. In der Hand hält sie noch, fein säuberlich in ein Handtuch gewickelt, einen Laib Brot und die geliebten Uhrenwecker. «Und die jetzt in den Schutt auf den Boden stellen? Nein, dazu war ich damals schon viel zu sehr die saubere Hausfrau.» Der Mut und die Ordnungsliebe retteten ihr das Leben. Ihr kommt ein Wehrmachtsoffizier zur Hilfe: «Soweit sind wa noch nüscht, dat wa schon die Schulkinder erschießen.»

«Was kann eine Frau sich mehr wünschen?»

Die Nazi-Diktatur hatte Charlotte überlebt, das SED-Regime war ihr gegenüber allerdings kaum minder feindlich eingestellt. Als man das kleine Schloß Friedrichsfelde am Rande Berlins abreißen wollte, konnte Charlotte von Mahlsdorf die sozialistischen Bürokraten überzeugen, das Geld zu sparen und ihr das Gebäude zur Instandsetzung zu überlassen. Zwei Jahre lang lebte sie in den heruntergekommenen Gemäuern mitsamt den aus Schutthalden und Ruinen zusammengetragenen Haushaltsgegenständen. Mit ähnlichem Geschick konnte sie das Schloß Dahlwitz-Hoppegarten und schließlich das Gutshaus Mahlsdorf im Ostberliner Bezirk Hellersdorf vor dem Abriß und Verfall bewahren. Auch letzteres wurde allein aus eigenen Mitteln und ihrer zwei Hände Arbeit von Grund auf instandgesetzt. Dort richtete sie schließlich ihr eigenes Museum ein. Tagsüber kamen Touristen, Kunsthistoriker und ganze Arbeitsbrigaden, abends trafen sich Lesben und Schwule zum geselligen Beisammensein, zu Vorträgen und Tanz. Die Stasi wie die Kunstschieber der Devisenbeschaffungs-Abteilung von Schalck-Golodkowski machten Charlotte jedoch das Leben schwer. Aber allen Tiefschlägen und dem teilweisen Verlust der Sammlung zum Trotz hat sie sich nie unterkriegen lassen. Halt gaben Charlotte, die ein «Faible für ältere Männer» hat, ihre Beziehungen.

Fünf Jahre verbringt sie mit dem Herrenreiter Zitzenau, 27 Jahre mit dem Sportlehrer Jochen: «Bei ihm fühlte ich mich beschützt. Was kann eine Frau sich mehr wünschen?»

Der Fall der Mauer brachte Charlotte, die längst zur schwulen Ikone geworden war, die Anerkennung ihrer lebenslangen, hartnäckigen Aufopferung, aber auch den finanziellen Ruin. Mit ihrer kargen Rente konnte sie das Haus nicht unterhalten. Als Skinheads ihr erstes gesamtdeutsches lesbisch-schwules Frühlingsfest im Hof des Gutshauses überfallen, fühlte sie sich bedroht wie einst in den 30er Jahren, als in der Pogromnacht die Scheiben klirrten. «Mich hält hier gar nichts mehr. Es gibt tolerantere Länder», erklärte sie öffentlich und wanderte nach Schweden aus.

Charlotte von Mahlsdorf:
Ich bin meine eigene Frau.
Ein Leben.
Herausgegeben von Peter Süß.
Edition día, Berlin 1992 und dtv,
München 1995.

Ab durch die Mitte.
Ein Spaziergang durch Berlin.
Mitarbeit Peter Süß. Edition día,
Berlin 1994 und dtv, München 1997.

Klaus Mann
Der fromme Tanz

Zumindest bei der Geburt war das Vater-Sohn-Verhältnis noch in Ordnung. «Vergnügten Herzens melde ich Dir die glückliche Geburt eines wohlgebildeten Knäbleins», schrieb Thomas Mann an einen Freund. Zwischen Vater und Sohn entwickelte sich schon bald ein stiller Kampf: der rebellische Sohn gegen den bürgerlichen Vater; der junge, äußerst arbeitswütige, aber weder sorgsam-konzentrierte noch ausdauernde Klaus gegen den äußerst strengen, beamtenhaften Thomas; der offen, provokativ Schwule, der sein Anderssein wie eine Auszeichnung, ein Adelszeichen trug, gegen den sublimierenden, versteckt gleichgeschlechtlich empfindenden Familienvater, wie es die posthum veröffentlichten Tagebücher belegen, der Homosexualität vor allem als Makel verstand.

Im Herbst 1921 verliebte sich Klaus zum ersten Mal in einen Jungen, in den Klassenkameraden Elmar. In seiner Erzählung «Vorfrühling» beschreibt er, nur leicht verschlüsselt, diese Romanze. Mit 17 Jahren verläßt Klaus wegen dieser Affäre freiwillig die Schule; ein endgültiger Schritt, wie seine Eltern zu ihrer Überraschung feststellen mußten. Die Hintergründe lesen sich in «Der Wendepunkt» (1942) so: «Utos Stirn war glatt und kühl. Er war einsam und ahnungslos, wie die Tiere es sind und die Engel ... ich schrieb auf einen Fetzen Papier ‹Ich liebe dich›. Er las es, wurde ein bißchen rot ... dann lachte er und steckte das Papier in die Hosentasche. ‹Donnerwetter›, sagte er, ohne mich anzuschauen, ‹das ist gut.› Und plötzlich ganz ernst, mit verständig gedämpfter Stimme, ‹natürlich liebst du mich. Freunde sollen einander lieben›.»

Der 16jährige Klaus Mann (1906–1949) kommentiert dies folgendermaßen. «Ich wollte nicht bleiben. Ich hatte Angst vor dem Gefühl, das mir die Brust mit weher Seligkeit zu sprengen drohte. Ich hatte Angst vor Uto. Er war so stark, so sehr viel stärker, sehr viel leichter als ich. An ihm war alles Kraft und Heiterkeit; es gab keine Probleme für ihn. Mir aber wurde alles zum Problem – undurchdringlich, beklemmend. Ich wagte es nicht, die Winke und Zeichen meines Schicksals zu begreifen.»

Das verunglückte Liebeserlebnis mag für Klaus so etwas wie ein Coming-out gewesen sein. Er ging nach Berlin, wo er Literatur- und Theaterkritiker des «12 Uhr Blatt» wurde. In kürzester Zeit war er Teil des Berliner Nachtlebens und der Boheme; Cabarets, Schwulen- und Lesbenlokale und Künstlercafés wurden sein neues Zuhause. Seine Erlebnisse und Beobachtungen bilden die Grundlage seines ersten Romans: «Der fromme Tanz» (1925). Ein Buch, das nicht nur im Hause der Familie Mann für einigen Wirbel sorgte, posaunte darin doch der Sohn seine Homosexualität geradezu in alle Welt hinaus, daneben sorgte ein Roman eines Thomas Mann-Sohnes ohnehin für Aufsehen. Wohl nicht zufällig veröffentlichte Thomas Mann im Jahr des Erscheinens von «Der fromme Tanz» seinen Aufsatz «Über die Ehe», in dem er sich insbesondere zur Homosexualität äußert: «Sie ist ‹freie Liebe› im Sinne der Unfruchtbarkeit, Aussichtslosigkeit, Konsequenz- und Verantwortungslosigkeit. Es entsteht nichts aus ihr, sie legt den Grund zu nichts. (...) Ihr inneres Wesen ist Libertinage, Zigeunertum, Flatterhaftigkeit.»

Der inzwischen 18jährige Klaus hatte sich viel vorgenommen. Ein Roman, der «aus unserer Jugend kommt, von unserer Jugend handelt, und nicht sein, nichts bedeuten möchte, als Ausdruck, Darstellung und Geständnis dieser Jugend, ihrer Not, ihrer Verwirrung – und ihrer hohen Hoffnung vielleicht».

«Der fromme Tanz» ist das authentische Porträt einer Jugend nach dem Ersten Weltkrieg, die alle Illusionen verloren hat. «Wohin dies alles führen soll, dieser große Tanz, wissen wir wohl am wenigsten», schreibt Klaus Mann und folgert politisch weitsichtig: «Ich fürchte zu einer geistigmenschlichen Gemeinschaft und zur idealen Republik am wenigsten. Wir dürfen über die Lösung der Unruhe nicht Bescheid wissen, vielleicht ist diese Lösung ja auch einfach der große Abgrund, die Apokalypse, ein neuer Krieg, ein Selbstmord der Menschheit.»

Held des Romans, den Klaus Mann im Untertitel selbst als «Das Abenteuerbuch einer Jugend» bezeichnet, ist Andreas, ein 18 Jahre junger Mann aus gutbürgerlicher Künstlerfamilie. Er malt, versucht sich vergebens an einem Porträt von Gott und zweifelt an seiner Begabung. Sein Aufbegehren gegen alles Etablierte ist ohne Konsequenz; auch hier fühlt er sich zu schwach. Er verläßt das einengende Elternhaus und geht nach Berlin.

«Wir haben uns vor denen nicht zu verteidigen ...»

Eine neue Heimat findet Andreas in der Pension Meyerstein, die von jungen, exaltierten Menschen bewohnt wird und sehr an die Pension der Frau Schröder in Christopher Isherwoods «Leb' wohl Berlin» erinnert. «Fräulein Barbara, dick und männlich in ihrem blauen Kostüm» ist ganz offensichtlich lesbisch, die Artistin Hollström, die Kabarettsängerin Franziska und «Paulchen, der Tänzer» mit seiner «hohen, fast quiekenden Stimme» und einem «sorgfältig geschminkten Damenmund» gehören ebenfalls dazu. Im «Wendepunkt» liefert Klaus Mann eine Kurzfassung dieser Romanhandlung: «Mein Held und Doppelgänger, der fromme Tänzer, ist ein nachdenklicher und wohlerzogener Junge aus gutem Hause, aber bemerkenswert frei von bürgerlichen Hemmungen und Aspirationen. Zunächst erscheint er etwas ratlos und depressiv – im ersten Kapitel trägt der junge Andreas sich sogar mit Selbstmordgedanken –; aber bald besinnt er sich eines Besseren und brennt kurz entschlossen nach Berlin durch. Dort freundet er sich mit allerlei sympathisch-verkommenen Gesindel an – gutmütigen Prostituierten, effeminierten Tänzern, exzentrischen Nichtstuern und Bohémiens. Eine Zeitlang verdient er sich sein Brot, indem er in einem Lokal, das sinnigerweise ‹Die Pfütze› heißt, Gedichte rezitiert. Dann trifft er Niels, ... und verfällt seinem robusten Charme. Niels ist ebenso vital und rücksichtslos, ebenso strahlend und verführerisch wie sein Bruder aus ‹Anja und Esther› (Klaus Manns erstem Drama, d. A.). Der fromme Tänzer betet ihn an. Niels seinerseits, der ursprünglich von einer etwas geheimnisvollen Baronin ausgehalten wurde, läßt sich mit einer der Damen aus dem Berliner Freundeskreis des Andreas ein ...»

Klaus Mann zeigt das schwule Leben im Berlin der zwanziger Jahre in seiner ganzen Bandbreite; ein Panoptikum an Gestalten und Orten, eine stets sich selbst feiernde Gesellschaft, die ihren endlosen Tanz jedoch selbst auch immer wieder als Taumeln erkennt. Wie viele seiner Romane hat er auch dieses Erstlingswerk sehr schnell geschrieben, es ist stilistisch nicht immer ausgereift, die Figuren erscheinen häufig nur grob skizziert. Dennoch ist «Der fromme Tanz» weit mehr als ein Kolportageroman, als das schwülstige Machwerk eines Frühreifen. Die unbekümmerte Direktheit verleiht dem Buch seine besondere Authentizität, getragen vom Aufbegehren des jungen Autors gegen die Bürgerlichkeit, dem ungebändigten Willen, Neues zu schaffen und das Leben auszukosten. Auch in seinen späteren Romanen gibt es homosexuelle Helden oder zumindest Randfiguren – wie Alexander der Große in «Alexander. Roman der Utopie» (1929), der Komponist Peter Tschaikowsky in «Symphonie Pathétique» (1935), König Ludwig II. von Bayern in der Novelle «Vergittertes Fenster» (1937), das schwule Liebespaar Kikjou und Martin im Emigrantenroman «Der Vulkan» (1939) –, die erkennbare Selbstporträts waren; Romanfiguren, auf die Klaus Mann unverhohlen eigene Leidenschaften und Vorlieben, seine Todessehnsucht wie seine Homosexualität projizierte.

Klaus Mann:
Der fromme Tanz.
Das Abenteuerbuch einer Jugend,
1986.
Die neuen Eltern.
Aufsätze, Reden, Kritiken 1923–1933.
Herausgegeben von Uwe Naumann
und Michael Töteberg, 1992.
Zahnärzte und Künstler.
Aufsätze, Reden, Kritiken 1933–1936.
Herausgegeben von Uwe Naumann
und Michael Töteberg, 1993.
Das Wunder von Madrid.
Aufsätze, Reden, Kritiken 1936–1938.
Herausgegeben von Uwe Naumann
und Michael Töteberg, 1993.

Zweimal Deutschland.
Aufsätze, Reden, Kritiken 1938–1942.
Herausgegeben von Uwe Naumann
und Michael Töteberg, 1994
Auf verlorenem Posten.
Aufsätze, Reden, Kritiken 1942–1949.
Herausgegeben von Uwe Naumann
und Michael Töteberg, 1994.
Distinguished Visitors.
Der amerikanische Traum.
Herausgegeben und mit einem Nachwort von Heribert Hoven. Deutsch
von Monika Gripsenberg, 1996.
Der siebente Engel.
Die Theaterstücke.
Herausgegeben Von Uwe Naumann
und Michael Töteberg, 1989.
Der Vulkan,
1981.

Symphonie Pathétique.
Ein Tschaikowsky-Roman,
1981.
Treffpunkt im Unendlichen,
1982.
Alexander. Roman der Utopie.
Vorwort von Jean Cocteau, 1983.
Flucht in den Norden,
1981.
Maskenscherz. Die frühen
Erzählungen.
Herausgegeben von Uwe Naumann,
1990.
Speed. Die Erzählungen
aus dem Exil,
1990.
Kind dieser Zeit.
Mit einem Nachwort von William
L. Shirer, 1987.

Der Wendepunkt.
Ein Lebensbericht.
Mit einem Nachwort von Frido Mann,
1989.
Die Tagebücher 1931–1949.
Sechs Bände, 1995.
Briefe und Antworten 1922–1949.
Herausgegeben Von Martin Gregor-
Dellin, 1991.
Alle erschienen im Rowohlt
Taschenbuch Verlag, Reinbek.

In meinem Elternhaus.
Mit einem Nachwort von Joachim
Schondorff. Reclam Verlag,
Stuttgart 1969.

Klaus Mann/Kurt Tucholsky:
Homosexualität und Faschismus.
Mit einem Essay von Detlef
Grumbach. Verlag Frühlings
Erwachen, Hamburg 1990.

Eberhard Spangenberg:
Karriere eines Romans. Mephisto,
Klaus Mann und Gustaf
Gründgens.
Rowohlt Taschenbuch Verlag,
Reinbek 1986.

Uwe Naumann:
Klaus Mann.
Rowohlt Bildmonographie. Rowohlt
Taschenbuch Verlag, Reinbek 1984.

Stefan Zynda:
Sexualität bei Klaus Mann.
Bouvier Verlag, Bonn 1986.

Harald Neumann:
Klaus Mann.
Eine Psychobiographie.
Kohlhammer Verlag, Stuttgart 1995.

Erika und Klaus Mann –
Bilder und Dokumente.
edition spangenberg, München 1990.

Thomas Mann
Der Tod in Venedig

Ursprünglich sollte die Erzählung «eine rasch zu erledigende Impro-
visation» werden, als kleine Unterbrechung während der Arbeit an den
«Bekenntnissen des Hochstaplers Felix Krull». Doch dann wurde aus
der Fingerübung ein Novelle, an der Thomas Mann (1875–1955) ein
ganzes Jahr arbeitete. Das vielfach gedeutete und deutbare Werk wurde von Luchino Visconti für den
Film und von Benjamin Britten für die Opernbühne adaptiert.

In der ersten Konzeption gab er der Geschichte den Arbeitstitel «Goethe in Marienbad».
Der plötzliche «Einbruch der Leidenschaft» in die scheinbar gesicherte Künstlerexistenz sollte «die
Entwürdigung eines hochgestiegenen Geistes» zur Folge haben. Wohl aus Pietät dem großen Dichter
gegenüber verwarf Mann diesen ersten Plan. Den Konflikt ließ er nun den Schriftsteller Gustav
von Aschenbach durchleiden, eine ganz und gar fiktive Gestalt, die Züge des Komponisten Gustav
Mahler, aber auch des Dichters August von Platen trägt. Einer autobiographischen Szene zufolge
hat Thomas Mann die Novelle in einem Strandkorb sitzend in einem Ostseebad niedergeschrieben:
«Ich rückte den Sitzkorb nah an den Saum des Wassers, das voll von Badenden war, und so, auf
den Knien kritzelnd, den offenen Horizont vor Augen (...), besucht von nackten Kindern, die nach
meinen Bleistiften griffen, ließ ich es geschehen, daß mir aus der Anekdote die Fabel, (...) aus dem
Privaten das Ethisch-Symbolische erwuchs.» Die Schreibsituation ähnelt verblüffend jener des Gustav
von Aschenbach, der am Ende der Novelle am Strand Venedigs sitzt, hinaus ins offene Meer und auf
den verführerisch-schönen halbnackten Jungen Tadzio blickt, dabei jene «anderthalb Seiten erlesene

Prosa fertigte, deren Lauterkeit, Adel und schwingende Gefühlsspannung binnen kurzem die Bewunderung erregen».

Thomas Mann hatte testamentarisch verfügt, daß seine Tagebücher, die er mit beinah manischer Detailbesessenheit führte, erst 20 Jahre nach seinem Tod veröffentlicht werden dürften. Zu schützen galt es weniger einige seiner Zeitgenossen, als vielmehr die eigene Familie. Denn die Tagebücher stellten schließlich ein einzigartiges, posthumes Coming-out dar. Doch anders als sein Sohn Klaus, erlebte Thomas Mann seine homosexuellen Neigungen stets nur als Schwäche, Krankheit und Versagen. Ein Makel, dem er mit Selbstzucht und Triebunterdrückung entgegenwirkte. Mit dem Stigma Homosexualität allerdings, das zeigen nicht zuletzt die jüngeren Untersuchungen zum Werk Thomas Manns, hat er sich in seinem Schaffen immer wieder auseinandergesetzt und dies in Erzählungen wie «Mario und der Zauberer» und «Tonio Kröger» und in den Romanen «Der Zauberberg» und «Die Bekenntnisse des Hochstaplers Felix Krull» manifestiert.

«Der Tod in Venedig» wurde Thomas Manns berühmteste Novelle. An keiner Stelle in seinem literarischen Werk hat er seine homoerotischen Neigungen deutlicher zu erkennen gegeben wie in diesem 1912 erstmals veröffentlichten Text. Doch weil Aschenbachs Liebe zu Tadzio unerfüllt bleibt und sogar ein tödliches Ende nimmt, war von zeitgenössischen Interpreten und Rezensenten der Blick vom päderastischen Skandalon sehr schnell abgewandt, die Novelle hingegen in ihrer symbolischen Bedeutungsebene wahrgenommen: Als eine Auseinandersetzung mit Kunst und Leben.

Wie lange diese Ignoranz vorherrschte, zeigt die Reaktion, die Luchino Visconti erfahren mußte, als er 1970 in der Vorbereitungsphase mit den Produzenten seiner kongenialen Verfilmung (mit Dirk Bogarde als von Aschenbach) verhandelte. Diese schlugen ernsthaft vor, den Jungen Tadzio zugunsten des *mainstream* durch ein Mädchen zu ersetzen.

«Es ist kein Segen bei ihr als der der Schönheit, und das ist ein Todessegen.»

Tadzio, ein polnischer Knabe, der mit seiner Familie im gleichen Hotel wie der Schriftsteller Gustav von Aschenbach wohnt, verwirrt die Sinne dieses schon etwas älteren Mannes. In Venedig erhofft der seine künstlerische Schaffenskrise zu überwinden, neue Inspiration zu erhalten. Tatsächlich aber verfällt er Tadzio. Seine bislang stets sublimierten homosexuellen Sehnsüchte sieht er in diesem Jungen eingelöst. Obgleich dieser sie nicht erfüllen kann – sie berühren sich nicht, sprechen nicht ein einziges Mal miteinander, tauschen nur vielsagende Blicke. Von Aschenbach ist sich dabei bewußt, daß es eine verbotene Liebe ist und er niemals die Gunst Tadzios wird erlangen können. Aber er ahnt auch, daß er nach diesem Erlebnis sein Leben nicht mehr so wird weiterführen können wie bislang. «Denn der Verliebte besorgte nichts, als daß Tadzio abreisen könnte, und erkannte nicht ohne Entsetzen, daß er nicht mehr zu leben wissen werde, wenn das geschähe.» Er schleicht ihm durch die engen Gassen Venedigs nach, verwirft Abreisepläne und bleibt selbst dann in der Stadt, als eine Choleraepidemie ausbricht. Längst hat er seine strengen Prinzipien, seinen Stolz und seine Würde hinter sich gelassen. «Er fügte seinem Anzuge jugendlich aufheiternde Einzelheiten hinzu, er legte Edelsteine an und benutzte Parfums, er brauchte mehrmals am Tage viel Zeit für seine Toilette und kam geschmückt, erregt und gespannt zu Tische.» Zu guter Letzt läßt er sich von einem geschäftstüchtigen Friseur die Haare färben, das Gesicht schminken und pudern, in der vagen Hoffnung jünger auszusehen, und erscheint damit doch nur als peinlich-grotesker Geck.

Aschenbach und Tadzio in Viscontis Verfilmung

Absichtlich infiziert er sich mit der Cholera und stirbt am Strand, den Blick auf den antikschönen, aber auch bleich und kränklich wirkenden Tadzio im Meer gerichtet, der ihm in diesem Moment wie ein Götterbote erscheint, wie Charon, der Führer hinab ins Totenreich. Die homosexuelle Liebe ist hier dem Tod geweiht. Eine glückliche Erfüllung scheint Thomas Mann kaum denkbar. In seinem Essay «Die Ehe im Übergang» (1925) hatte er sich ein einziges Mal außerhalb eines literarischen Zusammenhangs öffentlich zur Homosexualität geäußert. Sein Urteil fiel nicht sonderlich gut aus: «Es ist kein Segen bei ihr als der der Schönheit, und das ist ein Todessegen. Ihr fehlt der Segen der Natur und des Lebens – das möge ihr Stolz sein, ein allerschwermütigster Stolz, aber sie ist gerichtet damit, verworfen, gezeichnet mit dem Zeichen der Hoffnungslosigkeit und des Widersinns.» Die Verbindung von Schönheit, Homosexualität und Tod also auch hier. Diese Verknüpfung, trotz der symbolischen Verklärung, bestätigte einige zeitgenössische Rezensenten in ihren Vorbehalten Homosexuellen gegenüber. Julius Bab, Theaterkritiker und Dramaturg der Berliner Volksbühne zum Beispiel schrieb in einem Aufsatz 1913: «... wenn die sogenannten Führer der sogenannten homosexuellen Bewegung weniger hoffnungslose Geister wären, so könnten sie an diesem Kunstwerk viel über die letzte tragische Bedeutung ihres Themas innerhalb der Geisteswelt erfahren.» Die «Führer der homosexuellen Bewegung» waren jedoch keineswegs von Thomas Manns Novelle angetan. So schrieb Kurt Hiller im «Jahrbuch für sexuelle Zwischenstufen»: «Thomas Mann, seine Technik in Ehren, gibt in diesem Stück ein Beispiel moralischer Enge, wie ich sie von dem Autor der ‹Buddenbrooks›, der ‹Fiorenza› und des Essays ‹Der Literat› niemals erwartet hätte. Die ungewohnte Liebe zu einem Knaben, die in einem Alternden seltsam aufspringt, wird da als Verfallssyndrom diagnostiziert und wird geschildert fast wie die Cholera.»

Thomas Mann:
Der Tod in Venedig und andere Erzählungen,
1954.
Der Tod in Venedig.
Novelle, 1992.
Tonio Kröger/
Mario und der Zauberer,
1973.
Der Zauberberg,
1991.
Bekenntnisse des Hochstaplers
Felix Krull,
1989.
Doktor Faustus. Das Leben des deutschen Tonsetzers Adrian Leverkühn erzählt von einem Freund,
1990.
Alle erschienen im Fischer Taschenbuch Verlag, Frankfurt/Main.

Karl Werner Böhm:
Zwischen Unzucht und Verlangen.
Thomas Mann und das Stigma Homosexualität. Königshausen & Neumann, Würzburg 1991.

Gerhard Härle:
Männerweiblichkeit.
Zur Homosexualität
bei Klaus und Thomas Mann.
Athenäum Verlag, Frankfurt/Main 1988.

Klaus Harprecht:
Thomas Mann. Eine Biographie.
Zwei Bände. Rowohlt Taschenbuch Verlag, Reinbek 1996.

Marianne Krüll:
Im Netz der Zauberer.
Eine Geschichte der Familie Mann.
Fischer Taschenbuch Verlag, Frankfurt/Main 1993.

Donald A. Prater:
Thomas Mann.
Deutscher und Weltbürger.
Eine Biographie.
Deutsch von Fred Wagner. Hanser Verlag, München 1995.

Marcel Reich-Ranicki:
Thomas Mann und die Seinen.
Fischer Taschenbuch Verlag, Frankfurt/Main 1990.

Patricia Morrisroe
Robert Mapplethorpe

«Mein Leben begann im Sommer 1969. Davor existierte ich gar nicht.» In der 42. Straße in Manhattan hatte der Kunststudent schwule Pornohefte entdeckt. Mit einem Mal tauchten in seinen Collagen und Assemblagen mehr und mehr Fotos aus diesen Pin-up-Heften auf, wurde seine Kunst von schwuler Sexualität dominiert. Ihm schwebte vor, die Pornographie im Reich der Kunst zu installieren. «Ich hatte dieses Gefühl im Bauch, es ist nicht direkt sexuell, es ist was viel Stärkeres. Ich dachte, wenn ich dieses Element irgendwie in die Kunst einbringen, mir dieses Gefühl erhalten könnte, würde ich etwas Einzigartiges und Unverwechselbares tun.» Er selbst war im Sex mit Männern jedoch noch etwas unerfahren. Der Mittzwanziger Robert Mapplethorpe lebte mit der Rocksängerin Patti Smith in einer glücklichen Beziehung; seine diversen Versuche mit Männer irritierten ihn. Mapplethorpe wollte es schließlich wissen. Er fuhr nach San Francisco, war binnen weniger Tage zum ausstaffierten S/M-Ledermann mutiert, der im nietenbesetzten Lederslip den Strand entlangspazierte und, um auch nichts auszulassen, sich als Callboy versuchte.

Patricia Morrisroes Biographie ergießt sich in Details. Sie zählt zu jenen Lebensbeschreibungen, die aus dem Material Hunderter von Interviews zusammengesetzt sind und durch Zitate und Quellenangaben so authentisch wirken, daß sie sich gerade damit eher unglaubwürdig machen, zumindest wenn Gesprächspartner nach 30 Jahren sich noch an jeden Satz eines Gespräches erinnern. Hat man sich an Morrisroes Stil gewöhnt, liest sich ihre Biographie wie ein Roman. Denn es ist keine allzu kunstwissenschaftliche Studie, keine tiefenpsychologische Deutung von Leben und Werk: Die Geschichte des Fotografen Robert Mapplethorpe, die Geschichte der sexuell befreiten Schwulen in den USA der 70er und 80er Jahre, der Jahre des «Anything Goes» – und ihr Ende durch Aids.

Wie kaum ein zweiter Fotograf hat Robert Mapplethorpe (1946–1989) durch sein Werk, seine perfektionistischen, stets an klassische Bildhauerei erinnernden Arbeiten, die Männeraktfotografie beeinflußt und erweitert. Mehr noch, Mapplethorpes Körperkult, sein unverstellter, homosexueller Blick, hat der Umsetzung und Darstellung schwuler Ästhetik entscheidende Impulse gegeben. Seine Aktbilder vollkommener, und daher fast schon wieder unnatürlich erscheinender, Männerkörper sind längst zu Ikonen schwulen Begehrens geworden. So sehr die Sexualität auch in Mapplethorpes Werk im Mittelpunkt steht – seine Aufnahmen vermeiden das unmittelbar Erotische oder gar sexuell Erregende. Seine Bilder sind kalt, statisch, distanziert; die Modelle herausgelöst aus ihrer Umwelt geraten zur reinen Form. «Ich will nicht die Schönheit», sagt Mapplethorpe. «Ich will die Perfektion, und die sind nicht immer identisch.»

«Sex ist das einzige, wofür es sich zu leben lohnt»

Mapplethorpe – daran läßt Morrisroe keinen Zweifel, und zwar ohne es moralisch zu werten oder als Sensation zu nutzen – lebte stets auf Kosten anderer. Zwei einflußreichen Kunstsammlern und Museumskuratoren diente er quasi als Schoßhündchen; er ließ sich von ihnen finanziell aushalten und zugleich in den Kunstmarkt einführen: Durch sie ebnete er sich gezielt den Weg weg vom Image des Schmuddelfotografen hin zu begeisterten Hymnen der tonangebenden Kunstkritiker und damit in die Museen. Seine Partner überforderte Mapplethorpe über kurz oder lang mit seinen sexuellen Exzessen. Kaum eine Nacht, in der er sich nicht in den harten S/M-Lokalen New Yorks ein Spielzeug für die Nacht suchte. Und falls der Orgasmus zu früh kam, schickte er den Kerl gleich nach Hause, um erneut auf Männerfang zu gehen. Die Gier nach Neuem und Sensationellem, auch für seine Fotografie, verlangte stets nach Steigerungen: erst eine Faust, dann zwei, dann drei; Skat-Spiele, Männer in SS-Uniformen (Mapplethorpe hat in jungen Jahren erfolgreich Schmuck mit Nazi-Emblemen kreiert und in der Lederszene zu Geld gemacht), Windelfetischisten, Selbstverstümmelungen mit Nadeln und Skalpellen ... Irgendein Mann mit exotischen Neigungen ließ sich immer auftreiben. «Liebe war ihm nicht möglich», zitiert Morrisroe einen Freund, «denn die einzigen Menschen, die er wirklich haben wollte, waren reiche Leute, berühmte Leute oder Leute, mit denen er Sex haben konnte.»

Als Mapplethorpe von seiner HIV-Infektion erfuhr, beschuldigte er, der bereits bis 1988 stolz über 1.000 Sexpartner gezählt hatte, einen Schwarzen, ihn infiziert zu haben. Voll Haß machte er sich auf zum Rachefeldzug, zog durch die von Schwarzen besuchten Schwulenlokale, um mit möglichst vielen unsafen Sex zu haben.

In den letzten Monaten seines Lebens legte er es ganz darauf an, so viel Geld wie möglich zu machen und «den Ruhm mitzukriegen». Längst war seine sexuelle Gier im Geiste de Sades und Batailles ästhetisch gezähmt, der Markt hungrig nach neuen Sensationen. Doch viele seiner Arbeiten waren bloß noch geschmäcklerisch, reiner Ästhetizismus mit gefährlichem Hang zum Kitsch. Der Höhepunkt (und zugleich eine Art Nachruf zu Lebzeiten) sollte 1988 die große Retrospektive im Whitney Museum werden. Todkrank und von Schmerzen geplagt, nahm Mapplethorpe an der Vernissage teil und ließ sich feiern. Die Kulturschickeria der USA stand ehrfürchtig vor S/M-Männern mit Ledermasken und kunstvollen Blumenstilleben. Erst zu diesem Zeitpunkt wagte es Mapplethorpe, sich gegenüber seiner in der Provinz lebenden Familie zur Aidserkrankung und seiner Homosexualität zu bekennen. Auf wunderliche Weise muß das jahrelange Spektakel um den Skandalfotografen und den vom Kunstmarkt makaber ausgenutzten langsamen Aidstod dorthin niemals vorgedrungen sein. Als die Eltern ihren Besuch ankündigten, erwägte Mapplethorpe, die Museumsleitung zu bitten, einige der harten Bilder für einen Tag abzuhängen. Wie sollte sich eine unbedarfte katholische Mutter erklären, warum sich ihr Sohn eine Peitsche in den Hintern schiebt und dabei auch noch fotografiert? Die Fotos blieben hängen. Die Asche Robert Mapplethorpes wurde später zwar im Familiengrab beigesetzt, der Vater lehnte es jedoch «aus persönlichen Gründen» ab, Roberts Name auf den Stein eingravieren zu lassen.

Patricia Morrisroe:
Robert Mapplethorpe.
Eine Biographie.
Aus dem Amerikanischen von Pociao
und Peter Hiess. Gina Kehayoff
Verlag, München 1996.

Robert Mapplethorpe:
Ten By Ten.
Mit einem Text von Els Barents, 1988.

Altars.
Mit einem Essay von Edmund White.
Aus dem Amerikanischen von Jörg
Trobitus, 1995.
Some Women.
Vorwort von Joan Didion, 1989.
Flowers. Farbphotographien
1980–1989.
Mit einem Text von Patti Smith,
1990.

Robert Mapplethorpe –
Die große Monographie.
Herausgegeben und gestaltet von
Mark Holbourn und Dimitri Levas.
Mit einem Essay von Artur C. Danto.
Aus dem Amerikanischen von
Manfred Ohl und Hans Sartorius,
1992.
Alle erschienen im Verlag Schirmer/
Mosel, München.

Christopher Marlowe
Edward II.

König Edward II. in Derek Jarmans Filmfassung

Mit 16 Jahren ging der Schuhmachersohn als Stipendiat bereits zur Universität, war bald Magister der schönen Künste und ein gebildeter Mann. Mit 25 Jahren stand er als Schauspieler und Dramatiker auf der Höhe seines künstlerischen Ruhms. Sein gleichaltriger Kollege Shakespeare begann in diesem Alter erst seine schriftstellerische Karriere.

Marlowes Ruhm wurde jedoch durch sein ausschweifendes Leben ziemlich befleckt. Nicht nur, daß Marlowe (1564–1593) sich in düsteren Spelunken des Theaterviertels herumtrieb und ein berüchtigter Säufer und Spieler war. Ein Gotteslästerer war der überzeugte Atheist obendrein. Jesus hätte den Tod weit mehr verdient gehabt als Barrabas, Moses war nichts weiter als ein elender Trickbetrüger, Jesus pflegte ein sexuelles Liebesverhältnis mit Johannes, und das Neue Testament sei katastrophal schlecht geschrieben.

Marlowe sollte sich wegen Blasphemie vor einem Gericht verantworten, doch dazu kam es nicht. Gerade 30jährig starb er bei einer Prügelei in einem Wirtshaus in Deptford bei London. «Und so widerfuhr es in dieser Schlägerei, daß der besagte Frizar in Verteidigung seines Lebens mit dem Degen Christopher Marlowe auf der Stelle eine tödliche Wunde über dem rechten Auge zwei Zoll tief und einen Zoll lang zufügte», heißt es in einem Polizeiprotokoll, «an welcher der vorerwähnte Marlowe augenblicklich und unverzüglich verstarb». Frizar, der den tödlichen Hieb versetzte, stand im Dienst der Geheimpolizei wie einst auch Marlowe selbst. Er wurde wenige Monate nach der Tat freigesprochen. Nicht allein deshalb gab es Gerüchte, Marlowe sei im Auftrag des Geheimdienstes ermordet worden.

Als Dramatiker führte Marlowe den harten, reimlosen Blankvers ein und widersetzte sich damit dem modischen Reimgeklingel seiner Zeitgenossen wie William Shakespeare und Ben Johnson. Auf sein Drama «Der reiche Jude von Malta» (1589) reagierte Shakespeare mit «Der Kaufmann von Venedig». Seine «Tragische Geschichte vom Leben und Tod des Doctor Faustus» (ca. 1592), basierend auf einem deutschen Volksbuch, kehrte in Übersetzung in sein Ursprungsland zurück und ist später eine entscheidende Anregung für Goethes Bearbeitung des Stoffes.

Zwar gibt es auch in den anderen Stücken (wie «The Massacre at Paris») und Dichtungen («Hero and Leander») auffällig viele homoerotische Szenen, in seinem Drama «Edward II.» jedoch rückt die Liebe des Königs zu Gaveston in den Mittelpunkt, kommt es zum Konflikt zwischen politischer Pflicht und seiner Liebe zu einem Mann.

König Edward II., ein launischer, naiver, von Günstlingswirtschaft korrumpierter Herrscher, führt nicht ohne Geschick die Regierungsgeschäfte seines Landes, aber sehr bald hat er den gesamten Adel gegen sich. Er betrügt ganz offen und daher um so empörender seine Ehefrau, die französische Adelstochter Isabella. Und damit nicht genug, liebt er auch noch einen Mann, zudem von geringem

Stande. Der historische König Edward, geb. 1307, hatte bereits zehn Jahre ein Verhältnis mit Gaveston, bevor er Isabella heiratete.

Edward II. erweist sich nicht nur als politisch unbesonnen, sein Geliebter Gaveston verschärft überdies durch sein arrogantes und dreistes Verhalten die Situation. «Weil er mich mehr liebt als die ganze Welt», wird Gaveston zunächst verbannt, Edward aber widersetzt sich, holt ihn zurück und überhäuft ihn – zum Ärger des Hofes – mit Gold und Ehre. Der Eklat ist vorprogrammiert, es kommt schließlich zu bürgerkriegsähnlichen Zuständen. Die gedemütigte Königin Isabella handelt: in Mortimer hat sie einen Mitverschwörer und Handlanger für ihren Rachefeldzug gefunden. Edward soll gestürzt werden. Ein Onkel Mortimers versucht, den Neffen zu beschwichtigen und Edwards Liebe zu Gaveston zu erklären:

> Die größten Könige hatten ihre Minions.
> Der große Alexander liebte Hephästion;
> der Sieger Herkules weinte um Hylas;
> und um Patroklos ward Achilles krank.
> Und Könige nicht allein, auch weise Männer:
> der Römer Tullius liebte Octavius,
> und Sokrates den Alkibiades.
> Drum laßt dem König, dessen Jugend lenksam
> und doch verspricht, soviel wir wünschen können,
> den Spaß an diesem eitlen Narrengrafen,
> denn reifere Zeit entwöhnt ihn solchen Tands.

Nicht die grundsätzliche Tatsache eines Liebhabers sei es, so Mortimer darauf, die ihn verärgere, sondern daß es ein «so tief Geborener» sei und wie ein «Geck so rausgeputzt»: mit «welsch Kapuzenmäntelchen, perlengestickt; an der toskanischen Kappe ein Kleinod, köstlicher als eine Krone». Ein Gespött für alle, die ihn damit stolzieren sehen. Mortimer läßt Gaveston schließlich ermorden.

«Weil er mich mehr liebt als die ganze Welt»

Edward aber gewinnt die Schlacht. Der Sieg währt nur kurz. Erneut stürmt die Rebellenarmee mit Mortimer an der Spitze gegen die königliche Armee los – diesmal erfolgreich. Von nun an beginnt der Leidensweg Edwards, der in einer bestialischen Hinrichtung endet. Seine Feinde haben sich eine besondere Hinrichtungsform für ihn ausgedacht: sie rammen ihm, dem Sodomiten, eine glühende Eisenstange in den Hintern. Ein unmißverständliches Zeichen von Homophobie, ein Akt der Vergewaltigung als pervertierte, groteske Parodie der Liebe zwischen Gaveston und Edward.

Marlowe gibt Edward zwar eindeutig die Züge eines Märtyrers, er hat das Paar jedoch nicht von vornherein als unschuldige Opfer einer Gesellschaft dargestellt, die ihre Liebe nicht dulden kann. Im Gegenteil, ihre Charaktere sind eher fragwürdig und zwiespältig, als Helden zunächst nur bedingt sympathisch. Erst nach und nach reifen beide zu menschlicher Größe.

Im gleichen Maße entwickelt Marlowe das Stück sukzessive weg vom Historiendrama hin zur Charaktertragödie und bereitet damit Shakespeares «Richard III.» den Weg. Alle Szenen zielen darauf ab, die psychologische Befindlichkeit des Königs herauszuarbeiten, ebenso wie er die Wandlung der

Königin Isabella zum Bösen zu schildern und zu erklären versucht. Dies ist zum einen eine literatur-
historische Leistung Marlowes, zum anderen ist es die unverstellte und seiner Zeit weit vorauseilende
Darstellung eines homosexuellen Liebespaares, das sich mit seiner Liebe zueinander zu behaupten
versucht.

Bertolt Brecht erarbeitete 1923/24 gemeinsam mit Lion Feuchtwanger eine entschlackte
Bühnenfassung des «Leben Edwards des Zweiten von England», in der der König frei heraus bekun-
det: «Ich will Gaveston haben». Derek Jarman nahm die Geschichte des schwulen Königs als Vorlage
für seinen respektlosen Film «Edward II.» (1991), in dem er historische Requisiten, das Theater der
Shakespeare-Zeit mit aktuellen Kostümversatzstücken und direkten Hinweisen auf die *Gay Liberation*
und Aids-Bewegung Großbritanniens kombinierte. Die Handlung folgt jener des Dramas, die
Akzentsetzung ist jedoch verschoben: statt des Sakrilegs des Königsmordes ein Fanal des schwulen
Kampfes um Gleichberechtigung, statt des dramatischen Konflikts zwischen Pflicht und Neigung
rückt die Tragödie eines Menschen im Spannungsfeld von Sex und Macht in den Mittelpunkt.
Helden und Märtyrer in einer Person bleiben Gaveston und Edward bei ihm dennoch, ohne falsches
Pathos für den ersten schwulen König der Weltliteratur, dem leichten Anflug von Agitprop zum Trotz.

Christopher Marlowe:
Edward II.
**Englisch/deutsch. Übersetzung von
Hanno Bolte und Dieter Hannblock.
Reclam Verlag, Stuttgart 1995.**

Bertolt Brecht:
*Leben Edward des Zweiten von
England.*
**Vorlage, Texte und Materialien.
Ediert von Reinhold Grimm.**

**Suhrkamp Verlag, Frankfurt/Main
1968. (Enthält die Übersetzung des
Marlowe'schen «Edward II.» Von
Alfred Walter Heymel)**

Robert Weimann:
Dramen der Shakespearezeit.
**Carl Schünemann Verlag, Bremen
1964. (Enthält Marlowes «Edward II.»
in der Übertragung von Alfred Walter
Heymel.)**

Christopher Marlowe:
*Die tragische Historie von
Doctor Faustus.*
**Übertragung von Adolf Seehass.
Reclam Verlag, Stuttgart 1964.**

Armistead Maupin
Stadtgeschichten

Die junge und noch etwas naive Mary Ann Singleton aus Ohio macht
sich auf nach San Francisco. Sie will mehr vom Leben und trifft:
Schwule, Lesben, Profilneurotiker, Transen, Filmstars und Gesund-
heitsfanatiker, Egozentriker und Sektenanhänger, nette Männer, coole
Frauen – und Michael «Mouse» Tolliver, die wahrscheinlich sympathischste schwule Romanfigur der
Weltliteratur.

Michael führt sie nicht nur ein in die recht eigenen Lebensverhältnisse der Stadt, sondern
auch in das Haus Barbary Lane 28. Dort regiert als Hausherrin Mrs. Madrigal (die einst, vor ihrer

Operation, Mr. Madrigal war), die für das Seelenheil aller sorgt und gelegentlich auch für einen Joint aus Eigenanbau. Unter ihrer Obhut werden die Mieter zu einer großen Familie, samt der unweigerlich dazugehörenden Streitereien und Eifersüchteleien.

Die Barbary Lane 28 ist ein bißchen wie die «Lindenstraße». Ein Kosmos für sich, eine Welt, in der man sich sofort zu Hause fühlt, mit den Bewohnern leidet und fiebert, wenn's um Liebesaffären und andere Katastrophen des Alltags geht. Ehe man sich versieht, sind Maupins Figuren zu Freunden geworden, und seine «Stadtgeschichten» zur Droge. Eine Million Exemplare wurden von dieser sechsbändigen Serie bislang weltweit verkauft.

15 Jahre, seit 1976, hat der ehemalige Klatschkolumnist Maupin an diesen insgesamt 2.400 Seiten geschrieben. Als der 1944 geborene Südstaatler und ehemalige Vietnam-Soldat 1971 in die Stadt kam und zum dortigen «San Francisco Chronicle» ging, zeigte er seinen Zeitungskollegen, daß es über etwas zu berichten gab, worum andere Städte San Francisco beneiden würden: eine kunterbunte schwul-lesbische Subkultur, die «Multikulturelles Leben» bereits praktizierte, als das Modewort noch gar nicht erfunden war. Das offene Miteinander ist hier nicht bloß Legende oder angestrebter Goodwill, sondern schlichte Regel des gemeinsamen Überlebens. Zu Teilen versteckt, zu Teilen offensiv gelebt, ist es in der High-Society ebenso wie unter den Alt-Hippies und Lebenskünstlern anzutreffen. Weil dies journalistisch aber gar nicht so einfach darzustellen war, wählte Maupin den Weg der Fiktion. Er erfand die Barbary Lane, die man sich im Stadtviertel Russian Hill gelegen vorstellen muß, und lieferte tagtäglich eine kleine Episode aus dem Leben seiner fünf Hauptfiguren im «San Francisco Chronicle». In Romanform verdichtet wurde aus den «Tales of the City» zunächst ein amerikanischer und schließlich ein (teilweise als TV-Serie verfilmter) Weltbestseller.

Sitcom, Screwball-Comedy und schwule «Lindenstraße»

Das Prinzip der Zeitungsserie prägt auch die Form des Romans: geistreiche, überaus witzige Dialoge; kurze Szenen, die stets mit einer klasse Pointe oder dem klassischen Cliffhanger enden. Mit schnellen, harten Schnitten wechselt Maupin die Szenerie und meist auch gleich die Gesellschaftsschicht. Eben noch im Bett des schwulen Schwerenöters und Traumprinzen Michael Tolliver, auf der immerwährenden Suche nach dem Mann des Lebens, jetzt hinauf mit Mary Ann Singleton auf ihre steile Karriereleiter im Fernsehgeschäft. Maupins San Francisco ist ein liebenswertes Tollhaus. Eine Sitcom und Screwball-Comedy im Geiste Billy Wilders, die stets Überraschungen parat hat. Beauchamp Day zum Beispiel. Ein großbürgerlicher Kotzbrocken, der seine Frau heimlich mit Männern betrügt. Wenn's aber darauf ankommt, schwingt er homophobe Sprüche der übelsten Art. Welche Genugtuung für uns Leser, wenn wir erfahren, daß die Betrogene kurzerhand den chinesischen Botenjungen ins Bett ließ und aus dieser Affäre gleich Zwillinge hervorgehen. Aber damit nicht genug. Der verlogene Gatte katapultiert sich mit einem tödlichen Autounfall aus der Geschichte und Dee Dee findet nach einem großartigen Coming-out zu einem neuen Leben als Lesbe.

Maupins «Stadtgeschichten» sind ein lebendiges, akkurat gezeichnetes Sittengemälde der 70er und 80er Jahre, für das sich einige Rezensenten nicht scheuten, Vergleiche mit Balzac, Dickens oder Döblin zu ziehen. Maupin bedient sich dabei aber weder einer ambitionierten noch einer angestrengt literarisierten Sprache, sondern schreibt mit sprühender Phantasie, viel Esprit und ordentlichem Tempo. Mühelos gelingt es ihm, die Ideen, die kleinen und großen, die privaten wie gesellschaftlichen Rebellionen und Lebensentwürfe dieser Jahrzehnte in ihrer praktischen Umsetzung zu zeigen.

Ob Feminismus, künstliche Befruchtung, Geschlechtsumwandlung, Scheinheirat – selbst komplizierteste Themen finden bei Maupin eine unprätentiöse Verarbeitung. Weil er den Stift immer am Puls der Zeit hatte, war sich Maupin auch klar, daß er das Thema Aids, das seine Stadt früher als anderenorts elementar betroffen hatte, nicht umgehen konnte. Im dritten Band «Noch mehr Stadtgeschichten» hat Tolliver endlich nach langen Irrwegen seine große Liebe Jon gefunden. Wenn der vierte Band einsetzt, ist Jon bereits verstorben. Maupin vermied die literarisch schwierig zu gestaltende Zeit des Siechtums, aber das Gefühl von Trauer, Melancholie und Verlust als Stimmung der 80er Jahre im Leben mit Aids prägen fortan die Geschichte und das Geschehen in San Francisco, das immer mehr mit dem stets präsenten Tod konfrontiert wird. Aids wird von Maupin weder stilisiert noch ästhetisiert. Er beschreibt es wie eine fast gewöhnliche Krankheit, die zum Alltag dazugehört, ihn allerdings trauriger macht.

Armistead Maupin:
Stadtgeschichten/
Mehr Stadtgeschichten/
Noch mehr Stadtgeschichten/
Tollivers Reisen/
Am Busen der Natur/
Schluss mit lustig.

Aus dem Amerikanischen von Heinz Vrochta (außer Band 4, deutsch von Carl Weissner). Rogner & Bernhard, Hamburg 1993–1994. Taschenbuchausgabe beim Rowohlt Taschenbuch Verlag, Reinbek 1995.

Die Kleine.
Roman. Deutsch von Carl Weissner. Rowohlt Taschenbuch Verlag, Reinbek 1996.

Terrence McNally
Liebe! Stärke! Mitgefühl!

Schwulen war lange Zeit auf der Theaterbühne lediglich die Rolle des einsamen Verlierers oder der Fummeltrine vorbehalten. Nur wenige Stücke mit schwulen Protagonisten oder Themen fanden überhaupt den Weg in die Staats- und Stadttheater; viele, vor allem Importe aus der anglo-amerikanischen Dramatik, die in den USA und Großbritannien auch vor breiterem Publikum erfolgreich liefen, verschwanden nach ein, zwei Inszenierungen wieder von hiesigen Spielplänen. Die achtziger Jahre hindurch war der Schwule auf deutschsprachigen Bühnen im Zweifelsfall als tragische Tunte in Puigs «Kuß der Spinnenfrau», als das sich kabbelnde, alternde Friseurpärchen in der abgestandenen Komödie «Unter der Treppe» von Charles Dyer zu erleben, oder aber als aufgedonnerter Travestiestar im Musical «Ein Käfig voller Narren».

Es war perfiderweise die Auseinandersetzung mit Aids, die der schwulen Figur den Weg auf die großen Bühnen ebnete. Tony Kushners Diptychon «Engel in Amerika» gehört bereits heute zu den wichtigsten Dramen des amerikanischen Theaters dieses Jahrhunderts und zählte in den Spielzeiten 1993–1996 zu den meist gespielten neuen Stücken an deutschsprachigen Theatern.

Szenenbild der deutschsprachigen Erstaufführung von
«Liebe! Stärke! Mitgefühl!» am Schauspielhaus Hamburg

Inzwischen können sich beispielsweise auch die Großstadtfarcen des New Yorker Nicky Silver, etwa «Pterodacytulus», ein Stück um Aids, Kaufrausch und den Zerfall der Familie, hierzulande behaupten.

Zu den etablierten, auch in Europa erfolgreichen Dramatikern, die kontinuierlich schwule Themen behandeln, gehört der amerikanische Dramatiker Terrence McNally. In der musikalischen Komödie «The Ritz» etwa fliehen zwei heterosexuelle Brüder vor der Mafia in eine schwule Sauna und lösen eine Kettenreaktion entsprechender Mißverständnisse und Komplikationen aus. Die Komödie wurde in New York ein Hit und war letztlich auch eine kleine Sensation: Schwule Subkultur auf einer Broadwaybühne. Richard Lesters Verfilmung von 1976 machte jedoch viel vom anarchistischen Humor zunichte und die selbstbewußte Darstellung schwulen Lebens zu einer denunzierenden Klamotte.

Auch Terrence McNallys frühe Beschäftigung mit der Aids-Krise fand breiten Publikumszuspruch. Doch weder «Frankie and Johnny in the Clair de Lune» (1987) noch «Lips Together, Teeth Apart» (1991) fanden je den Weg auf eine deutsche Bühne, dafür seine Musicalfassung vom «Kiss of the Spiderwoman» und seine ironische Hommage an die (schwule) Kultfigur Maria Callas, «Meisterklasse», das 1996 uraufgeführt wurde.

Bereits ein Jahr zuvor hatte er am Broadway ebenfalls für ein monatelang ausverkauftes Haus gesorgt: «Love! Valour! Compassion!», ausgezeichnet mit 17 der wichtigsten Theaterpreise, darunter den Tony Award für das beste Theaterstück, wurde ein langanhaltender Erfolg beim Publikum wie der Kritik und 1997 sogar verfilmt.

Was «Liebe! Stärke! Mitgefühl!» und «Engel in Amerika» verbindet, ist die Selbstverständlichkeit, mit der inzwischen das Leben mit Aids in Stücken über schwules Leben einfließt. Die Zeiten, in denen sich vor allem anglo-amerikanische Dramen, wenn mit Aids, dann nur mit der Krankheit als solcher, und zwar in meist aufklärerisch-melodramatischem Ton, beschäftigten, scheinen vorbei.

In «Liebe! Stärke! Mitgefühl!» bedient sich McNally eines Alan Ayckbourn entlehnten dramatischen Musters. Doch treffen sich hier keine Ehepaare der britischen Mittelklasse in zeitlichen Abständen am gleichen Ort, sondern eine Gruppe schwuler Männer. Wochenendurlaub im Grünen in einem abgelegenen Landhaus am See, der Villa eines gemeinsamen Freundes. Acht Männer sitzen, albern, reden mit sich und dem Publikum. Sie reden über sich, ihre Beziehungen, ihre Ängste, ihre Einsamkeiten, über Klatsch und Tratsch, über das Leben, den Beruf, über Krankheit und Sterben. Acht Männer, die einem Bilderbuch schwuler Stereotypen entsprungen zu sein scheinen: ein Tänzer, ein Kostümdesigner, ein Choreograph, ein leidenschaftlicher Musicalfan, ein misanthropischer Komponist ...

«Ich weiß nicht, warum ich mir eigentlich die ganze Mühe mit dem Schwulsein mache.»

Buzz zum Beispiel. Fast schon manisch hat er sich alles mögliche an Wissen über das nordamerikanische Musical angeeignet, um es bei jeder Gelegenheit auch anzubringen – sehr zum Leidwesen seiner Freunde. Alle Welt wünscht er sich darüber hinaus homosexuell, und unerläßlich outet er jede Persönlichkeit des öffentlichen Lebens. Hinter der quirligen Fassade jedoch steckt ein einsamer Mann mit Angst um sein Leben. Buzz ist HIV-positiv. Als Freiwilliger hilft er in einer Aids-Klinik jenen, denen es schlechter geht, in der Hoffnung, daß ihm später andere helfen werden. Und im Traum ist er es, der ein Mittel gegen die Krankheit findet, ist er es, der der Welt das Lachen und die Liebe zurückgibt. Auch James ist positiv. Alle lieben ihn, den sanften, verständigen Mann, das Gegenteil seines Zwillingsbruders John, einem gescheiterten Musicalkomponisten, dessen Opus magnum, «The Life of Houdini», wohl unentdeckt bleiben wird.

Auf andere Weise scheitert Gregory, ein Mann Anfang vierzig und der Gastgeber der illustren Schar. Sein Leben gilt dem Tanz – und seiner großen Liebe Bobby, einem Blinden. Gregory hat nur drei Orte, an denen er sich sicher fühlt: bei seiner Arbeit, in Bobbys Armen und in seinem Tagebuch. Dies alles wird er verlieren: Das Tagebuch bleibt nicht geheim, die Arbeit an seiner neuen Choreographie stockt; er wird sie nicht mehr selbst tanzen. Und Bobby verliert er an einen jungen Tänzer, Ramon, einem leichtlebigen, alles andere als intellektuellen Puertoricaner ...

Diese Figuren glauben trotz ihrer Eifersucht, ihrer Lebens- und Liebessehnsucht und Verletzlichkeit, manchmal an sich, manchmal sogar an das Glück zu zweit.

Terrence McNally erzählt keine großen Geschichten, sondern vom eher unspektakulären (Beziehungs-)Alltag, durchsetzt jedoch mit schnellzüngigem und zynischem schwulen Witz. Seine Figuren feiern sich selbst, reflektieren ihre Situation mit Wehmut und Selbststilisierung. Ramon etwa, der allen weismachen will, er habe bei einem Griechenlandurlaub mit einem Calvin Klein-Model eine romantische, erotische Stunde in einem Fischerboot gehabt, erntet bloß Spott: «Das klingt aber sehr nach Dido und Äneas. Ich rufe gleich Barbara Cartland an.» Ramon kontert entsprechend zickig: «Leckt mich, alle miteinander ... Aber nächstes Mal, wenn ihr die Werbung seht, oder euch in euren Betten rumwälzt, weil ihr an ihn denkt, dann vergeßt nicht: Einer hat ihn gekriegt, und ihr wart es nicht. Ich weiß, wie euch das im Arsch brennen muß.»

Terrence McNallys Stück verwendet die bei Thornton Wilders «Unsere kleine Stadt» abgeschaute Dramaturgie ständiger Perspektivenwechsel und Parallelmontagen. Die Spieler treten aus ihrer Szene heraus an die Rampe und kommentieren dort die Geschichte aus ihrer Sicht. Drei Akte lang überschneidet McNally geschickt die Schicksale dieser acht Männer, reizt dabei professionell die Tränendrüse wie die Lachmuskulatur. Ein Stück bürgerlich gehobenes Boulevardtheater, das Themen und Konflikte anreißt, sie aber nie zu Ende diskutiert. Was er dabei zeigt, ist ein Ausschnitt schwuler Lebenswirklichkeit der 90er Jahre mit den üblichen zwischenmenschlichen Schwierigkeiten, Freuden und Banalitäten, den Träumen vom Glück – und ein Alltag, zu dem auch Aids gehört.

Terrence McNally:
Liebe! Stärke! Mitgefühl!
Aus dem Amerikanischen von Frank Heibert. In: *Theater Theater.*
Aktuelle Stücke 6. Fischer Taschenbuch Verlag, Frankfurt/Main 1996.

Liebe! Stärke! Mitgefühl!
Aus dem Amerikanischen von Frank Heibert. Fischer Taschenbuch Verlag, Frankfurt/Main 1997.

Herman Melville
Billy Budd

Der zum Militärdienst gezwungene Matrose Billy Budd ist, abgesehen
von einem Sprachfehler – er stottert – ein hübscher, junger blauäugiger
Mann von 21 Jahren. Zum «prachtvollen Körper» kam sein «offenes,
ehrliches Wesen». Und doch wird er eines Tages der Anstiftung zur
Meuterei bezichtigt und durch ein Kriegsgericht zum Tode verurteilt.

   Unter seinen Schiffskameraden auf der «Indomitable» ist Billy beliebt. Es ist seine heitere
Unschuld, aber auch seine Schönheit, die ihn so einnehmend machen. «Ohne jede Eitelkeit und mit
der natürlichen Offenheit angeborenen Verdienstes» bewegte er sich unter seinen Kameraden und
nahm «ihre freiwilligen Huldigungen als etwas Selbstverständliches» entgegen. Einzig der Waffen-
meister Claggart, der von Billys Wesen zutiefst verwirrt ist, schürt geheimen Haß gegen ihn, der
ihn schließlich dazu verleitet, Billy beim Kapitän Vere grundlos des Ungehorsams zu beschuldigen.
Billy versucht dieser Anschuldigung zu widersprechen, doch in der Aufregung versagt ihm die
Sprache. Im Affekt wehrt er sich darauf mit Fäusten gegen seinen Verleumder und schlägt Claggart
nieder – mit tödlichen Folgen. Das eilig zusammengerufene Kriegsgericht will zwar Billy Budds
Leben schonen, doch der Kapitän sieht sich in Anbetracht der angespannten Kriegslage gezwungen,
den Tod durch den Strang zu verhängen. «Geschlagen durch einen Engel», ruft Vere angesichts des
getöteten Claggart aus, «und doch muß der Engel gehängt werden.» Seine eigenen Empfindungen
für Billy unterdrückt der Kapitän. «Das Herz ist der weibliche Teil im Manne und muß hier abgewiesen werden, so schwer es immer fallen mag», endet seine Begründung des Urteils. Die Mannschaft
ist entsetzt, und für einen Moment scheint es, als würde nun erst recht jene Meuterei ausbrechen,
die der Kapitän mit seiner Entscheidung zu verhindern suchte. Dann plötzlich aber bricht Billy
Budd selbst das unheimliche Schweigen. Mit seinem Ausruf «Gott segne Kapitän Vere!» legitimiert
er dessen Entscheidung und erstickt damit die aufkeimende Unruhe innerhalb der Besatzung.
Er wird erhängt, wie es der Richtspruch verlangte, und sein Leichnam dem Meer übergeben.
Der Kapitän kommt wenig später bei einer Schlacht ums Leben. Im Sterben wiederholt er zweimal
den Namen Billy Budds.

«Geschlagen durch einen Engel»

Dieser erst 1924 aus dem Nachlaß veröffentlichte Kurzroman Herman Melvilles (1819–1891)
wurde von Literaturwissenschaftlern bevorzugt als religiöses Drama interpretiert, so beispielsweise
im «Kindlers Literatur-Lexikon». Kapitän Vere wird dabei zu einem zärtlich liebenden Gottvater,
Billy zu seinem engelsgleichen, eingeborenen Sohn und Claggart zur Inkarnation des Bösen, eine
Art Teufelsgestalt. Um noch Schlimmeres zu verhindern, muß Vere seinen eingeborenen Sohn opfern.

   Doch läßt sich dieser rätselhafte, 1962 von Peter Ustinov verfilmte Roman auch ganz anders
lesen: als ein durch und durch von homoerotischen Spannungen gedrängtes Liebesdrama unter

Männern. Die Mitwirkenden: Eine betörende männliche Schönheit; ein Kapitän, der sich jede Leidenschaft untersagt und sich nur die keusche, stille Liebe gestattet. Außerdem ein Macho-Mann namens Claggart, dessen verklemmte homosexuelle Neigungen in Selbsthaß umschlagen und der sein Objekt der Begierde vernichten muß, um nicht selbst in der nicht zu ertragenden Liebe unterzugehen: «Wenn er Billy Budd unbemerkt beobachtete: wie gut er aussah und sich in unbewußter Gesundheit seines jungen Lebens freute, so wußte er instinktiv, daß ein solches Geschöpf in seiner geraden Einfalt weder den Willen zur Bosheit kannte noch den vergeltenden Biß dieser Schlange. Er wußte, daß dieser Geist in Billy, der aus den hellen Fenstern seiner blauen Augen sah, daß dieser natürliche Adel, der seine Gelenke so biegsam machte, in seinen blonden Haaren wehte und seinen Nacken so schmal gebildet hatte, ihn zu einem so schönen, zu dem ‹Schönen Matrosen› schlechthin machte.» Eine Schönheit, die nicht zu ertragen war, weil sie Begehren hervorrief, sexuelles Verlangen, das Claggart sich nicht eingestehen konnte.

Noch viel deutlicher als in seinem zur Weltliteratur zählenden «Moby Dick» (1851) hat Herman Melville zahlreiche Anspielungen in «Billy Budd» versteckt, die diese Interpretation zulassen und die homoerotische Atmosphäre auf dem Schiff unterstreichen.

Melville beschreibt seinen Helden an einer Stelle als «Dorfschönen», der «in das Kreuzfeuer hochgeborener eifersüchtiger Damen eines Hofstaates» geraten ist. Indem er hier ein weibliches Bild in der geschlossenen Männerwelt zitiert, geschieht dies mit Kalkül. Auch bedient sich Melville wiederholt der Vergleiche mit dem antiken Griechenland, führt Platon und dessen «natürliche Verdorbenheit» an, und kokettiert dabei mit dem Ruf, den Griechenland in der abendländischen Literatur als Ort der gelebten, gesellschaftlich anerkannten Homosexualität hatte.

Daß die Anspielungen verstanden wurden und Melvilles geradezu schwärmerische Schilderungen von Billy als apollogleiche Idealgestalt entsprechende erotische Phantasien und Identifikationen bei homosexuellen Lesern auslösen, zeigt die Faszination, die von diesem Buch ausgeht. So haben etwa der offen schwule Komponist Benjamin Britten gemeinsam mit dem ebenfalls homosexuellen Autor E. M. Forster («Maurice») den Stoff zu einer viel inszenierten Oper verarbeitet. Und Thomas Mann gestand einst: «Wenn man mich fragt, ... wobei mir das Herz am größten wurde, so gestehe ich die Modernität meines Geschmackes und antworte: bei ‹Billy Budd›.»

Herman Melville:
Billy Budd.
Aus dem Amerikanischen von
Richard Möring. Reclam Verlag,
Stuttgart 1980, sowie Diogenes
Taschenbuch Verlag, Zürich 1981.

Meistererzählungen.
Aus dem Amerikanischen von
Günther Steinig. Mit einem Nachwort
von Hans-Rüdiger Schwab. Diogenes
Taschenbuch Verlag, Zürich 1991.

Moby Dick.
Deutsch von Therese Mutzenbecker
und Ernst Schnabel. Mit einem Essay
von W. Somerset Maugham. Diogenes
Taschenbuch Verlag, Zürich 1977.

Detlev Meyer
Biographie der Bestürzung

Der Untertitel kommt ganz schön hochtrabend vielsagend daher: «Biographie der Bestürzung, 1. Band». Diese Ernsthaftigkeit jedoch ist genauso scherzhaft und ironisch wie der Roman in seinem lockeren Parlando selbst. Ein Plaudern über die für manche ganz nebensächlichen Dinge des Lebens, die geringzuschätzen jedoch ein Verkennen ihrer Wichtigkeit wäre. Ob es um nächtliche Krisen, den Dreitagebart oder um Meisterwerke sozialistischer Backkultur geht: Es ist letztlich fast gleich, wovon der Berliner Autor Detlev Meyer schreibt; wichtig ist, wie er es macht. Und das macht ihm keiner so schnell nach. Es stabreimt und hüpft vom Kalauer zu all den funkelnden sprachlichen Irrlichtern. Die Literatur des 1950 in Berlin geborenen und dort lebenden Schriftstellers und Journalisten ist eine einzige (Selbst-)Inszenierung; der Dandy lebt, die Tragödie ist tot. Was zählt, ist das Schweben zwischen Ernst und Ironie, zwischen Pose und Pathos.

Als Detlev Meyers «Im Dampfbad greift nach mir ein Engel», dieser erste Band der dreiteiligen «Biographie der Bestürzung», 1985 erschien, jubelte das Feuilleton, sprach von einer «Heiterkeitsdroge», von einem «Glücksfall». Ganz zu Recht. Denn sein Buch, die erste Prosaveröffentlichung nach dem Lyrikband «Heute Nacht im Dschungel» (1981) unterschied sich maßgeblich von der allseits bekannten Meterware schwuler Betroffenheits- und Diskriminierungsprosa. Es gab weder komplizierte Mutterbindungen, noch böse Vermieter mit homophoben Kalendersprüchen auf den Lippen oder schwermütige Gesellschaftsanalysen. Diese Prosa scherte sich zunächst einmal um nichts, kümmerte sich um keine vorgegebene Formen, springt, wo es ihr paßt, und sorgt zunächst einmal nur für verschmitzte Wortspiele, Randbemerkungen zum schwulen Alltag zwischen New York und Castrop-Rauxel. Meyers Hauptfigur Dorn ist Schriftsteller. Ein Lebemann mit vielen Existenzvarianten. Mal ist er Dorn, der schwule Dichter, dann Tasso Tarzan oder Harry Graf Einsiedel oder Lucy Lehmann, der lichtscheue Lyriker. Meyer läßt Dorn zunächst in Berlin an der Liebe leiden; schuld daran ist ein zur heterosexuellen Seite konvertierter Knabe. Sein Glück und seine literarische Inspiration sucht Dorn alsdann in Paris, wo er einen «auf Dichter macht». Hintergründig, poetisch erzählt Meyer diese Episoden und mischt sich ironisch und in eigener Sache in die Debatte um «schwule Literatur» ein: «Wenn meine Literatur schwul ist, dann ist ‹Der Butt› von Günter Grass, Sie verzeihen, Herr Präsident, ein heterosexuelles Kochbuch.»

Ebenso locker zusammengefügt mögen zunächst auch die Kapitel im zweiten Band, «David steigt aufs Riesenrad», erscheinen. Im Zentrum stehen zwei Radtouren. Dorn zusammen mit seinem Geliebten Viktor auf Tour durch Norddeutschland. Mit dabei Todora, die Hetero-Freundin. Ist die erste Fahrt noch eine Fahrt der Freuden, wird die Reprise zu einer der Leiden. Eingebettet sind diese zwei Kapitel in fiktive Briefe an das «Eulenkind» und an eine «schöne Seele». Strukturierter erscheint dieser Band; die Figur des Dorn gewinnt an Kontur, der Pointenregen aber ist der gleiche und Meyer erkennt selbst die Gefahr. Er weiß, was die Leser wollen: «Schnurren aus der Subkultur!», «So lacht die Minderheit!» Dorn alias Meyer aber will eines Tages die Narrenkappe mit dem rosa

Winkel vom Kopfe reißen, um auszurufen: «Es hat sich ausgelacht. Ich werd' Euch stinknormal bestürzen!»

Matthias Frings hatte in einer Rezension Meyers Buch auf eben dies reduziert; ein Band mit Glossen, Feuilletons, eine großzügige Wortwarenhandlung mit Pointen und Bonmots. Aber wäre es wirklich schon alles gewesen? Sieht man genauer, so bearbeitet Meyer in diesen ersten beiden Bänden der «Biographie der Bestürzung» das fast schon klassische Gebiet der Beziehungskisten, der schwulen Emanzipation und Selbstverwirklichung in Homo-Ehe und Subkultur; Streit und Versöhnung; Sucht nach Sex und Bändeleien, Ruhm, Glanz und ewige Jugend, Schönheit und einen knackigen Jeans-Kerl; Selbstbeweihräucherung und -bespiegelung. Und immer wieder ernüchternde Einbrüche in die Realität, die Angst vor dem Alt- und Häßlichwerden, das Festhalten an der dann doch bewährten Beziehung zu Viktor. Klassische Themen. Nachzulesen in der literarischen Produktion von zehn Jahren Bewegungsliteratur, dort jedoch stets in der larmoyanten, leidenden Variante.

Zwei Jahre nach «David steigt aufs Riesenrad», 1989, hat sich das schwule Leben wesentlich verändert. Dem «Fromm's» hatte man das Reservoir entfernt und nannte es fortan «Hot Rubber», die Schwulen waren nicht nur ein Schlag ins Gesicht des «Gesunden Volksempfindens», sondern auch eine Risikogruppe und nunmehr bewiesenermaßen keinen Deut besser als Huren und Fixer. Wie jetzt Scherze machen, «Schnurren aus der Subkultur» erzählen, angesichts HIV-Positiver, Erkrankter, Verstorbener?

«Bin ich nur gut für Leicht- und Frohsinn, für Jubel und Trubel?»

Meyers Schriftsteller Dorn lebt noch. Ein Buch über Aids soll er schreiben, aber er kommt nicht voran: «Lebenslust und Todesangst – dazwischen ich mit ein paar bangen Worten für eine Geschichte.» Genau in dieser Spanne bewegt sich «Ein letzter Dank den Leichtathleten», bewegt sich das, was Dichter Dorn niederschreibt: Geschichten aus Dorns Leben und das schwule Leben in diesen Jahren. Seine erste Geschichte beginnt so: «Wer mit dem Teufel Suppe ißt, braucht einen langen Löffel; wer einen Positiven fickt, braucht einen Pariser, und wer über Aids schreibt, darf nicht eine Pustel haben. Darüber schreiben am besten die Nichtbetroffenen aus der Distanz eines monogam-heterosexuellen Lebens, die Impotenten oder die Priester.» Dorn schreibt. Eine Hymne auf Paul, den schönsten aller Fensterputzer, ein vorzeitiger Nachruf auf einen vielleicht frühzeitigen Tod. Dorn über die 3. Bundeslustspiele, ein vielleicht letztes Defilee der schwulen Athleten, ein Aufmarsch von Trümmertunten und Muskelboys aus Darkrooms, Saunen und Toiletten, aus Hinterzimmern und gut möblierten Salons. Das pralle Leben und die Gesundheit, um die mit einem Male alle schrecklich bangen. Dorn auf der Couch bei Frau Doktor sich die neuen Lebensweisheiten von der Seele redend: «Es breche an die Zeit der Gesittung und der Körperertüchtigung! Licht aus um Mitternacht, und samstags in die Berge. Abends die Kontoauszüge ordnen, und den Gefährten einreiben mit Franzbranntwein, und ein Bier vielleicht aus irdenem Krug.» Sich wohl fühlen in Bad Rida zwischen Alter und Gebrechlichkeit der Kurgäste, sich blutjung fühlen und strotzgesund. Eine Geschichte über Pola, den Positiven, und Negri, den HIV-Negativen.

Detlev Meyer schreibt über Aids, über Aids und die Schwulen: «Aids ist eine Seuche, aber es ist auch eine Weltneuheit wie ehedem die Teflonpfanne. Jetzt passiert wenigstens etwas. Im ‹Ghetto› ist die Hölle los! Wir tanzen auf dem Vulkan, schreien die Lahmärsche, aber wir tanzen wieder!

Der Klerus sagt, Aids sei eine Chance! Kinder, nutzt sie! Morgen gibt es ein Serum, und dann langweilen wir uns wieder zu Tode!»

«Bin ich nur gut für Leicht- und Frohsinn, für Jubel und Trubel?» fragt sich einmal Negri.
«Der Partylöwe auf der Aidsstation, die Stimmungskanone am Sterbebett?» Man könnte meinen,
Detlev Meyer stellt sich die Frage selbst. Darüber macht man keine Witze, sagt der knigge-
geschulte Homosexuelle aus gutem Hause, und er schert sich einen Dreck darum. Zwischen aller
Ernsthaftigkeit, aber fern jeglicher Betroffenheitsliteratur, streut Meyer großzügig seine Pointen.
Diese erinnern zwar an jene in den ersten beiden Bänden dieser «Biographie der Bestürzung», aber
es sind nicht wirklich dieselben. Aus seinen Scherzen ist bitterer Ernst geworden. Sein Humor ist
schwarz, und hinter jedem vermeintlichen Witz liegt ein offener Vorwurf an die sogenannte «schwule
Gemeinde», ihre Unfähigkeit, mit den Betroffenen umzugehen. Sein Humor hat sich hier bisweilen
in hilflos-wütenden Sarkasmus verwandelt und ist gleichzeitig noch nie so treffend, geradezu realistisch gewesen.

Meyer entlarvt die falsche Betroffenheit, das tränenheischende Mitleiden am Krankenbett
jener, die sich auf diese Weise selbst möglichst gesund fühlen wollen. Er vergißt aber auch nicht
die eigene Trauer, den eigenen Verlust zu beschreiben, das sehnsüchtige Rückbesinnen auf die
Jahre, da der Sex, die Liebe und die Sommer noch ganz andere waren. Mit «Ein letzter Dank den
Leichtathleten» gelang ihm ein furioser Abschluß seiner Trilogie, und zugleich die erste größere
deutschsprachige literarische Veröffentlichung, die sich ernstzunehmend mit dem Thema Aids
auseinandersetzte.

Detlev Meyer:
*Im Dampfbad greift nach mir
ein Engel.*
Biographie der Bestürzung, 1. Band.
Erzählung, Neuausgabe 1994.
Biographie der Bestürzung.
Gesamtausgabe, 1997.
Die PC-Hure und der Sultan.
Geschichten 1986 bis 1996, 1996.

In meiner Seele ist schon Herbst.
Eine Gymnasiastenliebe,
1995.
Versprechen eines Wundertäters.
Gedichte, 1993.
Alle erschienen im Verlag Männer-
schwarmSkript, Hamburg.

Heiße Herzen
(mit Ralf König) Rowohlt Taschen-
buch Verlag, Reinbek 1990.

Stehen Männer an den Grachten.
Gedichte, 1990.
Teure Freunde. Zehn Porträts,
1993.
Sind Sie das Fräulein Riefenstahl?,
1997.
Alle erschienen im Verlag Eremiten-
Presse, Düsseldorf.

Grant Michaels
Zum Sterben schön

Im Salon Snips herrscht Chaos. Calvin Redding sitzt da mit einshampoonierten Haaren und kann es nicht erwarten, aus der unmännlichen Situation als strahlende Schönheit entlassen zu werden. Kein Wunder, soll ihn doch gleich seine neue Flamme fürs Leben, die er die Nacht zuvor erst kennengelernt hat, hier abholen. Und dabei will er sich natürlich nicht mit Schaum um die Ohren blamieren. Friseur Stan trägt's mit Fassung. «Weil manche meiner Klienten Theaterberühmtheiten und Topmodelle sind, bilden sich die Leute ein, mein Job wäre der reine Glamour. Ich würde ihnen liebend gerne zustimmen, aber in der Welt, so wie sie ist, bestehen viele meiner Kunden – seien es nun Stars oder gewöhnliche Sterbliche – regelmäßig auf ihrem unveräußerlichen Menschenrecht, sich wie die Arschlöcher zu benehmen. Vielleicht glauben sie, damit etwas mehr für ihr Geld zu bekommen oder vielleicht haben sie beim Frisör ihre sonstige ‹nette› Zurückhaltung vergessen. Wie auch immer, Calvin Redding führte bei mir mit Abstand die Liste der Arschlöcher an.»

Stan Kraychick ist Friseur (oder genauer Hairdesigner) aus Leidenschaft. Zwar gerade erst um die 30, ist er bereits mit den Allüren und Altersproblemen eines Mittfünfzigers behaftet. Ein Psychologiediplom in der Tasche und die Schere in der Hand managt er den Salon Snips in Boston. Ein bißchen pummelig und deshalb öfter mal auf Diät versucht er, das Beste aus sich zu machen. Alle mögen ihn für seine hilfsbereite, herzliche Art, aber zu seinem Leidwesen ist keiner darunter, der ihn dafür wirklich liebt. Männer gäbe es schon, zum Beispiel diesen Roger, Calvin Reddings neue Eroberung, der breitbeinig den Friseursalon betritt. Ein lebendig gewordener Jungentraum von Cowboy-Freunden fürs Leben: «Er war groß, mindestens einsneunzig, hatte breite Schultern, sandfarbenes Haar, ein zerklüftetes, von zuviel Sonne gegerbtes Gesicht und strahlend blaue Augen ... er war leibhaftig da und ich war geblendet.» Weil es alsbald eine mittlere, slapstickreife Katastrophe mit ausgelaufener Shampookanister gibt, finden sich der hilfsbereite Roger (Park-Ranger! von Beruf) und Stan zusammen unter der Dusche, und der Figaro sieht sich schon fast am Ziel seine Träume. Ein Mann «Zum Sterben schön» (1990), der darüber hinaus auch noch Interesse für ihn zeigt! Doch beim nächsten Rendezvous schaut Roger etwas bleich aus und ziemlich tot. Weil die Polizei sich bei einem Mord in der Schwulenszene nicht sonderlich zu engagieren scheint, nimmt Stan die Sache selbst in die Hand.

Haarstylist und Amateurdetektiv

Grant Michaels' Serienheld mit slowakischer Abstammung ist alles andere als ein Supermann, muskelbepackt und furchtlos, eher ein Ritter von trauriger Gestalt. Zu seinen Fällen kommt er wie die Jungfrau zum Kind. Dank seines gesunden Menschenverstandes und seines Charmes, seiner unbefangenen Intuition kommt er unschuldig in Verdacht geratenen Freunden zur Hilfe und den

Tätern auf die Spur. Leiten läßt er sich dabei von seiner Angst ebenso wie von seinen Gefühlen, auch wenn sie unerwidert bleiben. Als ehemaliger Therapeut hat er Übung im Zuhören und Aushorchen, aber auch seine Erfahrungen als Hairdresser sind ihm nützlich: «Wie beim besten Hairstyling braucht man Zeit und Geduld, um einer Spur zu folgen.» Sein bisweilen hartnäckiger Gegner ist Detective Branco von der Mordkommission. Ein Bulle von Mann, ein Traumtyp für Stan, aber hoffnungslos heterosexuell.

Mal wird bei der Präsentation einer neuen Edelpraline vor der versammelten Bostoner High-Society ein Stück des exklusiven Naschwerks zum «Tödlichen Trüffel» (1992). Oder, wie in «Der mit dem Tod tanzt» (1993), gerät der von Stan umschwärmte Tänzer Rafik unter Verdacht, den Chef der Ballett-Truppe um die Ecke gebracht zu haben. In «Maske für eine Diva» (1996) wird eine Sängerin auf einem Opernfestival, bei dem Stan dem Perückendesigner assistiert, mit durchgeschnittener Kehle aufgefunden. In «Time to Check out» (1996) schließlich ist Stans Lover Rafik bei einem Autounfall ums Leben gekommen, und Kraychick kann in Key West die durch Lebensversicherungen reich gewordene, trauernde Witwe geben – bis der Hotelmanager gewaltsam ins Jenseits befördert wird.

Grant Michaels, 1947 in Boston geboren, lebt in San Francisco, spart nicht an den klassischen schwulen Klischees. Sein immerwährend liebeshungriger, aber meist unglücklich einsamer Stan hat es gern männlich und ihm entgeht kein Detail, seien es die «breiten Schultern» Rogers oder das «kantige männliche Kinn» Rafiks. Die ausführlichen Beschreibungen männlicher Attraktivität sind ebenso feste Bestandteile dieser Krimireihe wie die Charakterisierung der schwulen Milieus, in denen sie spielen. Folgerichtig ist das Ballettensemble in «Der mit dem Tod tanzt» eine Ansammlung verklemmter, eitler Schwuler. Eine Ironisierung oder satirische Betrachtung der Stereotypen findet nur im Ansatz statt, Michaels spielt sie vielmehr schamlos aus, wenn's um freche Dialoge und witzige Situationen geht. Der scharfzüngige Humor ist es besonders, der die Krimis von Grant Michaels auszeichnet. Zum anderen sind es die gut kalkulierten Plots eines klassischen *whodunnits* und das Tempo, mit dem er seine Geschichten erzählt, die ihn alles in allem aus der Massenware schwuler Krimis herausheben.

Grant Michaels:
Zum Sterben schön.
Aus dem Amerikanischen von Rolf Erdorf, 1993.

Tödliche Trüffel.
Aus dem Amerikanischen von Nora Matocza und Gerhard Falkner, 1994.
Der mit dem Tod tanzt.
Aus dem Amerikanischen von Nora Matocza und Gerhard Falkner, 1995.

Maske für eine Diva.
Aus dem Amerikanischen von Nora Matocza und Gerhard Falkner, 1996. Alle erschienen im Rotbuch Verlag, Hamburg.

Yukio Mishima
Geständnis einer Maske

Am 25. November 1970, mittags gegen 12 Uhr, wird die Kommandantur der japanischen Armee in Tokio von fünf Männern überfallen: Ihr Anführer ist der 45jährige Schriftsteller und Nobelpreisanwärter Yukio Mishima. Vom Balkon des Kommandanturgebäudes aus hält er eine wirre Ansprache an die japanischen Streitkräfte, die er zum Putsch auffordert. Er zieht sich zusammen mit seinen Gefolgsleuten ins Innere des Gebäudes zurück. Wenige Minuten später begehen Mishima und sein engster Vertrauter Morita Harakiri. Dieser rituelle Selbstmord des weltweit bekannten Literaten erregte Aufsehen und Unverständnis zugleich. Sein selbstgewählter Tod war jedoch, wie sich nach und nach herauskristallisierte, der Schlußstein eines lange gehegten Lebensplanes. Sein Leben, so der britische Mishima-Freund und -Biograph Henry Scott Stokes, sei immer ein Leben auf den Tod hin gewesen.

Geboren wurde Mishima am 14. Januar 1925 als Sohn eines Ministerialbeamten. Bis zur Pubertät stand er unter dem Einfluß der Großmutter, die die Erziehung übernommen hatte. Er erkrankte schwer und lebte jahrelang isoliert, vertiefte sich in japanische Lektüre. Schon früh begann er Novellen zu schreiben, in denen er einer Europa abgeschauten Dekadenz fröhnte. Er besuchte das Gakushuin (die Adelsschule) und studierte anschließend Jura in Tokio. Von der Einberufung zum Militär wurde er aus gesundheitlichen Gründen zurückgestellt. Die Chance, als Held für das Vaterland zu sterben, war vertan. Mishima kompensierte diese Verletzung sein Leben lang mit eiserner Disziplin und körperlicher Ertüchtigung, bis hin zum Training in paramilitärischen Kampfgruppen. 1946 erschien seine erste Veröffentlichung, «Tabak», eine Kurzgeschichte über homosexuelle Beziehungen am Gakushuin. Sein Lehrer, der spätere Literaturnobelpreisträger Yasunari Kawabata, hatte ihm dazu verholfen.

Am 25. November 1948 begann der 24jährige Mishima mit der Niederschrift seines Romans «Geständnis einer Maske». (Auf den Tag genau 22 Jahre später nahm er sich das Leben.) Seinen «ästhetischen Nihilismus» hoffte er durch dieses Buch analysieren, wie sich auch von einem «Monster» in seinem Inneren befreien zu können. Das «Monster» war sein ungeklärtes Verhältnis zur Homosexualität. Seine erste Buchpublikation schockte das japanische Publikum, während ihn die Kritik als literarisches Genie feierte. Der Erfolg erleichterte ihm die Entscheidung, seine Stellung als Beamter im Finanzministerium zugunsten der Schriftstellerei aufzugeben.

«Geständnis einer Maske» ist ein unverhohlen autobiographischer Roman über Mishimas Kindheit, Schul- und Jugendzeit von 1945 bis 1950. Ein Jugendlicher beobachtet Katastrophen, wie sie in der Geschichte beispiellos sind, ohne sie verstehen zu können. Er verläßt die Universität für einen Einsatz in einem Rüstungsbetrieb und streift durch abgebrannte Trümmerstraßen. Mit analytischer Kraft erzählt Mishima die glücklosen Versuche, mit einer Frau eine Beziehung aufzubauen, und die allmähliche Selbstentdeckung als Homosexueller. Sonoko, ein junges Mädchen, das sich bereits Hoffnungen auf eine Heirat macht, besucht mit ihm gemeinsam eine billige Tanzdiele, um sich die Zeit zu vertreiben. Es ist ein brütend heißer Sommertag. Dem Ich-Erzähler fällt im Lokal eine kleine Gruppe von Kriminellen auf, insbesondere ein bestimmter junger Mann: «Er war ein Junge von einundzwanzig oder zweiundzwanzig Jahren mit grobgeschnittenen, doch regelmäßigen, gebräunten Gesichtszügen. Er hatte sein Hemd ausgezogen und stand nun halbnackt da und wand sich eine Leibbinde um die Hüften ... sein kräftiger, schweißnasser Körper war wie eingezwängt von der durchnäßten Baumwollbinde. Seine sonnengebräunten, kräftigen Schultern glänzten, als habe er sie mit Öl eingerieben. Aus seinen Achselhöhlen standen schwarze, dichte Haarbüschel hervor.» Bei diesem Anblick wird der Erzähler von sexueller Begierde überwältigt und vergißt Sonokos Gegenwart: «Ich konnte an nichts anderes mehr denken als einzig und allein daran, daß er halbnackt auf die in der Hochsommerhitze brütende Straße hinausging und dabei in eine Schlägerei mit einer anderen Bande Halbwüchsiger verwickelt wurde und wie ein scharfer Dolch die Leibbinde zerschneiden würde. Und im Geist sah ich, wie die schmutzige Binde sich wunderschön rot färbte ...»

«Ich begann die Sprache des Fleisches zu lernen»

Wie kaum ein anderes seiner späteren Werke enthüllt «Geständnis einer Maske» das Wesen Mishimas, seiner sexuellen, vor allem sadomasochistischen Phantasien. Nicht zuletzt liefert er auch eine klare Darstellung seiner Ästhetik: Die Vorstellung, durch einen gewaltsamen Tod in jungen Jahren, zum Zeitpunkt blühender Schönheit zu sterben, um sie so zu bewahren. Schmerz, Blut und Tod sind bei ihm mit Erregung verknüpft. Diese wurzelt in einer kindlichen Erfahrung: Als Kind, so schreibt er, habe er beim Anblick des heiligen Sebastians auf dem Gemälde des italienischen Barockmalers Guido Renzi, des von Speeren durchbohrten Körpers und des vor Schmerz und Wollust gleichermaßen verzerrten Gesichtes, zum ersten Mal ejakuliert. Sadomasochistische Greuel durchfiebern fortan seine Onanie-Phantasien. Der Schweißgeruch der Soldaten, die Schmutzarbeit des Latrinenreinigers erregen den Knaben, ohne hierfür den Grund zu erahnen.

Das Motiv des gewaltsamen Todes eines schönen Jünglings taucht immer wieder in seinen Romanen auf, in «Das Mittelalter» (1946) ebenso wie im «Schnee im Frühling» (1969). «Zu meinen unabänderlichen Überzeugungen gehört der Glaube, daß das Alter unendlich häßlich und die Jugend unendlich schön ist», schreibt Mishima in einem Nachwort. «Das menschliche Leben ist, in anderen Worten, ein umgekehrter Prozeß von Niedergang und Zerfall.» Blut bedeutet für Mishima höchste Erregung, Blut und Tod beflügeln seine Phantasie: «Die Waffe meiner Phantasie schlachtete so manchen griechischen Soldaten, viele weiße Sklaven in Arabien, Prinzen wilder Stämme, Liftboys, Kellner, junge harte Burschen, Offiziere, Zirkusakrobaten ... Ich küßte die Lippen der Opfer, die am Boden im Todeskampf zuckten.»

Seine Ästhetik des Todes fand er auch in der europäischen Literatur: bei Raymond Radiguet, in Oscar Wildes «Salomé», in Rainer Maria Rilkes «Die Engel der Nacht».

Mishimas literarische Produktion ist enorm; meist zwei bis drei Romane pro Jahr, vieles davon war jedoch nichts weiter als gezielt, kitschig-sentimentale Massenware, die ihn finanziell unabhängig machten.

Mishima fühlte sich zunehmend den Traditionen des Samurai verpflichtet. 1959 begann er ein beindruckendes sportliches Programm: Montags und freitags trainierte er Kendo, Mittwoch, Donnerstag und Samstag machte er Bodybuilding, hinzu kamen Judo, Schwertkampf und Karate. Er begann seinen durch die jahrelange Krankheit geschwächten Körper zu stählen. «Dank der Sonne und des Stahls», schreibt er in einem Essay, «begann ich die Sprache des Fleisches zu lernen, so wie man eine fremde Sprache lernt ... Das Ziel meines Lebens war es, all die verschiedenen Eigenschaften eines Kriegers zu erwerben.» Ab 1967 nahm er regelmäßig an Übungen der japanischen «Selbstverteidigungskräfte» teil. Als 1968 in den USA und in Europa Studenten zur Revolte aufriefen, gründete Mishima eine paramilitärische Vereinigung, zu der er Studenten rekrutierte. Sein Ziel war es, «das Schwert in Japan wieder zu Ehren zu bringen». Er war Befehlshaber, Geldgeber und Politoffizier dieser Privatarmee in einem und sah sich als Nachfahre eines alten Samurai-Geschlechts. Eine romantisch-martialische Beschwörung der Tradition, in deren politischen und sozial-ethischen Mittelpunkt die Göttlichkeit des Tenno, des Kaisers stand. In der Öffentlichkeit galt Mishima bereits als suspekter Vertreter rechtsgerichteter Ansichten. Er beendete sein größtes Romanprojekt, die Tetralogie «Das Meer der Fruchtbarkeit», und schickte am 25. November 1925 das Manuskript seinem Verlag. Es ist der Tag seines Putschversuches und seines Todes. «Mein Herz», schrieb er, «sehnt sich nach Tod und Nacht und Blut.» Diese Sehnsucht hat er sich zuletzt erfüllt.

Yukio Mishima:
Geständnis einer Maske.
Deutsch von Helmut Hilzheimer.
Rowohlt Taschenbuch Verlag,
Reinbek 1985.
Patriotismus.
Deutsch von Ulla Hengst und Wulf
Teichmann. Alexander Verlag, Berlin
1987.

Das Meer der Fruchtbarkeit:
Schnee im Frühling,
1985.
Unter dem Sturmgott,
1986.
Der Tempel der Morgen-
dämmerung,
1987.
Die Todesmale des Engels,
1988.
Alle aus dem Japanischen von
Siegfried Schaarschmidt, erschienen
im Hanser Verlag, München.

Marguerite Yourcenar:
Mishima oder die Vision der
Leere.
Aus dem Französischen von Hans-
Horst Henschen. Fischer Taschenbuch
Verlag, Frankfurt/Main 1988.

Henry Scott Stokes:
Yukio Mishima. Leben und Tod.
Aus dem Amerikanischen von
Traudl Kurz-Perlinger. Goldmann
Taschenbuch Verlag, München 1986.

Henry de Montherlant
Die Knaben

Die Helden Montherlants ähneln in ihrem Wesen sehr dem Autor: sie sind herrisch und kompromißlos, selbstbewußt und anspruchsvoll. Montherlant (1896–1972) verabscheute das Mittelmaß und präsentierte sich als Verächter der Masse und als elitärer Aristokrat. Seine oft als Pose mißverstandene Haltung behielt er bis zuletzt. Weil er sein Erblinden nicht akzeptieren wollte, nahm er sich durch einen Schuß in den Mund das Leben. «Machen wir den Selbstmord wieder unschuldig und wir verringern das Unglück auf der Erde», hatte er in einem Essay 1969 appelliert. Der Tod wie die Rechtfertigung des Freitodes hatte ihn zeitlebens beschäftigt. Cato und Seneca waren dabei seine großen Lehrmeister, wie ohnehin die römische Antike für ihn von bedeutendem Einfluß war. Die Lektüre von «Quo vadis?» bezeichnete er als ein entscheidendes Erlebnis, und – konsequent wie so vieles in seinem Leben – verfügte er in seinem Testament, daß seine Asche auf dem Forum Romanum verstreut werden sollte.

Den Ersten Weltkrieg hatte er als freiwilliger Soldat erlebt. In seinem autobiographischen Roman «Der Traum» beschreibt er ihn als eine Befreiung aus dem gutbürgerlichen, gesättigten Alltag, eine abenteuerliche Abwechslung zu den geordneten Wohlstandsverhältnissen. Später fand er weitere Anlässe in seinen Romanen und Dramen («Der Bürgerkrieg», 1965; «Der Kardinal von Spanien», 1960), das Männliche, Heroische in Nachfolge von d'Annunzio und Nietzsche als «dionysischen Rausch» zu rühmen, ebenso in Schriften über den Sport, die Olympischen Spiele und den Stierkampf. Montherlant galt als nationalistischer Reaktionär und Anachronist, den seine Kritiker als amoralisch und elitären Hedonisten verurteilten, ihm aber im gleichen Atemzug für seine virtuose Sprachbeherrschung und Beobachtungsgabe Bewunderung zollten und ihn zum letzten Großmeister des französischen Klassizismus kürten.

Vieles von dem, was de Montherlant von sich in die Welt setzte, hielt nach seinem Tod der Überprüfung durch seinen Biographen Pierre Sipriot nicht stand. Montherlant war viel zu feige, um sich dem Kugelhagel auszusetzen. Seine Verwundung resultierte aus einer Schießübung. Er war alles andere als sportlich oder sportbegeistert; ihn interessierten vielmehr die jungen Sportler in ihrer erotisierenden knappen Bekleidung. Und daß er bereits mit 15 Jahren gegen Stiere in der Arena gekämpft habe – auch dies ist nur die Geschichte eines Aufschneiders und Abenteurers, der für derlei Nervenkitzel viel zu ängstlich war.

Nachweisbar authentisch und keine Erfindung des Romanciers Montherlant ist sein Rauswurf aus dem Gymnasium Sainte-Croix in Neuilly kurz vor Ausbruch des Ersten Weltkrieges. Montherlant war 16 Jahre alt, als man ihn wegen (homo)sexueller Verfehlungen aus dieser geistlichen Internatsschule wies. Diese Schmach und Verletzung blieb bis ins Alter hinein schmerzliche Erinnerung. Sein 1967 uraufgeführtes Drama «Die Stadt, deren König ein Kind ist» war ein Versuch, dieses Jugenderlebnis literarisch zu verarbeiten. Teile der Dialoge flossen ein in den Roman «Die Knaben».

Schauplatz ist das liberal-katholische Knabeninternat Notre-Dame du Parc, ein von Jesuiten geleitetes Gymnasium. Die Priester und Schulvorgesetzten dulden mit einem verlogenen Schein-

Liberalismus ein kompliziert verflochtenes System der Beziehungen zwischen älteren, sechszehn-, siebzehnjährigen Zöglingen zu einige Jahre jüngeren Mitschülern der unteren Schulklassen. Die Abhängigkeiten sind vielfältig. Sie pflegen homoerotische Verhältnisse und verkriechen sich zu ihren Rendezvous in Fiaker, Umkleidekabinen und alte Schuppen. Doch gleichzeitig herrscht totale Kontrolle: jeder bespitzelt jeden, Intrigen werden geschmiedet, Opfer für sadistische Quälereien ausgesucht. Eine in sich geschlossene Gesellschaft, ein eigener Staat mit eigenen Gesetzen innerhalb der Internatsmauern, zu dem Montherlant als Komplementärfigur den atheistischen Priester Abbé de Pradts entworfen hat.

Knaben und Priester

Der 16jährige Alban de Briocoule (Alter ego des Autors), ein adliger Sproß und für seine Intelligenz bewundert, ist der Präsident einer auf Anregung der Lehrer gegründeten «Akademie der Besten». Er versucht durch seine Ritterschaft einen Orden im Sinn der antiken Tugenden zu schaffen, frei von sinnlichen Lüsten und falschen, hinterhältigen Ränkespielen. Seine platonische Sichtweise von Freundschaft und sublimierten Trieben scheitert jedoch, als er sich in den zwei Jahre jüngeren Mitschüler Serge verliebt.

Bislang waren die Liebschaften unter den Jungen als «läßliche Sünden» toleriert oder ignoriert worden; doch an Alban, der sich als strenger, moralischer Richter aufgespielt hatte, wird nun ein Exempel statuiert. Gemeinsam mit Serge muß er das Internat verlassen. «Wenn jemand nur die Sprache der Frommen spricht, dann kann er Beichten abnehmen, erbauliche Bücher schreiben, predigen und über Theologie diskutieren», geißelt Montherlant zynisch das Wesen des Katholizismus. «Alles, was er braucht, ist eine Prise Schlauheit ... Weshalb aufrichtig sein? Der Katholizismus ist eine Lüge. Die gesellschaftliche Moral ist eine Lüge. Wer, abgesehen von den Armen im Geist, trägt keine Maske?»

Bereits 1929 hatte Montherlant die ersten fünfzig Seiten des Romans verfaßt, dann jedoch das Projekt wieder fallen lassen. Erst drei Jahrzehnte später griff er den Stoff erneut auf. 1969 erschien «Les Garçons» lediglich in einer auf 500 Exemplare beschränkten, numerierten Ausgabe für seine Freunde. Für die Buchhandelsausgabe waren rund 150 Seiten gestrichen worden. Die vollständige Fassung gelangte erst posthum in die Öffentlichkeit. Sein Leben lang hatte Montherlant versucht, ein heterosexuelles Image zu bewahren. Als ihn die Behörden, wie auch sein Kollege und Freund Roger Peyrefitte, wegen sexueller Beziehungen zu Jungen zu belangen suchten, konnte er das Problem mit seinen weitreichenden Beziehungen folgenlos aus der Welt schaffen. Peyrefitte hingegen, der bereits mit seinem ersten Roman «Heimliche Freundschaften» keinen Hehl aus seiner Homosexualität gemacht hatte, verlor seine Anstellung. In seinen letzten Lebensjahren schien Montherlant zwar etwas Mut zur Offenheit gefunden zu haben. Doch ebenfalls erst aus dem Nachlaß wurde sein kleiner Roman «Moustique» (Mücke) veröffentlicht, Aufzeichnungen über sein Verhältnis zu dem 14jährigen algerischen Jungen, den er in Marseille auf der Straße aufgelesen und zu seinem «Diener» und Gefährten gemacht hatte.

Henry de Montherlant:
Die Knaben.
**Aus dem Französischen von Ernst San-
der. Bruno Gmünder Verlag, Berlin 1992.**

Moustique.
**Aus dem Französischen von Gabriele
Gerecke. Suhrkamp Verlag, Frankfurt/
Main 1990.**

Péter Nádas
Buch der Erinnerung

Dieser Roman hat etwas Monströses. Péter Nádas nimmt den Kampf
gegen die Zeit auf. Gegen sie schreibt er an, sie gilt es, möglichst
ohne Verlust, in Literatur zu übersetzen. Möglich wird dies nur, wenn
man sich gleichzeitig an den Grenzen der Sprache bewegt, das rein
Erzählerische verbindet mit Abschweifungen in Theorie und Reflexion. Elf Jahre hat der 1942
in Budapest geborene Nádas an diesem Roman mit dem einfachen Titel «Buch der Erinnerung»
geschrieben. 1986 erschien es in Ungarn, 1991 in einer weithin gefeierten deutschen Übertragung.
Erinnerungen sind es, die in einer nicht abbrechenden Flut über den namenlosen Ich-Erzähler
hinwegbrechen und ineinanderfließen. Es entsteht ein Kosmos aus vielen, sich zusammenfügenden
Personen, Geschichten und Zeitebenen, die immer wieder in Episoden zerfallen, um sich später
zusammenzufügen. Die eigentliche Heldin dieses 1.300 Seiten starken Buches ist die Erinnerung,
der nichts entgeht, die alles unbarmherzig bewahrt. Erinnerungen an eine Jugend im Ungarn der
50er Jahre, zwischen Stalins Tod 1953 und der ungarischen Revolution 1956. Die Mutter liegt todkrank im Bett; der Vater ist Teil des politischen Apparates. Er wird sich am Ende erschießen; die
Schwester ist mongoloid. Und dazwischen die ersten erotischen Erfahrungen, mit Jungen wie mit
Mädchen. Ein Suchen und Verstehen des eigenen Begehrens. Er verliebt sich in seinen Schulkameraden Kristian, der seine Annäherungsversuche nicht versteht und abwehrt. In einer weiteren Wirk-
lichkeitsebene schildert der Ich-Erzähler seine Zeit im Ost-Berlin der 70er Jahre und im Ostseebad
Heiligendamm. Auch hier schwankt er erneut zwischen den Geschlechtern und ist immer noch
auf der Suche nach einer sexuellen Identität. Die Pole sind die alternde, einst berühmte Schauspielerin Thea Sandstuhl und Melchior, den er durch sie kennengelernt hat. Thea begehrt den Künstler
Melchior, aber Melchior ist in den Ich-Erzähler verliebt. Mehrfach ineinander verknotet kommt
diese Dreieckskonstellation zu keinem für alle Beteiligten glücklichen Ende. Zwar leben Melchior
und der Ich-Erzähler zusammen, doch die Beziehung löst sich bald in gereizte Langeweile auf.
Melchior entzieht sich durch Flucht in den Westen.
   Parallel zu den Rückerinnerungen schreibt der Ich-Erzähler an einem Roman, der um die
Jahrhundertwende spielt. Die Schauplätze sind ebenfalls Berlin und Heiligendamm. Diese nach
und nach entstehende Romanwelt erweist sich als eine Spiegelung der Lebenswirklichkeit des
Ich-Erzählers; auch hier eine Fülle von Personen und Familienmitgliedern, die sich in einem
plüschigen Luxushotel zusammenfinden. Und die Hauptfigur, der deutsche Schriftsteller Thomas
Thoenissen, ist in seinen erotischen Neigungen ebenso ambivalent wie der Ich-Erzähler. Sexuelle
Erfahrungen macht er zum einen mit seiner Verlobten Helene. Gleichzeitig aber verliebt er sich
in den jungen Hoteldiener Hans Baader, der für seine Verführungsabsichten zunächst unempfäng-
lich zu sein scheint, aber schließlich doch mit Thoenissen die Nacht verbringt. Anspielungen
an Thomas Mann und «Der Tod in Venedig», aber auch Hermann Broch und Robert Musil sind
nicht zufällig.

Von einer wirklichen Handlung zu sprechen, fällt schwer. Nádas bilanziert die Zeit und macht das Verharren zu einer höchst kunstvollen Angelegenheit. In einer kurzen Vorbemerkung stellt er klar: «Ich habe damit nicht meine eigenen Memoiren geschrieben. Es war meine Absicht, Erinnerungen zu schreiben, ein wenig wie Plutarch, parallele Erinnerungen verschiedener Personen zu verschiedenen Zeiten, und die verschiedenen Personen wären alle ich, ohne daß ich es wirklich wäre ...»

Auf der Suche nach lebbaren Mustern

Das «Buch der Erinnerung» ist keine leichte Lektüre. Was Konzentration und Geduld erfordert, ist allerdings weniger die Philosophie, als vielmehr die strenge Architektur des Romans, die feinziselierte, an der Literatur des 19. Jahrhunderts geschulte Sprache, die langen, mäandernden Sätze, die sich unendlich Zeit lassen, das Geschehen zu schildern, die Gefühle in jeder Nuance auszukosten. Der Leser muß sich entscheiden, den Gedankengängen und essayistischen Abschweifungen des Ich-Erzählers (mal über die Kunst des Küssens, über antike Mythen oder das Liebesleben der Weinbergschnecken) zu folgen. Das Labyrinth, in das man in diesem Roman vermeintlich hineingeführt wird, erweist sich nach einer Weile jedoch nicht als unüberschaubar, sondern stellt lediglich die Wiederholung gleicher und ähnlicher Erfahrungen dar. Die Enttäuschung seiner Liebesgefühle erlebte der Ich-Erzähler mit seinem Klassenkameraden Kristian, das Zerbrechen der Beziehung zu Melchior ist so nur eine Wiederholung dieser gescheiterten Hoffnung. Als Jugendlicher wie als erwachsener Mann sucht Nádas' Held nach lebbaren Mustern für seine Liebe zu Männern; er findet sie ansatzweise in der Auseinandersetzung mit der Androgynie oder in der Geschichte, etwa bei Friedrich von Preußen und seinem Geliebten Leutnant Hans Hermann von Katte. Doch all diese Lebensentwürfe passen nicht; immer wieder scheitert der Erzähler an Konventionen. Nádas hält sämtliche Auseinandersetzungen, selbst kleinste Gefühlsregungen und -verirrungen fest, atomisiert sie und formt aus ihnen eine eindringliche Sprache. So wird das «Buch der Erinnerung» zu einer Reise zwischen den Zeiten und verharrt doch in sich. Der Stillstand ist es, der diesen Text in Bewegung hält.

Péter Nádas:
Buch der Erinnerung.
Aus dem Ungarischen von Hildegard Grosche, 1994.
Familienroman.
Aus dem Ungarischen von Hildegard Grosche, 1993.
Von der himmlischen und der irdischen Liebe.
Aus dem Ungarischen von Magda Berg und Dirk Wölfer, 1996.
Alle erschienen im Rowohlt Taschenbuch Verlag, Reinbek.

Heimkehr. Vom Schreiben am «Buch der Erinnerung».
Aus dem Ungarischen von Hildegard Grosche, 1992.
Der Lebensläufer. Ein Jahrbuch.
Aus dem Ungarischen von Hildegard Grosche, 1995.
Liebe.
Erzählung. Aus dem Ungarischen von Christina Viragh, 1996.
Minotaurus.
Erzählungen. Aus dem Ungarischen von Hildegard Grosche, Agnes Relle, und Christian Polzin u.a., 1997.
Alle erschienen im Rowohlt Berlin Verlag, Berlin.

Michael Nava
Der kleine Tod

Michael Navas Serienheld ist weder Kommissar noch Privatdetektiv, sondern ein ganz gewöhnlicher Anwalt. Jedoch einer, der sich Respekt verschafft hat und mit Staatsanwälten wie Richtern bisweilen respektlos umspringt, ohne gleich die Lizenz zu verlieren. Nach Ansicht seiner Kollegen gibt Henry Rios sich mit viel zu kleinen Nummern ab, gehört er doch zu den besten seines Faches, und vertrödelte viel zu viel Zeit als Pflichtverteidiger. «Es ist wahr, daß meine Kriminellen nicht in Golfclubs verkehren. Sie sind gesellschaftliche Außenseiter. Ich aber auch.» Dennoch ist er im San Francisco Bay Area beheimatete Rios weder juristischer Supermann noch die Mutter Theresa der Entrechteten und Diskriminierten. Trotz aller *political correctness*, trotz sozialem Engagement bleibt dieser mexikanischstämmige Mann Anfang 30 ein Wesen mit ganz normalen Schwächen und Fehlern. So ist auch die eigene Homosexualität keine Selbstverständlichkeit. «Der sexuelle Aspekt der Homosexualität ist oft das kleinste Problem», erklärt er einer Freundin sein Coming-out. «Am schwierigsten ist es, aufrecht zu sein, ohne sich dabei ins Abseits zu stellen: Ich bin zwar anders, aber nicht so anders, wie ihr denkt.»

Wie lückenhaft der Lernprozeß sein kann, was das schwule Selbstverständnis betrifft, beschreibt Michael Nava ebenfalls in «Der kleine Tod» (1986), dem ersten Band seiner Henry Rios-Reihe: «Als wir die Castro in Richtung Market Street entlang gingen, griff Hugh nach meiner Hand. Ich ließ ihn gewähren, auch wenn mir nicht ganz wohl dabei war. Ich begriff es ja selbst nicht. Mit anderen Männern Sex zu haben, war für mich etwas Natürliches, aber diese kleinen Gesten der Zuneigung und Anteilnahme mit ihnen auszutauschen, anscheinend nicht. Die deutlichste Erinnerung, die ich von meinem ersten Mal mit einem Mann bewahre, war die unerwartete Zärtlichkeit. Sie machte mir zu schaffen, verstörte mich, warf mich aus der Bahn. Unter Homosexualität hätte ich mir irgend etwas Dunkles, Verschämtes vorgestellt, aber sie war ganz anders.»

Hugh Paris hatte sich an seinen ehemaligen Pflichtverteidiger Rios gewandt, weil er sich von seinem eigenen Großvater bedroht fühlte. Hugh ist nicht irgendwer, sondern entstammt einer der reichsten Familien der Umgebung. Gern gesehen wird er von seinen Verwandten allerdings nicht. Ein Schwuler macht sich nicht gut im Familienstammbaum. Mit Geld abgespeist, verfällt er den Drogen und geht vor die Hunde. Nun, als Hugh nach einer Reihe von merkwürdigen Todesfällen in der Familie beinahe an der Reihe wäre zu erben, sieht er sich bedroht. Rios hilft ihm und verliebt sich zu guter Letzt auch noch in ihn. Doch das Glück währt nur kurz, denn Hugh wird ertrunken in einem Bach aufgefunden. Unfall oder Mord? Für Rios gilt es, den Tod seines Freundes zu sühnen, und er wagt es, sich mit der Geld-Aristokratie anzulegen, die nichts mehr versucht, als zu verhindern, ihren Namen beschmutzt zu sehen.

Gefangen in einem Netz aus Heuchelei und Bigotterie

In «Goldjunge» (1988), dem Nachfolgeband, verteidigt Henry Rios auf Bitten eines an Aids erkrankten Freundes einen jungen Hilfskellner, der des Mordes beschuldigt wird. Die Beweise sind eindeutig, auch das Motiv scheint einfach: Er wollte, daß seine Homosexualität geheimgehalten wird. In «In einer Stadt so nett» recherchiert Rios in einem Fall von Kinderpornographie. Vorverurteilungen haben das Verfahren fast unmöglich gemacht, und so gerät der Anwalt zwischen die Fronten eines öffentlichen Skandals.

Michael Nava hütet sich gerade in «In einer Stadt so nett» davor, Klischees auszuspielen, er bringt sie, ganz sogar, ins Wanken. Mit einemmal ist nicht die Pädophilie des Angeklagten der Skandal, sondern die Heuchelei und Bigotterie einer Kleinstadt.

Nava, der selbst als Anwalt in Los Angeles arbeitet, packt seine juristischen Kenntnisse über Verfahrensverläufe und rechtswissenschaftlichen Finessen unaufdringlich und spannend in den Handlungsverlauf. Seinem Helden gönnt er, auch nach der kurzen Liaison mit Hugh, die Freuden der Liebe. In «Goldjunge» lernt der den jungen Josh kennen, den er in seinem Coming-out unterstützt («Der größte Schock steht meinen Eltern ja noch bevor, wenn ihnen erst bewußt wird, daß du kein Jude bist.») und dessen HIV-Infektion ganz beiläufig erzählt wird. Die Schwierigkeiten einer Beziehung mit einem HIV-positiven Menschen klammert Nava dabei nicht aus, er läßt sie in «In einer Stadt so nett» (1990) als roten Faden mitlaufen. Patentlösungen hat auch er nicht parat, aber Nava zeigt, daß sich damit leben läßt, wenn die Liebe das alles beherrschende Gefühl ist.

Der besondere Reiz dieser Romane liegt in der Verstrickung schwulen Lebens innerhalb einer Gesellschaft, die es sich mit ihren Außenseitern nicht leicht macht. Andererseits weiß auch Nava, daß die schwule Subkultur keineswegs eine einzige solidarische Gemeinschaft darstellt, sondern Rassismus und Klassenschranken hier genauso vorkommen.

Gelegentlich hemmt dieser aufklärerische Impetus die Konstruktion des Krimis, doch Nava verhindert eine oberflächliche und eventuell sogar aufdringliche Sozialkritik durch die Lakonie seiner Sprache. Sentimentalität oder Zynismus läßt sie aus, dafür aber ist sie durchsetzt mit literarischen Zitaten, vor allem aus der Lyrik E. E. Cummings und W. H. Audens. Die Dialoge bleiben präzise, intelligent, zeigen psychologisches Gespür, während die Handlung selbst handwerklich perfekt gebaut ist und solide erzählt wird. Nicht nur an diesem Punkt ist Navas Henry Rios mit seinem Hang zur Melancholie und seinem leisen Humor ein geistiger Nachfahre Perry Masons und der klassischen schwarzen Serie.

Michael Nava:
Der kleine Tod.
Aus dem Amerikanischen von
Axel Ahrens und Stefan Haußmann,
1994.

In einer Stadt so nett.
Aus dem Amerikanischen von
Else Laudan und Axel Ahrens, 1996.
Goldjunge.
Aus dem Amerikanischen von
Axel Ahrens und Stefan Haußmann,
1995.

Das innere Gesetz.
Aus dem Amerikanischen von
Karsta Frank, 1997.
Alle erschienen im Argument Verlag,
Hamburg.

Yves Navarre
Vorbeugender Eingriff

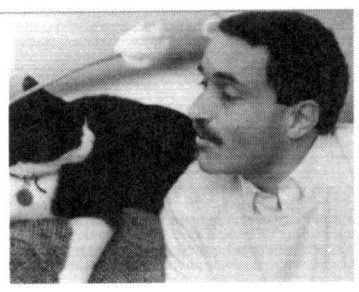

Von einem Tag und einer Nacht erzählt dieser Roman,
von morgens 10 Uhr am 9. Juli bis 5 Uhr am Tag darauf.
Ein Zeitraum, der die Erinnerungen an eine korrupte
Großfamilie und ihr Opfer bündelt. Henri Prouillan, Ex-Minister und vermögender Großbürger,
ist Patriarch. Er herrscht über seine vier erwachsenen Kinder seit Jahrzehnten, als seien sie seine
Leibeigenen. Das weitere Personal: eine Haushälterin, die ihn am Ende verlassen wird, eine Schwester, die ihn besticht, ein Hund, den er einschläfern läßt. Der Tag, an dem die Ereignisse passieren,
ist nicht zufällig: Es ist das Familientreffen aus Anlaß eines Jahrestages. Genau zwanzig Jahre ist es
her, daß Prouillan einen seiner Söhne nach Barcelona verfrachten ließ, unter dem Vorwand, ihm
dort einen gutartigen Tumor entfernen lassen zu müssen. Eine Reise, die der Sohn kaum freiwillig
unternahm und von der er keineswegs geheilt, sondern debil zurückkehrte. Dort in Barcelona hatte
man den titelgebenden «Vorbeugenden Eingriff» vorgenommen, eine Lobotomie. Dabei wurden
jene Leitungsbahnen im Hirn zerschnitten, die psychosoziale Funktionen in Gang halten. Die Folge
dieses Eingriffs ist die «Entdifferenzierung» der Persönlichkeit, wie die Lehrbücher es nennen.
Bertrand, der überintelligente Elitestudent, der schon als Schüler alle in den Schatten stellte und
Kant, Bachelard und Nizan zitierte, den seine Schwester als «stark, intelligent» und «athletisch»
beschreibt, gefährdete die Richterkarriere des Vaters und mußte deshalb kaltgestellt werden. Bertrand
war homosexuell.

   Dieses Familiendrama bildet die Grundkonstellation von Yves Navarres Roman. Die Abweichung von der bürgerlichen Norm ist so bedrohlich, daß sie diesen extremen medizinischen Eingriff
rechtfertigt. Zugleich muß Navarre seinen fernen und heimlichen Helden Bertrand zur überragenden
Lichtgestalt stilisieren, um die Fallhöhe vom liebenswerten, aber homosexuellen Genie zum mit-
leiderregenden, mißhandelten und fortan geistig behinderten Jüngling entsprechend hoch zu setzen.
Um ihn, Bertrand, dreht sich die Geschichte, an ihm reiben sich nach zwei Jahrzehnten die Fami-
lienmitglieder, verdrängen ihre Mitschuld und Mitverantwortung. Doch obgleich alle entweder über
ihn reden oder ihn verschweigen: er bleibt ein Phantom, ist niemals wirklich zu fassen. Die Großfamilie gleicht einer Verschwörung, die ihr Geheimnis hütet und sich so der Schuldfrage entzieht.
Die Schande des homosexuellen Sohnes konnten sie vertuschen, der Clan der Prouillans aber, das
zeigt sich an diesem Familientreffen, zerfällt.

«Gestehen, das hieße einen Fehler zuzugeben ...»

Navarre scheut sich nicht vor plakativer Schwarzweißmalerei. Den Vater zeichnet er überdeutlich
als despotischen Tyrannen und Drahtzieher des Verbrechens. Und Bertrand selbst, der die Anlage
und Energie gehabt hätte zum Rebellen, wird von Navarre als engelsgleiches Opfer idealisiert.
Die Liebe, für die der junge Bertrand seinen Verstand verliert, war keineswegs die spontane Affäre

des Herzens eines Heranwachsenden, sondern für Bertrand eine zutiefst ernsthafte Angelegenheit. Im zentralen 11. Kapitel des Romans läßt Navarre den siebzehnjährigen Jungen im Höhenflug des Verliebtseins Briefe an seinen Geliebten Romain Leval, einen Theaterschauspieler, schreiben. «Das gesetzliche Alter, ich bin minderjährig, ist nicht das Alter unserer Körper, wenn sie sich vereinen. In dieser, angesichts der Regeln ihrer Gesellschaft unmöglichen Ehe, werden wir selber Regeln und nicht Abweichung sein. Dieses Eingeständnis meiner Sexualität – häßliches Wort, mit Stacheldraht gespickt – nie werde ich es meinem Vater Henri und Cecile machen. – Gestehen, das hieße einen Fehler zugeben ...»

Bertrand wollte nicht wie Romain versteckt und immer in Furcht vor Entdeckung leben. Davor aber fürchtete sich Vater Henri: Den eigenen Sohn offen schwul zu sehen.

In «Vorbeugender Eingriff» führt der 1940 geborene Navarre zwei seiner großen literarischen Themen zusammen: den klassischen Familienroman; psychologische Gruppenbilder, deren Protagonisten er bis in ihre geheimsten Wünsche und Ängste analysiert und sie letztlich entlarvt. Und den engagierten Schwulenroman, in dem selbstbewußte Schwule die Liebe entdecken, sich gegen Vorurteile und Diskriminierung behaupten. Wie auch Dominique Fernandez («Der Raub des Ganymed») gehört Navarre einer Generation homosexueller Autoren an, die im Zuge der sexuellen Befreiung homosexuellen Themen in ihrer Literatur breiten Raum gaben. Fernandez wie Navarre wollten jedoch nicht in eine schwule Ecke abgedrängt werden: «Man würde aus mir gerne einen homosexuellen Autoren machen. Man hat mich vermarktet. Und man hat mich vergessen zu lesen.»

Navarre war als Autor ungemein produktiv. 1971 erschien sein erster Roman «Lady Black», die Geschichte eines Transvestiten, danach folgte jedes Jahr mindestens ein neues Buch, außerdem Kinderbücher und über ein Dutzend Theaterstücke. Navarre fühlte sich dennoch verkannt.

Die erhoffte Anerkennung blieb ihm versagt. Selbst als ihm 1980 für «Le Jardin d'acclimatation» («Vorbeugender Eingriff») der wichtigste französische Literaturpreis, der Prix Goncourt, zugesprochen wurde, konnte er sich nicht so recht freuen. Navarre empfand die Auszeichnung, die ihm sicherlich auch für sein Engagement in der schwulen Emanzipation verliehen wurde, mehr als Belohnung für seine Standhaftigkeit im Literaturbetrieb denn als Würdigung seiner schriftstellerischen Leistungen.

Die Enttäuschung hielt an; 1989 übersiedelte Navarre nach Montreal und veröffentlichte in Kanada «La terrasse des audiences au moment de l'adieu», eine Abrechnung mit dem französischen Literaturbetrieb. 1992 kehrte er jedoch nach Paris zurück. Dort wurde er am 24. Januar 1994 tot aufgefunden. Enttäuscht aufgrund der fehlenden Bewunderung seines Œuvres hatte er den Freitod gewählt. Und in der Tat taucht sein Name in Frankreich, wenn, mit dem Prix Goncourt-geadelten Roman «Vorbeugender Eingriff» auf.

Yves Navarre:
Vorbeugender Eingriff.
Aus dem Französischen von Christel Kauder. Beck & Glückler Verlag, Freiburg 1988.

Muttertag.
Roman. Aus dem Französischen von Claude Stahl. Internationales Kulturwerk, Hildesheim 1994.

Loukoum.
Roman. Aus dem Französischen von Trésy Lejoly und Heinz Jentner. Verlag rosa Winkel, Berlin 1986.

Baby Neumann
Das erste Mal

Für die schwule Welt ist Baby Neumann ein Prototyp des gewöhnlichen schwulen Lebens und zugleich ein Mensch, der Schicksals-
schläge, Peinlichkeiten und Kuriositäten des Alltags anzuziehen
scheint. Baby hat eine normale Kindheit hinter sich: «Als ich fünf war,
merkte ich zum ersten Mal, daß etwas mit mir nicht stimmte. Die kleine Joni (benannt nach
Mitchell) ließ sich von all den kleinen Jungs aus dem Kinderladen unter den Rock sehen –
für einen Gummischlumpf. Sie hatte bald die größte Schlumpf-Sammlung Nordrhein-Westfalens.
Mich interessierte das Zeug unter Jonis Rock nicht, ich behielt meine Schlümpfe. Bis ich eines Tages
alle (einschließlich Schlumpfinchen!) meinem Spielkameraden Jim (benannt nach Morrison) anbot.
Als Gegenleistung wollte ich sein ‹Gießkännchen› anfassen. Jim warf mich erbost in den Sandkasten.
Meine Schlümpfe habe ich noch heute, Jim ist inzwischen verheiratet und Automechaniker.»

Mit elf Jahren sieht Baby Male Barbra Streisand in «Hello Dolly». «Von da an wußte ich,
daß auch in mir eine Dolly steckte: eine Frau von Welt, die alles kennt, schneller als ein Maschinen-
gewehr und witziger als No 1 Coward spricht und vor allem: Federboas und riesige Hüte trägt.»
So etwas prägt. Bis zum Coming-out ist es nun nicht mehr weit.

Baby ist ein Debütant in der großen Welt der Homosexuellen und mutig, vor allem neugierig,
meist treu begleitet von seinem platonischen Freund Karl, marschiert er als «Heinz Sielmann der
Subkultur» durch die Tiefen und Untiefen des schwulen Lebens und erkundet, was auf seine Entdeckung wartet: der schwule Männergesangsverein (wo Baby mit seinem lästigen Knoblauchgeruch
die Gesangsfreude schmälert), die Sauna und die Klappen, Pornokinos und CSD-Demos. Er feiert
mit Freunden erstmals ein schwules Weihnachten und versucht via Kontaktanzeige, den Mann
des Lebens zu finden. Und mit dem enden so ziemlich alle Abenteuer, auch wenn das traute Zusammensein meist nicht länger als eine Nacht währt.

«Ich bin kein Schriftsteller», verkündet er mit unnötigem Understatement. «Aber ich schreibe
trotzdem, weil das schwule Leben so seltsam ist, daß ich es zu Papier bringen muß, um überhaupt
daran glauben zu können.»

Baby ist eine Kunstfigur, das Pseudonym eines stellvertretenden Chefredakteurs einer großen
Publikumszeitschrift, mit deren naivem Blick und lässig-unschuldigem Ton diese Entdeckungsreisen
erzählt werden. Vom Glamour des Alltags und bewappnet mit den Ikonen der (schwulen) Popkultur,
mal Brad Pitt, mal Joan Crawford. Seine private Hausheilige ist jedoch Barbra Streisand, zu genießen
mit einem Gläschen Sherry. Freund Karl hingegen schwört dann doch eher auf Diana Ross & The
Supremes.

Mit Ralf König teilt Baby Neumann den skurrilen und bisweilen sarkastischen Witz. Kaum
eine Peinlichkeit schwulen Daseins bleibt aus – ob die Tristesse und unfreiwillig komische Ernsthaftigkeit mancher Schwulengruppe, die alberne Ernsthaftigkeit schwuler Sangesbünde – Neumann
schildert sie schonungslos, ohne sich selbst auszunehmen und ohne sie zu denunzieren.

Die Geschichten Baby Neumanns, ursprünglich als Serie des inzwischen eingestellten Schwulenmagazins «magnus» entstanden, sind unterhaltsam und machen süchtig, weil sich letztlich jeder in diesen Sitcom-Situationen wiedererkennt.

«Es gibt sowieso keinen Gott, nur Barbra Streisand ...»

Auch in seinem zweiten Buch «Ganz was anderes!» setzt Neumann seineSelbsterfahrungsreise durch den schwulen Alltag fort, erkundet mit reichlich vielen Pannen – in fünf überaus komischen Kapiteln – die USA. Es werden Ecstasy und Intimschmuck auf ihre Praktikabilität hin untersucht, Erfahrungen mit schwuler Haustierhaltung, krankhafter Eifersucht und mit «Heterotunten» gemacht: «Das Problem ist, daß das schwule Image des begehrenswerten Mannes langsam aber sicher in die Hetero-Szene übernommen wird», doziert Karl. «Von Take That beeinflußte 16jährige Heteros laufen in die Fitneß-Studios, die Durchschnitts-Hete muß an jeder Litfaßsäule den Davidoff-Mann sehen und sich damit vergleichen, und zu allem Überfluß klauen schwule Designer wie Gaultier und Calvin Klein ihre Mode-Ideen in der Homo-Szene zusammen und basteln dann daraus Kollektionen für die breite Masse.» Das Ergebnis: «Pure Konfusion!» Und nur ein weiteres Beispiel dafür, «wie Heterotunten uns aufrechte Homosexuelle in unverdiente Verwirrung stürzen, anstatt, wie es sich gehört, Fußball zu spielen, Polyesterhemden zu tragen, Skat zu kloppen und Frauen nachzupfeifen.»

Baby Neumann spielt mit Gespür für Pointen und feinem Spott mit den Klischees und Vorurteilen von und über Schwule. Nichts ist vor ihm sicher, keine Marotte des modernen *Gay-lifestyle* bleibt unbemerkt, und doch enthält sein zweiter Geschichtenband auch ernstere, nachdenklichere Momente und manche Ernüchterung vom Leben innerhalb der Subkultur.

Baby Neumann:
Das erste Mal. Schöne neue schwule Welt.
magnusbuch Verlag, Berlin 1993 (nunmehr Jackwerth, Köln).

Ganz was anderes!
Geschichten. Querverlag, Berlin 1996.

John Lahr
Halt die Ohren steif. Die Joe-Orton-Biographie

Zwei Männer, zwar grundsätzlich verschieden, lieben sich und ziehen zusammen. Beide wollen berühmt werden, aber nur einer wird es schaffen. Aus Liebe wird Haß, aus der Beziehung Psychoterror. Ausweg aus der Sackgasse ist der gewaltsame Tod: Mord und Freitod.

Die Kurzfassung des Lebensdramas Joe Ortons und Kenneth Halliwells hätte durchaus das Zeug für einen Thriller. Zum Filmstoff geriet ihr Leben tatsächlich. Stephen Frears drehte 1987 auf Basis der minutiös recherchierten Orton-Biographie von John Lahr ein überzeugendes Porträt des «Swinging London», zugleich ein menschliches, zartes Drama von Abhängigkeit und dem alltäglichen Kannibalismus in Beziehungen, voll grotesker Momente wie von erschütterndem Ernst. Ein Strindberg für Schwule.

London in den 60er Jahren, der Stadtteil Islington. Hier wohnt, wer sich was Besseres nicht leisten kann. Einwanderer aus den ehemaligen britischen Kolonien, arbeitslose Arbeiter, heruntergekommene Künstler und Lebenskünstler, und jede Menge Schwule. Zwei davon sind John Orton und Kenneth Halliwell. 1953 beziehen die beiden eine gemeinsame kleine Wohnung. Kennengelernt haben sie sich in einer Schauspielschule. John ist gerade 17 Jahre alt und erst vor wenigen Wochen aus dem engen biederen Elternhaus in Leicester abgehauen. Kenneth, der ältere, ist selbständiger. Ihm gehört die Wohnung, ein passables Auto und er besitzt, was man mit Stil, Kultur und Bildung assoziiert. Kenneth wird Johns Lehrer; er gibt ihm, was dem Proletarierkind fehlt: kulturelle Bildung, Selbstbewußtsein und die Förderung seines kreativen Potentials. Trotz aller Unterschiedlichkeiten haben sie nämlich *ein* gemeinsames Ziel: berühmte Schriftsteller zu werden.

Die Rollen in dieser Beziehung bleiben lang fest verteilt. Eine Wende kommt erst nach einem «Zwangsaufenthalt» im Gefängnis. Über Monate hatten die beiden sich einen Spaß daraus gemacht, Bücher aus Leihbibliotheken zu klauen, Bilder herauszuschneiden und daraus eine riesige Fotocollage in ihrem Zimmer zu kreieren. Einige der gestohlenen Bücher schmuggelten sie zurück – allerdings umgestaltet. Orton tippte beispielsweise neue, witzige und obszöne Klappentexte und klebte sie geschickt unter die Schutzumschläge. Für viele Bücher collagierten sie neue Titelbilder und erlaubten sich so manchen Witz. «Ich mache so Sachen und klebte das Bild eines weiblichen Aktes auf ein Buch für feines Benehmen, direkt auf das Foto der Autorin», gestand Orton später. Auf einem Band des Dichters John Betjeman fand sich nach der «Bearbeitung» durch Halliwell/Orton ein dickbäuchiger, alter Mann, von Kopf bis Fuß tätowiert, auf dem Umschlag. Auf Dauer konnte dies nicht gutgehen. Sie wurden erwischt und kamen erstmals in die Öffentlichkeit. Der «Daily Mirror», wie auch andere Tageszeitungen, widmete den Kulturschändern am 15. Februar 1962 eine Schlagzeile. Die Strafe von sechs Monaten Haft saßen sie in getrennten Gefängnissen ab. Während dieser Zeit lernte Orton, daß er auch ohne Halliwell zurechtkam. Er hatte seine Lektion gelernt. Und zum ersten Mal hatte er auch literarischen Erfolg. Sein Stück «Entertaining Mr. Sloane» («Seid nett zu Mr. Sloane») wurde von einem Theater angenommen. Über Nacht hatte London ein junges, skandalöses Dramatikergenie. Seine Agentin riet ihm, den Vornamen zu ändern, wohl weil er zu geläufig war, und der neue Star der britischen Theaterszene hieß nun Joe Orton.

«Seid nett zu Mr. Sloane», an dem maßgeblich auch Kenneth Halliwell mitgearbeitet hatte, wurde im Mai 1964 im Londoner New Arts Theatre uraufgeführt. Sloane ist ein zwanzigjähriger Waise und Fürsorgezögling, der sich bei der 41jährigen Kathrin einmietet. Diese alternde Nymphomanin scheint durch Sloanes Naivität, Sorglosigkeit und scheinbare Hilflosigkeit zu deutlichen Zärtlichkeitsbeweisen veranlaßt. Ihrem feisten Bruder Ed ist dies gar nicht so recht, hat er doch ebenfalls ein Auge auf Sloane geworfen. Der weiß aus der Dreieckskonstellation Kapital zu schlagen und verteilt seine Gunst künftig nach ökonomischen Gesichtspunkten. Der einzige, der das Spiel zu unterlaufen droht, ist Kemp, der alte halbblinde Vater des Geschwisterpaares, denn er erkennt in Sloane den Mörder seines ehemaligen Chefs. Der lästige Zeuge wird kurzerhand ins Jenseits befördert. Ed und Kathrin trauern nur kurz um ihren toten Vater: Sie haben nun Sloane in der Hand und teilen sich das Objekt der Begierde künftig im Halbjahresrhythmus.

«Jung, berühmt, einigermaßen reich zu sein, ist sicherlich wider die Natur»

Die Mischung aus scheinbarer Harmlosigkeit, der Selbstverständlichkeit homosexueller Beziehungen und die plötzliche Überführung komischer Banalitäten in drastisch dargestellte Brutalität und Perversion kennzeichnen das Erstlingsstück wie auch die folgenden Komödien. «Beute», 1966 uraufgeführt, bei dem makabrer Schindluder mit einem Leichnam betrieben wird, wurde von Orton zwar immer wieder auf Provinzbühnen getestet und überarbeitet – an den Publikumserfolg des Erstlings konnte es dennoch nicht anknüpfen. Enttäuscht zeigte er sich nicht. «Entertaining Mr. Sloane» war bereits 1965 verfilmt worden, die Filmrechte für «Beute» für immerhin 100.000 Pfund verkauft. Ob Erfolg oder Mißerfolg – Orton versuchte stets den Eindruck zu vermitteln, daß ihn das nicht interessiere. Das für ihn Wichtigste war nicht Ruhm oder Geld, sondern Sex, daran ließ er keinen Zweifel. Täglich streunte er durch Klappen und Parks auf der Suche nach dem schnellen Vergnügen.

Halliwell hingegen litt. Er hatte schon früh eine Glatze bekommen, die ihm einen Minderwertigkeitskomplex bescherte. Seit Joe intellektuell aufgeholt hatte, hatte er ihm nicht mehr viel zu bieten. Der «Pygmalion»-Effekt war verbraucht. Orton war sexuell attraktiver und aktiver, das ließ er ihn ständig spüren. Ungeliebt, ausgenutzt, hoffnungslos war Halliwells Leben auf ein Hausfrauen-Dasein zurückgeschraubt. Orton hatte mit der ersehnten Zweisamkeit seines Freundes nicht viel am Hut. Er wollte sich ausleben, und das meinte vor allem sexuelle Abenteuer. Reisen nach Marokko dienten einzig diesem Zweck: «Jung zu sein, gut auszusehen, gesund, berühmt, einigermaßen reich und glücklich zu sein, ist sicherlich wider die Natur und wenn man obendrein bedenkt, daß ich täglich Gesellschaft von kleinen Jungs habe, die (gegen ein kleines Entgelt) das Ficken mit mir prickelnd und angenehm empfinden, was gibt's, was ein Mann sich noch wünschen könnte», notierte Orton am 25. Mai 1967 in sein Tagebuch.

Auch am neu gewonnenen öffentlichen Leben ließ er den Lebensgefährten nicht teilnehmen. Der Bekanntenkreis Ortons wuchs mit der Popularität. Er zählte längst zur High-Society der Kunstszene Englands; ein exzentrischer Vogel, immer von der Presse umringt.

Halliwell versauerte indes zu Hause und fühlte sich als ein Nichts, abgeschoben und mißbraucht. Einige Freunde hatten zwar bemerkt, daß er psychisch krank war und dringender Hilfe bedurfte. Aber Orton kümmerte das nicht. Er wollte keine Verantwortung übernehmen.

Am 9. August 1967 zerschmetterten neun Hammerschläge Ortons Schädel. Nach der Bluttat nahm Halliwell eine tödliche Dosis Schlaftabletten. Wäre die Tat vier Jahre zuvor geschehen, wäre sie lediglich eine kleine Zeitungsmeldung wert gewesen. So aber wurde sie zu einem britischen Medienereignis.

Orton hat ein schmales Werk hinterlassen: drei abendfüllende Stücke, zwei Einakter, einen Roman, Tagebücher – das meiste davon zu Lebzeiten noch unveröffentlicht. Von Halliwell, der einige literarische Arbeiten zu Ende geführt hatte, ist nie etwas gedruckt worden.

John Lahr:
Halt die Ohren steif.
Die Joe-Orton-Biographie.
Aus dem Englischen von Erwin
Jansen und George Lannan. Lambda
Edition, Hamburg 1987.

Joe Orton:
Die Tagebücher.
Aus dem Englischen von Anette
Bretschneider und Sabine Griesbach.
Rimbaud Verlag, Aachen 1995.

Pier Paolo Pasolini
Amado Mio

Wie Jean Cocteau ist Pier Paolo Pasolini stets offen mit seiner Homo-
sexualität umgegangen, darüber hinaus wurde sie auch Thema seiner
ähnlich vielfältigen künstlerischen Produktion. Pasolini begann als
Lyriker, schrieb später Romane, Erzählungen, politische Pamphlete,
Essays und Theaterstücke, und betätigte sich als Maler und Filmemacher. Der Radikalität seines
Denkens und Lebens entsprach sein früher, überraschender und heute noch mysteriöser Tod: In der
Nacht vom 1. zum 2. November 1975 wird er von dem 17jährigen Stricher Pino Pelosi auf einem
staubigen Sportplatz am Rand des Küstenortes Ostia in der Nähe Roms ermordet. Ein skandalöser
Abgang für einen Skandale provozierenden Künstler.

Sein Gedicht «Eine verzweifelte Vitalität» klingt wie eine Vorahnung: «Allein, oder fast
allein, an der alten Küste/zwischen den Trümmern antiker Kulturen/Ravenna, Ostia oder Bombay –
es ist gleich/mit den zerbrechenden Göttern lösen sich/alte Probleme, der Klassenkampf, auf .../
Wie ein Partisan, der vor dem Mai 1945 fiel/werde ich ganz langsam in Verwesung übergehen/im
zerreißenden Licht dieses Meeres/ein vergessener Bürger und Dichter.»

Für viele war der Tod Pasolinis ein angestrebter Freitod. Der Tod, ein herbeigewünschter Mord,
eine Auslöschung im sexuellen Rausch und zugleich eine Art heilige Buße. Ein dürftiger Gedenk-
stein an der Mordstelle – von privater Hand errichtet – erinnert an Pasolini. Auch nach seinem Tod
tat sich die italienische Öffentlichkeit noch schwer mit ihm. Selbst die Veröffentlichung des umfangreichen Romanfragmentes «Petrolio» sorgte 1993 wegen vermeintlicher Pornographie erneut für
Unruhe und Aufsehen.

In Deutschland war das Interesse am Werk Pasolinis über die Jahrzehnte ungebrochen, wenn
auch mit wechselnden Vorzeichen. Wurde er bis Mitte der 70er Jahre vor allem als Filmemacher
von mehr als 20 Filmen (u.a. «Accatone», «Teorema», «Medea») wahrgenommen, stilisierte ihn die
deutsche Linke später zum Vorzeige-Außenseiter. In Zeiten, da die deutsche Intelligenz, verunsichert
durch den Terrorismus und eine gespaltene Linke, nach neuen Ansätzen suchte, war der Autor der
«Freibeuterschriften» eine willkommene Entdeckung. Nicht weniger als 80.000 Exemplare wurden
1978 von der deutschen Übersetzung verkauft. Ein homosexueller Kommunist, der dem Kommunismus selbst äußerst kritisch gegenüberstand.

Nach einer Pressekampagne in den Jahren 1960/61 aufgrund einer Anzeige wegen «Verführung
Minderjähriger», bei der sich die italienischen Medien mit Unrichtigkeiten, schlüpfrigen Unter-
stellungen und Angriffen auf seine Homosexualität geradezu überboten, wurde Pasolini schließlich
wegen «moralischer Unwürdigkeit» aus der Partei ausgeschlossen. Erst im Laufe der Jahre veränderte
sich das Bild Pasolinis in der Öffentlichkeit, rückte der politische Intellektuelle in den Hintergrund
und trat der Literat ins Bewußtsein.

«Ragazzi di Vita», in Italien 1955 erschienen, fand erst 1990 in deutscher Übersetzung den
Weg in den Buchhandel. Das Hauptproblem war sicherlich nicht die schonungslose, überzeichnete

Darstellung vom Leben in den heruntergekommenen, verarmten römischen Vorstädten, dem Milieu der Kleinkriminellen, Tagediebe, Strichjungen und Mörder. Aus diesem Grunde hatte die italienische Regierung sich genötigt gesehen, unter dem Vorwurf der Pornographie das Buch beschlagnahmen zu lassen. Übersetzer schreckten allerdings lange Zeit vor der schwierigen Aufgabe zurück, den wüsten Jargon dieser Straßenjungs in ein adäquates Deutsch zu übertragen.

«würde ich die Sünde beim Namen nennen ...»

«Ragazzi di Vita» war zwar der erste veröffentlichte Roman Pasolinis, aber bereits einige Jahre zuvor, 1948/49, hatte er an «zwei Romane(n) über die Freundschaft» (so der gemeinsame Untertitel) gearbeitet: «Amado Mio» und «Unkeusche Handlungen». Als Grundlage dienten ihm seine «Roten Hefte», seine Tagebücher, die er bis 1947 führte. Erinnerungen an seine Jugend im Heimatort seiner Mutter in der Region Friaul, wo er als Dorfschullehrer arbeitete und seine ersten Lieben fand.

Die beiden Romane verstand Pasolini immer als eine Einheit und letztlich auch als Variation eines Themas bzw. dessen konsequente Weiterführung. Beinah bukolische Szenen einer Jugend auf dem Land, zwischen Kirmes- und Badevergnügen in heißen Sommern, werden geschildert. Aber auch der Konflikt zweier sich liebender Jungen, weil sie gegen die Norm verstoßen. Pasolini hat die beiden Kurzromane nie beendet, sie wurden erst aus dem Nachlaß veröffentlicht. Scham, Angst und Schuldgefühle sprechen aus seinem Vorwort, das er zu «Amado Mio» und «Unkeusche Handlungen» verfaßt hatte: «Ich verspüre das Bedürfnis, dem Leser etwas zu sagen, bevor er zu lesen beginnt. Doch was soll ich ihm sagen. Beim Schreiben dieser wenigen Vor-Worte bin ich verlegener denn je. Ich habe viel riskiert, indem ich ‹Unkeusche Handlungen› und ‹Amado Mio› schrieb. Ich weiß nicht, ob die so heiklen Themen dieser beiden Erzählungen hinlänglich notwendig und objektiviert sind; ich vermute sogar, daß manch einer, würde ich die Sünde beim Namen nennen ..., vielleicht nicht einmal die erste Seite des Buches läse.»

Die Sünde, von der er hier noch halb verlegen spricht, ist das homosexuelle Verlangen, das Begehren, das die Wahrnehmung zu dirigieren scheint. Er beschreibt sie poetisch, hingabevoll – und zugleich zurückhaltend, fast zaghaft. Es ist eine unschuldige Liebe, die für das Selbstverständnis des jungen Pasolini aber noch mit «Sünde» behaftet ist. «Ich sah ihn traurig und mit geröteten Augen auf mich zukommen. Im Gras des Gartens versteckt hatte er geweint ... Gemeinsam schritten wir Arm in Arm auf das Dorf zu, und ich empfand nun eine schrankenlose, tröstliche Zuneigung für ihn, die durch den Kummer nur noch umfassender und lichter wurde. Der Mond schien nicht; im ungewissen Grau der Felder begann ich aufs neue, ihn mit meinen Fragen, mit meinen Versprechungen zu quälen; er aber blieb – so zart, so respektvoll –, obgleich von sichtlichem Mitgefühl ergriffen, standhaft in seiner Weigerung. Ich zog ihn einen abgelegenen Pfad entlang, und als wir weit genug von der Straße waren, lehnte ich ihn schließlich an einen Maulbeerbaum und umarmte ihn, küßte ihn ... Ich besaß die Geschicklichkeit dessen, der um Almosen bittet. Doch er begann, vom Bösen erschreckt, erneut verzweifelt zu weinen; und ich kniete, meinerseits erschrocken, verzweifelt vor ihm nieder und beschwor ihn, sich wieder zu fassen. Ich versprach ihm, ihn von nun an nur noch wie einen Bruder zu lieben.»

Ein größerer Kontrast innerhalb seines literarischen Werkes ist kaum denkbar als zwischen den anrührenden, traurig-schönen Schilderungen in «Amado Mio» und dem ebenfalls unvollendeten, nachgelassenen, großangelegten Roman «Petrolio» (Erdöl), in den er ausgedehnte, homo- wie heterosexuelle Sexszenen fern jeglicher Romantisierung und schamhafter Zurückhaltung einarbeitete. So heftig und überdeutlich, daß sich sein italienischer Verlag Einaudi erst nach langem Ringen zu einer Veröffentlichung entschließen konnte und, dann nicht mehr verwunderlich, der Ruf nach Verbot dieser «Pornographie» das Erscheinen von «Petrolio» begleitete.

Pier Paolo Pasolini:
«Ich bin eine Kraft des Vergangenen ...».
Briefe 1940–1975.
Herausgegeben von Nico Naldini.
Aus dem Italienischen von Maja Pflug, 1991.
Wer ich bin.
Mit einer Erinnerung von Alberto Moravia. Aus dem Italienischen von Peter Kammerer, 1995.
Petrolio.
Romanfragment. Aus dem Italienischen von Moshe Kahn, 1994.
Alle erschienen im Klaus Wagenbach Verlag, Berlin.

Ragazzi di Vita.
Roman. Aus dem Italienischen von Moshe Kahn, 1995.
Das Herz der Vernunft.
Gedichte, Geschichten, Polemiken, Bilder. Herausgegeben von Burkhard Kroeber, 1991.
Freibeuterschriften.
Aufsätze und Polemiken über die Zerstörung der Kultur des Einzelnen durch die Konsumgesellschaft.
Aus dem Italienischen von Thomas Eisenhardt, 1993.
Alle erschienen im Deutschen Taschenbuch Verlag, München.

Teorema oder Die nackten Füße.
Aus dem Italienischen von Heinz Riedt, 1980.
Amado Mio.
Unkeusche Handlungen.
Zwei Romane über die Freundschaft.
Aus dem Italienischen von Maja Pflug, 1992.
Alì mit den blauen Augen.
Erzählungen, Gedichte, Fragmente.
Aus dem Italienischen von Bettina Kienlechner und Hans-Peter Glückler, 1990.
Vita Violenta.
Roman. Deutsch von Gur Bland, 1983.
Literatur und Leidenschaft.
Über Bücher und Autoren.
Aus dem Italienischen von Annette Kopetzki, 1994.
Die Nachtigall der katholischen Kirche.
Gedichte. Italienisch/deutsch.
Aus dem Italienischen von Toni und Bettina Kienlechner, 1989.
Gramsci's Asche.
Gedichte. Italienisch/deutsch.
Aus dem Italienischen von Toni und Sabina Kienlechner. Mit einem Nachwort von Michael Marschall von Bieberstein, 1988.
Alle erschienen im Piper Taschenbuch Verlag, München.

Nico Naldini:
Pier Paolo Pasolini.
Eine Biographie.
Aus dem Italienischen von Maja Pflug. Klaus Wagenbach Verlag, Berlin 1991.

Enzo Siciliano:
Pasolini. Leben und Werk.
Aus dem Italienischen von Christel Galliani. Mit einem Vorwort von Christoph Klimke. Beltz Quadriga Verlag, Weinheim 1994.

Christoph Klimke:
Wir sind alle in Gefahr.
Pasolini. Ein Prozeß.
Beltz Quadriga Verlag, Weinheim 1995.

Petronius

Satyricon

«Man muß seine Frau lieben wie sein legitimes Einkommen, aber ich möchte nicht dazu verdammt sein, nur mein Einkommen zu lieben.» Mit diesen Worten beschreibt Petronius unmißverständlich die Stellung der Ehefrau in der römischen Gesellschaft.

Zwar hat sie rechtlich bereits eine weitaus bessere Position als die Gattinnen in der griechischen Welt; doch auch sie verkümmert mehr oder weniger in den häuslichen vier Wänden. Den Männern standen zur sexuellen Erfüllung alle Möglichkeiten offen; Heerscharen von Hetären und Lustknaben waren allzeit bereit. Das Bordell war alles andere als ein anrüchiger Ort, es bildete ein bedeutendes Zentrum des gesellschaftlichen Lebens. Ob Ovid, Catull oder Horaz – in ihren Dichtungen ist zumindest ansatzweise zu erfahren, welchen Stellenwert die gleichgeschlechtliche Liebe bzw. das «Sowohl-als-auch» hat. (Horaz: «Die Männer haben eine zweifache Bestimmung. Einerseits für die Frauen, andererseits für die Männer.»)

Homosexuelle Handlungen waren grundsätzlich nicht verwerflich. Bessergestellte Patrizier-familien legten ihren heranwachsenden Söhnen einen Sklaven mit ins Bett, damit die ersten sexuellen Bedürfnisse auch gleich befriedigt werden konnten. Männliche Prostituierte, junge Männer aus den verarmten Provinzen oder aber Künstler auf der Suche nach einem Mäzen, waren vor allem in einem als Homosexuellenviertel bekannten Stadtteil Roms, mit Barbierläden und öffentlichen Bädern, anzutreffen. Wenn auch ein Verhältnis zwischen einem Patrizier und einem Sklaven nichts Schlimmes war, geduldet wurde diese Beziehung nur, solange sie rein sexuell blieb. Alles andere war der Ehe vorbehalten. Bisweilen schenkte ein Herr seinem Geliebten die Freiheit und ließ ihm eine Ausbildung zukommen. Terenz und Livius Andronicus etwa, die beiden Dichter, sind freigelassene Sklaven.

Erst ab dem 1. Jahrhundert vor Christus veränderten sich die Konventionen. Da konnte dann auch Kaiser Nero ganz offiziell während eines orgiastisch-erotischen Spektakels seinen Lustknaben heiraten. Der aus Nordafrika stammende Kaiser Severus Alexander versuchte bei seinem Machtantritt im Jahr 222 zwar die männliche Prostitution zu verbieten, er mußte aber bald einsehen, daß er deren Stellenwert in Rom, wo es sogar einen den Lustknaben gewidmeten Staatsfeiertag gab, nicht schmälern konnte. Also begnügte er sich damit, sie zu besteuern.

Die Zustände in der römischen Subkultur, in den Badehäusern, Bordellen und Lokalen beschrieb Petronius Arbiter in seinem Schelmenroman «Satyricon», für viele der «erste schwule Roman» der Weltliteratur. Vom Autor ist nur wenig bekannt. Als im 16. Jahrhundert die schlüpfrig-komödiantische Prosa des Petronius ein weitreichendes Leseinteresse fand, versuchten Gelehrte gar mittels magischer Riten und mit Hilfe des Teufels mit dem Römer in Kontakt zu kommen, um weitere Details seines Lebens und seiner Romanhelden zu erfahren. Ob die spirituellen Sitzungen erfolgreich waren, ist nicht überliefert. Ebensowenig wie das Geburtsjahr des Petronius. Sicher ist, daß er einer angesehenen Familie entstammte, zu einem Günstling Kaiser Neros wurde, der ihn zum *arbiter elegantiae*, zum «Schiedsrichter in Geschmacksfragen» machte. Er brachte es schließlich bis

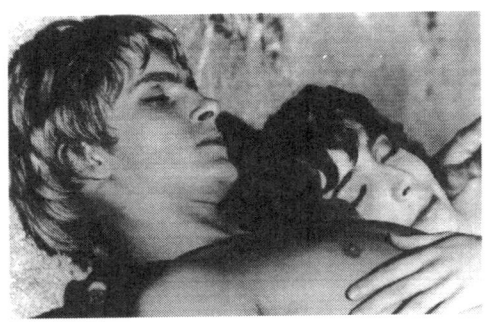

Filmszene aus Fellinis «Satyricon»

zum Konsul von Bithynien und wurde dann das Opfer einer Intrige. Angeklagt an einer Verschwörung beteiligt gewesen zu sein, nahm er sich 66 n. Chr. das Leben.

Der Erzähler Encolpius, ein junger Mann mit ausschweifendem Lebenswandel, begibt sich in «Satyricon» gemeinsam mit Ascyltus, mit dem Dichter Eumolpus, dem Rhetor Agamemnon und seinem jüngeren Gefährten Giton, einem geschäftstüchtigen Lustknaben, auf Reisen und durchstreift mit ihnen das Rom Neros. Vor allem sexuell kommen sie dabei auf ihre Kosten und lassen kaum eine Frau oder einen Mann aus. Giton hat dabei den größten Erfolg. Wenn er ein Badehaus betritt, erhält er spontanen Applaus, «denn er hatte ein Werkzeug von großartiger Dicke und Länge. Welch kraftvoller Meister!» Giton muß nicht lange auf einen Günstling warten. «Ein römischer Ritter, der ihn nackt laufen sah, bedeckte ihn mit seinem Mantel und nahm ihn mit sich nach Hause, ohne Zweifel, um sich dort allein an seinem Glück zu erfreuen.» Das macht neidisch und schürt Eifersucht, denn letztlich buhlen Encolpius und Ascyltus gleichermaßen um die Zuneigung Gitons. Encolpius ist dabei im Nachteil, hat ihn doch der phallische Gott Priapus für seine Exzesse mit Impotenz gestraft. Erst die Hexe Oenothea gibt ihm seine Liebesfähigkeit zurück. Doch Encolpius schmerzt die Schmach, von Giton abgewiesen worden zu sein. «Und wer hat mich zu dieser Einsamkeit verdammt? Ein Jüngling, von jeder unreinen Lust befleckt, der nach eigenem Eingeständnis Verbannung verdient, einer, der durch Unzucht die Freiheit, durch Unzucht den bürgerlichen Stand erworben, den man in seiner Jugend für einen Gutschein kaufen konnte, den wie ein Mädchen sich mietete, auch wer ihm den Mann glaubte.»

«Welch eine Nacht war das, ihr Götter!»

«Satyricon» liegt nur in Fragmenten vor, dennoch lassen sich die episodenhaft erzählten Abenteuer als ein Ganzes lesen. Immer wieder wird die Handlung von lyrischen Einschüben unterbrochen: «Welch eine Nacht war das, ihr Götter! /Weich das Lager: in feuriger Umarmung /drängte Mund sich an Mund; die Seele hauchte/eins dem anderen ein. Verfliege, Bangen /vor dem Tode – so, so will ich vergehen!»

In maßlos gesteigerten parodistischen Zügen, mit gelegentlich vulgären Passagen, welche weniger dem Schriftlatein eines Caesar als vielmehr der gesprochenen Sprache des einfachen Volkes entsprachen, entwarf Petronius ein satirisches Sittenbild. Federico Fellini machte 1969 daraus in seiner Verfilmung eine entsprechend absurde, bizarre Revue mit sexuellen Monstrositäten. Frauen müssen eifersüchtig erleben, wie der Ehemann ihnen einen Sklaven vorzieht, Kinäden (passive Homosexuelle) fallen heftig geschminkt und mit wackelnden Hintern über Encolpius her, um Mund und Hinterteil mit «widerlichen Küssen» zu bedecken. Eine andere Erfahrung macht der Dichter Eumolpus, der bei einer seiner Reisen im Zimmer eines bildhübschen Sohnes eines Gastgebers einquartiert wird. Der Junge ist gewitzt und läßt sich seinen sexuellen Reiz bezahlen. Erst wird

Eumolpus ein Paar Tauben, dann Hühner und schließlich ein Pferd los. Wenn er ohne Geschenk
zu ihm ins Bett kriechen will, weiß der Junge einen heimtückischen, aber wirkungsvollen Trick:
«Schlafe! Oder ich wecke den Vater auf und sag's ihm!» Und das will Eumolpus bestimmt nicht.
Dann aber beginnen sich die Abhängigkeitsverhältnisse zu ändern. Der Junge ist auf den Geschmack
gekommen und macht nun seinerseits den Gast an. Dem gefällt's, aber er hat nicht bedacht,
daß der Knabe ausdauernder als er selbst ist. Als er bereits zum vierten Mal in einer Nacht ihm
zu Diensten ist und der Jüngling Anstalten zu einer weiteren Runde macht, rächt sich Eumolpus:
«Schlafe! Oder ich wecke den Vater auf und sag's ihm!»

Petronius:
Satiricon oder Begebenheiten
des Enkolp.
Übersetzt von Wilhelm Heinse.
Insel Taschenbuch Verlag, Frankfurt/
Main 1980.

Satyricon. Ein römischer
Schelmenroman.
Übersetzt und erläutert von
Harry C. Schnur. Reclam Verlag,
Stuttgart 1968.

Roger Peyrefitte
Heimliche Freundschaften

Es ist kein Zufall, daß gerade Jean Daniel Cadinot, der französische Pornofilmregisseur, einen seiner
Filme sehr, sehr frei nach Peyrefittes Knabeninternatsroman gedreht hat. Heranwachsende Jungs, ihre
ersten sexuellen Erfahrungen und Liebeserlebnisse, die moralische Enge der Klöster und Internate,
die sittenstrengen und zumeist von Doppelmoral gezeichneten Priester, Lehrer und Erzieher – als
Grundkonstruktion homoerotischer bzw. päderastischer Leidenschaften dienen sie Dutzenden von
Romanen, wie etwa Henry de Montherlants «Die Knaben».
   Roger Peyrefittes «Heimliche Freundschaften» («Les Amitiès particulières») erscheint dabei
wie ein Grundmodell für diese Internatsromane. In Saint-Claude, ein – selbstverständlich reines –
Knabeninternat, herrscht Sittenstrenge und Ordnung. Die Patres sorgen dafür, daß die Jungen ganz
im Geiste der katholischen Kirche und der religiösen Ehrerbietung aufwachsen. Georges, Kind aus
bestem Hause und mit seinen 15 Jahren bereits ein belesener, kunstinteressierter Schöngeist, vermißt
die heimelige Wärme der Familie, die Zuneigungen und Zärtlichkeiten der Mutter. Eines Tages
erblickt er unter den jüngeren Internatszöglingen Alexander, ein für ihn engelsgleiches Wesen,
das ihn betört und verstört, dessen Anblick ihn den ganzen Tag begleitet. Eine heimlich zugesteckte
Botschaft, die Abschrift eines Liebesgedichtes von Edmond Rostand, wird ebenso abenteuerlich
beantwortet – mit lyrischen Zeilen.
   Die Freundschaft ist geknüpft, bald ist sie längst nicht mehr nur platonisch. Eine glückliche,
zärtliche Romanze, die sich tarnen muß und geheime Zeichen zu ihrer Verständigung braucht und

mit heimlich zugesteckten Liebesbriefen als eine notwendige, aber auch schwärmerisch-poetische Spielerei zweier Verliebte erscheint: «Lieber Alexander! Seit Sonntag trage ich immer Dein Briefchen an meinem Herzen, und es gibt mir das Gefühl, daß Du ganz bei mir bist. Das Internat – das bist Du. Jede Stunde des Tages lebt von Deiner Gegenwart. Du kommst aus dem Schlafsaal zu mir herab wie der Morgen selbst. Am Mittag bist Du meine Nahrung, und am Abend scheinst Du nur von mir fortzugehen, um noch schöner wiederkehren zu können.»

Peyrefitte zelebriert das Idyll mit Anmut und Leichtigkeit, um schließlich die Tragödie effektvoller einleiten zu können. Eines Tages nämlich fällt einer der glühenden Liebesbriefe Alexanders einem Pater in die Hände. Der Skandal ist perfekt. Fortan werden die beiden überwacht; nie wieder sollen sich die «Schrecklichkeiten» wiederholen können. «Weil das, was uns glücklich macht, in ihren Augen etwas Verabscheuungswürdiges ist, glauben Sie das Recht zu haben, es uns zu nehmen!» empört sich Alexander gegenüber seinem Geliebten. Doch die beiden trotzen allen verschärften Vorschriften und ihre Liebe wächst an diesen – teilweise brutalen – Einschüchterungsversuchen und Züchtigungen. Um so schlimmer für sie, als sie bemerken, daß sie keineswegs das einzige Liebespaar im Internat sind und auch einige der Patres sich den Knaben in einer Weise hingezogen fühlen, wie es die Kirche ganz sicherlich nicht gerne sähe. Ganz ohne Spuren bleiben die ständigen physischen und psychischen Bestrafungen nicht. Als Georges am Ende des Schuljahres das Internat verläßt, geht er, ohne sich von Alexander verabschiedet zu haben. Verzweifelt stürzt dieser sich bei der Rückfahrt aus den Ferien aus dem Zug.

«Du bist der Junge meiner Liebe, meiner Hoffnungen, meiner Gewißheit.»

Bei der Beisetzungsfeier ist auch Georges anwesend. Erst jetzt erkennt er die Tiefe und Wahrhaftigkeit ihrer Liebe und er gelobt, seinen Freund immer in seinem Gedächtnis zu bewahren. «Wie um bei ihr Schutz ... zu finden, griff Georges nach seiner Brieftasche, die das teuerste Erbe barg: die Briefe, die an des Kleinen Herzen geruht hatten oder von seiner Hand geschrieben worden waren, die Photographie des Schlafenden, dessen Augen sich wieder auftun würden zu einem lächelnden Verzeihen ... An Georges war es nun, zu beweisen, daß es immer noch lebte. Die von der Vergangenheit erleuchtete Zukunft sollte seine Vergeltung werden.» Wie ein Gebet richtet er seinen Schwur für Alexander zu den Sternen: «Du bist nicht der Junge der Gebete und der Tränen, du bist der Junge meiner Liebe, meiner Hoffnungen, meiner Gewißheit. Du bist nicht tot – du bist nur für eine Weile auf das andere Ufer hinübergegangen. Du bist kein Gott, du bist ein Junge wie ich, du atmest in mir, mein Blut ist das deine ... So wie wir es ersehnt haben, werden wir von nun an immer beieinander sein.»

«Heimliche Freundschaften» war der erste Roman Roger Peyrefittes und legte den Grundsockel für seinen Rang als schwuler Kultautor der 50er und 60er Jahre. Aus heutiger Perspektive gelesen, sind seine Bücher durch ihre süßliche Schwülstigkeit und das sentimentale Pathos nur noch bedingt genießbar. Als sein Debüt jedoch 1944 erschien, verschwieg er keineswegs die starken autobiographischen Züge, was bereits eine recht mutige Haltung war. Nicht allein deshalb erregte das Buch Aufsehen. Die Verbindung des klerikalen Lebens in diesem Jesuitenorden mit der Homosexualität konnte der Kirche nicht gefallen. Selbst als zwei Jahrzehnte später Jean Delannoy den Stoff verfilmte, regte sich noch Entrüstung. An Skandalen jedoch war Peyrefitte (geb. 1907) ohnehin sehr gelegen.

Wenn er als französischer Diplomat entsprechend distinguiert und kultiviert war, als Romancier liebte er die Rolle des sarkastischen Klatschautors. In «Diplomatische Missionen», (1953) blickt er hinter die Kulissen seines eigenen Berufsstandes, er attackiert das amerikanische wie das jüdische Volk («Amerikaner, Amerikaner», 1967 und «Die Juden», 1965) und plaudert über das homosexuelle Treiben im Vatikanstaat und in der römischen High-Society («Die Schlüssel von St. Peter», 1955 und «Die Malteser Ritter», 1957).

Er selbst lieferte jedoch ebenso reichlich Stoff für die Klatschpresse. Als ihn Ende der 70er Jahre sein junger Lebensgefährte erst an den Rand des Ruins brachte, so daß Peyrefitte sich veranlaßt sah, seine Sammlung erotischer Kunst (angeblich die zweitgrößte in der Welt nach jener des Vatikans) zu verkaufen, und ihn schließlich für die transsexuelle Popdiva Amanda Lear verließ, war er nicht nur am Rande des finanziellen, sondern auch des seelischen Ruins. Aber auch das war ihm Stoff für einen skandalträchtigen, autobiographischen Roman: «Herzbube».

Roger Peyrefitte:
Heimliche Freundschaften.
Aus dem Französischen von
Günther Vulpius. Bruno Gmünder
Verlag, Berlin 1991.

Felice Picano
Der Köder

Der Zufall bringt das bislang so geordnete Leben des Noel Cummings aus der Bahn. Und dies nur, weil er an einem Morgen im März 1976 zur richtigen Zeit an der richtigen Stelle in einem abgelegenen, verlassenen Teil eines New Yorker Lagerhallenviertels mit seinem Rennrad vorbeirauscht und unverhofft Zeuge eines brutalen Mordes wird. Der Schock sitzt tief. Der junge Soziologiedozent ist jedoch überraschter, als ihm die Polizei ein «unmoralisches Angebot» macht. Noel soll für sie Spitzeldienste im Rahmen der Ermittlungen leisten, genauer: er soll Köder sein. Dieser Mord nämlich war nicht der erste von einer Reihe blutrünstiger Hinrichtungen schwuler Männer. Cummings stimmt zu. Er taucht ein in die schwule Subkultur mit all ihren Riten, Rätseln und Verführungen und ist alsbald tiefer in diesem Labyrinth aus physischer und psychischer Gewalt verstrickt, als ihm lieb ist.

Noel bewegt sich in dieser fremden Welt wie ein Ethnologe auf neuen Pfaden und wird bei seinen Exkursionen immer wieder mit seinen eigenen Vorurteilen konfrontiert: «Er hatte Homosexualität immer mit weibischen Gesten und Reden in Verbindung gebracht. Aber hier war es das schiere Gegenteil: eine extreme Männlichkeit, unerschütterlich, beinahe mit der Gelassenheit der

Pioniere zu vergleichen, als ob alle Gary-Cooper-Filme zum Leben erwacht wären. Genau! So war es! Die derbe Kleidung, der großspurige Gang, die gedehnte Sprechweise. Sie verkörperten Cowboy-Phantasien.»

Noel studiert das Verhalten der Schwulen in den Bars, Kneipen und Klappen; er belauscht Kneipengespräche und schnappt so Szeneworte auf, die er auswendig lernt, wie das Vokabular einer fremden Sprache. Immer tiefer gerät er in die ihn zunehmend faszinierende Subkultur, bis er schließlich ein Teil von ihr geworden ist – und unerwartet sein Coming-out erlebt.

Als «The Lure» 1979 in den USA erschien, war dies das Coming-out des 1944 geborenen Ex-Sozialarbeiters und nunmehr Schriftstellers Felice Picano. Drei ganz und gar nicht schwule, recht erfolgreiche Romane hatte er bis zu diesem Zeitpunkt veröffentlicht. «The Lure» wurde ebenfalls zu einem Bestseller – und zu einem Klassiker des Genres. Durch seine offene und schonungslose Darstellung der sexbetonten Subkultur der 70er Jahre ist «Der Köder» wahrscheinlich der erste schwule Thriller.

«Als ob alle Gary-Cooper-Filme zum Leben erwacht wären.»

Bereits 1977 hatte Picano den ersten schwulen Verlag in New York gegründet, «Sea Horse Press». Er entdeckte Autoren wie Dennis Cooper, Martin Duberman und Brad Gooch. Wenige Jahre später gehörte Picano zu den Mitbegründern eines anderen, inzwischen geschichtsträchtigen schwulen Verlages: «Gay Men's Press New York». Zu diesem Zeitpunkt war Picano einer der erfolgreichsten schwulen Autoren und zusammen mit Edmund White, Andrew Holleran, George Whitmore, Christopher Cox, Michael Grumley und Robert Ferrow bildete er den «Violet Quill», die erste offen schwule Autorengruppe der Vereinigten Staaten.

«The Lure» kursierte in deutscher Übersetzung zeitweilig sogar in einer zeitungsähnlichen Aufmachung als eine Art Fanzine. Denn schnell war der Ruf dieses selbst von der allgemeinen amerikanischen Presse bejubelten Romans über den großen Teich gedrungen. 1981 erschien er in der Schweizerischen Verlagsanstalt unter dem merkwürdigen Titel «Gefangen in Babel». Die Taschenbuchausgabe entwickelte sich mit sechs Auflagen zu einem Longseller. Erst die 1993 veröffentlichte Neuausgabe erhielt den korrekten Titel «Der Köder».

Picanos Stärke ist die nie nachlassende, fiebrige Spannung. Dabei verrät er das Milieu und die exstatisch, ganz und gar von Geilheit aufgeladene Stimmung der Darkrooms und Saunen, die wilden Sex- und Drogen-Orgien nicht an die Sensationsgier scheinheiliger Moralisten. In diesem Punkt unterscheidet sich «Der Köder» beispielsweise ganz deutlich von William Friedkins spekulativem und denunzierenden Film «Cruising» (1979), der einen ähnlichen Ausgangspunkt – heterosexueller Polizist ermittelt in der schwulen S/M-Szene nach einem Schwulenmörder – hat.

In «Der Köder» zelebriert die schwule Sexualität ihre hart umkämpfte, lang versagte Freiheit. Der «Stonewall»-Aufstand lag gerade ein Jahrzehnt zurück. Sex hatte in den Zeiten vor Aids nicht nur die Funktion der Lustbefriedigung, sie war eine Möglichkeit der sozialen Kommunikation, wenn auch noch im Dunkel der Bars und Darkrooms. In der beständigen Selbstfeier der eigenen kraftstrotzenden Körper, Sexualität und Erotik entstand das nötige Selbstbewußtsein, für den Kampf um Akzeptanz und Toleranz innerhalb der Gesellschaft. Wie sehr diese sich stärkende und festigende Schwulenbewegung ein Dorn im Auge konservativer Politiker und reaktionärer Polizeieinheiten war, macht schließlich den Plot des Thrillers aus. In einem sich dramatisch zuspitzenden, mörderischen Showdown (wie sollte es anders sein!) wird das Rätsel um den Serienkiller gelöst, und Noel Cummings landet glücklich in den Armen seines neugefundenen Lovers. Eine Blutorgie mit Happy-End.

Felice Picano:
Der Köder.
Roman. Aus dem Amerikanischen von Kurt Wagenseil und Heinrich Zweifel. Neu bearbeitet von Gerhard Hoffmann. Albino Verlag, Berlin 1993.

Doppelbegabung.
Aus dem Amerikanischen von Heinz Vrochta. Knaur Taschenbuch Verlag, München 1988.

Diese eine Freundschaft.
Roman. Aus dem Amerikanischen von Helmut Splinter. Knaur Taschenbuch Verlag, München 1997.

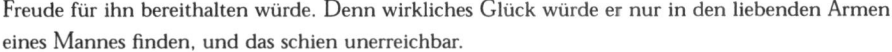

August von Platen
Wer die Schönheit angeschaut mit Augen

«Bist du nicht gewohnt vor Allen/Als der Einsamkeit Geweihter/Ohne Fußpfad und Begleiter/Durch den stillen Forst zu wallen?» Als August Graf von Platen-Hallermünde diese Verse schrieb, war er 22 Jahre alt und wußte schon genau, daß auch der Rest seines Lebens nicht viel Freude für ihn bereithalten würde. Denn wirkliches Glück würde er nur in den liebenden Armen eines Mannes finden, und das schien unerreichbar.

Der 1796 in Ansbach geborene Abkömmling einer verarmten Adelsfamilie und Sohn eines Oberforstmeisters lebte nach seiner Erziehung in einer bayerischen Kadettenanstalt einige Jahre als Page und Unterleutnant in Diensten des bayerischen Königshauses. 1815 zieht er gar in den Krieg gegen Frankreich, aber seine Sache ist dies nicht. Platen quittiert den Dienst und beginnt ein breitgefächertes Studium. Der «der Einsamkeit Geweihte» stürzt sich, wie schon in seinen Jugendjahren in der Kadettenanstalt, in die Lektüre, quer durch die Weltliteratur. Seine Hoffnung auf Karriere hat er bereits begraben, und auch an das ganz private Glück will er nicht mehr glauben. «Nie Erwiderung, noch weniger Befriedigung hoffend, wird mein Zustand immer drückender ...» schreibt der 26jährige. Wenige Jahre später, 1824 – er hat inzwischen eine Anstellung als Bibliothekar gefunden –, unternimmt er eine erste Italienreise, die sein bislang eher tristes und einsames Leben grundlegend verändert. Er macht dort seine vermutlich ersten homosexuellen Erfahrungen. Endlich erfüllt sich, wonach er sich von Jugend an gesehnt und was er in seinen Gedichten und in Tagebüchern beschrieben hat: erwiderte Liebe zu einem Mann: «Warm und innig möchte ich mich an ein anderes Wesen anschließen. Aber was mich am meisten zittern machen sollte, ist, daß meine Neigungen bey weitem mehr nach meinem Geschlechte gerichtet sind als nach dem weiblichen. Kann ich ändern, was nicht mein Werk ist?» Der Kampf zwischen eigener Natur und bürgerlicher Moral schien aussichtslos, aber Platen nahm ihn auf, und vor allem: er beschrieb ihn – so ausführlich, selbstergründend wie kein anderer Schriftsteller in deutscher Sprache bislang vor ihm.

«Nie Erwiderung, noch weniger Befriedigung»

«Platen war ein Revolutionär. Platen hat zum ersten Mal in der Literatur die Geschichte der Empfindungen eines normalen Homosexuellen entworfen; er hat die kompliziertesten Metren der Lyrik – ähnlich wie Sappho – in den Ton natürlicher Sinnlichkeit verwandelt», schreibt Hubert Fichte fast 150 Jahre nach August Graf von Platen-Hallermündes Tod und leitet damit die (Wieder-)Entdeckung Platens für eine homosexuelle Leserschaft und die Rehabilitierung des als Dichters allenfalls formvollendeter, aber hohler Verskunst geschmähten Mannes ein. Oden und Hymnen nach antikem Vorbild, aber auch die persische Ghasele schuf Platen in deutscher Sprache neu. Die starren Versvorschriften waren für ihn ein Weg, das innere Chaos zu bändigen und zu ordnen. Selbst wenn er sich den Normen eines Sonetts etwa unterwirft: Das Leiden des Einsamen, die Sehnsucht des unglücklich Liebenden, das Verlangen nach Schönheit und Leben spricht unüberhörbar aus diesen Versen. Zum Beispiel in «Tristan», dem wohl bekanntesten seiner Gedichte:

Wer die Schönheit angeschaut mit Augen,
Ist dem Tode schon anheimgegeben,
Wird für keinen Dienst auf Erden taugen,
Und doch wird er vor dem Tode beben,
Wer die Schönheit angeschaut mit Augen!

Ewig währt für ihn der Schmerz der Liebe,
Denn ein Tor nur kann auf Erden hoffen,
Zu genügen einem solchen Triebe:
Wen der Pfeil des Schönen je getroffen,
Ewig währt für ihn der Schmerz der Liebe!

Ach, er möchte wie ein Quell versiechen,
Jedem Hauch der Luft ein Gift entsaugen
Und den Tod aus jeder Blume riechen:
Wer die Schönheit angeschaut mit Augen,
Ach, er möchte wie ein Quell versiechen!

Bloßer Ästhetizismus ist ein weiterer Vorbehalt, unter dem häufig auch «Tristan» gelesen wurde: als abstraktes Sinngedicht. Wer die Schönheit allerdings schlicht als «schönen Mann» versteht, liest ein melancholisch-verzweifeltes Liebesgedicht. Thomas Mann schätzte ihn dafür, wahrscheinlich insbesondere wegen Platens unausweichlicher Lebensdramatik. Seine Auseinandersetzung mit dem Werk des Grafen faßte Mann 1930 in seiner berühmten «Platen-Rede» zusammen: «Platen – Tristan: in diesem Bilde eines dunklen Rittertums todverfallener und todbeheimateter Liebe mag man ihn, ernsten Auges, sehen und ehren. Platen – Don Quichote! Eine fahrende Seele, begeistert und getrieben von sublimer Narrheit, von einem unbedankten, unzeitigen, unmöglichen, verbitterten, jeden Augenblick geschändeten und verprügelten, zu Tode gelachten Hochsinn und Kampfesmut.» Die Stimmung der Platenschen Venedig-Gedichte findet sich wieder in Thomas Manns «Der Tod in Venedig», und Platen selbst nahm er zum Vorbild für seine Gestalt des an der gleichgeschlechtlichen Liebe zugrundegehenden Gustav Aschenbach.

Zwölf Bände umfaßt die Ausgabe Platens sämtlicher Werke von 1910. Die im 19. Jahrhundert so beliebten Romanzen und Balladen sind mittlerweile weitgehend vergessen; die dramatischen Versuche, wie die Literatursatiren, interessieren heute allenfalls Germanisten. In seinen eher tagebuchartigen Gedichten jedoch findet Platen, neben zugegebenermaßen reichlich Triviallyrik, zu differenzierten Gefühlstönen. Wo Heinrich Heine versuchte, die Romantik mit Ironie zu überwinden, tut dies Platen mit überhöhtem Pathos. Aber nicht nur dieser Ansatz in der deutschen Literatur des 19. Jahrhunderts verbindet die beiden. Heine und Platen lieferten sich einen heftigen, literarisch ausgefochtenen Streit, der weit unter die Gürtellinie zielte. Neid war der Auslöser für diesen 1829 entfesselten Literaturskandal, bei dem sich rückblickend beide bis aufs Hemd blamierten.

«Sein Freund, ich bin's; doch möcht ich nicht sein Liebchen sein;/Denn seine Küsse sondern ab Knoblauchgeruch», spottet Platen im «Romantischen Ödipus» über den Dichterkollegen Heine. Der kontert in seinem Reisebuch «Die Bäder von Lucca»: «Wer ist denn der Graf Platen, den wir im vorigen Kapitel als Dichter und warmen Freund kennenlernten? ... Ein trister Freudenjunge ... Troubadour des Jammers, geschwächt an Leib und Seele ...» Platen wiederum beschwert sich 1828 mit antisemitischem Ton in einem Brief an Schelling über den «schamlosen Jude(n) Heine (ein armseliger Schmierer und Sansculot)» und bezeichnet ihn als «Fetrark des Laubhüttenfestes». Erholen wird sich keiner der beiden von diesem Streit. Beide wählen das Exil und sterben fern der Heimat. Platen kommt 39jährig auf der Flucht vor der Cholera auf Sizilien jämmerlich zu Tode, als Folge überhöhten Medikamentenkonsums. Felix Mendelssohn, der ihn kurz zuvor besucht hatte, beschreibt ihn als einen frühgealterten, «kleinen, verschrumpften goldbebrillten Greis von 35 Jahren», der ihm «Furcht machte». Heine bereute später seine Denunziationen. Er habe dies nur getan, um «in die Gazetten zu kommen». Dies gelang ihm auch. Platen hingegen geriet ins literarische Abseits, verstärkt durch Goethes Verdikt, seiner Dichtung fehle es an Liebe. Dieses Mißverständnis wurde erst in den letzten Jahrzehnten maßgeblich von schwulen Literaturwissenschaftlern behoben. Und nicht von ungefähr trägt eine der Universität Siegen angeschlossene Stiftung zur Förderung literaturwissenschaftlicher Arbeiten im Themenumfeld Homosexualität den Namen August von Platens.

August von Platen:
Wer die Schönheit angeschaut mit Augen.
Ein Lesebuch. Herausgegeben von Rüdiger Görner. dtv, München 1996.
Tagebücher.
Auswahl und Nachwort von Rüdiger Görner. Manesse Verlag, Zürich 1990.
Gedichte.
Auswahl und Nachwort von Heinrich Henel. Reclam Verlag, Stuttgart 1968.

«... bleibe ich doch wunderbar unglüklich.» August von Platens Aufenthalt in Würzburg 1818–1819 und seine Liebe zu Adrast.
Tagebücher, Gedichte, Briefe. Herausgegeben und mit einem Nachwort versehen von Christian Mücke in Zusammenarbeit mit Erwin Kolle. Daniel Osthoff Verlag, Würzburg 1993.

Peter Bumm:
August Graf von Platen. Eine Biographie.
Schöningh Verlag, Paderborn/ München 1990.

Platon
Das Gastmahl

Im «Symposion» («Das Gastmahl» bzw. «Das Trinkgelage», entstanden
um 380 v. Chr.) schildert Platon ein Festessen im Haus des Dramati-
kers Agathon nach dessen erstem Sieg beim Tragödienwettbewerb.
Reihum soll jeder der Anwesenden eine Lobrede auf den Eros halten:
der Arzt Eryximachos, Pausanias, Phaidros, der Komödiendichter Aristophanes. Phaidros preist, mit
Verweis auf mythologische Gestalten, die Macht des Liebesgottes. Differenzierter stellt es Pausanias
dar. Er unterscheidet zwischen einem himmlischen und einem irdischen Eros. Während letzterer
allein der Lust fröne, den Körper mehr als die Seele liebe, führe der himmlische Eros zu einem
Wettstreit der sich Liebenden, mehr menschlicher und geistiger Vollkommenheit entgegenzustreben.
Platon (427–347 v. Chr.) läßt Aristophanes den Mythos der ursprünglich drei verschiedenen
Geschlechter erzählen (heute vor allem als «Ideenlehre» Platons bekannt). Die Menschen seien zu
Urzeiten kugelförmige Doppelwesen gewesen; mann-männlichen, mann-weiblichen und weib-weibli-
chen Geschlechts. Die Götter hätten diese Wesen, um sie zu schwächen, zu Menschen zerschnitten.
Seitdem suchten die Menschen nach ihrer anderen Hälfte. Im Wiederfinden und Vereinigen erfahren
sie Liebe und Erfüllung. Auch die ursprünglich mann-männlichen Wesen: «Alle, die Stücke des
Männlichen sind, folgen dem Männlichen, und als Knaben lieben sie, weil sie ja Teile vom Männlichen sind, die Männer und sind froh, wenn sie bei den Männern liegen und sie umarmen. Und
diese sind die besten unter den Knaben und Jünglingen, weil sie von Natur die mannhaftesten sind.
Manche sagen, sie seien schamlos, aber das ist Lüge, denn sie tun nicht aus Schamlosigkeit so, sondern aus Mut und Mannheit und Männlichkeit: das ihnen Ähnliche haben sie gern. Das ist sicher
bewiesen: Denn diese allein landen, wenn sie zu Männern gereift sind, im Staatsleben.»

Die Knabenliebe war in der griechischen Kultur, und längst nicht nur zu Zeiten ihres Nieder-
gangs, gesellschaftlich institutionalisierte Praxis, sowohl in Sparta wie in Athen. Sie war jedoch
bestimmten Formen unterworfen. Stets handelte es sich um die Liebe eines älteren zu einem jüngeren
Mann. Der Erwachsene führte den Knaben bzw. Jugendlichen in die Welt der Männer ein, lehrte ihn
moralische, politische wie auch militärische Tugenden und kümmerte sich um seine sportliche Ausbildung. Weil die Ehefrauen am öffentlichen Leben nicht teilnehmen durften, keine Bildung genossen, waren die Liebhaber meist die engsten Vertrauten und Gesprächspartner der Männer. Die sexuelle Komponente spielte allerdings keineswegs nur eine periphäre Rolle, sondern wurde offen gehand-
habt. Grundsätzlich ausgeschlossen war der Analverkehr, er galt als ehrverletzend und entwürdigend
und war nur mit männlichen Prostituierten denkbar. Homosexuelle im heutigen Sinne, die also keinerlei Beziehungen zu Frauen unterhielten, sondern feste Bindungen zu anderen Männern suchten,
wurden von der griechischen Gesellschaft nicht toleriert, sondern waren Zielscheibe des Spotts, wie
einige Komödien belegen. «Euryproktoi» ist die gängigste Beschimpfung, «Weitärschige». Agathon
gibt Aristophanes in einer seiner Komödien der Lächerlichkeit preis, indem er ihn in Damenkleidern
und mit weiblichem Benehmen darstellen läßt.

Platon läßt Aristophanes im «Gastmahl» auch die Umstände mann-männlich Liebender erörtern: «Nachdem sie erwachsen sind, lieben sie Knaben, und auf Ehe und Kinderzeugung lenken sie nicht von Natur den Sinn, sondern sie werden durch das Gesetz genötigt. Sie selbst wären zufrieden, miteinander ehelos zu leben. Immerdar muß ein solcher Knaben und Freunde lieben, weil er immer das Verwandte gern hat. Wenn nun ein Knabenfreund oder jeder andere auf seine eigene Hälfte selbst trifft, dann werden sie wunderbar erschüttert von Freundschaft und Vertrautheit und Liebe und wollen voneinander nicht lassen, auch nicht einen Augenblick.»

Platons Dialog gipfelt in der Rede des Sokrates. Als Zwanzigjähriger war Platon dessen Schüler gewesen. Nach der für ihn ungerechten Verurteilung und Hinrichtung seines Lehrers verließ Platon für viele Jahre Athen. In Syrakus am Hofe von Dionysios II. befreundete er sich mit Dion, dem Neffen des Tyrannen, dieser jedoch witterte ein unzüchtiges Verhältnis und Platon mußte weiterziehen. Nach abenteuerlichen Umwegen, Platon war zwischenzeitlich gefangengenommen und als Sklave verkauft worden, kehrte er nach Athen zurück und gründete eine eigene Philosophieschule in einem Park, die dem Helden Akademos gewidmet war. Daher rührte auch der Name seiner Schule, «Akademie».

... dann werden sie wunderbar erschüttert von Freundschaft und Vertrautheit.»

Für Sokrates ist im «Gastmahl» der Eros weder schön noch gut, da die Liebe des Schönen immer auch ein Verlangen nach etwas nie ganz zu Greifendem sei. Der Eros jedoch ermögliche es dem Menschen, durch die Liebe zum Schönen an der Unsterblichkeit der Götter teilhaben zu können. Wenn der Mensch den Körper eines andern liebt, besteht die Möglichkeit der Fortpflanzung und somit des Weiterlebens. Liebt der Mensch die «schöne Seele» im Menschen, fördert dies soziale wie politische Gemeinschaft. Sokrates entwickelt seine Theorie weiter bis hin zur Liebe zu den Wissenschaften und zu der der Natur, in der das göttliche Mysterium erblickt werden kann. Platon liebt zwar die Knaben, rät aber letztlich zum Verzicht, zur Sublimierung, zur «platonischen Liebe». Dieses Ideal kam der christlichen Idee am nächsten und war wohl mit ein Grund dafür, warum Platons Idee des Eros am häufigsten aufgegriffen worden ist. Allerdings ist sie nicht als Absage an die Homoerotik zu verstehen. Der mann-männliche Geschlechtsakt war Platon keineswegs ein Greuel. Was ihn offensichtlich dazu bewog, Knaben nicht mehr gegen ihren Willen als sexuelle Objekte zu gebrauchen, zeigt sein psychologisches Einfühlungsvermögen. Xenophon beschrieb deren Situation: «Bei der Knabenliebe nimmt der Junge nicht wie ein Weib, wenn es mit dem Mann zusammen ist, an den Freuden der Liebe teil, sondern er betrachtet nüchtern den vor Liebe Trunkenen. Daher ist es wohl nicht verwunderlich, wenn er sogar geringschätzig auf den Liebhaber herabschaut.»

Auf dem Höhepunkt des Gelages stößt der junge Alkibiades zu der Feierlichkeit hinzu. Mit dessen Rede will Platon seinen ehemaligen Lehrer Sokrates von dem Vorwurf befreien, er verderbe die Jugend. Alkibiades, ein überaus schöner, aber auch ausschweifend lebender Jüngling («Wär ich einen Tag und eine Nacht Alkibiades, und dann wollt ich sterben», wünschte sich Goethe), berichtet von seinen zahlreichen gescheiterten Versuchen, Sokrates zu verführen. Seine Schönheit gegen Sokrates' Weisheit einzutauschen, hatte er sich erhofft. «Wir waren also zusammen (...) beide allein, und ich glaubte, er würde mit mir sogleich reden wie ein Liebender zum Liebling in Einsamkeit redet, und war freudig. Aber gar nichts davon geschah.»

Alkibiades lädt ihn zum gemeinsamen Sport ein, sie ringen, kommen sich körperlich nah, und es passiert dennoch nichts. Er lädt ihn mehrmals zum Essen ein «und stellte ihm geradezu nach wie ein Liebender dem Liebling» – Sokrates bleibt freundlich reserviert. Zu guter Letzt nötigt Alkibiades ihn, bei ihm zu übernachten. Doch Sokrates weist ihn zurück: «... wenn das etwa wahr ist, was du über mich sagst, und eine Kraft in mir ist, durch welche du besser würdest – eine unerklärliche Schönheit sähest du in mir und eine von deiner Wohlgestalt gar sehr verschiedene. Wenn du in dieser Erkenntnis mit mir in Gemeinschaft zu treten und Schönheit gegen Schönheit auszutauschen versuchst, so gedenkst du mich nicht wenig zu übervorteilen, sondern versuchst statt des Scheines die Wahrheit des Schönen zu erwerben und denkst wirklich Gold gegen Kupfer einzutauschen. Aber, sieh besser hin, denn der Blick unseres Verstandes beginnt erst scharf zu sehen, wenn der unserer Augen an Schärfe nachzulassen anfängt.» Und so liegen beide schließlich eng umschlungen, aber keusch, die Nacht zusammen. «Nicht anders stand ich auf, als wenn ich beim Vater oder älteren Bruder geschlafen hätte.»

«So zweifellos niemals wieder etwas gleich Tiefes über diese Liebe ausgesagt worden ist, so wenig kann doch der Platonische Eros als Grundlage schlechthin einer Untersuchung über die Freundesliebe angesehen werden», stellte 1931 Hans Dietrich in seiner Dissertation «Die Freundesliebe in der deutschen Literatur» fest (der ersten literaturwissenschaftlichen Arbeit über Homoerotik überhaupt). «Denn er ist Wunschbild, Ziel; die Wirklichkeit kennt aber eine viel größere Mannigfaltigkeit der Formen. Platons Eros ist das Ideal einer höchsten Sublimierung alles Triebmäßigen; aber daneben können andere Formen, die sich nicht durch die gleiche Vergeistigung kennzeichnen, ebenso möglich – und berechtigt sein.»

Platons «Gastmahl» wird in der Diskussion über homosexuelle Liebe Jahrhunderte hindurch immer wieder zitiert. Dem Vorwurf der Effeminiertheit von Homosexuellen konnte so mit Verweis auf die kriegerisch-männliche Kultur Spartas und Athens begegnet werden; deren vermeintlich lasterhafte Männerbünde hatten ihren Staat keineswegs in den Abgrund, sondern zur kulturellen und politischen Blüte gebracht. Francis Bacon und Michel de Montaigne haben in der Renaissance das «Symposion» wiederentdeckt. Johann Joachim Winckelmann greift deren Essays in seiner Neuformulierung der klassizistischen Ästhetik auf. Im 19. Jahrhundert ist Platon für die englischen Vorkämpfer der Schwulenbewegung, J. A. Symonds («Die Homosexualität in Griechenland») und Edward Carpenter («Homogenic Love»), ein zentraler Ausgangspunkt ihrer Analysen. Die Rezeption Platons als Grundlage der Verteidigung der mann-männlichen Liebe läßt sich über Heinrich Hössli bis zu André Gides «Corydon» und E. M. Forster verfolgen. Für letzteren hatten Hochzeit und Eheleben bei den Griechen einzig ökonomische Gründe, Leidenschaft oder Zuneigung hingegen in den Freundschaften zwischen Männern ihren Platz gefunden, so daß Forster daraus schließt: «Die homosexuelle ist die höchste Form der Liebe.»

Platon:
Das Gastmahl.
Übertragung von Kurt Hildebrandt.
Reclam Verlag, Stuttgart 1979.
Das Trinkgelage oder
Über den Eros.
Übertragung von Ute Schmidt-
Berger. Insel Taschenbuch Verlag,
Frankfurt/Main 1985.

Phaidros oder vom Schönen.
Übertragen und erläutert von
Arthur Hübscher. Piper Taschenbuch
Verlag, München 1989.
Phaidon.
Übertragung von Rudolf Kassner.
Mit einem Nachwort von Karl
Hielscher. Insel Taschenbuch Verlag,
Frankfurt/Main 1991.

Das Gastmahl oder Von der Liebe.
Übersetzung von Kurt Hildebrandt.
Phaidon oder Von der
Unsterblichkeit der Seele.
Übersetzung Friedrich Schleiermacher.
Phaidros oder Vom Schönen.
Übersetzung von Kurt Hildebrandt.
Der Staat.
Übersetzung von K. Vretska.
Alle im Reclam Verlag, Stuttgart.

Marcel Proust
Auf der Suche nach der verlorenen Zeit

«Proust? Um Gottes willen, das ist ja so alt, das hab' ich gelesen, wie ich in der Schule war. Und das hat mich damals schon gelangweilt», gestand Marlene Dietrich in ihrem letzten Filminterview. Ihr Urteil teilen vor allem jene, die das 3.000 Seiten starke Werk nicht kennen und dennoch über seine langatmig erzählte Ereignislosigkeit lästern. Die weltweite Proustsche Fangemeinde zieht gerade daraus ihre Begeisterung: Sich von Marcel Proust die Zeit als Helden und Abenteurer vorführen zu lassen und erst in der sehr breit und langsam entwickelten Geschichte und den allmählichen Veränderungen der Dinge eine besondere Spannung zu entdecken. Der Roman-zyklus ist nicht zuletzt auch eine «recherche», eine Suche, im Hinblick auf die wahre sexuelle Natur der Romangestalten.

Das komplexe Nebeneinander verschiedener Zeit- und Bewußtseinsebenen, das immense Personal von mehreren Hundert Figuren und zahlreichen Nebenhandlungen und -schauplätzen macht es schwer, den Inhalt in wenigen Sätzen zu fassen.

Der Ich-Erzähler Marcel ist ein kränklicher und verwöhnter, künstlerisch ambitionierter Sohn aus reichem Haus. Sein schlechter Gesundheitszustand führt ihn immer wieder in Sanatorien, bringt ihm allerdings auch besondere Zuwendung durch Mutter, Großmutter und das Dienstmädchen Françoise. Als junger Mann verliebt er sich in Albertine, die ihn jedoch erst zurückweist und ihm dann ein eher leidenschaftsloses Interesse entgegenbringt. Er glaubt den Grund für ihr kühles Ver-halten zu kennen: Albertine ist lesbisch. In seiner Liebe zu ihr möchte er sie von ihren Leidenschaf-ten heilen, sperrt sie gar ein, um sie ganz für sich zu haben. Doch sie entflieht und kommt bei einem Unfall ums Leben. Marcel, bestürzt und verzweifelt, faßt nun aus Schmerz heraus den Plan, seiner schriftstellerischen Berufung nachzugehen und die Geschichte seines Lebens zu schreiben, eben «Auf der Suche nach der verlorenen Zeit».

Marcel Proust (1871–1922) verwehrte sich gegen die Ansicht, er habe ein autobiographisches Werk verfaßt: «Der Ich sagt, der ich aber nicht immer bin.» Proust hat sein privates Leben als einzige Fundstelle für literarische Motive begriffen. Bei Diners und Empfängen war er immer auch als Rechercheur unterwegs, stets bemüht, bei möglichst vielen Tischgesprächen zu lauschen, mit möglichst vielen Menschen in gesellschaftlichen Kontakt zu kommen. Was jene als besondere Höflichkeit empfanden, hatte für Proust den Zweck, nur kein noch so nebensächliches Detail – sei es eine Geste, eine Redewendung oder die Anzahl ausgestopfer rosa Dompfaffen auf einem Damenhut – zu versäumen. Mit galanter Dreistigkeit benutzte er Freunde und Bekannte als Infor-manten. Er schlief bis in den frühen Abend, besuchte dann – als regelmäßiger Spätankömmling – Soireen, um dort den Gästen die Ereignisse und Highlights des Abends zu entlocken. Bei dem höflichen Angebot, sie in der eigenen Kutsche nach Hause zu begleiten, gingen sie ihm in die Falle, denn er machte sich zu Fuß auf den Weg und ließ den Kutscher im Schrittempo hinterherfahren. So hatte er den Klatschlieferanten wider Willen noch wesentlich länger in seiner «Gewalt», um ihn ungeniert auszufragen. Zu Hause angekommen, machte sich Proust an die Schreibarbeit bis in den Morgen hinein.

Für Walter Benjamin ist Marcel Prousts Biographie «deswegen so bedeutungsvoll, weil sie zeigt, wie hier mit seltener Extravaganz und Rücksichtslosigkeit ein Leben seine Gesetze ganz und gar aus den Notwendigkeiten seines Schaffens bezogen hat».

Hinter der tragischen Liebe Marcels zu Albertine wußte André Gide um die unglückliche Affäre mit einem gewissen Albert. Die Namens- und Geschlechtsveränderung des realen, männlichen Albert in die literarische, fiktionale Albertine gilt inzwischen als ein klassisches Beispiel für die Maskierung homosexueller Empfindungen in der Literatur, das als «Albertine-Komplex» sogar in die Literaturgeschichte eingegangen ist.

Prousts zerstörende große Liebe galt hingegen nicht einem Albert, sondern einem Alfred. 1905 begegnete er dem 18jährigen Italiener, den er zunächst als Chauffeur einstellte und mit ihm später eine gemeinsame Wohnung bezog. Weil Alfred allerdings auch Beziehungen zu Frauen unterhielt, kam es immer wieder zu heftigen Eifersuchtsszenen und wüsten Streitereien, die Prousts ohnehin instabilem Gesundheitszustand nicht förderlich waren. Dennoch war er völlig von Alfred abhängig. Als dieser den Wunsch äußerte, fliegen lernen zu wollen, bezahlte ihm Proust die Ausbildung. Bei seinem ersten Alleinflug stürzte Alfred Agostinelli über dem Mittelmeer ab und ertrank.

Das Scheitern dieser Liebe hatte nachhaltige Folgen; eine tiefergehende Beziehung zu einem Mann hat Proust nie wieder aufgenommen. Trieb und Liebe, das schien seine Erkenntnis daraus zu sein, lassen sich nicht gleichzeitig mit einem Menschen erfüllen. Entsprechend entwickelte sich Proust auch in seinem literarischen Schaffen zu einem modernen Analytiker und Skeptiker der Liebe. Eine erfüllte, glückliche Liebe, das war für ihn ein Wunschdenken, ein Phantasma, das in der Realität nicht einzulösen war. Seine sexuellen Bedürfnisse befriedigte Proust fortan in Männerbordellen. Als ein Diener des Herzogs von Rohan names Albert (!) le Cuziat sich gewissermaßen selbständig machte und im ehemaligen Hotel Marigny in der Rue de l'Arcade 11 ein Freudenhaus für Männerliebhaber eröffnete, unterstützte Proust freizügig den jungen Geschäftsmann und stiftete für das neue Etablissement diverse Möbel und Teppiche aus dem Nachlaß seiner Eltern.

«Proust enthält alles, was Hollywood für Unterhaltung hält: Romantik, Leidenschaft, alle Arten der Perversität, Gewalt und Grausamkeit, Schönheit, Aristokratie»

Als offenkundig männliche homosexuelle Figur gestaltete Marcel Proust den Baron de Charlus, dessen Vorbild vor allem der als arrogant und exzentrisch, aber auch als großer Kunstliebhaber geltende Graf Robert de Montesquiou war. Charlus, eine der zentralen Gestalten im vierten Romanteil mit dem eindeutigen Titel «Sodom und Gomorrha», ist ein Snob und Dandy, ein gern gesehener Gast in der feinen Gesellschaft. Dort verschweigt er seine homosexuelle Identität. Andernorts jedoch lebt er sie leidenschaftlich und rücksichtslos aus. Prousts Darstellung des Charlus (und seine Beziehung zum Geliebten Morel) ist mit Ironie, bitter-satirischem Anklang und beinahe Häme überzogen. Schonungslos beschreibt er den langsamen Niedergang des Grafen. Als zartes Liebesgeplänkel erscheint indes das über Seiten detailliert beschriebene *cruising* Charlus' in «Sodom und Gomorrha», das langsame rituelle Herantasten an Jupien: «Auf diesem Hof, auf dem die beiden sich gewiß nie zuvor begegnet waren, (...) traten sie jetzt einander gegenüber: der Baron, der mit einem Male die halbgeschlossenen Lider weit öffnete und mit außergewöhnlicher Aufmerksamkeit den ehemaligen Westenmacher auf der Schwelle seines Ladens betrachtete, und dieser, der wie angenagelt, ja pflanzengleich angewurzelt stehenblieb, als er Monsieur de Charlus vor sich sah und den staunend bewundernden Blick über die zur Fülle neigende Gestalt des Barons gleiten ließ. Doch was noch wunderbarer war: nachdem Monsieur de Charlus seine Haltung gewandelt hatte, richtete sich auch die Jupiens im gleichen Augenblick, als folge sie den Gesetzen einer geheimen Kunst, harmonisch danach aus. Der Baron, der jetzt den Eindruck verbergen zu wollen schien, den Jupien soeben auf ihn gemacht hatte, sich aber offenbar ungeachtet seiner zur Schau getragenen Gleichgültigkeit nur widerwillig entfernte, ging, kam zurück, schaute ziellos in einer Weise vor sich hin, von der er annahm, sie werde die Schönheit seines Blickes am besten zur Geltung bringen und nahm ein eitles, lässiges, lächerliches Gehabe an. Jupien aber, der auf der Stelle die ergebene und gutmütige Miene ablegte, die ich von jeher an ihm kannte, hatte – in vollkommener Übereinstimmung mit dem Baron – den Kopf erhoben und seine Gestalt möglichst vorteilhaft zurechtgerückt, wobei er mit grotesker Überheblichkeit die Faust auf die Hüfte stemmte und sein Hinterteil herausdrückte ...»

Einige Hundert Seiten weiter ist der inzwischen moralisch wie menschlich heruntergekommene Baron in einer demütigenden Szene mit einem Stricher zu erleben, von dem sich der gealterte Charlus fesseln und schlagen läßt.

Das monumentale 15bändige Romanwerk verführte zu einer ebenso monumentalen Verfilmung. Luchino Visconti wie auch Joseph Losey hatten entsprechend ehrgeizige Projekte begonnen, waren damit aber bereits in der Vorbereitungsphase gescheitert. «Proust enthält alles, was Hollywood für Unterhaltung hält: Romantik, Leidenschaft, Hetero- und Homosexualität, alle Arten der Perversität, Gewalt und Grausamkeit, Schönheit, Realität, Aristokratie, Snobismus», erklärte Losey seine Faszination. Volker Schlöndorff beschränkte sich 1984 bei seiner Verfilmung mit Jeremy Irons und Ornella Muti in den Hauptrollen auf eine Episode aus «In Swanns Welt», und zwar «Eine Liebe von Swann».

Das Manuskript des ersten Romanteils «In Swanns Welt» wollte zunächst kein Verlag haben. «Mein lieber Junge, vielleicht bin ich von Hals an aufwärts nichts wert», schrieb ihm der Verleger Marc Humboldt, «jedenfalls kann ich mein Gehirn noch so sehr zermartern, mir fällt wirklich nicht ein, wieso man 30 Seiten benötigt, um zu beschreiben, wie sich jemand im Bett zur Seite dreht, bevor er einschläft.» André Gide, damals Redakteur der «Nouvelle Revue Française», lehnte ebenfalls dankend ab. Lediglich der Verlag Grasset druckte den Roman 1913 in einer Auflage von 1.500 Exemplaren – allerdings auf «Kosten des Autors». In seinem Anschreiben an die Pariser Kulturredakteure und Rezensenten bat Proust, in den Kritiken die Wörter «subtil» und «zart» zu vermeiden. Das Erscheinen der weiteren sechs Bände erstreckte sich bis ins Jahr 1927, also weit über Prousts Tod 1922 hinaus.

Marcel Proust:
Auf der Suche nach der
verlorenen Zeit.
Aus dem Französischen von Erika
Rechel-Mertens, Suhrkamp Verlag,
Frankfurt/Main 1953–1957,
Taschenbuchausgabe 1984.

Tage der Freuden.
Erzählungen und Prosaskizzen.
Aus dem Französischen von Ernst
Weiss. Ullstein Taschenbuch Verlag,
Berlin 1997.

Claude Mauriac:
Marcel Proust.
Rowohlt Taschenbuch Verlag,
Reinbek 1958.

Renate Wiggershausen (Hg.):
Proust. Leben und Werk in Texten.
Insel Taschenbuch Verlag, Frankfurt/
Main 1992.

Manuel Puig
Der Kuß der Spinnenfrau

Zwei ganz und gar unterschiedliche Charaktere sind es, die der argen-
tinische Schriftsteller Manuel Puig (1932–1990) zusammen in eine
Gefängniszelle steckt. Valentin, ein politischer Revolutionär und der
Macho schlechthin, und Molina, ein empfindsamer, femininer Schwu-
ler, der am liebsten eine Frau wäre und wegen «Unzucht mit einem Minderjährigen» einsitzen muß.
Molina, die Tunte, weiß um sein Dilemma: weil er sich als Frau fühlt, begehrt er nur «richtige»,
heterosexuelle Männer, deren Liebe er jedoch nie gewinnen wird. Mit anderen Schwulen kann er
hingegen so wenig anfangen, wie sie mit ihm. Von ihnen wird er gleichermaßen wie von der heterosexuellen Gesellschaft verspottet und verachtet. Der Enge und der Ödnis des aufzehrenden Gefäng-
nisalltags versuchen beide auf ihre Weise entgegenzuwirken. Valentin, indem er politische Schriften
studiert und am Glauben an den Erfolg der Revolution festhält, Molina, indem er sich in die Kitsch-
und Traumwelt alter Hollywood- und UFA-Filme hineinphantasiert. Ausführlichst erzählt er diese
Geschichten von Liebe und Tragik, um sich die Zeit zu vertreiben, aber auch, um der harten Wirklichkeit des Gefängnisses eine Gegenwelt zu schaffen – und sei sie auch nur so illusionär wie diese
Kinomelodramen.

Puig, der die Filmhochschule in Rom besucht hat und ursprünglich Regisseur und Drehbuch-
autor werden wollte, hat bereits in seinen erfolgreichen Romanen «Verraten von Rita Hayworth»
(1968) und «Der schönste Tango der Welt» (1969) Figuren in den Mittelpunkt gestellt, denen die
Gefühlssurrogate aus den Trivialmythen des Funks und Films zum Lebensersatz wurden.

Molina nährt aus diesen Filmen mit ihrem Ausstattungspomp, den großen Gefühlen und
schönen Kostümen die Inszenierung seines Gefühlslebens. Propagandistische Botschaften, wie sie
etwa in einem alten Nazi-Streifen vermittelt werden, will Molina nicht wahrhaben. Valentin hingegen
verachtet diese Filme, die er nur aus Molinas Nacherzählungen kennt. Er zerlegt sie analytisch, um
zu zeigen, was sie seiner Meinung nach sind: «Nazistischer Scheißdreck».

«Es kann eine Sucht werden, sich aus der Wirklichkeit fortzustehlen, wie eine Droge», erklärt
Valentin. «Denn, hör zu, deine Wirklichkeit ist nicht nur diese Zelle. Du brauchst nur irgendwas
zu lesen oder zu studieren, und schon bist du außerhalb dieser Zelle, verstehst du? Nur deswegen
lese und studiere ich den ganzen Tag.»

Puig begnügt sich jedoch nicht damit, seine beiden Protagonisten gegeneinander auszuspielen.
Die nacherzählten Filme werden nach und nach zu einer Folie, über die sich die so unterschiedlichen Männer verständigen und sogar ein Stück aus ihren bisherigen Rollen hinauswagen können.

Als Valentin erkrankt – die Gefängnisaufseher hatten ihm vergiftetes Essen gereicht, um
ihn mürbe und geständniswillig zu machen –, pflegt ihn Molina fürsorglich. Er tröstet ihn mit
seinen Kinogeschichten, darunter jene von der titelgebenden «Spinnenfrau». Molina wurde dazu
gezwungen, dem Kranken Informationen über seine politischen Mitstreiter zu entlocken. Dafür
wurden ihm Essenspakete versprochen. Molina spielt zum Schein die Rolle des Verräters, um mit

den Extraportionen Lebensmittel den körperlich geschwächten Valentin wieder zu Kräften kommen zu lassen.

Männlichkeitswahn und Weiblichkeit

Erst in dieser Situation, physisch und psychisch erschöpft, kann Valentin Schwäche und Gefühl zulassen und seine Rolle als Macho aufgeben. Das Verhältnis der beiden zueinander, das zunächst noch so klar strukturiert und polarisiert erschien, verkompliziert sich zunehmend. Bis hin zu einer Nacht, in der Valentin mit Molina schläft.

Mit essayistischen, zum Teil seitenlangen Fußnoten kommentiert Puig die in Lateinamerika extrem tabuisierte Homosexualität mit wissenschaftlichen Hinweisen und Erklärungen aus psychologischer und sexualwissenschaftlicher Sicht.

Valentin beginnt Molina als Menschen zu verstehen und zu achten, und ein wenig sogar zu lieben. Doch auch in seiner politischen Haltung wird er zunehmend unsicherer und zweifelt sogar an ihr: «Ich tauge nicht zum Märtyrer, und gerade jetzt denke ich, ob ich mich nicht in allem geirrt habe.» Molina hingegen beweist charakterliche Stärke: «Da eine Frau das Beste ist, was es gibt ... will ich eine Frau sein. Also erspar mir deine Ratschläge, ich weiß glasklar, was mit mir los ist, in meinem Kopf ist das glasklar.» Molina verliert durch die Freundschaft mit Valentin seine unpolitische Haltung nicht. Als er entlassen wird, läßt er sich von Valentin, der ihn in seiner weiblichen Gefühlswelt nun ernst nimmt, dazu überreden, dessen politischen Auftrag zu übernehmen und selbstlos zum Geheimnisträger zu werden. Doch Molina wird in der Freiheit überwacht und von der Staatspolizei verhaftet. Um ihm die quälende Folter zu ersparen, erschießen die politischen Freunde Valentins den Boten. Molina stirbt einen heldenhaften und ähnlich pathetischen Tod wie eine seiner tragischen Filmheldinnen.

Valentin erliegt währenddessen in der Gefängniszelle seinen Verletzungen durch die Folter. Im Delirium halluziniert er noch einmal Molinas kitschige Filmszenen. Die Spinnenfrau, die ihm den erlösenden Kuß gibt, trägt das Gesicht Molinas.

In Hector Babencos Verfilmung (mit William Hurt als Molina, der dafür mit dem «Oscar» ausgezeichnet wurde) verliert diese versöhnende Schlußszene ihre Mehrdeutigkeit, indem der Regisseur die Spinnenfrau von einer Schauspielerin aus dem Nazi-Streifen spielen läßt und so nur sentimentaler Kitsch daraus wird.

Puig hat den «Kuß der Spinnenfrau» fast gänzlich unkommentiert als Roman in Dialogen verfaßt, der formal an ein Drehbuch erinnert. 1981 machte er daraus ein Zwei-Personen-Stück, das bis heute, vor allem in Deutschland, immer wieder inszeniert wird. Der Roman allerdings wurde wegen seiner deutlichen Kritik an der Behandlung politischer Gefangener in Argentinien von den Militärbehörden verboten. Erst nach Abdankung der Junta 1983 wurde er auch dort veröffentlicht.

Manuel Puig:
Der Kuß der Spinnenfrau.
Aus dem Spanischen von Anneliese Botond. Bibliothek Suhrkamp, 1992 und Suhrkamp Taschenbuch Verlag, Frankfurt/Main 1983.
Der schönste Tango der Welt.
Deutsch von Anneliese Botond, 1975.

Verraten von Rita Hayworth.
Deutsch von Anneliese Botond, 1976.
Herzblut erwiderter Liebe
Deutsch von Anneliese Botond, 1979.
Der Engel von Hollywood.
Deutsch von Anneliese Botond, 1985.

Verdammt wer diese Zeilen liest.
Deutsch von Lieselotte Kolanoske, 1992.
Bei Einbruch der tropischen Nacht.
Deutsch von Lieselotte Kolanoske, 1995.
Alle erschienen im Suhrkamp Verlag, Frankfurt/Main.

James Purdy
Die Preisgabe

«Das schwule Establishment hat mich nie wirklich akzeptiert», erzählte
James Purdy 1992 verbittert in einem Interview. «Zu viele schwule
Leser haben den Geschmack von empfindlichen Damen. Die schwule
Kritiker hingegen schreien auf, wenn sie eine Maus sehen, fallen in
Ohnmacht bei ein bißchen Blut. Die haben einfach nie verstanden, was ich da eigentlich mache.»
   Ernüchtert und frustriert hat sich der 1923 geborene Amerikaner Purdy geschlagen gegeben.
In seinem Land, wo er es stets besonders schwer hatte, überhaupt einen Verleger zu finden und dann
auch noch verständige Leser, fühlte er sich als Literat nie wirklich heimisch. Aus finanzieller Not
nahm er 1991 den mit 1000 $ dotierten Bill Whitehead Award der schwulen amerikanischen Verlags-
welt für sein Lebenswerk an. «Die haben niemals etwas für mich getan, aber ich brauchte das Geld.»
   Etwas anders sah es für Purdy in Großbritannien aus. Dort fand er bereits in frühen Jahren
prominente Fürsprecher, allen voran Edith Sitwell. «Ich kenne keinen zeitgenössischen Autor von so
bewegender Ausdruckskraft und geradezu erschreckender Sprachgewalt», lobte sie ihn. «Durch ein
Flüstern erreicht er mehr als die meisten Schriftsteller mit sich überschlagender Stimme.»
   In den USA hatte er sich Mitte der 50er Jahre vergeblich bemüht, einen Verlag zu finden.
In Großbritannien war ihm schließlich Erfolg gegönnt. 1957 erschien seine gefeierte Novelle
«63: Dream Palace» (1990 von Hans-Jürgen von Bose zu einer Oper verarbeitet). Diese Erfahrung
wiederholte sich für Purdy, der für Autoren wie Tennessee Williams, James Baldwin, Thornton
Wilder und Gore Vidal als Vorbild gilt. So wurde beispielsweise sein Roman «Out With Stars»
1992 in Großbritannien veröffentlicht, in den USA jedoch fand sich wieder kein Verleger.
   Purdys Problem zeitlebens war: für den breiten Buchmarkt haftete seinen Romanen zu sehr
der Geruch von sexuellem Underground und düsteren Endzeitvisionen an, um jenseits einer kleinen
literarisch interessierten Öffentlichkeit erfolgreich zu sein. Für den schwulen Leser lieferte Purdy
zwar genügend Sex, aber zuwenig Romantik und statt dessen noch hochpoetische, manieristisch-
surreale Bilderwelten. Glatte, realistische *gay lit* war von Purdy niemals zu erwarten.
   Purdys Romane und Erzählungen kreisen um erotische Verwirrungen, seelische Qualen und
obsessive Lieben. Es sind Männer, die unfähig sind, ihre Liebe und Leidenschaft für andere Männer
auszudrücken und zu akzeptieren, weil Homosexualität nicht in ihr Weltbild und in ihr Selbstverständnis paßt. Die Folge dieser absurden und schizophrenen Situation ist Gewalt: psychische Grau-
samkeiten oder rohe Brutalität. Seine Vorliebe für Extreme zelebrierte Purdy erstmals in rein homosexueller Konstellation in seinem Roman «Enge Räume» (1978). Die Geschichte von den gewalttätigen Beziehungen unter vier Männern, ihrer sadomasochistischen Abhängigkeit und manischen
Haßliebe, die auch vor Folter nicht zurückschreckt, endet in einer blutigen Orgie und einem spek-
takulären Horrorszenario. Eine von Derek Jarman geplante Verfilmung des Stoffes konnte leider
nicht mehr verwirklicht werden.

Empfindungen aus zweiter Hand

Ebenso düster und verzweifelt ist die Welt, die er in «Die Preisgabe» (1967) skizziert. Der Möchte-gern-Schriftsteller Eugene Chisholm ist ein Seelenvoyeur. Seine Frau hat ihn verlassen, und er hat sich einen Leuchtreklame-Vertreter als Liebhaber in die Wohnung geholt. Doch wirkliche Gefühle erlebt er nicht. Sein großes Poem, an dem er schreibt, nährt sich aus Empfindungen aus zweiter Hand, die er sich schamlos aus Briefen anderer zusammenklaut. Seine Freunde jedoch, der College-student Amos und der ehemalige Grubenarbeiter Daniel Haws, sind exhibitionistisch genug, um ihn mit hemmungslosem Seelenstriptease zu ködern.

Daniel hat sich in seinen Untermieter Amos verliebt. Aber nur schlafwandelnd kann er sich seinem Objekt der Begierde nähern. Allnächtlich besucht er ihn an seinem Bett, um ihn heimlich zu streicheln. Tagsüber ist er der polternde Heterosexuelle, der mit schwulenfeindlichen Sprüchen auf sich aufmerksam macht. Amos ist rat- und hilflos. «Er lebte nur noch für Daniels nächtliche Besuche, unfähig Ruhe zu finden, bis sie sich an der Grenze zwischen Tag und Traum begegneten.» Sukzessive dringt Daniels Begehren in sein Bewußtsein vor. «Er glaubte, Amos (diesen schmächtigen Jungen mit seinen allerdings höchst wohlgeformten Hinterbacken) nicht körperlich zu begehren, doch konnte er es, in Stunden rücksichtsloser Offenheit gegen sich selbst, nicht verleugnen, daß er Amos brauchte, daß es Amos war, der sein gesamtes Gefühlsleben beherrschte und all das verkörperte, wonach er sich sehnte. Daß sein ganzes Sein nun von einem jungen Burschen ausgefüllt wurde, war einfach die letzte einer langen Kette von Katastrophen, die sein Leben ausmachte.»

Daniel schafft es jedoch nicht, sich seinen Gefühlen zu stellen, ihnen eine Chance zu geben. Er flieht in die Army, um sich dort aus innerer Verzweiflung von einem sadistischen Captain malträtieren, vergewaltigen und schließlich sogar töten zu lassen. Der attraktive Amos läßt sich von einem versoffenen Millionär als Lustknabe kaufen und macht andernorts «seinen Arsch zu Geld». Stets auf der Suche nach dem, was ihm einzig Daniel geben könnte: Die Geborgenheit eines Liebenden.

Dem Dichter Eugene kommt die Funktion eines Mittelsmannes zu. Dafür, daß Daniel ihm aus der Army in Briefen seinen Absturz in die masochistische Selbstaufgabe aus Liebesschmerz schildert, liefert ihm Eugene im Gegenzug Neuigkeiten vom sich ebenfalls im Absturz befind-lichen Amos.

Auch wenn der vorherrschende Eindruck von Härte und Ausweglosigkeit es zunächst kaum erkennen läßt: Purdy glaubt an die Liebe, den «inneren Dämon». Ihren Mysterien, ihrer schmerz-haften Lust und Bedingungslosigkeit widmet er seine Literatur, sie beschwört er in heftigen, apoka-lyptischen Szenarien.

James Purdy:
Die Preisgabe.
Aus dem Amerikanischen von Kai Molvig, 1996.
Enge Räume.
Aus dem Amerikanischen von Wolfgang Eisermann, 1982.

Der Gesang des Blutes.
Aus dem Amerikanischen von Dino Heicker und Michael Sollorz, 1995.
Alle erschienen im Albino Verlag, Berlin.

Zärtliche Kannibalen.
Erzählungen. Aus dem Amerikanischen von Jürgen Abel. MännerschwarmSkript Verlag, Hamburg 1995.
Malcolm.
Aus dem Amerikanischen von Erwin Duncker. Luchterhand Literaturverlag, Hamburg 1992.

Gerard Reve
Der vierte Mann

Aus dem Gepäcknetz tropft Blut, am Bahnhof wartet ein Bestatter
samt Sarg, eine dicke «Schwarze Witwe» krabbelt über eine alte
Christusstatue und verströmt Gruselschauer à la Roger Corman. Paul
Verhoeven greift in seiner Verfilmung von 1983 mit diesen Bildern
tief in die Klamottenkiste des Horrorfilms, um das Mystische der Geschichte gänzlich auszukosten.

Gerard Reves gleichnamige Romanvorlage «Der vierte Mann» (1981) beginnt weniger spek-
takulär. Ein Schriftsteller namens Gerard (unverkennbar der Autor selbst) versucht sich im platonischen Dialog. Er unterhält sich mit dem jungen Mann Ronald, um dessen Interesse und Aufmerksamkeit zu erregen. Viele Lieben habe er erlebt, auch tragische. «Herumgehurt» habe er, meint hingegen Ronald, der Begehrte. Doch Gerard sagt feierlich: «Ich bereue nichts», und beginnt von einer
ganz besonderen Liaison zu erzählen: «Wußtest du, daß ich, vor vielen Jahren, ein ebenso leiden-
schaftliches wie kurzes Verhältnis mit einer jungen Witwe weiblichen Geschlechts gehabt habe?»

Auf einer Lesung lernt er die attraktive Christine kennen. Sie verwickelt ihn anschließend in ein
Gespräch und nimmt ihn später mit nach Hause. ‹«Wie schade›, sagte ich mir, ‹Du bist wirklich ein
liebes Ding. Du glaubst, daß du einen Mann mit nach Hause genommen hast, aber es ist ganz einfach ein Schwuler: ein Kater im Sack.›» Doch Gerard ist selbst über sich erstaunt. Er schläft mit ihr,
vielleicht weil sie etwas «von einem sehr schönen Knaben» hat. Irgendwie bekommt er den Sex hinter
sich, aber »Nein, gelungen war es nicht gerade». Ein wenig ist er noch irritiert, er, der ganz und gar
schwule Mann, und stellt schließlich fest: «Ich bin anders als andere, und sogar noch innerhalb jenes
Andersseins bin ich anders. Denn obwohl es so ist, daß sich mein Liebesverlangen und meine wirkliche Begierde ausschließlich auf einen Jungen oder einen Mann richtet, hege ich für Frauen keinesfalls – wie es leider bei vielen meiner ‹Empfindungsgenossen› wohl der Fall ist – Gefühle der Verachtung, der Angst oder des Hasses.» In der Nacht verfolgt ihn erneut ein Traum, der ihn bereits auf
der Zugfahrt zur Lesung begleitet hat: Ein Schrank und ein riesiger Schlüssel spielen darin eine Rolle,
und auch ein alter Mann, der ein merkwürdiges Lied singt «Jubi-jubilier.../Wer ist Nummer Vier...?»

Beim Herumstöbern fällt ihm tags darauf ein folgenschwerer Brief samt Foto in die Hände,
ein Geliebter Christines aus Düsseldorf. «Mich durchschauerte es. Konnte das sein ... Gab es dies ...?
Ein junger Mann, aber *was* für ein junger Mann ...» Gerard ist zutiefst berührt. Er weiß: «Dieser
junge Mann war mein Leben oder mein Tod, was ein und dasselbe ist ...» Gerard will mehr über
diesen Hermann erfahren und veranstaltet mit Christine ein wenig hellseherischen Hokuspokus
(für Reve ein nicht ganz so fremdes Gebiet, hat er doch auch einen Briefwechsel mit einer Astrologin
publiziert). Zu seinem Entsetzen fällt er dabei tatsächlich in Trance und sieht einen jungen Mann
vor einem Schiff stehen, der sich ein Auge zuhält. Ein für Gerard verstörendes Erlebnis.

Die Faszination für Hermann wird dadurch jedoch nur stärker. Beim Sex mit Christine denkt
er bloß an ihn. Als sie wegfährt, ihn zu holen, durchstöbert Gerard das Haus und glaubt Christines
grauenvolles Geheimnis entdeckt zu haben. In einer Schatulle, die zu öffnen ist mit jenem großen

Schlüssel aus seinem Traum, findet er drei Briefumschläge. In jedem befinden sich Fotos, Briefe und schließlich die Todesanzeigen dreier junger Männer, allesamt Verlobte bzw. Ehemänner von Christine. Wer also wird der «vierte Mann» sein, nach dem der Alte in seinem Traum singend fragte? Gar Gerard? Panisch flieht er aus dem Haus und erfährt später, daß Hermann mit seinem Auto am Hafen gegen den Bug eines Schiffs gerast war und dabei den halben Schädel und das Auge, das er sich im Traum zugehalten hat, verloren hatte.

Reve (geb. 1923) schrieb diesen Roman im Auftrag des niederländischen Buchhandelsverbandes, der alljährlich ein Werk zur sogenannten Buchwoche herausbringt, um es in Buchhandlungen verschenken zu lassen. Reve galt in den 80er Jahren längst als einer der prominentesten Gegenwartsautoren in den Niederlanden und war sogar Schulklassiker geworden. Skandalträchtig hatte er seine literarische Laufbahn begonnen und mit «Der vierte Mann» fortgesetzt.

«Nihilistisch und sittenverderberisch»

Bereits sein erster Roman «Die Abende» sorgte für Unruhe. Als Soldat in Niederländisch-Ostindien erfüllte ihn das Erlebnis des Krieges zunehmend mit Entsetzen, und er verweigerte schließlich die Befehle. Reve wurde zu 12 Jahren Festungshaft verurteilt. Im Gefängnis schrieb er «Die Abende». Ihm gelang die Flucht über die belgische Grenze, im Gepäck eine Abschrift seines Manuskriptes. Als sein Roman erscheint, sorgt er für Wirbel in den literarischen Kreisen. «Nihilistisch und sittenverderberisch» befand man über diese minutiöse, desillusionäre Beschreibung der Tage zwischen Weihnachten und Neujahr aus der Sicht des jungen Großstädters Frits. Der wagt sein Schwulsein nicht zu leben und erstickt es statt dessen, um den Konventionen zu genügen.

1952 wird Reve begnadigt. Er kehrt allerdings nicht sofort in die Niederlande zurück, sondern schlägt sich einige Jahre als Gelegenheitsarbeiter in verschiedenen europäischen Ländern durch. Sein schwuler Bekenntnisroman «Näher zu dir» (1966) brachte ihm ein Verfahren wegen Gotteslästerung ein. Nicht nur, daß er in diesem unverkennbar autobiographischen Text sexuelle Obsessionen, Orgien und Alkoholexzesse in den Mittelpunkt rückt; er läßt auch noch Gottvater persönlich in Gestalt eines Esels auftreten, die Bücher des Autors loben und sich zum Geschlechtsverkehr anbieten. Zwei Jahre dauerte der Prozeß, den Reve medienwirksam nutzte und der mit einem Freispruch für ihn endete.

Auch «Der vierte Mann» wurde als Provokation empfunden. Obgleich Reves Homosexualität alles andere als geheim ist – er hatte sich einst demonstrativ in Amsterdam mit seinem Lebensgefährten trauen lassen –, war der Buchhandelsverband entsetzt. Derlei wollte man den Kunden nicht in die Hand drücken. «Zu unsittlich», hieß es von höchster Stelle. Dabei verzichtete Reve im «Vierten Mann» ausnahmsweise auf seine schon zum Markenzeichen gewordenen Blasphemien, und auch verbal-erotische Eindeutigkeiten fehlen fast ganz. Diese traditionell gestrickte Novelle über eine «außerordentliche Begebenheit» spielt dafür versiert und mit einer gehörigen Portion Selbstironie mit den Elementen des Schauerromans. Gerards Ausrutscher ins offensichtlich gemeingefährliche heterosexuelle Milieu hätte beinahe tödliche Folgen für ihn gehabt. Vielleicht ist es gerade diese leicht sarkastische Moral der Geschichte, die der Buchhandelsverband dem Leser nicht zumuten wollte.

Gerard Reve:
Der vierte Mann.
Aus dem Niederländischen von
Jürgen Hillner, Suhrkamp Verlag,
Frankfurt/Main 1993.

Näher zu dir.
Aus dem Niederländischen von
Jürgen Hillner, 1986.

Die Abende.
Aus dem Niederländischen von
Jürgen Hillner, 1988.
Beide erschienen im Merlin Verlag,
Gifkendorf.

Philip Ridley
Der Disney-Killer

Kindheit ist, aus einer bestimmten Perspektive betrachtet, eine in sich geschlossene Welt, eine Abfolge von Verletzungen, Ereignissen und Träumen, die von den Erwachsenen außerhalb dieses kleinen Kosmos für banal, alltäglich und nichtig gehalten werden. Ängste, Schrecken, Schmerzen und Erfahrungen der Kinder jedoch, ihre Entdeckungen, ihre langsame Aneignung der «großen Welt», erzeugt ureigene Sichtweisen und Erklärungsmodelle. Und Wunden, die auch später nicht vollständig verheilen. Der Brite Philip Ridley, geboren um 1960, das wahre Geburtsjahr verschweigt er eitel, beschwört in seinen subversiven und leicht phantastischen Kinderbüchern wie «Dakota Pink» oder «Krindelkrax», seinen Erzählungen, Filmen und Theaterstücken diese Momente kindlichen Schreckens herauf.

In seinem ersten langen Spielfilm «The Reflecting Skin» («Der Schrei in der Stille») (1991) zieht er die Zuschauer mit hinein in den grausam-poetischen Alptraum einer Kindheit: eine einsame ländliche Gegend; Jungs lassen Frösche platzen, einsame, seltsame Damen hausen in verlassenen Häusern. Ein Mörder vergreift sich an Knaben. Ein Vater entkommt seiner schwulen Vergangenheit nicht und geht in den Benzinflammen seiner Tankstelle auf. Ein abgetriebener, verwesender Fötus erscheint für die Jungs als ein Gestalt gewordener Engel, der das immer erhoffte Glück für sie erstmals wahrhaft greifbar macht. In seinem Roman «In the Eye of Mr. Fury» («Wer hat Angst vorm schwarzen Mann?») (1989), wie auch in den noch nicht übersetzten Erzählungen «Flamingoes in Orbit» (1990), ist es derselbe Themenkomplex, an dem sich Ridley abarbeitet: den Mythen der Kindheit, der kindliche Sadismus, die offene oder auch nur sublime psychische Gewalt innerhalb der Familie und die erwachende (Homo-)Sexualität der ganz und gar nicht kindlich wirkenden Hauptfiguren.

Kindheitstraumata

In seinem ersten Theaterstück «The Pitchfork Disney» («Der Disney-Killer»), 1991 im Londoner Bush-Theatre uraufgeführt und seitdem immer wieder an deutschsprachigen Bühnen gespielt, versuchen zwei Menschen ihre Kindheit auf ewig hinauszuzögern. Das verwaiste Geschwisterpaar Presley und Haley haust in einer heruntergekommenen Wohnung. Ihre Tage verbringen sie damit, sich Geschichten oder ihre Alpträume zu erzählen, zu schlafen, Schokolade in sich hineinzustopfen. Sie wollen niemals erwachsen werden. Ihr Überleben sichert eine Medizin, die sie wie eine Droge schnüffeln. Der Duft ruft in ihnen die Erinnerung an elterliche Geborgenheit hervor und vermittelt für kurze Zeit wenigstens das Gefühl von Schutz und Wärme. Tabletten bringen ihnen den ersehnten Schlaf: den Alpträumen voll blutdürstiger Hunde und gnadenloser Killer jedoch entkommen sie nicht. Was Tag ist, was Traum, was Wirklichkeit, was Phantasie – sie können es nicht mehr unterscheiden. Das «wirkliche» Leben können und wollen sie nicht aushalten: sie ziehen sich lieber zurück in ihre Märchenwelt. Ein immerwährendes Spiel, ein Ritual, das dann plötzlich die Erinnerung mit Entsetzen unterbricht, bisweilen gar in realer Gestalt: nämlich der des klumpfüßigen, körperlich entstellten Mistgabel Cavaliers und seines Herrn, Cosmo Disney, ein Schönling und zartes Supermann-Wesen. Cosmo möchte alle betören, am liebsten aber Presley, der mit seiner latenten Homosexualität dafür anfällig ist. Wie zwei Angreifer umkreisen sie sich langsam abtastend im Dialog, bis die erotisch aufgeladene und zugleich beklemmende Atmosphäre sich in rohe Gewalt zu entladen droht.

So wie die Figuren ihrer Träume das Geschwisterpaar besuchen, oder war es doch die Realität?, verschwinden sie auch ebenso spurlos wieder und lassen sie am Ende noch verstörter und orientierungsloser zurück.

Das Kindheitstrauma hat damit bei Philip Ridley kein Ende gefunden. In seinem zweiten, ebenfalls von skurrilem Humor lebenden Bühnenstück «Die schnellste Uhr im Universum», uraufgeführt 1992 in London, feiert der schwule Narziß Cougar zum wiederholten Mal seinen 19. Geburtstag und lebt die Lebenslüge ewiger Jugend. Um den eigenen Körper dreht sich letztlich all sein Denken, künstliche Bräune ist sein Statussymbol, hautpflegende Creme sein wichtigstes Lebensrequisit. Einziger Gast der Party und eventuelles Opfer leidenschaftlicher Verführung soll der 16jährige Foxtrot werden. Als Cougars Lebensgefährte Captain Tick jedoch nicht rechtzeitig das Feld räumt, gerät die Party aus den Fugen, statt der erhofften Sexsause passiert ein übler Seelenstriptease, an dessen Ende die Lebenslüge enttarnt wird: Das wahre Alter des Gastgebers.

Philip Ridley:
Der Disney-Killer.
Aus dem Englischen von Jörn van Dyck. In: *Theater Theater. Aktuelle Stücke 2*, 1992.
Die schnellste Uhr im Universum.
Aus dem Englischen von Andreas Pegler. In: *Theater Theater. Aktuelle Stücke 4*, 1994.

Wer hat Angst vorm schwarzen Mann?
Aus dem Englischen von Rose Aichele, 1991.
Krindelkrax.
Aus dem Englischen von Sigrid Ruschmeier, 1995.
Dakota Pink.
Aus dem Englischen von Sigrid Ruschmeier, 1995.

Der Meteoritenlöffel.
Aus dem Englischen von Sigrid Ruschmeier, 1996.
Kaspar und der Glitzerkönig.
Aus dem Englischen von Sigrid Ruschmeier, 1997.
Alle erschienen im Fischer Taschenbuch Verlag, Frankfurt/Main.

Ronald M. Schernikau
kleinstadtnovelle

Er war eine Diva, eitel und exzentrisch. Ein träumerischer Visionär und überzeugter Kommunist. Ronald M. Scherni- kau, geboren 1960 in Magdeburg, aufgewachsen in Lehrte bei Hannover, begann 1986 sein Studium am Institut für Literatur Johannes R. Becher in Leipzig, das durch das deutsch-deutsche Kulturabkommen möglich geworden war. Als Sechsjähriger hatte er den Weg von der DDR in die BRD im Kofferraum eines Fluchtautos zurückgelegt. Im September 1989, als das Ende der DDR und des «sozialistischen Experiments» bereits abzusehen war, hatte Schernikau einen von vielen belächelten und mit Unverständnis betrachteten Schritt in die umge- kehrte Richtung getan. Er nahm die DDR-Staatsbürgerschaft an und übersiedelte offiziell von Berlin (West) nach Berlin (Ost). Er wurde Mitglied des DDR-Schriftstellerverbandes und arbeitete als Lektor beim Henschel-Verlag.

«Sie wissen noch nichts von dem Maß an Unterwerfung, das der Westen jedem einzelnen seiner Bewohner abverlangt.» Schernikaus Prophezeihung, geäußert auf dem letzten DDR-Schriftsteller- kongreß im März 1990, wurde gnadenlos ausgebuht. Der revolutionäre Romantiker und idealistische Nostalgiker war im Westen wie im Osten ein Exot. Seine Erfahrungen während der Studienzeit hatte er in seinen tagebuchartigen Aufzeichnungen «Die Tage in L.» festgehalten. Der Untertitel bringt den Tenor der Beobachtungen des Grenzgängers Schernikau auf den Punkt: «darüber, daß die ddr und die brd sich niemals verständigen können, geschweige mittels ihrer literatur». Erschienen ist das Buch jedoch in der Bundesrepublik. Im Osten war es wegen seiner Radikalität im Umgang mit Tabus abgelehnt worden. Nach der Wende war es vielen schlicht zu träumerisch und in seinem Bekenntnis zum Kommunismus unangenehm.

Sein veröffentlichtes Werk ist schmal. Als Schernikau 1991 an den Folgen von Aids starb, waren neben «Die Tage in L.» lediglich in limitierter Auflage das bibliophil ausgestattete «märchen von der blume» erschienen. Sein sprachlich ambitioniertes Stück «Die Schönheit», ein Südstaaten-Drama um Waffenhandel, Ost-West-Konflikt und den Widerstreit von Marxismus und Leninismus, wurde zwar 1987 in Berlin von einem Tuntenensemble (!) uraufgeführt, aber weder gedruckt noch nachgespielt. Auch der großangelegte und Fragment gebliebene Roman «legende», in dem auf der Insel West- berlin vier Götter – die Terroristin Ulrike Meinhof, der Kommunist Max Reimann, die Schauspiele- rin Therese Giehse und der Schriftsteller Klaus Mann – zusammentreffen, wurde bislang, abgesehen von einem Auszug, noch nicht aus dem Nachlaß veröffentlicht.

Aufsehen erregte Schernikau mit seinem Erstling «kleinstadtnovelle», das er als 18jähriger Schüler geschrieben hatte.

«werft den schwulen in einer unvernünftigen welt nicht vor, sich unvernünftig zu verhalten!»

«kleinstadtnovelle» erzählt die Geschichte eines Coming-out. Der Ich-Erzähler b. fühlt, daß er «anders» ist. «bin weiblich, bin männlich, doppelt, fühle meinen körper sich von meinem körper entfernen, sehe meine weißen hände, die augen im spiegel. ich will nicht doppelt sein wer bin ich? will ich sein, männlich, weiblich.» Er verliebt sich in seinen Schulkameraden leif, mit dem er das erste Mal bei einer Klassenfahrt nach Berlin und später auch zu Hause schläft. Doch während b. bei seiner liberal eingestellten Mutter Rückhalt erhält und nach einem schmerzhaften Prozeß der Selbstfindung mit seinem Schwulsein unproblematisch umgehen kann, stürzt leif in eine Identitätskrise: Er möchte nicht schwul sein. Er beichtet die Affäre mit b. seinen Eltern, die empört einen Schulverweis für b. fordern. b. demonstriert Selbstbewußtsein und geht, zusammen mit seiner Mutter, auf Konfrontationskurs. Doch seine Umwelt macht es ihm nicht leicht. In der Schülerzeitung erscheint ein Schwulenwitz. Und der bislang als liberal und progressiv geltende Biologielehrer wirbt verlogen für Verständnis für gewisse Fehlprägungen der Natur. b. aber setzt sich zur Wehr. «die schwulen», verkündet b. im Biologieunterricht, «machen genau das, was eben auf diesem dummflachen dia ein ballettänzer demonstriert hat: sie schminken sich, sie kleiden sich auffällig, sie werden zu tunten. und weiter, jetzt ganz dramatisch: wir alle haben sie dazu gemacht. die jungs verlangen gewohnheitsmäßig, daß sie bedient werden. also ziehen sich die mädchen die albernsten sachen an, um beachtet zu werden. und genau das tun die schwulen, mit der gewißheit, es doch nicht zu schaffen. (...) werft den schwulen in einer unvernünftigen welt nicht vor, sich unvernünftig zu verhalten!»

Sein kämpferisches Engagement ist jedoch erfolglos. Die Gesamtlehrerkonferenz dieses Kleinstadtgymnasiums verweist ihn von der Schule. b. weiß: in dieser Gemeinschaft ist kein Platz für ihn. Die Verhältnisse sind nicht zu ändern. So bleibt ihm nur die «totale flucht». Er träumt sich in eine andere Realität und seine Phantasien wandern in die (schwule) Subkultur Berlins.

Schernikaus Novelle, 1980 erschienen, wurde von der literarischen Öffentlichkeit anerkennend wahrgenommen. Insbesondere weil die differenzierte Schilderung des Coming-out sich deutlich von rein autobiographischen Erfahrungstexten unterscheidet, auch wenn bisweilen agitatorische Floskeln – wie «nichts ist selbstzerstörerischer als die männerherrschaft, die verhältnisse belacht, die sie selbst produziert hat» – den Erzählfluß etwas behindern.

Ronald M. Schernikau: kleinstadtnovelle. Rotbuch Verlag, Berlin 1980.

Die Tage in L. – darüber, daß die ddr und die brd sich niemals verständigen können, geschweige mittels ihrer literatur. **Konkret Literatur Verlag, Hamburg 1989.**

Dann hätten wir noch eine Chance. Briefwechsel mit Peter Hacks. **Texte aus dem Nachlaß. Konkret Texte 1, Gremliza Verlag, Hamburg 1992.**

Napoleon Seyfarth
Schweine müssen nackt sein

Alles beginnt in der pfälzischen Provinz. Der Vater ein Zuhälter, die Damen der Verwandtschaft ein Clan weiblicher Drachen, die sich von Eierlikör und Melissengeist nähren und das Spießbürgertum pflegen. Mit Abschluß der obligatorischen Tanzstunde (und fast schon verlobt mit der Bürgermeistertochter), nach Fummeleien mit anderen Jungs im Hallenbad endet eine Jugend in der Pfalz. Es folgen Jahre mit dem Versuch eines Psychologiestudiums und schwulen Lebens zwischen One-Night-Stands und Bewegung. «Progressiv» und «emanzipatorisch» waren die Schlagworte. Progressiv, das meint, als Schwuler demonstrativ in der Öffentlichkeit Lidschatten zu tragen, emanzipatorisch, als Mann bei den Penetrationsdiskussionen der Frauen mitzureden. So bösartig hatte kaum einer zuvor Resümee gezogen: die Jahre radikaler schwuler Politarbeitszirkel als Farce und Kasperletheater. «Der ‹Tuntenstreit› wurde in Heidelberg verbissener ausgefochten als in Berlin. In Karlsruhe flossen Tränen und Nagellack literweise. In Freiburg war man als Faschist verschrien, wenn man eine Lederjacke trug. Wer zugab, an Klappen oder Parks Gefallen zu finden, war in Konstanz schwulenpolitisch nicht mehr tragbar. Wer promisk lebte, war in Karlsruhe ein Vertreter des schwulen Selbsthasses. Wer Zweierbeziehungen vorzog hingegen in Heidelberg ein Vertreter der vorherrschenden Sexualmoral. Zwei Jahrzehnte schwules Leben und schwulen Aktionismus durchquert Napoleon Seyfarth in einer Tour de force, die von vornherein zur Tour de farce wird. Seine Abrechnung mit jener Generation, die nach 1972 die Neue Deutsche Schwulenbewegung begründete, fällt hämisch, selbstironisch und böse aus.

In wenigen Wochen hat der 1953 geborene Seyfarth seinen autobiographischen Roman, in dem Faktisches und Fiktionales zu einer Einheit verschmelzen, im Krankenhaus in den Computer getippt. Weil ihm die Aidserkrankung vorübergehend die Stimme nahm, konnte er sich verbal nicht mehr mitteilen. Schreibend rechnete er ab: zu fürchten hatte er nichts, allenfalls den Tod. Nichts nimmt sich als rührselige, pietätvolle Rückschau auf Jugendtage, Lover und Liebesgeschichten aus; Seyfarth schreibt mit Galgenhumor, forciert den treffenden Witz. Wer sich in den selten positiv gezeichneten Figuren wiedererkennt, ist garantiert damit auch gemeint.

In den Tiefen der schwulen Subkultur entlarvt er den unentwegten Selbstbetrug wie die Lächerlichkeiten, die das Leben dort bereithält. Seinen eigenen Alltag zwischen Sling und Darkroom schildert Seyfarth jedoch nicht weniger schonungslos. Kein Detail ist zu intim, als daß es dem Leser nicht anvertraut werden könnte, weder die Erlebnisse in der S/M-Szene mit Peitschen, Ketten und harten Kerlen noch den Faustfick als ultimativen Orgasmus. Die kleinbürgerliche Spießigkeit des Milieus, so wie Seyfarth sie mit Lust am Wortspiel beschreibt, unterscheidet sich kaum von den Verhältnissen bei den Tanten damals in Bad D. Seine Hauptfeinde finden sich in der provinziellen Heimat wie in der Schwulenmetropole Berlin: menschliche Ignoranz und Dummheit.

«*Es gibt ein Lieben mit dem Virus. Es gibt ein Lachen mit dem Tod.*»

Dann steht mit einemmal unausweichlich fest: Testergebnis positiv. Die keinesfalls überraschende Nachricht wird ihm vom Arzt nachts in einer Bar übermittelt. «Ich betrachtete die Welt um mich herum. Die Ledermänner tranken ihr Bier und glotzten Pornos. ‹Ich bin positiv›, wollte ich ihnen sagen. Und ich werde euch vorleben, wie man mit diesem Todesurteil umgehen kann. Ich werde euch zeigen, daß man mit hocherhobenem Haupt das Schafott betreten kann.» Nicht mehr «die Zentimeter in der Hose» sind nun ausschlaggebend, sondern die «Zahl der Helferzellen pro Millimeter im Blut». Aber die Krankheit soll ihn tatsächlich nicht so schnell unterkriegen. Noch verfügt er über genügend politische Energie, um erneut anzuecken und querzudenken, nun im Sumpf der Aids-Selbsthilfe. Mit Sarkasmus attackiert er Aids-Funktionäre wie ehrenamtliche Mitarbeiter und deren Helfersyndrom, greift die stumme, desinteressierte schwule Masse und die politischen Machthaber gleichermaßen an. Seine Krankheit ist tödlich, doch er unterwirft sich ihr nicht. Mit außergewöhnlicher literarischer Kraft begegnet er im aktiven Leben dem Tod und, befreit von allen Zwängen und Tabuisierungen, schafft er es in vieler Hinsicht, «etwas Besseres als den Tod» zu finden: «Es gibt ein Leben mit der Krankheit. Es gibt ein Lieben mit dem Virus. Es gibt ein Lachen mit dem Tod.» Am Ende läßt der Autor Napoleon Seyfarth seinen Helden Seyfarth unspektakulär dahinscheiden und seinen «Weggang» routiniert verwalten. Erst dann wird aus der Autobiographie Fiktion, und bleibt dennoch authentisch. Und zynisch.

Napoleon Seyfarth:
Schweine müssen nackt sein.
Ein Leben mit dem Tod.
Edition dia, Berlin 1991 und dtv,
München 1996.

«*Schwein oder Nicht-Schwein*».
Fragen und Antworten zum
Leben.
Palette Verlag, Bamberg 1994.

William Shakespeare
Sonette

Shakespeares Sonette geben Rätsel auf. 154 an der Zahl sind sie um
1600 entstanden. Ein erster Hinweis ist in Francis Meres «Palladis
Tamnia» (1598) enthalten: «Die anmutige und geistreiche Seele Ovids
lebt weiter in der süß-fließenden Sprache Shakespeares: zum Beweis
dafür lese man seine ‹Venus und Adonis›, seine ‹Lukrezia› und seine lieblichen Sonette, die unter
seinen intimen Freunden wohlbekannt sind.» Veröffentlicht wurden sie erst 1609 – ohne Wissen des
Autors. «Dem einzigen Erzeuger dieser nachfolgenden Sonette Herrn W. H. alles Glück und diese
Ewigkeit gelobt von unserem immerlebenden Dichter wünscht der wohlwünschende Herausgeber,
indem er sich vorwagt.» Das tat Thomas Thorpe tatsächlich und schuf für Generationen von Angli-
sten ein gewaltiges Forschungsfeld. Zum einen ist unklar, ob es für diese Gedichte eine vom Verfasser
entworfene Reihenfolge und damit eine Art fortlaufender Erzählung gibt. Zum anderen wollte man
wissen, wer zum Teufel hinter diesem W. H. steckt, den das lyrische Ich (und also Shakespeare)
kunstvoll anhimmelt. Erklärungsversuche gab es viele, eindeutige Beweise keine. Mal sollte es sich
dabei um Sir William Harvey handeln, den dritten Ehemann der Lady Southampton, dann um
den Drucker William Hall oder William Herbert, einen Seemann und Schwager Shakespeares, oder
um den Grafen von Pembroke. Andere vermuten, William Hughes seien die Verse gewidmet, der
in Shakespeares Schauspieltruppe für die Frauenrollen zuständig war. Und manch einer vertrat gar
die Ansicht, das ganze Sonetten-Konvolut sei komplett dem Dramendichter unter anderem von
«Hamlet», «Othello» und «Richard III.» fälschlicherweise zugeschrieben.

«Doch sprich, sind wir nicht eines: du und ich?»

Die Gedichte selbst liefern wenig Indizien für das männliche Objekt von Shakespeares Begierde.
Ein Mann, jung, ziemlich attraktiv («Kein äußrer Reiz der nicht an dir erfreue!»), von adliger
Abstammung, den Frauen durchaus zugewandt, wird mal «my rose», «my love» oder «my sovereign»
genannt. Wer die Sonette im ganzen liest, entdeckt darin eine nicht leicht zu durchschauende
Ménage à trois. Denn neben dem «Ich» (nennen wir es der Einfachheit halber Shakespeare) und dem
hübschen Jüngling W. H. taucht in 20 Gedichten auch eine mysteriöse, brünette «dark lady» auf.
Shakespeare huldigt dem schönen Mann und macht ihm den Hof, gleichzeitig aber scheint er auch
mit der – verheirateten – «lady» in einem sexuellen Verhältnis zu stehen. Er beschreibt ihre recht
sinnlichen Vorzüge samt ihrer gemeinen wie verführerischen Charaktereigenschaften: auch W. H.
verfällt ihren Lockungen. Sie lieben sich im Kreis, betrügen sich, hassen sich, machen sich gegenseitig
glücklich und stürzen sich in Eifersucht und Verzweiflung.

Daß sie nun dein, ist nicht mein ganzer Gram,
obgleich sie meinem Herzen nahestand.
Doch daß sie, dir sich gebend, dich mir nahm –
Verlust ist's wahrlich, den ich nicht verwand.

Drum so, ihr Sünder, lös ich euch der Schuld:
du liebst sie, weil du weißt, daß ich sie liebe;
und sie gewährt dir meinethalben Huld,
wie wenn es dich für mich nur zu ihr triebe.

Verlier ich dich, hat so Gewinn mein Lieb,
verlier ich sie, so wird's dem Freunde frommen;
wofür zum Schluß mir selbst die Tröstung blieb;
nur meinethalb sei'n beide mir genommen.

Doch sprich, sind wir nicht eines: du und ich?
So träume ich: sie liebt ja doch nur mich!

(Übersetzung von Karl Kraus)

Shakespeares Sonetten-Zyklus ist (vielleicht) eine Art intimes Tagebuch, das mehr oder weniger chronologisch verschiedene Entwicklungsstufen und Seelenkurven zwischen Lust, Last und Leid nachvollziehbar macht. Die Rivalen begegnen sich in sarkastischer, aggressiver Haltung, werfen sich ihre Unzulänglichkeiten vor, andererseits herrscht sexuelle Abhängigkeit: «Da ich dein Sklave bin, was kann ich tun, als deinen/Wünschen entgegenharrn die Stunden lang, die Tage?» (deutsch von Paul Celan).

Ganz gleich, wieviel rekonstruierbare Geschichte in diesen Gedichten steckt, seit sie ab circa 1800 breiter rezipiert wurden, gelten sie als klassische Texte der Liebeslyrik. Über zwei dutzendmal wurde der Zyklus bereits ins Deutsche übertragen; zu den prominentesten Übersetzern gehören Paul Celan (1909), Karl Kraus (1933) und Stefan George (1964). Die jüngste Übertragung stammt von Karl Bernhard 1989. Die Schwierigkeit, die 14 Verszeilen eines jeden Sonetts ihrer Sprachkunst wie ihrem Inhalt entsprechend gerecht zu transponieren, hat die Übersetzer zu teilweise recht unterschiedlichen Ergebnissen kommen lassen. Diese divergierenden Versuche parallel zu lesen, wie in der von Hanno Helbling zusammengestellten Ausgabe, ermöglicht gleichzeitig den lohnenden Querschnitt durch die deutsche Rezeption der Shakespeare-Sonette.

William Shakespeare:
Sonette.
Englisch/deutsch. Herausgegeben
und mit einem Vorwort von
Hanno Helbling. Übertragungen
u.a. von Dorothea Tieck, Ludwig
Tieck, Stefan George, Ludwig Fulda,
Therese Robinson, Paul Celan.
Diogenes Taschenbuch Verlag,
Zürich 1994.

Die Sonette.
Englisch/Deutsch. Umdichtung von
Stefan George. dtv, München 1989.

Alan Posener:
William Shakespeare.
Rowohlt Taschenbuch Verlag,
Reinbek 1995.

Hans Siemsen
Verbotene Liebe und andere Geschichten

In einem Atemzug mit Kurt Tucholsky und Carl Ossietzky genannt, wurde Hans Siemsen für seine scharfzüngigen und hellsichtigen Kommentare zum politischen Geschehen und zur kulturellen Entwicklungen seiner Zeit bekannt. Was mancher Intellektuelle als schlimmsten Amerikanismus abwertete – den Jazz als neue, sich durchsetzende Musikrichtung und den Film als neues Medium –, wurde von Siemsen von Anbeginn kritisch und mit journalistischer Neugier begleitet. Lange bevor seine Filme in Deutschland zu sehen waren, beschäftigte sich der 1891 bei Hamm geborene Journalist mit Charlie Chaplin. 1924 veröffentlichte er das erste deutschsprachige Buch über den Künstler: «Er ist der erste wirkliche Film-Dichter».

In seinen politischen Essays, unter anderem für Siegfried Jacobsohns «Die Weltbühne», für «Die Aktion» und das Pariser Exilantenblatt «Die Zukunft», profilierte er sich als kompromißloser Publizist, der gegen Krieg, Heuchelei und Willkür anschrieb, gegen den Abtreibungsparagraphen 218 ebenso wetterte wie gegen Antisemitismus und den Schwulenparagraphen 175. Mutig argumentierte er besonders im Nachwort zu dem 1927 erschienenen Bändchen «Verbotene Liebe. Briefe eines Unbekannten» gegen das damalige Sexualstrafrecht und die damit verbundenen Folgen für viele Schwule: «Dieser Paragraph bringt Jahr für Jahr Hunderte von Menschen ins Gefängnis, er stößt Tausende in Unglück, Not und ‹Schande›, er zwingt Hunderttausende ein Leben der Lüge und Heuchelei zu führen und er treibt Jahr für Jahr Dutzende von Menschen in den Tod, das heißt: zum Selbstmord.» «Verbotene Liebe» ist eine Sammlung von Briefen eines jungen Schwulen, die Siemsen zur Veröffentlichung überlassen worden waren. In verzweifeltem Ton wird darin von einem Leidensweg berichtet, auf der Suche nach «wahrer Liebe» und Freundschaft, und doch immer wieder wird nur unbefriedigende, rein körperliche Lust oder Heuchelei und Unfähigkeit zu echter Gefühlsbindung angetroffen.

Für Siemsen ist dieses Schicksal ein Beispiel von vielen und Folge der unmenschlichen Gesetzgebung, die er im Anhang anprangert.

Romantischere Töne schlägt er in seinen Erzählungen und Prosatexten an, etwa in der Sammlung «Das Tigerschiff. Jungensgeschichten» (1923). Zehn Skizzen aus der Welt der Cafés, Gymnasien und Varietébühnen, die von der Schönheit der Jungen und der Sehnsucht nach ihnen erzählen. Seine Geschichten, so auch in «Paul ist gut. Erlebnisse» (1926), leben weniger von der Handlung als von knapp umrissenen, impressionistischen Episoden.

Ein Emigrantenschicksal

Siemsen floh bereits 1934 aus dem Nazi-Deutschland, er überlebte trotz großer finanzieller Not in Paris. Unter Pseudonym veröffentlichte er einen Nachlaßband von Joachim Ringelnatz und schrieb für schlecht zahlende Exilzeitungen. Er wurde mehrfach interniert und gelangte schließlich über Südfrankreich nach Portugal und von da aus nach New York. Dort arbeitete er bei der Exilzeitschrift

«Aufbau», verfaßte außerdem Gedichte. Weil kein Verlag sie drucken wollte, begann er mit einer Autobiographie, die er jedoch nie abschloß. Das Manuskript gilt als verloren, wie all jene Texte, die den Wirren des Krieges und der Emigration zum Opfer fielen. 1948 kehrte er zu seinem Bruder nach Düsseldorf zurück. Die Emigration hatte ihn zermürbt, gesundheitlich und künstlerisch. Er lebte zurückgezogen psychisch krank in großer Armut und Einsamkeit. Die letzten 16 Jahre seines Lebens verbrachte er in einem Heim der Arbeiterwohlfahrt in Essen. Seine Freunde und Bekannte aus den 20er Jahren – Gustaf Gründgens, Willy Haas oder auch Ernst Rowohlt –, hatten ihn vergessen, wie unverständlicherweise später die Exilliteraturforschung

Hans Siemsen:
Schriften. Verbotene Liebe und andere Geschichten,
1986.

Schriften II. Kritik – Aufsatz – Polemik,
1988.
Schriften III. Briefe,
1988.

Alle erschienen im Torso Verlag, Essen (nunmehr Verlag rosa Winkel, Berlin) und herausgegeben von Michael Föster.

Michael Sollorz
Orakel

Keine gewöhnliche Nacht kündigt sich an. Die Tarotkarten des Stadtstreichers Robert, die er am Bahnhof Friedrichstraße legt, verraten es:
«Heute nacht liegt über unserer Stadt ein gutes Omen, unsichtbar
senkt es sich über die Dächer, in die Höfe, und legt sich den Leuten
auf die Stirnen und die Lider. Sie merken es nicht. Heute nacht werden Wünsche wahr, kleine heimliche Wünsche, und vielleicht können sich sogar unverschämte, maßlose Begierden erfüllen, wenn
wir es nur zulassen.»

Michael Sollorz entläßt seine Protagonisten hinaus in die herabsenkende Dunkelheit, in der sich tatsächlich Begierden erfüllen, in der verdrängte Sehnsüchte, heimliche Gedanken und Taten zu ihrem Recht kommen. In Jeremy Podeswas (leider verkannten) Film «Eclipse» ist es eine Sonnen-finsternis, die einen Kreis verketteter Menschen nach und nach Dinge tun läßt, die sie sich zuvor nie getraut hätten. Auch in Sollorz' Roman «Orakel» steht Arthur Schnitzler Pate für den sexuellen Kreis-Verkehr: Fünf Männer und eine Frau, deren Schicksal und erotisches Begehren sich über-schneiden und auf mythische Art und Weise verquicken.

Zum Beispiel David, ein Überlebender des Holocaust, der aus Tel Aviv nach Berlin zurück-gekommen ist, um einen Altanspruch auf ein Grundstück zu regeln. Ihn verschlägt es in einen schwulen Puff, wo er sich sexuelle Entspannung erhofft. In seinem zärtlichen, aber scheiternden Versuch, mit dem ungarischen Stricher Ferenc zu schlafen, wird er schmerzlich und unerwartet an seine Jugendliebe erinnert: An eine gemeinsame Nacht mit Ajar in der Kleiderkammer im KZ.

David hat das Lager überlebt, Ajar nicht. Ferenc belohnt er reichlich für seinen Dienst. Geld, mit dem sich der Junge aus Budapest seinen Traum erfüllen will: Eine Fahrkarte zurück nach Ungarn in ein anderes, selbstbestimmtes Leben. Noch einmal aber, kurz vor seiner Abfahrt, schlüpft Ferenc in die Rolle des Strichers. Peter, der gerade von einem Sexurlaub aus Gran Canaria zurückkehrt und sich an diesem Tag noch von seinem Lebensgefährten Paul trennen will, wird sein Kunde. In den Büschen hinter dem Bahnhof Zoologischer Garten macht Paul aus der schnellen Nummer einen merkwürdigen Akt aus Selbstkasteiung, sexueller Erniedrigung und schmerzhafter Gier nach Lustgefühl. Ferenc hingegen genießt es, zum Schluß seinem Kunden demonstrativ einen Geldschein zuzustecken: einmal wenigstens die Rollen von Stricher und Freier zu tauschen. Was Peter noch nicht weiß: sein Lebensgefährte Paul hat sich während seiner Abwesenheit just in diesen Ferenc verliebt. Paul, von Unruhe geplagt, treibt es im Ostteil der Stadt in die Kneipe eines besetzten Hauses zu seiner autonomen Freundin Nelly, die eisern ihren revolutionären Utopien nachhängt. Spät in der Nacht wird Paul mit Nelly und dem von ihr begehrten Marc, der gerade wegen Mordes an einem Schwulen aus dem Knast entlassen worden ist, gemeinsam im Bett landen. Der Kreis schließt sich in vielfacher Hinsicht. Was die Figuren selbst nicht einmal erahnen, teilt Sollorz seinen Lesern unmißverständlich mit: sie alle sind miteinander schicksalhaft verstrickt. Das Orakel des Stadtstreichers allerdings erfüllt sich nicht. Die Wünsche, sofern sie denn erfüllt werden, führen nie ins Glück.

«Was wir suchen, gibt es nicht»

So komprimiert scheint der Roman konstruiert und eine arge Strapazierung des Reigen-Motivs zu beinhalten. Doch es gelingt Sollorz, die einzelnen Geschichten und Schicksale bis auf kleine Ausnahmen unaufdringlich geschickt miteinander zu verweben. Seine Figuren irren durch das nächtliche Berlin, suchen, ohne ihr Ziel zu kennen. Wünsche und Ängste lassen sich nicht länger aufschieben. «Was wir suchen, gibt es nicht», sagt eine Figur gewissermaßen stellvertretend für alle: «Das Bewußtsein, jeden der drängenden, einsamen Körper vielleicht zum letzten Mal in die Arme zu schließen, war irgendwann zur beherrschenden Kraft geworden, vor allem hinterher, wenn sich die Körper wieder trennten.» Ihre Bindungen und Beziehungen sind brüchig geworden, zur Routine verkommen. Ihre tiefe Sehnsucht nach großen Gefühlen ist verblaßt, und doch bleibt ein Rest an Hoffnung auf ein anderes Leben.

Michael Sollorz vermag es, nur ein halbes Dutzend spannender Biographien beiläufig zu entfalten und daneben ein Bild von Berlin aus dem Jahr 1995 zu zeichnen, das ohne Großstadtklischees auskommt. Schnoddrig und bisweilen pathetisch, ist seine Prosa ausdrucksstark und von einer merkwürdig melancholischen, manchmal gar apokalyptischen (Endzeit-)Stimmung getragen: «Die Stadt erklärt dem Müll den Krieg. Vier Wochen sind eine lange Zeit. Der Bahnhof geriert sich blitzblank, ein Hohn aus Chrom und Glas, Läden und Licht, denn schon bricht der Müll durch frische Fugen. Die Stadt hat den Krieg längst verloren. Weil sie selbst der Krieg ist, auf Müll gebaut, sie gebiert ihn unentwegt selbst – und obendrein die Uniformen, die saubermachen, wenn sich der Menschenmüll tothaut und das Brüllen für kurze Zeit verstummt; und kaum verschwindet die Fuhre mit Blaulicht, liegt an derselben Stelle schon wieder ein Haufen.»

Wie schon in seinem fast wie ein Märchen erzählten Erstling «Abel und Joe» (1994), eine Art surrealer Roadmovie durch das schwule Berlin, entwirft Sollorz auch in «Orakel» das Porträt einer im Umbruch befindlichen (schwulen) Metropole, samt ihrer Widersprüche und Schattenseiten.

Michael Sollorz:
Orakel.
Roman. Querverlag, Berlin 1996.

Paul und andere Geschichten
aus'm Osten.
Verlag rosa Winkel, Berlin 1992.
Abel und Joe.
Roman. Verlag rosa Winkel, Berlin
1994.

Deutscher Meister im
Seitensprung. Neue Geschichten
von Paul.
Verlag rosa Winkel, Berlin 1997.

Stephen Spender
Der Tempel

Stephen Spender (1909–1996) hatte seinen Roman «Der Tempel»
bereits 1929 als 20jähriger beendet. Virginia Woolf, die das Manuskript des britischen Autors zwei Jahre später zu lesen bekam, war fasziniert, veröffentlichen wollte sie es in ihrer Hogarth Press jedoch nicht:
Unter 30 Jahren sollte niemand publizieren. Sie riet ihm, das Manuskript einfach zu vernichten.
Auch sein späterer Verleger Geoffrey Faber von Faber & Faber lehnte ab: Ihm war der Roman zu freizügig (sprich homoerotisch), und nach geltendem Gesetz sei er gar als pornographisch einzustufen.
Wahrscheinlich wäre der Text längst vergessen, hätte Spender das Manuskript nicht in einer
finanziellen Krise 1962 an die University of Texas verkauft, wo es in der Handschriftenabteilung ver-
staubte. Jahrzehnte später wurde es dort von einem Literaturwissenschaftler zufällig entdeckt. Spender
überarbeitete den stilistisch sehr uneinheitlichen Text und komplettierte ihn um ein Kapitel, das drei
Jahre später, 1932, spielt und die Veränderungen im aufkommenden Faschismus schildert. Erst 60
Jahre nach seiner Entstehung erschien «Der Tempel» schließlich im Londoner Verlag Faber & Faber.

Die unglückliche Liebe zu seinem Studienfreund Marston wie die prüde Atmosphäre des viktorianischen Englands der späten 20er Jahre belasten den jungen Paul Schoner. Um so mehr freut er
sich, als er die Möglichkeit erhält, einige Zeit bei einem Bekannten Ernst Stockmann, in Hamburg
zu verbringen. Die Weimarer Republik erschien dem Engländer äußerst freisinnig, offen und auf-
geschlossen. Anders als in seinem Heimatland, wo James Joyce' «Ulysses» und Radclyffe Halls lesbischer Kultroman «The Well of Loneliness» verboten waren, gab es hier keine direkte Zensur. In dieser
Umgebung hoffte er zum Dichter zu reifen, seine künstlerische und sexuelle Identität zu finden.
«Schreibend muß ich leben und reifen. Mein Ziel ist, seelische Reife zu erlangen.» «Escaped» war
der ursprüngliche Titel, den Spender für diesen Roman vorgesehen hatte.

Wie seine Freunde Simon Wilmot und William Bradshaw (hinter denen sich fiktionalisierte
Porträts der Freunde W. H. Auden und Christopher Isherwood verbergen) liebte auch er «die neue
Einstellung dieser jungen Deutschen zu ihrem Körper. Obwohl ich nie puritanisch in meinen
Auffassungen war, muß ich gestehen, daß ich, was immer ich mir selbst vorgespiegelt habe, bis heute
meinen Leib als etwas Sündiges und meine Körperlichkeit als etwas angesehen habe, dessen man
sich schämen muß».

Nach seiner Ankunft in Deutschland notierte Spender im Juli 1929 in seinem Tagebuch: «Jetzt fange ich an zu leben!» Während Schoner/Spender seine ersten Erfahrungen in Hamburg macht, haben sich Wilmot und Bradshaw alias Auden und Isherwood in Berlin niedergelassen, um dort zu arbeiten und zu schreiben, und vor allem, um zu leben. «In Berlin redet jeder mit jedem, wenn auch unausgesprochen», bemerkt Spender. «Aber jeder weiß mit einem Blick alles vom anderen. Arm und Reich, Professor und Studenten, Intellektuelle und Barmixer sind alle gleich vulgär. Es läuft alles auf Sex hinaus. Es ist eine Stadt ohne Jungfrauen ... Der Tempel Berlins, in dem sich alle zum Götzendienst treffen, ist die Pension, und die Priesterin ist die Wirtin, die allen Schmutz von den Mietern weiß.» Bradshaws/Isherwoods Pension und seine Vermieterin werden später in dessen Buch «Leb' wohl Berlin» und insbesondere durch den darauf basierenden Film und das Musical «Cabaret» künstlerisch verewigt.

«Der Tempel des Leibes!»

Anders als seine Freunde in Berlin fühlt sich Paul Schoner in der bürgerlichen Alstervilla seines Gastgebers nicht so wohl. Vor allem sieht er sich sexuell bedrängt. Das Gefühl, von Ernst Stockmann gefangengehalten zu werden, löst sich erst, als er den etwa gleichaltrigen Joachim Lenz und dessen Freund Willy kennenlernt. «Seine Erscheinung hatte etwas gewollt Auffallendes, etwas leicht Vulgäres, aber lebensvoll (...) und es ging Wärme von ihm aus, als forderte er die Zuschauer auf, die Freude an seiner schieren Lebenslust mit ihm zu teilen.» Dieser Joachim lebt ganz für den Augenblick, genießt das Leben, ohne – wie Ernst – die Zukunft und Karriere vorauszuplanen. Joachim möchte Fotograf werden. Als er Paul seine Arbeiten zeigt, ist dies der zugleich deutliche Beweis seiner großen, wenn auch bloß platonischen Zuneigung. Viele seiner Fotografien zeigen nackte Männer. Das Bild eines nackten Schwimmers am Rande eines Sees hat es Paul besonders angetan (ein ähnliches Motiv ziert übrigens auch das Cover des Romans). Die Schatten der Weidenblätter «fielen wie ein Pfeilregen auf St. Sebastian, auf die sonnenbeschienene Brust und die Lenden des jungen Mannes. ‹Oh, wunderschön!› sagte Paul. ‹Der Tempel des Leibes!›».

Dem Literaten Paul ist die Lust an der Fotografie zunächst nicht nachvollziehbar. «Ich tue es für mich und meine Freunde», erklärt ihm Joachim. «Um Erinnerungen an Jungen und andere Dinge zu sammeln, die ich gesehen habe und im Bild festgehalten habe, wie ein Jäger Schädel und ausgestopfte Tiere in seiner Hütte aufhängt.»

Spender porträtierte in der Figur des Joachim Lenz den später weltberühmten Fotografen Herbert List. Wie die Romanfigur Joachim entstammte auch List einer Familie von Kaffeeimporteuren. Die elterliche Firma wollte er jedoch nicht übernehmen. Auf Geschäftsreisen nach Südamerika entstanden die ersten wichtigen Fotoarbeiten. In Paris und London avancierte List zu einem der gefragtesten Modefotografen. Die Kriegsjahre verbrachte er in Griechenland. Die Zeit dort hatte maßgeblichen Einfluß auf seine spätere Männerfotografie. Nach 1945 machte er sich als Fotojournalist einen Namen.

Die Verherrlichung des Männerkörpers während des Faschismus milderte er in eine fast lyrische Darstellung ab. Stephen Spender schrieb später in einem anderen Zusammenhang: «Das Besondere an ihnen war eine stets spürbare erotische Ausstrahlung, eine Art Aura, die von ihren Körpern ausging, die ihre athletische Nacktheit bronziert hatte und die sich mitteilte, ob sie bekleidet waren oder nicht.»

In Spenders Roman wird Joachim Lenz ein enger Vertrauter und Freund von Paul. Gemeinsam unternehmen sie eine ausgedehnte, emphatisch geschilderte Rheinwanderung, bei der sie ihre Ansichten über Kunst und das Leben allgemein austauschen. Paul muß jedoch noch lernen, daß Joachim auch entsprechend seiner Lebens- und Liebesauffassung lebt. «Er bewegte sich von einem Jungen zum anderen und wird das auch tun, wenn er älter wird, immer auf der Jagd nach Schönheit, nach der größeren Liebe, immer wieder wird er selbst die Knabenrolle spielen und sich an dem schönsten Knaben der Welt messen müssen.» Joachim begegnet schließlich einem vagabundierenden Jungen aus Bayern, in den er sich Hals über Kopf verliebt und den er mit zu sich nach Hamburg nimmt – und der einige Jahre später, von den Ideen des Nationalsozialismus berauscht, zu einem gefährlichen politischen Feind wird.

Die Idylle nämlich, in der sich Schoner und seine Freunde bewegen, trügt. Es wird immer deutlicher, daß das Auftauchen der Nationalsozialisten keine vorübergehende Erscheinung ist. Schon gibt es Verhaftungen, Denunziationen, Überfälle von SA-Gruppen. Schon sind die ersten Freunde überzeugte Nazis. Die verklärte Zeit des Deutschlands «voll Freiheit» ist vorbei.

Stephen Spender:
Der Tempel.
Aus dem Englischen von Sylvia List.
Piper Verlag, München 1991.

Welt in der Welt.
Eine Autobiographie.
Neuausgabe. Aus dem Englischen von Andreas Sattler. Piper Verlag, München 1992.

Deutschland in Ruinen.
Ein Bericht.
Übersetzt und mit einer Einleitung von Joachim Utz. Mattes-Verlag, Heidelberg 1996.

Martin Sperr
Jagdszenen aus Niederbayern

In sechzehn Bildern erzählt Martin Sperr (geb. 1944) eine Geschichte aus dem Bayern der Nachkriegszeit, über die Dumpfheit und den noch immer latent vorhandenen Faschismus eines Dorfes. Eine Geschichte über Außenseiter und ihr Schicksal, und eine autobiographische Kindheitserfahrung.

Uraufgeführt 1966 in Bremen und im gleichen Jahr auch von der Berliner Schaubühne inszeniert, steht es in kaum größer denkbaren Kontrast zu einem anderen jungen Dramatiker dieses Jahres, der in Frankfurt am Main mit «Publikumsbeschimpfung» Furore machte. Wo aber Peter Handke einem Helmut Heißenbüttel nachfolgend puren Formalismus praktiziert und neue Textformen erprobt, knüpft Sperr, der ehemalige Gelegenheitsarbeiter und Schauspieler, an die Stücke von Marieluise Fleißer, Ödön von Horváth und Georg Büchner an. In herbem Realismus geraten seine knappen Szenen aus dem Dorf Reinöd in Niederbayern bisweilen zu grellen und kolportagehaften, grotesk übertriebenen Darstellungen.

Die bayrische Dorfgemeinschaft macht sich nach den Wirren des Krieges und der Zeit der Not daran, Alltag und geordnete Zustände in Reinöd wiederherzustellen. Die Währungsreform ist vollzogen, das Benzin und die Arbeit sind noch knapp, aber es geht aufwärts. Was die neue Ordnung stört, ist jede Art von Außenseiter. Die Flüchtlingsfamilie aus Breslau, die zudem auch noch evangelisch sein soll; die Bäuerin Maria, die in wilder Ehe mit ihrem Knecht zusammenlebt, deren Ehemann zwar vermißt ist, aber noch lange nicht für tot erklärt wurde. Mehr als sie gilt ihr geistig zurückgebliebener Sohn Rovo als Schandfleck des Dorfes, den sie während des «Dritten Reiches» vor der Ermordung bewahren konnte. Nun ist er ihr größtes Hindernis, sich der dörflichen Struktur anzupassen und akzeptiert werden zu können. Rovo wird zum Dorfdeppen abgestempelt, schikaniert und herumgestoßen. Ihm droht die Abschiebung in eine Irrenanstalt. Einzig zu dem gerade aus dem Zuchthaus entlassenen Abram, der wegen seiner Homosexualität verurteilt worden war, hat er Vertrauen. Dessen Mutter ist über seine Rückkehr nicht sonderlich erfreut. Auch sie schämt sich für ihren Sohn wie Maria für ihren Rovo: «Du willst also dableiben. Es ist immer dasselbe mit dir. Eines Tages bist du weg, und dann zeigen die Leut mit dem Finger auf mich: Die ist die Mutter von dem. Und dann weiß ich, daß du wieder eine von deinen Schweinereien gemacht hast. Und ich hab die Blicke im Rücken, immer, bis ich in ein anderes Dorf gehe. Und immer findest du mich wieder, und es ist immer dasselbe.» Die Dorfgemeinschaft, das weiß sie, wird sie für solch einen Sohn strafen. Er gefährdet ihr Traum vom bürgerlichen Idyll: «Ich hoff, sie schlagen dich solang, bis du freiwillig gehst, ich hoff, sie schlagen dich aus dem Dorf hinaus. Vielleicht schlagen sie dich auch tot. Und ich wünsch mirs, daß sie dich totschlagen. Da im Dorf ists noch nicht wie in der Stadt, wo man das modern findet. Ich weiß bestimmt, daß sie was gegen dich haben, die Leut.»

«Da im Dorf ists noch nicht wie in der Stadt, wo man das modern findet.»

Abram bemüht sich, die Rolle des Außenseiters abzulegen und läßt sich mit dem Mädchen Tonka ein, die auch prompt von ihm schwanger wird. Wo Gerüchte wuchern, sucht die kollektive Aufmerksamkeit ihr Opfer. Die Dorfbewohner treiben das junge Paar auseinander. Endlich passiert das, was sie sich insgeheim erhofft haben: Sie haben Abram mit Rovo in einer zärtlichen Situation ertappt. Rovo erhängt sich – zur heimlichen Freude seiner Mutter, die endlich von der Last des Sohnes befreit ist. Abram, die «schwule Drecksau», der «Kinderverführer», wird wie Freiwild gejagt. Auf der Flucht ersticht er Tonka. Weder für sie noch für das gemeinsame Kind sieht er eine Zukunft. Die Bauern fangen ihn schließlich und liefern ihn der Polizei aus. Von dem Fahndungslohn wird die neue Kirchenorgel finanziert. Der Bürgermeister kann aufatmen: «Gut, daß die zwei weg sind, die Tonka und der Abram. Da käm die Stadt schon aufs Land raus.»

Martin Sperr hat seinen Figuren eine einfache, leicht mundartliche Sprache gegeben. Es sind Menschen aus dem Dorf, die sich, sprachlich ungelenk, mit plumpen Hauptsätzen durchhangeln. Aber Sperr denunziert sie nicht. Er porträtiert ehrbare, durchschnittliche brave Bürger und läßt sie sich selbst entlarven, als eine Gemeinde von Mitläufern, Mitmachern, Nachplapperern. Es ist ein Lehrstück über die tödlichen Konsequenzen des Vorurteils und die hinter Normalität versteckte Gewalttätigkeit.

«Jagdszenen aus Niederbayern» hat Martin Sperr, der nach dem überragenden Erfolg dieses Stücks zum Hausautor der Münchner Kammerspiele avancierte, zum ersten Teil einer Trilogie über Verhaltensweisen in der bayrischen Provinz gemacht. 1967 folgte «Landshuter Erzählungen», 1970 «Münchner Freiheit». Peter Fleischmann hatte 1969 die «Jagdszenen aus Niederbayern» als Vorlage für eine weitgehend werkgetreue Verfilmung verwendet. Martin Sperr übernahm selbst die Rolle des Abram. Den Stoff verarbeitete Sperr 1971 noch einmal zu einer Erzählung, die in kargem Stil mit kurzen, beschreibenden Sätzen die Handlung vorantreibt und die Unentrinnbarkeit des Schicksals so unterstreicht.

1972 erlitt der Autor einen Gehirnschlag, der ihn viele Jahre arbeitsunfähig machte. Erst 1983 nahm er seine Arbeit als Schauspieler wieder auf.

Martin Sperr:
Bayrische Trilogie. Jagdszenen aus Niederbayern. Landshuter Erzählungen. Münchner Freiheit. **Suhrkamp Taschenbuch Verlag, Frankfurt/Main 1972.**

Jagdszenen aus Niederbayern. **Erzählung. Weismann Verlag, München 1971 und Zweitausendeins, Frankfurt/Main 1980.**

Karl Heinrich Ulrichs

Forschungen über das Räthsel der mannmännlichen Liebe

Seine Rede vor 500 Berufskollegen im Saal des Münchner «Odeon» wird zunächst von Geraune und später von lautstarken Protesten begleitet. Der Versammlungsleiter des Deutschen Juristentages am 29. August 1867 schreitet ein und fordert den Redner auf, in Anbetracht des Themas und der Situation seinen Vortrag in lateinisch fortzuführen. Doch Karl Heinrich Ulrichs lehnt dies ab und verläßt das Podium. «Ich verhielt mich nur noch passiv», schildert er später seine Reaktion.

Der dramatische Auftritt ist denkwürdig und ein Schlüsselereignis in der Geschichte der Homosexuellenbewegung. Zum ersten Mal hatte ein Homosexueller öffentlich für sich und seinesgleichen eine rechtliche und moralische Gleichstellung gefordert. Was diese heldenhafte Aktion bemerkenswert macht: Ulrichs, der mit der Verlesung seiner Resolution gegen den preußischen Antihomosexuellen-Paragraphen seine Berufsehre aufs Spiel setzte, war ein Einzelkämpfer, zwar träumte er von einer Organisation oder gar Bewegung der Homosexuellen, aber faktisch gab es sie noch nicht. Die Bewegung entstand erst 30 Jahre später mit der Begründung des «Wissenschaftlich-Humanitären Komitees» 1897 in Berlin durch den Sexualwissenschaftler Magnus Hirschfeld.

Auf sich allein gestellt durchlitt und durchschritt Ulrichs sämtliche Stufen der homosexuellen Selbsterkenntnis und des Coming-out, und versuchte auf mutige, selbstentschlossene Art, dem «Räthsel der mannmännlichen Liebe» auf die Spur zu kommen, um so das Verständnis der Mitmenschen zu erlangen.

Ein erster Schritt in die Öffentlichkeit war 1862 ein Schreiben an die Schwester, die er um «gefällige Zirkulation» der Zeilen im Familienkreis bat. Der Brief war ein Bekenntnis: «Der liebe Gott hat mir die Liebe in derselben Richtung gegeben, in der er sie den Weibern giebt, d.i. auf Männer gerichtet.» Für Ulrichs war klar, daß diese Liebe weder krankhaft sei noch ein Verbrechen, nicht durch Verführung entstand oder falsche Erziehung. Da es seine Gefühle waren, mußte es seine Natur sein. Und die Natur war rein und gut.

Karl Heinrich Ulrichs, 1825 auf dem väterlichen Gut Westerfeld bei Aurich in Ostfriesland geboren, hatte in Göttingen und Berlin Rechtswissenschaft studiert und war als Amtsassessor im Hannoverschen Verwaltungs- und Justizdienst tätig. 1854 schied er dort freiwillig aus dem Dienst aus, um einem Disziplinarverfahren wegen seiner Homosexualität zuvorzukommen. Er lebte einige Zeit bei seiner Mutter und nahm schließlich erneut das Studium auf, diesmal in Frankfurt/Main, der Poetik, der germanischen Mythologie und des öffentlichen Rechts. In dieser Zeit begann er die Ergebnisse seiner ganz privaten Forschung zu publizieren. Anfangs unter dem Pseudonym «Numa Numantius» und mit sich selbst als Gegenstand der Untersuchung versuchte er zu erklären, weshalb Männer sich anderen Männern liebend zugetan fühlen. Er vermutete einen «passiven animalischen Magnetismus», den Männer auf ihn ausüben. Später, als er Literatur über Hermaphrodismus studiert hatte, entwickelte er eine weitere Theorie. Die Richtung sexueller Anziehung sei niemals einheitlich und werde nicht vom Körper, sondern von der Seele bestimmt. Weil in den ersten Lebenswochen eines Embryos die Geschlechtsorgane noch nicht eindeutig entwickelt sind, vermutete Ulrichs, daß in dieser Phase beide Möglichkeiten der Entwicklung – männlich oder weiblich – offen sind oder, in Ausnahmefällen, beide gleichzeitig genutzt werden und Hermaphroditen entstehen.

Urninge und Dioninge

Wenn dem so sei, müsse es eine Art «Keim» im Menschen geben, der die Ausbildung der Sexualorgane bestimmt, ein weiterer Keim müsse dann die Richtung des Sexualtriebs beeinflussen. Wenn diese nicht übereinstimmen, also ein Mensch mit männlichem Geschlechtsorgan aber einer weiblichen Seele entsteht, resultiere daraus ein «drittes Geschlecht» – «Menschen neben männlichem Körperbau» und «weiblicher Geschlechtsliebe (...), d.i. geschlechtliche Hinneigung zu Männern, geschlechtlicher Horror vor Weibern». Ulrichs formulierte noch ein theoretisches «viertes Geschlecht», ein weiblicher Körper mit männlicher Seele. Doch waren ihm solche Personen persönlich nicht bekannt.

Weil diese Menschen des «dritten Geschlechts» eine eigene «Classe» bilden, gab er ihnen auch einen eigenen Namen: Urninge. Die Heterosexuellen bezeichnete er im Gegensatz dazu als Dioninge. Diese Bezeichnungen kreierte er aus den Götternamen Uranus und Dione, die er Platons «Symposion» entnommen hatte.

Anfangs verfolgte Ulrichs noch die Idee, daß ein Urning keinen anderen Urning lieben könne, sondern immer auf der Suche nach einem männlichen Dioning sein müsse. Diese Theorie gab er aber – wohl auch aus eigener Erfahrung – bald wieder auf. Überhaupt entwickelte er seine Thesen anhand der (Selbster-)Forschungen weiter fort. In «Memmon» (1868) stellte er sie in endgültiger Fassung seiner Leserschaft vor. In seinen nachfolgenden Schriften befaßte er sich dann fast ausschließlich mit sozialen und juristischen Fragen zur Homosexualität. So etwa zu einer möglichen Ehe von Urningen: «Das positive Institut der Ehe ist kein Institut für uns. Weder einen Priester giebt es, noch einen Civilstandsbeamten, der ein Eheband knüpfe zwischen uns und unseren Geliebten. (...) Für uns kann die Ehe nicht die Vorbedingung sein des moralischen Erlaubtseins der Liebesbefriedigung.»

Waren seine ersten fünf, zwischen 1863 und 1865 publizierten Schriften zu «Forschungen über das Räthsel der mannmännlichen Liebe» unter dem Namen Numa Numantius erschienen, veröffentlichte er die nachfolgenden sieben unter richtigem Namen. Ein mutiger, wenn nicht gar halsbrecherischer Schritt, bedenkt man, daß gleichgeschlechtliche Handlungen mit Gefängnis und Aberkennung des bürgerlichen Ehrenrechts geahndet wurden.

1880 verließ Ulrichs Deutschland in Richtung Italien, wohl auch, weil er beruflich keine Perspektive mehr sah. Nachdem Hannover 1866 von Preußen annektiert worden war, hatte er sich öffentlich gegen die neuen Machthaber ausgesprochen und war daraufhin zweimal verhaftet und ins Gefängnis verbracht worden. 1865 wurde er aus der Wissenschaftsvereinigung «Freies Deutsches Hochstift» (F.D.H.) ausgeschlossen. Die Argumentation klang klug, aber heimtückisch: «... da derselbe erklärt, selber zu diesen (Urningen, d. V.) zu gehören, so sei wohl zu beachten, daß die Satzung des F.D.H. von einer Zulässigkeit der Mitgliedschaft dieser Wesen keine Erwähnung thun und die Verwaltung Herrn Ulrichs somit nicht als zur Mitgliedschaft berechtigt ansehen könne.»

Drei Jahre lebte er in Neapel, später verdiente er sich als Sprachlehrer in Aquila (Abruzzen) seinen Lebensunterhalt. Als alleiniger Autor gab er eine Zeitschrift in lateinischer Sprache heraus, mit dem Ziel, Latein als Weltsprache wiederzubeleben. 1895 starb er im selbstgewählten Exil an den Folgen einer Nierenentzündung.

Ulrichs' Bemühungen um einen toleranteren, aufgeklärten Umgang mit den «Urningen» war zu seinen Lebzeiten von keinerlei Erfolg gekrönt. Wenn seine diversen Eingaben überhaupt beachtet wurden, dann allenfalls höhnisch. Wenn seine Schriften wahrgenommen wurden, dann nur mit Spott bedacht. Seine Bemühungen, die antihomosexuellen Strafgesetze in Frage zu stellen, scheiterten ebenso. Im Gegenteil – die preußischen Gesetze wurden in ganz Deutschland übernommen. Zwar arbeitete Ulrichs an einer Satzung für eine Vereinigung der Urninge, zur Gründung kam es jedoch nie. Von seiner Arbeit profitiert haben viele nach ihm, beeinflußte er doch das Denken späterer Sexualwissenschaftler wie auch die frühe Schwulenbewegung. «Sollte sich später einmal ein Geschichtsschreiber mit dem Emanzipationskampf beschäftigen, dem wir unsere Arbeit gewidmet haben», schrieb Magnus Hirschfeld 1909, «so dürfte er in der Komitee-Tätigkeit wohl den zweiten Vorstoß und Waffengang gegen den verhängnisvollen Erkenntnismangel erblicken, welcher so vielen Menschen Leben und Lebensglück gekostet hat. Den ersten Ansturm unternahm Karl Heinrich Ulrichs in den sechziger Jahren des vorigen Jahrhunderts.»

Karl Heinrich Ulrichs:
Forschungen über das Räthsel der mannmännlichen Liebe.
Herausgegeben von Hubert Kennedy. Reprint in vier Bänden. Verlag rosa Winkel, Berlin 1994.

Hubert Kennedy:
Karl Heinrich Ulrichs. Sein Leben und sein Werk.
Aus dem Amerikanischen von Menso Folkerts. Ferdinand Enke Verlag, Stuttgart 1990.

Paul Verlaine
Männer – Hombres

Lustglied, höchstes der Gaben
Meines Knaben,
Des Angebeteten, meines Herrn
Beglückt erhör deinen Drang
Lüstern und bang,
Ich offenherzig allzu gern.

Etwas pathetisch reimt hier Paul Verlaine schwulen Schweinkram. Als Einhand-Literatur eignen sich die Verse dennoch kaum, dafür ist zuviel Kunstfertigkeit und Versmaß im Spiel. Wohl gilt Paul Verlaine (1844–1896) als einer der großen Lyriker Frankreichs, seinen Gedichtzyklus «Hombres» hat man, ganz im Gegensatz zum Pendant, dem Zyklus «Femmes», in den diversen Werk- und Teilausgaben dem Publikum vorenthalten. Nicht zuletzt weil man glaubte, den arrivierten Dichter vor den eigenen, allzu erotischen Texten in Schutz nehmen zu müssen. Selbst in der respektablen «Bibliothèque de la Pléiade» sucht man in den «Œvres poétiques complètes» vergeblich danach. Lediglich in privaten Drucken, mit entsprechend niedriger Auflage, wurden diese «Riten perverser Leidenschaften» und «das Denkbar Widerwärtigste an Selbstenthüllung» und «Lexikon perverser Künste», wie Stefan Zweig urteilte, auch in deutscher Übersetzung verlegt.

1920 erschien eine zweisprachige Subskriptionsausgabe unter Ausschluß des Buchhandels. Der Grund war nicht eine künstlich erzeugte Exklusivität, sondern die stets drohende Zensur aufgrund von Versen, die wie etwas geschraubte Dialoge eines Pornos klingen («Hock auf. Sei wie ein Weib gewandt/Dem man's von unten macht. Ja! Gut so! Ja!/Ganz recht. Hierher gehört die Hand ...»). Um die Gesetzeshüter zu irritieren, verschwieg man nicht nur den Namen des Übersetzers Curt Moreck, aus dessen Feder auch der «Führer durch das lasterhafte Berlin» (1931) und die «Sittengeschichte des Kinos» (1926) stammen, sondern ebenso den Verlagsnamen. Das Buch erschien im Verlag von Paul Steegmann in Hannover. Um den juristischen Zugriff zu erschweren, wurde als Verlagsort Zürich angegeben, genutzt hat dies alles jedoch wenig. «Hombres» wurde beschlagnahmt und der Verleger wegen Verbreitung unzüchtiger Schriften verurteilt. Die Begründung: «Auch ein Künstler oder Dichter von anerkannter Bedeutung kann seine Kunst schänden, indem er sie an anstößige Stoffe wendet. Eine Zote ist nicht darum weniger eine Zote, weil ihr ein Dichter oder Künstler das gefällige Gewand seiner Kunst leiht.» Kurt Tucholsky darauf: «Eine Dummheit ist nicht darum weniger eine Dummheit, weil ihr ein Dichter das gefällige Gewand seines roten Talares leiht.»

«Ungeheure Unzucht»

Der Verleger hatte bereits vorab die Satzfahnen des Bandes an Thomas Mann geschickt, der, wie er in seinem Tagebuch notiert, Verlaines Verse «mit Erschütterung» las. «Ungeheure Unzucht. Gedanken darüber», schrieb er und formulierte diese Gedanken denn auch in seinem «Brief an einen

Verleger». «Es wäre lächerlich, den unzüchtigen Charakter der Blätter zu leugnen, lächerlich, als kunstliberaler Sachverständiger diesen Charakter durch die ‹anmutige› Form entschuldigen zu wollen», schreibt Mann. «Ich bescheinige Ihnen unumwunden, daß die Gedichte erschütternd unzüchtig sind, aber ich sage es in einem Sinn, der Ihnen gegen diejenigen, die Sie dieser intimen Publikation wegen in Verruf bringen wollen, recht gibt.» Für 200 Mark Honorar durfte Verleger Steegmann diese Sätze veröffentlichen und weiterverwerten. Den Zugriff durch den Staatsanwalt konnten sie allerdings nicht verhindern.

Verlaine hatte 1871 bereits als verheirateter Familienvater den damals 17jährigen Arthur Rimbaud kennengelernt. Ein frühreifes Genie, das selbstbewußt die Pariser Boheme aufstörte, aber mit 19 Jahren schon wieder literarisch verstummte, um fortan als Kaufmann, Waffen- und Sklavenhändler vor allem in Nordafrika sein Leben fern der Kunst zu verbringen. Verlaine war dem Wunderkind verfallen. Er verließ seine Familie, um mit Rimbaud nach Belgien und Frankreich zu gehen. Der Zyklus «Hombres» ist eine unmittelbare Reflexion dieser leidenschaftlichen, erotischen Beziehung, die etwa zwei Jahre anhielt. 1872 kehrte Verlaine nach Frankreich zurück. Rimbaud folgte ihm und forderte in gewohnt ungestümer Art finanzielle Unterstützung. Verlaine jedoch fühlte sich körperlich bedroht und schoß auf den Freund. Er verletzte ihn schwer und wurde dafür zu zwei Jahren Gefängnis verurteilt. Als er aus der Haft entlassen wurde, hatte er alles verloren. Seine Ehefrau hatte sich scheiden lassen, die Freunde hatten ihn vergessen oder distanzierten sich. Künstlerisch war er ausgebrannt. Verlaine versackte, wurde zum Säufer und fand, trotz mehrfacher Versuche, nicht ins bürgerliche Leben zurück. Noch einmal begegnete er seinem ehemaligen Geliebten. Wieder kam es zum Streit, zu handgreiflichen Auseinandersetzungen. Diesmal schlug Rimbaud den schwächeren Verlaine nieder. Danach sahen sie sich nie wieder.

Der Zyklus «Hombres» war als Teil der Trilogie «Érotique» gedacht. «Les Amies, scènes d'amour sapphique» («Freundinnen, Szenen der sapphischen Liebe») beschrieb Momente aus dem Leben eines Lesbenpaares. «Femmes» («Frauen») war der heterosexuellen Liebe gewidmet, «Hombres» hingegen der schwulen. Erst 1903 konnte «Hombres» posthum als Privatdruck in einer Auflage von 525 Exemplaren erscheinen, doch ihn ereilte das gleiche Schicksal wie «Les Amies» und «Femmes» und der deutschen Ausgabe von 1919: Die Drucke wurden beschlagnahmt. Als 1961 der Kiepenheuer & Witsch Verlag einen limitierten Reprint der «Femmes» veröffentlichte, mußten Käufer eine spezielle «Verpflichtungserklärung» unterschreiben, daß sie «über den Inhalt des Buches informiert» seien und «keine sittlichen oder moralischen Beanstandungen dagegen vorbringen werden». Erst Ende der 80er Jahre, also ein Jahrhundert nach Entstehung, war die Zeit so reif, daß Verlaines Trilogie bzw. die «Hombres» ohne verlegerische Vorsichtsmaßnahme in den Buchhandel gelangen konnten.

Paul Verlaine:
Männer – Hombres.
Französisch/deutsch. Übersetzung
von Curt Moreck und Hans Schiebel-
huth. Mit einem Anhang von
Wolfram Setz. Verlag rosa Winkel,
Berlin 1986.

La Trilogie Erotique.
Französisch/deutsch. Übersetzung
von Curt Moreck und Hans Schiebel-
huth. Nachwort von Walter Marzen.
Harenberg Edition, Dortmund 1989.

Gore Vidal
Palimpsest

Eine Figur wie Gore Vidal fehlt in der deutschen Literatur und ist dort letztlich auch undenkbar. Ein Intellektueller und Dandy, der dickleibige historische Romane schreibt, Drehbücher («Ben Hur»), tiefgründige Essays zu Literatur und Politik; der in der High-Society zu Hause ist, sich mit Präsidenten bzw. deren Gattinnen zum Kaffeeplausch trifft, sich bisweilen als Schauspieler verdingt (unter anderem in Fellinis «Roma») und sich vorzugsweise als schandmäuliger Salonlöwe gibt. Zweimal, 1960 und 1982, trat er, der scharfe und zugleich amüsante Sozialkritiker, selbst im Wahlkampf als Kongreßkandidat der Demokratischen Partei an. Sein Slogan: «You'll get more with Gore». Und ganz nebenbei macht er aus seinem Schwulsein keinen Hehl, im Gegenteil, unaufdringlich ist es ein sichtbarer Teil seines Lebens und seiner Literatur.

Gore Vidal gelangte durch die Familie in die Upperclass. Der Großvater war der US-Senator T. P. Gore, sein Vater Direktor einer Fluggesellschaft, der US-Vizepräsident Al Gore ist sein Cousin. Seine früh geschiedene Mutter heiratete in zweiter Ehe den Stiefvater von Jackie Kennedy-Onassis – was Gore Vidal mitten in die Ostküsten-Aristokratie katapultierte. «Truman Capote hat mit einigem Erfolg versucht, in die Welt hineinzukommen, aus der ich mit eigenem Erfolg herauszukommen versuchte», schreibt Vidal. Um sich von seiner Familie zu distanzieren, legte er seinen Vornamen Eugene ab und nahm statt dessen den Nachnamen seines Großvaters zum Vornamen. Damals war er 14 Jahre alt.

Sein Vermögen hat er so auch keineswegs geerbt, sondern selbst erarbeitet – durch Drehbücher und Millionenauflagen seiner Bücher: Krimis, die er unter dem Namen Edgar Box veröffentlichte, Historienschinken wie «Empire» (1989) oder die auch verfilmte Transsexuellen-Satire «Myra Breckinridge» (1968). Gore Vidal hatte es sich zur Aufgabe gemacht, in der Oberschicht den Revolutionär zu spielen. Was ihm dabei half, war seine umfassende Bildung und Belesenheit, sein Stil und sein Esprit sowie die Geradlinigkeit seines Denkens und Handelns. Sich anzubiedern hatte Vidal nie nötig. Das Schockieren lag ihm mehr und entsprach seinem Hang zur Selbstinszenierung und dem unverhohlenen Bekenntnis zum Snobismus.

Vidals Autobiographie liest sich daher wie das «Who's Who» der Schönen und Reichen, der Kulturschaffenden und Politiker: Lauter *famous people* des anglo-amerikanischen Establishments: Paul Bowles und Tennessee Williams («Er besaß das Talent, schöne Körper auszusuchen, in deren Köpfen sich meistens nichts befand als das unbeschwerte Konfetti des Schwachsinns»), Charlton Heston und Christopher Isherwood, Prinzessin Margaret («viel zu klug für ihren Job»), Jack Kennedy («Es ist immer heikel, wenn ein Freund oder Bekannter Präsident wird»), die Windsors («Ich mochte Wallis. Sie hatte den geistreichen Charme einer Fliegenklatsche»), André Gide und Paul Newman, Eleanor Roosevelt, Leonard Bernstein und Italo Calvino.

Vidal – der, wie er selber sagt, «nie genügend am Altar der Familientugenden gebetet» hat, um vor Amerikas strengen Augen Gnade zu finden – hat den ersten Band seine Biographie (ein zweiter soll folgen) «Palimpsest» betitelt. Palimpsest ist ein Pergament, das ein zweites Mal beschrieben wird und den darunterliegenden Text durchschimmern läßt. Der Titel verweist auf die Struktur der Lebenserinnerungen: es gibt keine. Vidal springt durch die Zeiten, zitiert eigene, Jahrzehnte alte Notizen, um sie aus heutiger Sicht zu kommentieren, reiht Anekdote an Anekdote – mal witzig, mal entlarvend, meist bissig, oft etwas eitel und im galanten Plauderton gehalten. Er verschont niemanden. Er kennt alle Schwächen und alle Leichen im Keller, und erbarmungslos – aber charmant und mit erkennbarem Lustgewinn – legt er alles bloß. Zu den bevorzugten Angriffszielen seines zynischen Spottes zählt Truman Capote. Mit ihm hatte er bereits Ende der 40er Jahre einen offenen Streit ausgefochten. Capote hatte «Andere Räume, andere Stimmen» veröffentlicht, Vidal den Roman «Geschlossener Kreis» und Norman Mailer «Die Nackten und die Toten». Alle drei hatten vor, die Rolle des Entfant terrible der amerikanischen Literatur einzunehmen, und man kam sich unweigerlich in die Quere. Capote verleumdete Vidal, er sei wegen schlechten Betragens aus dem Weißen Haus hinauskomplimentiert worden. Vidal zog vors Gericht und lockte damit die Klatschpresse erst recht an. «Es ist mir ein Rätsel», frotzelt Vidal rückblickend, «warum er seine geradezu unheimliche Einbildungskraft nie bei seinen Versuchen, Prosa zu schreiben, eingesetzt hat.» Mit Norman Mailer hingegen trug Vidal den Dichterstreit handgreiflich vor laufenden Fernsehkameras aus: Sie prügelten sich.

«Von nun an war ich die überlebende Hälfte dessen, was einst ein Ganzes gewesen war»

Auch sich selbst schont Gore Vidal wenig. Er zeigt seine Wunde, die Wunde seines Lebens, vor allem in «Palimpsest». Sie heißt Jimmy Trimble, war ein Mitschüler Vidals an der St. Alban's School for Boys in Washington und seine erste und einzige Liebe. Als sie beide 13 Jahre alt waren, begann ihre leidenschaftliche Beziehung, sie dauerte bis zu Trimbles Tod. Er kam mit 19 Jahren im März 1945 bei Kämpfen auf Iowa Jim ums Leben. «Von nun an war ich die überlebende Hälfte dessen, was einst ein Ganzes gewesen war», schreibt Vidal, «und ich gab es auf, weiterhin danach zu suchen.» Künftig gab er sich «mit Tausenden kurzen, anonymen Beziehungen zufrieden». Der Tod von Jimmy Trimble verändert Vidals Lebenseinstellung völlig. An eine Beziehung, in der Liebe und Sex gleichermaßen möglich sind, glaubt er fortan nicht mehr. Als Vidal Mitte 20 war, lernte er Howard Austen, seinen Lebensgefährten der letzten vier Jahrzehnte, kennen. Die Voraussetzung für diese Bindung faßt Vidal in knappe, deutliche Worte: «Kein Sex!» Seit 1972 leben sie weitgehend in ihrer Villa im italienischen Ravello.

Jimmy Trimble, der Ikone seiner Jugend und seiner Liebe, hatte Vidal mit «The City and the Pillar» ein literarisches Denkmal gesetzt, das sich erst durch «Palimpsest» entschlüsselt. In diesem 1948 erschienenen Roman (deutscher Titel «Geschlossener Kreis»), der «J.T. gewidmet» ist, wagt Vidal eine imaginäre – und tragische – Fortentwicklung der Liebesbeziehung, er fragt: Was wäre passiert, wenn Jimmy Trimble nicht im Krieg gefallen wäre?

Jim Willard, ein 25jähriger Profi-Tennisspieler, vergeht vor Sehnsucht nach seinem alten Schulfreund Bob. Verschiedene Affären mit anderen Männern geben ihm nichts, auch die neuentdeckte schwule Subkultur in New York kann das Bild von Bob nicht aus seinen Träumen schieben. Als er ihn endlich wiedertrifft, ist dieser mittlerweile verheiratet. Die Hoffnung auf ein gemeinsames Liebesglück ist jäh genommen.

In der ersten veröffentlichten Romanfassung von 1948 kam Vidal dem Wunsch des Verlegers nach einem tödlichen Ende nach; er ließ Willard seinen Freund Bob ermorden. In der revidierten Fassung von 1968 gibt es ein psychologisch verständlicheres und um so dramatischeres Ende: Aus Verzweiflung vergewaltigt Jim seinen Jugendfreund. «Geschlossener Kreis» war Vidals dritter Roman. Als er erschien, ging gerade der Kinsey-Report über «das sexuelle Verhalten des Mannes» durch die Presse und belegte zum ersten Mal anhand statistischer Daten die Verbreitung von Homosexualität. Vidals Roman schien wie eine literarische Ergänzung zu diesem aufsehenerregenden Zahlenmaterial. Denn mit «Geschlossener Kreis» wagte er «den ersten bedeutenden Homosexuellenroman Amerikas» (Tennessee Williams). Seine Figuren waren keine exzentrischen oder exotischen Gestalten der Halb-welt, sondern alle *american guys* aus jenen 5% Bevölkerungsanteil, die Kinsey in seiner Umfrage ermittelt hatte. Homosexuelle Männer, die, wie Kinsey feststellte, aufgrund ihrer psychischen Kon-stitution oder wegen gesellschaftlicher Bedingungen nur selten zu einer länger andauernden, glück-lichen Liebesbeziehung finden. 1948 war ein Coming-out-Roman noch ein wirklicher Skandal und Grund für eine Ächtung durch die Medienöffentlichkeit. Große Zeitungen wie die «New York Times», «Newsweek» und «Time» weigerten sich jahrelang, Vidals Romane und Theaterstücke zu besprechen – als eine Art Strafe für seine ungehörige Offenheit in «Geschlossener Kreis».

Gore Vidal:
Palimpsest.
Autobiographie. Deusch von
Friedrich Griese. Hoffmann und
Campe, Hamburg 1996.
Geschlossener Kreis.
Aus dem Amerikanischen von Peter
Knobbe. Knaur Taschenbuch Verlag,
München 1986.
American Plastics.
Über Literatur und Politik.
Deutsch von Helmut Winter.
Hoffmann und Campe, Hamburg
1986.

Julian.
Roman. Deutsch von Philipp Weiler,
1988.
Lincoln.
Roman. Deutsch von Christian
Röthlingshöfer-Spiel und Rudolf
Hermstein, 1994.
Empire.
Roman. Deutsch von Günter Panske,
1994.
Hollywood.
Roman. Deutsch von Günter Panske,
1995.
Golgatha live oder Das fünfte
Testament.
Deutsch von Pociao, 1996.

Duluth wie Dallas.
Roman. Deutsch von Günter Panske,
1996.
Alle erschienen im Goldmann
Taschenbuch Verlag, München.

Edgar Box:
Tod in der fünften Position.
Aus dem Amerikanischen von Gesa
Gross, 1990.
Tod vorm Schlafengehn.
Aus dem Amerikanischen von Kurt
Wagensei, 1991.
Beide erschienen in der Edition
Tiamat, Berlin.

Gudmund Vindland
Der Irrläufer

Yngve liebt Magnus und Magnus liebt Yngve. Für beide ist es die
erste Liebe und eine entsprechend tiefgehende Erfahrung. Doch die
junge Beziehung der beiden Schüler zerbricht an der bornierten
Haltung ihrer Umwelt. Magnus, der aus einem streng religiösen
Elternhaus stammt, darf seinen Freund nicht mehr sehen. Mehr noch: Er selbst ist davon überzeugt,
daß ihre Liebe nicht sein darf. «Seine Stimme war heiser und scharf. Ich drehte ihn herum, und er
drückte mich auf einen Stuhl. Und dann kam's: ‹Du bist schuld, daß ich meinen einzigen Neujahrs-
vorsatz gebrochen habe. Ich hatte Gott versprochen, dich nie mehr zu treffen. Weil es eine Sünde ist,
Yngve! Was wir tun, ist eine Widerwärtigkeit vor Gott.›»

Yngve, der gerade seine Identität als Schwuler gefunden hat, verkraftet diesen Verlust nicht.
Die folgenden Jahre, seine weitere Entwicklung wird davon geprägt. Während Magnus den Erwartungen an eine bürgerliche Existenz nachkommt, auf Geheiß der Familie ein Theologiestudium
beginnt, sich verlobt und seine eigentliche sexuelle Identität unterdrückt, stürzt sich Yngve verzweifelt in ein rastloses Dasein. Atemlos hetzt der Roman von Station zu Station, von einer Bettgeschichte
zur nächsten. Die Osloer Schwulenszene, in der Yngve Halt und ein Zuhause sucht, ist aber ebenso
verlogen und spießig wie der Rest der Gesellschaft. Zusammen mit anderen radikalen Schwulen
stürmt er die Galaabende spießiger, verklemmter High-Society-«Tanten», die um ihren guten Ruf
und die «Enttarnung» als Homosexueller fürchten. Immer wieder hat Yngve kurze Beziehungen
zu meist älteren Männern. Er säuft, nimmt Drogen und gerät als Stricher nach Amsterdam und
Rom. Der Sex ist eine Droge wie das Valium, meist jedoch eine gefühllose Angelegenheit, eher ein
Suchen nach etwas, das in einem One-Night-Stand und einer rauschhaften Nummer nicht zu
finden ist.

Yngve ist ein «Irrläufer», so liest er in einem Fachbuch, «ein Auswuchs, für den es keine
Hoffnung» gibt. Tatsächlich scheint es, als sei Yngves Absturz nicht mehr aufzuhalten. Als Drogen-
und Akoholabhängiger soll ihm in einer Klinik geholfen werden, doch die Zwangstherapie ist
letztlich auch nur die Hölle. In diesem Ausnahmezustand findet Yngve dennoch langsam wieder zu
sich. Gemeinsam mit einem Freund, dem Kommunisten Öystein, schafft er den Weg in eine neue
Existenz und findet in einer schwulen Wohngemeinschaft seine selbstgewählte Familie.

Als Gudmund Vindlands Roman (mit dem Originaltitel «Villskudd», zu deutsch eigentlich
«Wildtriebe») 1979 in Norwegen erschien, wurde er heftig diskutiert. Dies geschah nicht allein
wegen der dramatischen Schilderung einer exemplarischen schwulen Biographie im Oslo der 60er
und 70er Jahre mit all den Verzweiflungen, Verklemmungen und Repressionen, mit denen sich
die Helden des Romans auseinanderzusetzen haben. Vindland (geb. 1949) thematisierte ein aktuelles,
keineswegs nur schwulenspezifisches Reizthema: Die Psychiatrie. Und er lieferte mit der Figur des
Jonas Löwenherz kaum verhüllt einen Schlüsselroman über den hierzulande allenfalls durch seinen
Roman «Haie» bekanntgewordenen schwulen norwegischen Schriftsteller Jens Björneboe.

«Er kam wie ein Geysir mit Lärm und Getöse»

Daß die 1983 erstmals erschienene und 1994 neu herausgegebene deutsche Ausgabe sich zu einem Longseller entwickelte, wird an diesen beiden Komponenten des Romans liegen. Vindlands auto-biographisches Buch bietet durch seinen unreflektierten Stil jungen Schwulen eine Möglichkeit zur Identifikation im Coming-out. Unverblümt und temperamentvoll wird dieser abenteuerliche Ent-wicklungsroman erzählt. Die Liebe wird hemmungslos romantisch beschrieben, der Sex mit nordisch-starken Bildern («Er ... kam wie ein Geysir mit Lärm und Getöse – und mit einem Schrei der ein-gesperrten Kräfte, die sich Bahn brachen.»)

Worüber sich Rezensenten Anfang der 80er Jahre noch mokierten – das Politisch-Belehrende («Zuerst war ich ein Scheißschwuler. Jetzt bin ich ein schwuler Scheißkommunist»), erscheint aus heutiger Sicht ein Problem der Nach-68er-Schwulenbewegung. Die Probleme dieser schwulen Linken dürfte für Coming-out-Schwule heute nicht mehr sonderlich nachvollziehbar sein. Das für sie Ansprechende (und für alle Schwule jenseits dieser Entwicklungsstufe oftmals Unerträgliche) ist Vindlands Tendenz – neben urkomischen und leidenschaftlichen Passagen – zur Sentimentalität und bisweilen auch Larmoyanz.

Die Lebensgeschichte Yngves und Öysteins führt Vindland in «Sternschnuppen» (1992) fort. Öystein, das schwarze Schaf einer angesehenen Industriellenfamilie, hat sich politisch der maoisti-schen Partei verpflichtet. Für sie bringt er auch sein größtes Opfer: seine Beziehung zu Yngve, die von den Kommunisten nicht gebilligt wird. Zerbrach seine Schülerliebe zu Magnus noch an bürger-lichen Konventionen, ist es nun die Doppelmoral der politisch Linken. Auf der Suche nach einem Freund scheitert Yngve erneut an den ungeschriebenen Gesetzen der schwulen Subkultur und verfällt immer mehr dem Alkohol.

Vindlands Sittenbild des schwulen(politischen) Lebens in Norwegen erstreckt sich nun bis in die 80er Jahre – bis zum Einbruch von Aids, mit dem der Emanzipationsprozeß schlagartig eine neue, ungeahnte Richtung nahm. Das erste Jahrzehnt mit Aids will Vindland in einem dritten Roman mit seinen Protagonisten Yngve und Öystein zum Thema machen.

Gudmund Vindland:
Der Irrläufer.
Aus dem Norwegischen von Gabriele Haefs. MännerschwarmSkript Verlag, Hamburg 1994.
Sternschnuppen.
Aus dem Norwegischen von Gabriele Haefs. Verlag am Galgenberg, Hamburg 1992.

Bruno Vogel
Alf

Als Bruno Vogel 1987 90jährig in London völlig verarmt verstarb, war er bereits seit Jahrzehnten vergessen und literarisch verstummt. Ein Emigrantenschicksal. Bereits 1931, die weitere politische Entwicklung ahnend, hatte er Deutschland verlassen und war durch zahlreiche Länder geirrt, auf der Suche nach einer neuen Heimat: von der Schweiz nach England, Norwegen und nach Südafrika, bis er sich schließlich 1952 in Großbritannien niederließ.

Mit zwei Büchern hatte der 1898 in Leipzig geborene Journalist und Mitarbeiter vieler linker Zeitungen und Zeitschriften, wie die KPD-Zeitung «Welt am Abend» und «Der Syndikalist», für Aufsehen gesorgt: «Alf» (1929), die Geschichte einer homoerotischen Freundschaft vor dem Hintergrund des Ersten Weltkriegs, und «Es lebe der Krieg! Ein Brief» (1924), sein Erstlingsbuch. Dieser antimilitaristische Text wurde auch prompt nach Erscheinen «wegen Gotteslästerung» verboten. «Krieg gleich Unzucht» war die kurze Formel, die Vogel darin formulierte. Für Aufregung sorgten jene Stellen, in denen er mit schonungsloser Sprache die Bestialisierung der Soldaten in den Bordellen beschrieb. Die pazifistische Botschaft brachte ihm viele Sympathien vor allem linker Intellektueller der Weimarer Republik. Einen Aufruf gegen den Unzuchtsverdacht der Leipziger Staatsanwaltschaft unterschrieben neben Thomas Mann und Kurt Tucholsky auch Siegfried Jacobsohn sowie Käthe Kollwitz.

Vogel wurde schließlich vom Verdacht der Gotteslästerung und der Verbreitung «unzüchtiger Schriften» freigesprochen. Der Skandal bescherte seinem Buch immerhin vier Auflagen, obgleich es nun nur noch mit zum Teil geschwärzten Stellen verkauft werden durfte.

Als 1929 sein Roman «Alf» im anarchistisch-syndikalistischen Asy-Verlag erschien, hatte Vogel gerade für einige Monate im Berliner Institut für Sexualwissenschaft von Magnus Hirschfeld gearbeitet und war in den Vorstand des «Wissenschaftlich-Humanitären Komitees» gewählt worden.

In «Alf» verbindet er sein pazifistisches Engagement mit jenem gegen den § 175. Doch der aufklärerische und leidenschaftliche Impetus verführte ihn bisweilen zu recht klischeehafter Zeichnung seiner Charaktere.

Felix wächst in einer kleinbürgerlichen Familie auf. Der Vater ist ein autoritärer und herrschsüchtiger Mann, der ganz dem wilhelminischen Verständnis von Bürgerlichkeit entspricht. Die Mutter wird als unselbständige Frau geschildert, der nichts wichtiger ist, als die Anständigkeit der Familie zu wahren.

Felix entdeckt seine Sexualität und die Freuden der Onanie. «An einem Abend im März erlebte Felix, daß ungeheure Lust in seinem Leib verborgen war.» Doch der Religionslehrer, der von der Schwindsucht als Folge der Selbstbefleckung doziert, verunsichert ihn. Drastisch und ausufernd beschreibt er die Auswirkung: «Hütet euch! Die Unkeuschheit zehrt am Marke eures Lebens, sie zerrüttet euren Körper, sie verwüstet eure Seele, sie raubt euch eure Ehre, sie raubt euch euren Frieden, euren Glauben, euer Glück, sie raubt euch alles. Alles!» Erst das Gespräch mit einem Nachbarsjungen beruhigt Felix wieder, der sich bereits als schwer erkrankt fühlte. Er beginnt, die Autoritäten und Unterdrückungsmechanismen Eltern, Kirche und Schule nicht mehr als gegeben und selbstverständlich hinzunehmen.

«Gewaltiges Erleben tiefster phallischer Lust!»

Die Familie zieht nach Leipzig. An der neuen Schule lernt er Alf kennen, einen Sohn aus liberalem Elternhaus. Es entsteht zunächst eine intensive, unzertrennliche Freundschaft und schließlich eine zaghafte, zärtliche Liebe.

«Lange saßen die beiden Jungens in Alfs Zimmer auf dem Diwan, eng aneinandergedrängt die triebgestrafften Körper.

Felix fragte:

‹Alf, was ist eigentlich Liebe ... ›

Alf antwortete bald:

‹Ach, das ist ganz einfach: Liebe ist der Wille, dem anderen Gutes zu tun.›

Scheu, ganz sacht streichelte Felix seinem Alf übers Haar.

Alf Maartens sagte:

‹Du, ich hab dich lieb.›

Und er packte Felix und küßte ihn auf den Mund ...

Gewaltiges Erleben tiefster phallischer Lust!»

Einige Monate dauert das Glück der beiden Schüler, dann fällt Felix durch Zufall eine Schrift über den § 175 in die Hände und er erfährt, daß seine Liebe und sein Verhältnis zu Alf ein Verbrechen und strafbar ist. Von Schuldgefühlen beladen bricht er seine Beziehung zu Alf wortlos ab. Der kann sich Felix' Verhalten nicht erklären und, verzweifelt und vor Liebe unglücklich, meldet sich freiwillig für den Kriegsdienst.

Der zweite Teil des Romans besteht nun aus einem Briefwechsel zwischen Felix und Alf, der inzwischen an vorderster Front im Krieg gegen Frankreich kämpft. Durch ihre Briefe erkennen sie das Zusammenspiel der Unterdrückung durch Erziehung und Kirche mit der Kriegshetze und der Verlogenheit des Heldentums und der Widersinnigkeit des Anti-Schwulenparagraphen, der ihnen ihre gelebte Liebe und Sexualität unmöglich macht. Alf überlebt den Krieg nicht. Als Felix vom «Heldentod» seines für «Volk und Vaterland» gefallenen Freundes erfährt, beschließt er, mitkämpfen zu wollen «gegen Bosheit und Dummheit, mit(zu)helfen, daß andere Menschen nicht, wie wir beide, aus Unwissenheit so Schweres durchmachen müssen. Das verspreche ich dir, Alf».

Bruno Vogel:
Alf.
Roman. Achenbach Verlag,
Lollar 1977.
Ein junger Rebell. Erzählungen
und Skizzen aus der Weimarer
Republik.
Verlag Tribüne, Berlin 1986.

Andy Warhol
Das Tagebuch

«Wenn Sie alles über Andy Warhol wissen wollen, brauchen Sie bloß auf die Oberfläche meiner Bilder und Filme und meiner Person zu sehen: das bin ich. Dahinter ist nichts.» Niemand kann behaupten, Warhol sei nicht ehrlich gewesen. Die Aufgabe, seiner Kunst Geheimnis und kulturphilosophische Deutung zu geben, überließ er Kritikern und der Kunstwissenschaft. Ikonen der Popkultur und Readymades des Alltags waren vor allem seine Motive: von der Cornflakes-Schachtel bis zur legendären Campbell-Suppendose, Titelseiten von Boulevardblättern, Comicfiguren. Die Trivialwelt aus Kitsch, Trash und Klatsch war sein Material. «Wenn man darüber nachdenkt, ist ein Kaufhaus eine Art Museum», befand der ansonsten eher wortkarge Warhol. Das galt für ihn auch in umgekehrter Richtung. Kaum ein anderer Künstler betrieb die Kommerzialisierung seines fließbandmäßigen Outputs so professionell wie Andy Warhol. Einmal im Leben sollte jeder Mensch 15 Minuten berühmt sein, verkündete der «Peter Pan der Pop-Art». Für 35.000 $ konnte man zur lebenslangen Berühmtheit werden: «Werden Sie zur Legende von Andy Warhol. Sie werden dem Künstler während einer privaten Sitzung begegnen. Warhol wird ein Porträt von Ihnen schaffen, in Acryl auf Leinwand, das an die Traditionen seiner qualitätvollen Museumstücke anknüpft», versprach der Weihnachtskatalog eines Luxuskaufhauses und bot jedem zahlungskräftigen Kunden die Chance, Model von Warhol zu werden, in einer Reihe neben Mona Lisa, Marilyn Monroe und Liz Taylor zu hängen. Tatsächlich aber machte der Meister ein Polaroid, die eigentliche Arbeit des Siebdrucks übernahmen dann Warhols Mitarbeiter in seiner Factory. Business eben.

Die vermeintlich gleichgültige Haltung in Warhols Arbeiten Menschen und Dingen gegenüber machte diese zu kaufbaren bzw. verkaufbaren Kultfiguren und -objekten. Sie werden zu symbolhaften Ikonen einer Waren- und Medienwelt erhöht und projizieren so in bekannten Motiven den Traum einer Gesellschaft, die sich in einem sich stets verändernden Alltag nach Unsterblichkeit sehnt. Warhol lag es fern, die Konsumgesellschaft zu kritisieren. Er war selbst dem Kaufrausch verfallen. Als er starb, hatte er seine Wohnung und diverse Lagerräume mit Nippes, Kunst und Kuriositäten von Flohmärkten, aus Galerien und Kaufhäusern gefüllt. Zuletzt packte er das Neuerworbene gar nicht mehr aus, er datierte die Pakete lediglich und stellte sie irgendwo in der Wohnung ab: Keksdosen und Thronsessel neben Bildern von Picasso und Paul Klee. Die Versteigerung dieser Sammlung bei Sotheby's 1989 dauerte 10 Tage und brachte 42 Millionen Mark.

Warhol ist eine der wenigen großen Künstlerfiguren, die es schafften, ihr Leben selbst zur Kunst zu machen. Zunächst arbeitete er darauf hin, ein Star zu werden. Und als er längst einer war, ließ er sich immer noch jeden Zeitungsschnipsel zeigen, in dem sein Name auftauchte. Zu Parties schickte er schon lange Doubles («Die sind ohnehin besser als ich»). Hauptsache: Präsent sein.

Nichts ist wichtig, alles ist wichtig. Das Triviale, das Alltägliche ist das Besondere. Suppendosen oder das Partygeschwätz von gestern. Warhol liebte die Monotonie, das Banale: «Ich mag langweilige

Sachen. Es gefällt mir, wenn etwas immer wieder genau das gleiche ist.» Also filmte er mit nur einer Einstellung acht Stunden lang das Empire State Building, oder aber, wie im 6-Stunden-Epos «Sleep», einen schlafenden Mann. Sein Roman «A» ist nichts weiter als die Abschrift sämtlicher Telefonate und Gespräche von einem Tag. Ein Experiment aus den Zeiten des pansexuellen, amphetamin-beschleunigten New York. Die Bänder ließ Warhol von unprofessionellen Schreibkräften abtippen. Weil beim Abhören akustische wie auch Verständnisprobleme entstanden, gab es konfuse, sinnent-leerte Sätze und Passagen. Warhol fand das originell und korrigierte nichts. So füllte man ein dickes Buch. Ein Bändchen jedoch im Vergleich zu seinem Tagebuch. In zwölf Jahren war es auf 20.000 Manuskriptseiten bis zu seinem Tod angewachsen. Selbst geschrieben hat er es eigentlich nicht. Jeden Morgen, montags bis freitags, rief er gegen 9.30 Uhr seine eigens dafür abgestellte Sekretärin Pat Hackett an, ganz gleich ob er sich gerade in Washington, Paris oder Los Angeles aufhielt, und berichtete ihr am Telefon von den Ereignissen des Vortages. Die Buchausgabe umfaßt deshalb, wie die Herausgeberin versichert, lediglich 5 % des Gesamtmanuskriptes.

«Das Tagebuch des Andy Warhol ist ein warmherziges, witziges, weises und unerschöpfliches Werk über die Welt, in der Warhol lebte», schwärmte der Schriftsteller Ronald M. Schernikau. «Es hat auf unserem Nachttisch zu liegen und die Träume zu entspannen. Es ist Warhol selbst, der hier spricht, und Warhol ist freundlich.»

Und so sprach Warhol: «In New York passierte etwas Seltsames, etwas so Lächerliches. Ein alter Mann kommt auf mich zu, küßt mich erst auf beide Wangen und dann auf den Mund. Ich ekelte mich. Wie sich herausstellte, war es Leonard Bernstein. Er hörte gar nicht mehr auf, alle glotzten. Da kam Doc Cox, um mir seinen neuen Freund vorzustellen. Doch Leonard Bernstein stöberte mich wieder auf, und alles begann von vorn. Ich erinnerte mich, wie mir ein Freund in Pittsburgh mal erzählte, ein schwuler Dirigent sei in der Stadt und mache sich an Jungs ran. Das war das erste Mal, daß ich von ihm hörte. Ständig umarmte und küßte er mich, und gleichzeitig machte er mich runter. Etwa so: ‹Ich wollte Sie schon immer mal kennenlernen, aber alle sagten, Sie seien ein Scheusal.›»

«Ich sage immer, einer allein ist eine Gesellschaft, zwei sind eine Menschenmenge, drei sind eine Party.»

Warhol plapperte. Warhol klatschte. Material gab es genug. Kein Abend verging nicht ohne mindestens zwei, drei Vernissagen, Empfänge, Essen und andere gesellschaftliche Ereignisse. Jede Menge Parties, jede Menge berühmte Leute – oder solche, die sich dafür hielten. Sein schlimmstes Verdikt: «Stars waren auch keine da». Jeder Promi ein potentieller Kunde, dem Warhol ein Porträt aufschwatzen konnte. Warum jemand berühmt ist, war Warhol egal. Hauptsache, der Name klang nach was: Mick Jagger, Gloria von Thurn und Taxis, Sylvester Stallone, Truman Capote, der Kennedy-Clan oder Michael Jackson. Zur Not tat's auch mal ein hübscher Kellner.

Alles ist wichtig, nichts ist wichtig. Daß Bianca Jagger schon wieder das gleiche Kleid trägt, und Liza Minnelli eines von Halston. Die Größe des Geschlechts von Joe Dallesandro ist interessant, und daß Nurejew nur deshalb zur Cartier-Party kommt, weil er hofft, eine Uhr geschenkt zu bekommen. Pausenloses Name-dropping, und wer gerade mit wem ins Bett geht. Eine reißende Flut aus Geschwätz, dazwischen unterhaltsame Episoden aus dem Leben des Jet-sets: «Ach ja, beim Essen zog Bianca Jagger ihren Slip aus und reichte ihn mir. Ich tat so, als ob ich ihn anschnupperte und verstaute ihn in meiner Brusttasche. Ich habe ihn noch.» Einmal jedoch verläßt er die Rolle des

Ich-Erzählers. Der Alptraum ist Wirklichkeit geworden, so schrecklich, daß er den Vorfall nicht aus der eigenen Perspektive berichten kann («Das Tagebuch soll erzählen»). Es geschah am 30. Oktober 1985 bei einer Signierstunde in einer New Yorker Buchhandlung, als «dieses Mädchen in der Schlange mir ihr Exemplar gab und dann, tat sie, was sie tat ... Sie riß Andy die Perücke vom Kopf und warf sie von der Galerie herunter einem Mann zu, der sie auffing und damit aus dem Laden rannte». Doch Warhol zeigte sich pflichtbewußt, trotz dieser Entblößung. «Sein Calvin-Klein-Mantel hatte eine Kapuze. Die zog er sich über den Kopf und signierte weiter.»

Inmitten der komischen Begebenheiten und manischen Wiederholungen der ewig gleichen Namen und sich letztlich auch gleichender Parties, seriell wie seine Siebdrucke, offenbart sich die Leere und Trostlosigkeit seines Lebens, die Einsamkeit des Clowns. Mit unentwegter Aktivität täuscht Warhol darüber hinweg. Er verläßt New York niemals länger als acht Tage – aus Angst, etwas verpassen zu können. Ein wirkliches Privatleben findet kaum statt. Nachdem ihn sein langjähriger Freund Jed verlassen hat, berichtet er wie gewohnt knapp und beinah emotionslos: «Ich ging verzweifelt nach Hause, weil niemand mich liebt und weil Ostern ist. Ich weinte.»

Was ihm Halt gab, sind die artig jeden Sonntag besuchten Messen in der Kirche und die Besuche bei einem obskuren Kristallheiler. An irgend etwas muß er sich ja schließlich halten, zumal in Zeiten, da Aids die Reihen lichtet. Prophylaktisch speist er in keinem Lokal mehr, in dem Schwule arbeiten. Je älter er wird, desto mehr Freunde sterben, verraten und verlassen ihn, desto größer wird die Paranoia, keinen Erfolg mehr zu haben, finanziell vor die Hunde zu gehen, sterben zu müssen. Trotz alledem bleibt Warhol Nihilist. Seinen tagtäglichen Niederlagen und Ernüchterungen begegnet er mit Sarkasmus. Und nur manchmal schimmert Melancholie und Verzweiflung durch: «Stand auf und es war Sonntag. Versuchte meine Augenbrauen und mein Haar zu färben. War nicht in der Stimmung. Ging in die Kirche. Bekam nur ein paar Anrufe. Ich glaube, sogar gar keinen.»

Andy Warhol:
Das Tagebuch.
Herausgegeben von Pat Hackett.
Aus dem Amerikanischen von Judith
Barkfelt u.a. Droemer Knaur Verlag,
München 1989.
*Die Philosophie des Andy Warhol
von A bis B und zurück.*
Aus dem Amerikanischen von Regine
Reimers. Knaur Taschenbuch Verlag,
München 1991.

Andy Warhol Retrospektive.
Herausgegeben von Kynaston
McShine. Mit Beiträgen von Robert
Rosenblum, Marco Livingston u.a.
Prestel-Verlag, München 1989.

Andy Warhol/Truman Capote:
Ein Sonntag in New York.
Aus dem Amerikanischen von
Wolfgang Hermann. Gatza Verlag,
Berlin 1993.

Victor Bockris:
Andy Warhol.
Aus dem Amerikanischen von Monika
Hahn-Prölss. Heyne Taschenbuch
Verlag, München 1991.

Edmund White
Selbstbildnis eines Jünglings

Zwei Romane hatte Edmund White bereits veröffentlicht, «Forgetting Elena» (1973) und die barock erzählte Liebesgeschichte zweier Männer «Notturno für den König von Neapel» (1978, deutsch 1981); die beiden Romane wurden von der Kritik wohlwollend zur Kenntnis genommen, letzterer sogar von prominenter Seite gepriesen: Vladimir Nabokov, neben Christopher Isherwood ein literarisches Vorbild von White, schwärmte in seiner Rezension von der «so farbigen, musikalischen und plastischen Schönheit, als hätten Monet, Couperin und Cellini zusammengewirkt.»

Nichtsdestotrotz: verkauft haben sich die Bücher kaum, Edmund White (geb. 1940) verdiente weiterhin sein Geld als Journalist und Redakteur bei «Time-Life»-Books. Der durchschlagende Erfolg gelang ihm schließlich mit zwei Sachbüchern. «Staaten der Sehnsucht» (1980) war eine Reise durch das schwule Amerika Ende der Siebziger, eine persönliche Bestandsaufnahme des *gay life* im ersten Jahrzehnt nach «Stonewall».

«Die Freuden der Schwulen» (1977), ein schwuler Sexratgeber, den er gemeinsam mit dem Arzt Charles Silverstein veröffentlichte, fand sich bald in jedem schwulen Haushalt, dank diverser Lizenzausgaben weit über die USA hinaus.

Edmund White wurde binnen kürzester Zeit zu einem der bekanntesten schwulen amerikanischen Autoren, mehr noch: zu einem Bestandteil der schwulen Kultur der 70er Jahre. Eine Entwicklung, die er manchmal selbst kaum glauben konnte, litt er doch während seiner Jugend- und Studienzeit an seiner Homosexualität. «Wir fühlten uns alle als Sünder und Freaks», beschreibt er später in seinem Roman «Selbstbildnis eines Jünglings» dieses Gefühl der Aussätzigkeit, das er mit schwulen Kommilitonen an der Universität von Michigan teilte. Eine Psychoanalyse verschlimmerte das Problem nur. Erst als er nach Studienabschluß nach New York zog, mitten hinein ins schwule Village, lernte Edmund White, seinen Selbsthaß abzulegen und sich als Homosexueller zu akzeptieren. White etablierte sich in der dortigen *gay community*. Mit seinem Roman «Notturno für den König von Neapel» fand das neugewonnene Selbstbewußtsein auch zu literarischem Ausdruck. «Truman Capote war ein Schriftsteller, der zufällig schwul war», definierte White sein Selbstverständnis als Autor. «Ich bin ein schwuler Schriftsteller.» Gemeinsam mit George Whitmore, Andrew Holleran, Felice Picano und Robert Ferrow, um nur einige zu nennen, gründete er die schwule Schriftstellergruppe «Violet Quill». Was 1969 mit dem Aufstand in der «Stonewall Inn»-Bar und der damit einsetzenden Emanzipationsbewegung begonnen hatte, setzte sich nun auf künstlerischer Ebene fort: eine offen schwule, selbstbewußte Literatur mit einer eigenen Infrastruktur. War es für «Forgetting Elena» noch relativ einfach gewesen, einen Verlag zu finden, mußte White bei «Notturno» die Ablehnung homoerotischer Bücher erfahren. Nach einem Dutzend Absagen nahm St. Martin's Press das Manuskript an. Die Aufgeschlossenheit des Verlegers zahlte sich langfristig aus. Er hatte sich den schwulen Schriftsteller Michael Denenny («Lovers») als Lektor ins Haus geholt und konnte durch dessen Arbeit eine ganze Reihe erfolgreicher schwuler Literaten an den Verlag binden. Bis heute ist dieser New Yorker Verlag eine der ersten Adressen für schwule Literatur in den USA.

«... daß die Schwulen eines Tages vielleicht eine Gemeinschaft statt einer kollektiven Diagnose darstellen könnten.»

Die schmerzhaften Erfahrungen des Coming-out, den langwierigen und verstörenden Prozeß der Selbstfindung schildert White in seinem autobiographisch gefärbten «Selbstbildnis eines Jünglings» (1982). Sein Alter ego, der Ich-Erzähler Bunny, schildert die Verwirrungen seiner Gefühle, denen er sich an der Schwelle zum Erwachsenwerden ausgesetzt sieht. Nur schwer kann er begreifen, was in ihm vorgeht, wie er mit seinen insgeheimen Sehnsüchten umgehen soll. Die repressive Atmosphäre der 50er Jahre bietet nicht gerade die beste Voraussetzung, das eigene Ich zu akzeptieren, Selbstachtung zu erlangen, wenn eine selbstbewußte schwule Identität nicht lebbar erscheint. Bunny durchleidet all jene Phasen eines Heranwachsenden: das erste Verliebtsein und der Schmerz der unerwiderten Zuneigung, die verwirrende Entdeckung der Sexualität. Die romantische Vorstellung von Glück und Liebe weicht der ernüchternden Erkenntnis, daß es sie nur im Traum gibt. Am Ende des Romans gesteht sich Bunny immerhin seine homosexuellen Gefühle ein, doch von einem wirklichen Coming-out kann noch nicht die Rede sein. Homosexuell zu sein bedeutet für ihn, pervers, krank und geächtet zu sein.

In «Und das schöne Zimmer ist leer» (1988) schreibt Edmund White die Lebensgeschichte Bunnys fort. War das «Selbstbildnis eines Jünglings» im Ton eher elegisch, spielt White nun mit Elementen der Komödie und erzählt aus augenzwinkernder, ironischer Distanz. Seine Auseinandersetzung auf dem College mit den Emanzipationsbewegungen der Schwarzen und Frauen wie mit den Protesten gegen den Vietnamkrieg formen sein politisches Bewußtsein. «Mir erschien es wie ein großes graues Land (...), in dem es nicht in Frage kam, über das Ich und seine Unzufriedenheit zu sprechen, über Alleinsein, Selbsthaß und den brennenden Wunsch nach Sex und Macht», reflektiert Bunny sein Verhältnis zu seinem Heimatland. Er selbst wagt immer noch nicht, offen zu seinem Schwulsein zu stehen, angesichts einer Gesellschaft, die Homosexuelle als krankhaft abtut. Immer obsessiver sucht Bunny nach sexueller Befriedigung und ist zugleich ein «Meister im Verdrängen» und des Verstellens. Erst als er sein Elternhaus verläßt und nach New York geht, lernt er, sich anzunehmen und sich sowohl den einschüchternden Warnungen seines (heterosexuellen) Psychoanalytikers wie der erdrückenden Liebe seiner Mutter zu entziehen: «Du bist blaß; Du siehst nicht gut aus; Du hast nicht mal richtig Spaß mit anständigen Leuten Deines Alters ... Doch vielleicht haben wir Dich überschätzt; schließlich haben wir Dich nie richtig testen lassen, wir sind nicht einmal sicher, ob Du wirklich intelligent bist.»

Der Roman endet, fast allegorisch, mit dem Tod Judy Garlands und der Revolte im Juni 1969 in der New Yorker Christopher Street, und Whites Romanheld ertappt sich «bei der albernen Vorstellung, daß die Schwulen eines Tages vielleicht eine Gemeinschaft statt einer kollektiven Diagnose darstellen könnten». Für den dritten, abschließenden Band, der Bunny bis in die Jahre der Aidskrise begleitet, ließ sich White fast ein Jahrzehnt Zeit. Erst 1997 veröffentlichte er «The Farewell Symphony» in den USA. Zwischenzeitlich hatte er seine voluminöse, ehrgeizige Jean-Genet-Biographie und einen Band mit Pariser Erzählungen («Skinned Alive», 1996) veröffentlicht. Sieben

Jahre hat White dort als Korrespondent der «Vogue» gelebt. Die Aidserkrankung seines Lebensgefährten zwang ihn dazu, in die USA zurückzukehren.

Edmund White:
Selbstbildnis eines Jünglings.
Roman, 1993.
Und das schöne Zimmer ist leer.
Roman, 1996.
Beide erschienen im Knaur Taschenbuch Verlag, München.

Jean Genet.
Biographie, 1995.
Die brennende Bibliothek.
Essays. Herausgegeben von David Bergmann, 1996.
Beide im Kindler Verlag, München.
Alle aus dem Amerikanischen von Benjamin Schwarz.

Walt Whitman
Grashalme

«Camerado, dies ist kein Buch/Wer dies berührt, berührt einen Mann, /(Ists Nacht? Sind wir allein zusammen?)» Diese Verse aus «Leb wohl» stehen am Ende einer Gedichtsammlung, die Whitman «Grashalme» betitelte («Ich glaube, ein Grashalm ist nicht geringer als das Tagwerk der Sterne»). Sein halbes Leben hat der 1819 geborene Walt Whitman daran gearbeitet, die einzelnen Verse immer wieder verändert, ergänzt. Hineingeflossen in diesen Band, der für die amerikanische Literaturgeschichte als entscheidender Meilenstein der Moderne gilt, ist zum einen Whitmans Auseinandersetzung mit den amerikanischen Tugenden sowie sein Engagement für die Demokratie, das sich durch seine Erlebnisse im Bürgerkrieg verstärkte. Aber mehr als vielen Literaturwissenschaftlern und Patrioten lieb sein mag, läßt sich Whitmans Liebe zu Männern nicht nur zwischen den Zeilen lesen. Er formuliert sein Begehren und seine Wünsche mit der ihm eigenen expressionistischen Sprachmacht: «Ich bin für die, die an lockere Freuden glauben, ich teile die Mitternachtsorgien junger Männer,/ ich tanze mit den Tänzern und trinke mit den Trinkern,/Das Echo schallt von unserem wüsten Geschrei, ich greife mir einen niedrigen Menschen heraus als liebsten Freund;/Er soll gesetzlos sein, roh, ungebildet,/Er soll von den anderen verdammt sein wegen Verbrechen, die er begangen,/ Ich will nicht länger Komödie spielen, warum sollte ich mich ausschließen von meinen Gefährten?»

In seinen Tagebüchern schließlich, die lange verschwiegen und spät publiziert wurden, berichtet er weniger poetisch verschnörkelt von seinen Vorlieben für junge, kernige Kerle. Sämtliche Affären und Begegnungen führt er knapp, aber mit buchhalterischer Genauigkeit auf: «George Finch – Yankee Boy – Gutaussehender, großer gelockter, schwarzäugiger Bursche – Alter circa 23 oder 24 – schlank – die Hose in die Stiefel gesteckt – eine Kappe mit dem Schirm nach hinten.» Neben diesen kurzen Abenteuern durchlebte Whitman drei große Lieben: Fred Vaugham, Peter Doyle und Harry

Stafford, mit denen er jeweils mehrere Jahre zusammenlebte. Eine Tatsache, die durch seine Tagebücher unumstößlich dokumentiert ist, aber manchen Literaturhistoriker, vor allem in Amerika, regelrecht beschämt. Whitman gilt immerhin als der Dichter, der wie kein anderer die amerikanischen Tugenden personifiziert. Bodenständigkeit, Tapferkeit, Vaterlandstreue, Ehrlichkeit – dafür steht Whitman. Seine Verszeile «Widersteht viel, gehorcht wenig» wurde zu einem Leitspruch und geflügelten Wort. Mit seinem Bekenntnis zur Demokratie stellt er die bürgerlichen Normen in Frage. Er träumt von einer Gesellschaft, in der jedes Individuum das Recht zur eigenständigen Gestaltung seines Lebens genießt, eine Gesellschaft, die allerdings auch frei von sexualmoralischen Zwängen ist.

Um Whitman, der unter anderem als Lehrer, Drucker und Journalist arbeitete, kommt in den USA kein Schüler herum. Daß die von ihm vielbeschworene Kameradschaftsliebe alles andere als nur platonisch gemeint war, brachte schon manchen Lehrer in Verlegenheit. Die sowohl von Shakespeare, Homer und Volksgedichten beeinflußten «Leaves of Grass» wurden von Whitman stets erweitert. War die erste Ausgabe 1855 im Selbstverlag erschienen und gerade mal 95 Seiten stark, umfaßte die 10. Ausgabe im Todesjahr 1897 mehrere Hundert Poeme. Zwar nagte an Whitman immer der Selbstzweifel, auch nach fünfjähriger Freundschaft mit Peter Doyle stellte er die Richtigkeit dieser Liebe noch in Frage und chiffrierte gar dessen Namen im Tagebuch mit dem Zahlencode 16.4. (den alphabetischen Nummern seiner Initialen). Die Verse jedoch wurden von Ausgabe zu Ausgabe homoerotischer, zärtlicher, als bloße Kameraden je miteinander umgehen würden. «Ich denke, wie einst wir lagen an solch einem durchsichtigen Sommermorgen,/Wie du dein Haupt quer über meine Lenden legtest und dich leise über mich kehrtest/Und das Hemd streiftest von meinem Brustbein und tauchtest deine Zunge in mein entblößtes Herz/Und hinaufreichtest, bis du meinen Bart fühltest und hinreichtest, bis du meine Füße hieltest.»

«Ich teile die Mitternachtsorgien junger Männer»

Oft schildert er badende Jünglinge, kraftstrotzende, muskulöse Handwerker, stramme Soldaten, die sinnliche Körperlichkeit von der Sonne gebräunter Prärieboys. Die Kameradschaft, die Whitman beschrieb, ist mit Kumpelhaftigkeit nicht zu verwechseln. Das eindeutig Zweideutige dieser männlichen Erotik blieb, trotz geschickter Verschlüsselung, nicht unbemerkt. Einige Male war «Grashalme» von Verboten bedroht.

Nach Whitmans Tod wurden die Buchausgaben immer wieder um «Stellen» bereinigt; selbst die Vita wurde gefälscht und ihm eine Mulattin in New Orleans angedichtet, mit der er angeblich mehrere Kinder gezeugt hatte. Auch die deutschen Übersetzungen, 1907 durch Johannes Schlaf und 1922 durch Hans Reisiger, versuchen die schwüle Homoerotik möglichst gar nicht erst aufkommen zu lassen. Mehr noch: in der immer noch nachgedruckten Auswahl Reisigers ist im Nachwort Gustav Landauer bemüht, Whitman von dem Verdacht der Homosexualität freizusprechen: «Eine besondere Richtung des Empfindens hat Whitman gehabt, daraus auf eine besondere Veranlagung seiner Natur zu schließen, sei solchen überlassen, die sich auf einer Zwischenstufe der Wissenschaft befinden.»

Walt Whitman:
Grashalme.
Nachdichtung von Hans Reisiger.
Nachwort von Gustav Landauer.
Diogenes Verlag, Zürich 1985.

Tagebuch.
Aus dem Amerikanischen von
Götz Burghardt. Herausgegeben
von Eva Manske. Reclam Verlag,
Leipzig 1990.

Oscar Wilde
Das Bildnis des Dorian Gray

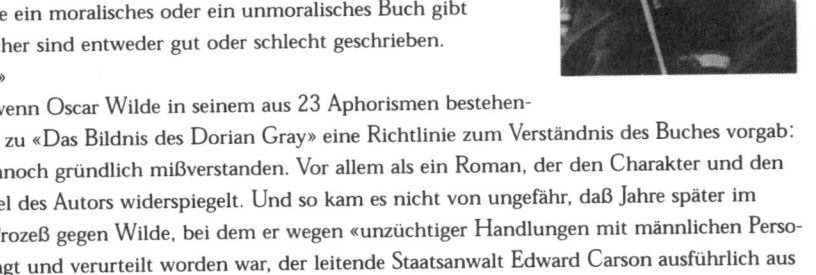

«So etwas wie ein moralisches oder ein unmoralisches Buch gibt
es nicht. Bücher sind entweder gut oder schlecht geschrieben.
Das ist alles.»

Auch wenn Oscar Wilde in seinem aus 23 Aphorismen bestehen-
den Vorwort zu «Das Bildnis des Dorian Gray» eine Richtlinie zum Verständnis des Buches vorgab:
es wurde dennoch gründlich mißverstanden. Vor allem als ein Roman, der den Charakter und den
Lebenswandel des Autors widerspiegelt. Und so kam es nicht von ungefähr, daß Jahre später im
legendären Prozeß gegen Wilde, bei dem er wegen «unzüchtiger Handlungen mit männlichen Personen» angeklagt und verurteilt worden war, der leitende Staatsanwalt Edward Carson ausführlich aus
dem «Bildnis des Dorian Gray» zitierte, um den Eindruck zu erwecken, der Autor würde selbst die
«pervertierten moralischen Ansichten» seines Romanhelden vertreten.

Dieser bildhübsche, 20 Jahre junge und moralisch unverdorbene Gray gerät in die Fänge des
geistreichen, aber zynischen Lord Henry Wotton. Der preist bedingungslosen Ästhetizismus und
stilisiert sein Leben zum Kunstwerk. Dorian Gray verführt er zu rücksichtslosem Hedonismus und
einem ausschweifenden Lebenswandel. Da liegt der Wunsch nach ewiger Jugend und entsprechend
ewiger Lustbarkeit nahe. Dieses inbrünstige Begehren kann tatsächlich durch einen faustischen
Pakt in Erfüllung gehen: Statt seiner altert ein Porträt, das der Maler Basil Hallward von ihm angefertigt hat. Während er sich vollkommen verausgabt, Männer wie Frauen in den Abgrund stürzt und
zuletzt, ganz Narziß, vor allem sein eigenes Spiegelbildnis liebt, ist im Porträt Hallwards der seelische
und körperliche Verfall zu beobachten. Das Gemälde ist zum «Spiegel seiner Seele» geworden, das
«die Bürde seiner Schande trägt».

Kokett, wie der damals 36jährige Dandy und Selbstdarsteller Wilde war, prahlte er André Gide
gegenüber, den Roman aufgrund einer Wette binnen weniger Tage geschrieben zu haben («denn
Schreiben langweilt mich so»). In Wirklichkeit aber hatte er sich den Verlegern der «Lippinscott's
Monthly Magazine» verpflichtet, eine längere Erzählung zu liefern. Er schickte «The Fisherman
and His Soul», doch der Text wurde zu seiner Überraschung abgelehnt. Sechs Monate lang arbeitete
er schließlich an einer neuen Erzählung, der ersten Fassung der Geschichte vom «Picture of Dorian
Gray». «Ich befürchte, sie ist fast wie mein Leben – nur Konversation und keine Handlung. Ich
kann keine Handlung beschreiben, meine Leute sitzen auf Stühlen und schwätzen», kommentierte
er nach der Fertigstellung einem Freund gegenüber. Die Selbstkritik war gerechtfertigt, aber eigentlich unnötig. Seine Figuren reden zwar viel, aber stets geistreich und pointiert. Als die Ausgabe
des «Lippinscott's Monthly Magazine» mit Wildes «Dorian Gray» erscheint, beschäftigen sich die
Literaturkritiker jedoch kaum mit den formalen und stilistischen Schwächen dieses einzigen Romans
Wildes.

«Warum in Düngerhaufen wühlen?»

Die Reaktionen der Presse waren zahlreich – und vernichtend. «Ein Werk, bei dem die Aussatz-literatur der französischen Décadence Pate gestanden hat, ein giftiges Buch, dessen Atmosphäre verpestet ist von dem mephistischen Dünsten seelischer und moralischer Fäulnis», schrieb der «Daily Chronicle». «Warum in Düngerhaufen wühlen?» fragte der «Scots Observer», «Die Welt ist schön, und die Majorität gesund gearteter Männer und ehrenhafter Frauen über die Angefaulten, Unnatürlichen und Gefallenen ist groß. Oscar Wilde hat wieder einmal ein Ding geschrieben, das besser ungeschrieben geblieben wäre. (...) Herr Wilde hat Geist, Talent und Stil, aber wenn er nur für deklassierte Lebemänner und perverse Kellnerjungen schreiben kann, so wäre es, je eher er sich einem (...) ehrenwerten Beruf zuwendet, desto besser für seinen Ruf und für die allgemeine Sittlichkeit».

Wilde war Häme gewohnt; jahrelang hatte er den Clown gespielt, sich als dekadenter und arroganter Salonlöwe aufgeführt und sich so zur Zielscheibe des Spotts gemacht. Gleichwohl, eine solch heftige, unter die Gürtellinie schlagende Mißbilligung hatte er nicht erwartet.

Als besonders verwerflich galt der sublime homoerotische Unterton. Verstört reagierte man allerdings auch auf die vermeintliche Botschaft des Romans: das Streben nach einem Leben im Ästhetizismus, bei dem die Einheit von Körper und Seele ganz der Schönheit geopfert wird. Daß Wilde diese Lebenseinstellung selbt in Frage stellt und im Handlungsverlauf alle Beteiligten durch Mord, Freitod und Vereinsamung zugrunde gehen läßt, haben die Rezensenten und Kritiker des «Dorian Gray» ignoriert.

Für die Buchfassung ergänzte Wilde die ursprünglich dreizehn Kapitel um sechs weitere und das Vorwort. Die Umarbeitung bestand im wesentlichen aus stilistischen Verbesserungen und der Einfügung neuer Handlungselemente; gleichzeitig wurde die zunächst leidenschaftliche homoeroti-sche Bindung zwischen Basil und Lord Henry zu einer engen Freundschaft entschärft. Die Welt im «Bildnis des Dorian Gray» bleibt, trotz verschiedener Frauengestalten, eine reine Männerwelt. Die Männerfreundschaften, von denen hier erzählt wird, verbergen kaum die homoerotischen Unter-töne. Und auch Wildes Ästhetizismus birgt ein homosexuelles Grundmotiv: das gesellschaftliche Doppelleben und die Suche nach einem Ausweg. Für Wilde kann dies ein Leben sein, das sich ganz der Schönheit hingibt, sich in der Kunst auflöst und selbst zu einem Gesamtkunstwerk wird. So läßt sich vielleicht jenseits der bürgerlichen Gesellschaft leben, ohne sich selbst gänzlich zu verraten oder der Entlarvung und dem Skandal ausgeliefert zu sein.

Das Buch wurde der heftigen Reaktionen zum Trotz zu einem großen Erfolg. Innerhalb weni-ger Jahre erschienen Übersetzungen in vielen europäischen Sprachen; bis 1970 gab es allein zwei Dutzend deutsche Übertragungen. Die Geschichte des Dorian Gray wurde zudem für mehrere Opern und Musicals, Ballett- und Theaterstücke und mehr als einem halben Dutzend Verfilmungen bearbeitet. Die erste Filmfassung, in der Regie des Dänen Axel Strøm, entstand bereits 1910.

Bedeutsam bleibt der Roman in der Auseinandersetzung um die Darstellung von Homosexua-lität in der Literatur auch, weil er, wie die Literaturwissenschaftler Gerhard Härle und Wolfgang Popp 1993 schreiben, «geradezu exemplarisch die Leistungsfähigkeit und die Grenzen einer ikono-graphischen Bildsprache in der Literatur» entwirft, «die das verbotene oder diffamierte erotische Begehren – Selbstliebe als Chiffre der Homosexualität – zu gestalten versucht».

Oscar Wilde:
Das Bildnis des Dorian Gray.
Aus dem Englischen von W. Fred und
Anna von Platau. Diogenes
Taschenbuch Verlag, Zürich 1986.
Das Bildnis des Dorian Gray.
Aus dem Englischen und mit
Anmerkungen von Ingrid Rein.
Reclam Verlag, Stuttgart 1992.
Salomé.
Deutsch von Hedwig Lachmann. Insel
Bücherei, Frankfurt/Main 1993 und
Reclam Verlag, Stuttgart 1990.
Lady Wintermeres Fächer.
Deutsch von Kuno Epple. Reclam
Verlag, Stuttgart 1964.
Bunbury.
Deutsch von Rainer Kohlmayer.
Reclam Verlag, Stuttgart 1988.
Ein idealer Gatte.
Deutsch von Rainer Kohlmayer.
Reclam Verlag, Stuttgart 1991.

Eine Frau ohne Bedeutung.
Deutsch von Kuno Epple. Reclam
Verlag. Stuttgart 1967
Teleny.
Deutsch von Wulf Teichmann.
Rowohlt Taschenbuch Verlag,
Reinbek 1984.
*Der Priester und der
Messnerknabe.*
Versuche an einem apokryphen Text,
zusammengetragen von Michael
Farin und Hans Schmid. belleville
Verlag, München 1994.
*Sämtliche Erzählungen sowie
35 philosophische Leitsätze zum
Gebrauch für die Jugend.*
Deutsch von Frieda Uhl und Rudolph
Lothar. Diogenes Taschenbuch Verlag,
Zürich 1981.

Erzählungen und Märchen.
Deutsch von Felix Paul Greve und
Franz Blei. Insel Taschenbuch Verlag,
Frankfurt/Main 1972.
*Das Bildnis des Dorian Gray,
Märchen, Erzählungen, Essays.*
Herausgegeben von Friedmann Apel.
Deutsch von Siegfried Schmitz u.a.
Winkler Verlag, München 1988.

Peter Funke:
Oscar Wilde.
Rowohlt Taschenbuch Verlag,
Reinbek 1969.

Richard Ellmann:
Oscar Wilde.
Deutsch von Hans Wolf. Piper
Taschenbuch Verlag, München 1997.

Tennessee Williams
Die Katze auf dem heißen Blechdach

Tennessee Williams (1911–1983) war es das liebste seiner Stücke. Die Einheit der Zeit und des Ortes im Sinne der klassischen Tragödie sind für ihn perfekt eingehalten. «Dieses Stück kommt einer Synthese aus Kunst und Kunstfertigkeit am nächsten», schreibt Williams in seinen Memoiren.

«Die Katze auf dem heißen Blechdach», uraufgeführt 1955 in New York und mit dem Pulitzer-Preis ausgezeichnet, wurde in den USA zu Williams' erfolgreichstem Stück, das die Besucherzahlen von «Endstation Sehnsucht» (1947) und «Die Glasmenagerie» (1945) übertraf. Diese drei Stücke haben ihn zu einem der prominentesten Dramatiker der USA gemacht und zugleich seinen Weltruhm begründet.

In «Die Katze auf dem heißen Blechdach» ist Big Daddy, der sich zum reichen und erfolgreichen Besitzer einer Baumwollplantage hochgearbeitet hat, an Krebs erkrankt. Niemand will ihn über sein Schicksal aufklären. Im Gegenteil: Auf der Feier zu seinem 65. Geburtstag versammelt sich die ganze Familie und gratuliert ihm zum negativen Befund. Sie alle heucheln Liebe und spekulieren bloß aufs Erbe. Am meisten sein Sohn Cooper, ein erfolgreicher Anwalt, am wenigsten der jüngere Sohn Brick, ein von Lebensekel und Alkohol aufgezehrter, ehemaliger Baseballstar und Sportreporter. Er haßt sich und nicht weniger auch seine Ehefrau Margaret, seitdem sein Jugendfreund Skipper sich das Leben genommen hat und ihm homoerotische Empfindungen Brick gegenüber nachgesagt werden. Die immerzu sexgeladene Margaret ist die Katze, die lüstern auf dem heißen Blechdach bleibt, bis ihr fast die Pfoten abgeschmort sind, aber die nicht den Mut und die Kraft findet wegzugehen, die von Brick die Erfüllung seiner ehelichen Pflichten abfordert, denen er schon lange nicht mehr nachkommen will. Cooper, der sich vom Vater immer zurückgesetzt fühlt, und seine gebärfreudige Frau Mae, dem Inbegriff von Habgier und Bosheit, scheinen dies Problem nicht zu haben: eine ganze Heerschar «halsloser Ungeheuer», wie sie Big Daddy nennt, haben sie auf die Welt gesetzt.

Die künstlich aufrechterhaltene Idylle der Familien zusammengehalten durch ihre Lügen, Ausflüchte, Boshaftigkeiten und Intrigen, gerät während dieser Geburtstagsfeier aus den Fugen. Nur Brick, den ohnehin alle für einen mehrfachen Versager und Säufer halten, hat sich nicht an den Lügengebäuden beteiligt. Er richtet sich mit seinem Alkoholismus und seinem Lebensüberdruß selbst zugrunde. Bis der bärbeißige Vater ihn zur Aussprache zwingt. Er will wissen, warum sein Sohn immer noch ohne Nachkommen ist, was er durch seine Sauferei zu ertränken versucht – welches Geheimnis Skipper und Brick verbindet.

Für Tennessee Williams ist dies eine der zentralen Szenen des Stücks, und er leitet sie mit einem ungewohnt langen, erklärenden Hinweis ein:

«Was Vater und Sohn hier zu diskutieren im Begriff sind – Big Daddy vorsichtig tastend, Brick in leidenschaftlicher Erregung –, ist eben jenes Verbotene, Unzulässige, das Skipper bis in den Tod hinein zu leugnen versuchte und von dem man nicht weiß, ob es überhaupt existiert hat. Der Umstand, daß es auf jeden Fall geleugnet werden mußte, um in der Welt, in der sie lebten, das Gesicht zu wahren, dies mag vielleicht der letzte Grund gewesen sein, daß Brick zu trinken begann, um seinen ‹Ekel› abzutöten.»

«Wie zwei dreckige alte Männer ...»

Big Daddy berichtet, wie er, der aus ärmlichen Verhältnissen stammte, sich als Farmarbeiter durchschlagen mußte. Die Farm gehörte einem homosexuellen Paar, das ihn aufgrund seiner Tüchtigkeit zum Verwalter machte. «Als Jack Straw starb, ich sag dir, der alte Ochello hat zu essen aufgehört, wie ein Hund nicht mehr frißt, wenn sein Herr tot ist, und dann starb er selber!» Big Daddy will seinem Sohn Brick seine Toleranz gegenüber schwulen Beziehungen deutlich machen. Doch Brick, den das Gerücht (oder vielleicht auch die Wahrheit) über Skippers Homosexualität verstört hat, erweist sich als prüde und puritanisch, ja sogar homophob: Er spricht voller Verachtung über solch «eine unnatürliche Beziehung».

«Du glaubst», raunzt er seinen Vater an, «Skipper und ich hätten uns wie zwei dreckige alte Männer ... Wie Straw und Ochello? Wie ein Paar – ... Päderasten. Wie zwei Schweine? Ist es das, was du von uns – ... denkst?»

Als er erkennen muß, daß sein Idol Skipper wohl genau so war, stürzt es ihn vom Sockel. Brick haßt nun seine Frau Margaret dafür, weil sie es war, die ihm sein Ideal bloßgestellt und damit geraubt hat.

Tennessee Williams war es wichtig, daß seinen Figuren stets ein gewisses Geheimnis anhaftet, so auch bei Brick. Hollywood war das alles bereits zu offensichtlich. Mit der pauschalen Behauptung, die homosexuellen Aspekte des Stückes seien dramaturgisch nicht notwendig, wurden in der Verfilmung Richard Brooks fast alle Andeutungen gestrichen oder verzerrt.

In seinen Stücken verarbeitete Williams kaum verhüllt die eigene Familiengeschichte wie privaten Krisen: der Alkoholikervater, der sich aus dem Staub gemacht hat; die tyrannische und bemitleidenswerte Mutter; die seelisch verstörte und verkrüppelte Schwester, die keinen Ehemann findet; und seine Schwierigkeiten, mit der eigenen Homosexualität umzugehen. In «Plötzlich letzten Sommer», uraufgeführt 1958 und bereits ein Jahr später verfilmt mit Montgomery Clift, Katharine Hepburn und Elizabeth Taylor, ist es der Millionärssohn Sebastian, der in Spanien seiner Leidenschaft für junge Knaben frönt und schließlich von ihnen, aus Rache an der sexuellen Ausbeutung, zu Tode gehetzt und im wahrsten Sinne des Wortes zerfleischt wird. In «Vieux Carré» (1977) stellt Williams sich selbst als jungen Autor dar. In der Enge einer billigen Pension im französischen Viertel von New Orleans, dem «Vieux Carré», erkennt der Schriftsteller durch einen schwulen Maler seine eigene Homosexualität.

«Vieux Carré» ist zwar jenes Stück, in dem Williams am offensten mit seinem Schwulsein umgeht, aber es ist auch eines seiner schwächsten. Wodurch sich seine dramatischen Hauptwerke auszeichnen, die außergewöhnliche Fähigkeit zu analytischen Dialogen, die psychologische Sezierung selbstzerstörerischer Neigungen seiner Figuren, ihre Flucht in Traumwelten und Lügengespinste, all dies lassen seine späten Arbeiten vermissen.

Je älter er wurde, um so unbefangener, geradezu mitteilungssüchtig bezüglich seines sexuellen Lebens zeigte sich Williams. In seinen bekenntnisreichen «Memoiren» (1975) beschäftigt er sich weniger mit seinem literarischen Werk als vielmehr mit seiner Tabletten- und Drogenabhängigkeit, den «glatten, entzückend prallen Hinterbacken» diverser Männer und seinen ausgiebig geschilderten sexuellen Eskapaden. Aber auch sein in den USA gleichzeitig veröffentlichter, stilistisch allerdings wenig überzeugender Roman «Moise und die Welt der Vernunft» über einen schwulen scheiternden Romancier im New Yorker Künstlerviertel Greenwich Village, der seine beiden Beziehungen Revue passieren läßt, ist als Dokument einer Selbsttherapie spannend. In der Chronik einer Nacht faßt Tennessee Williams einen Prozeß der homosexuellen Ich-Findung zusammen. Ein Prozeß, für den er selbst viele Jahre benötigt hatte.

Tennessee Williams:
Die Katze auf dem heißen Blechdach.
Aus dem Amerikanischen von Jörg van Dyjk, 1987.
Die tätowierte Rose.
Aus dem Amerikanischen von Jörg van Dyjk, 1990.
Endstation Sehnsucht.
Aus dem Amerikanischen von Berthold Viertel, 1954.

Die Glasmenagerie.
Aus dem Amerikanischen von Jörg van Dyjk, 1987.
Vieux Carré.
Aus dem Amerikanischen von Inge und Gottfried Greiffenhagen, 1986.
Die Nacht des Leguan.
Deutsch von Nina Adler, 1994.
Memoiren.
Aus dem Amerikanischen von Kai Molvig, 1993.

Acht Damen, besessen und sterblich.
Aus dem Amerikanischen von Erich Wolfgang Skwara, 1989.
Moise und die Welt der Vernunft.
Aus dem Amerikanischen von Elga Abramowitz, 1987.
Alle erschienen im Fischer Taschenbuch Verlag, Frankfurt/Main.

Christian Jauslin:
Tennessee Williams.
Deutscher Taschenbuch Verlag, München 1978.

Josef Winkler
Das wilde Kärnten

«Am 29. September 1976 stiegen in meinem Heimatort Kamering bei Paternion, Kärnten, der 17jährige Mechanikerlehrling Jakob Pichler und sein gleichaltriger Freund, der Maurerlehrling Robert Ladinig, mit einem drei Meter langen Kalbstrick über eine Holzleiter des Pfarrhofstadels zu einem Trambaum hinauf. Sie schlangen das Seil um ihn und verknoteten die beiden Seilenden hinter ihren linken Ohren. Der Nerv des Stricks zuckte. Ihre Hände flochten sich zu einem Zopf ineinander, immer schneller im Kreis sich drehend wirbelten sie wieder auseinander und kamen vor ihren blutunterlaufenen Augen zum Stehen.»

Wie ein Epitaph und Leitmotiv zugleich hat Josef Winkler diese Notiz über den Doppelselbstmord eines schwulen Paares in seinem Heimatdorf seinem ersten Roman «Menschenkind» vorangestellt. Der Tod dieser beiden Jungen ist der Antrieb für sein Schreiben. In drei Romanen – «Menschenkind» (1979), «Der Ackermann aus Kärnten» (1980), «Muttersprache» (1982), zusammengefaßt unter dem Titel «Das wilde Kärnten» – beschwört er diese Szene. «Niemals werde ich die beiden Buben in Ruhe lassen», schreibt er in «Muttersprache», «weil ich sie nicht in Ruhe lassen kann, aber eigentlich sind es die Buben, die mich nicht in Ruhe lassen. Wir stöbern uns gegenseitig immer wieder auf. Jakob taucht in meinen Träumen auf und will, daß ich zu ihm komme. Solange ich lebe, wird ihr Tod durch mein Tagebuch geistern, als wäre es mein eigener.»

Winkler befaßt sich damit, um die Dämonen seiner Kindheit zu bannen, sie aus seinem Dasein zu vertreiben, sie aber zugleich damit am Leben zu erhalten. Andererseits auch, weil im Dorf darüber geschwiegen wird, nicht gesprochen werden darf: über die Liebe und Sexualität, über Homosexualität, über Gewalt in Familien, in denen Tiere mehr Zärtlichkeit und Fürsorge erhalten als Kinder, die als billige Arbeitskräfte und Eigentum angesehen werden.

«Ich bin dabei, meine Kindheit, die sich zwischen zuckenden, blutenden Hahnenköpfen, trottenden Pferden, tänzelnden Kalbstricken bewegte, zu ermorden. Ich werde das Kind, das ich war, umbringen, damit einmal, wenn auch erst auf dem Totenbett, meine Kinderseele zur Ruhe kommt.» Winklers Roman über seine Kindheit und den Mikrokosmos seines Dorfes hat mit der in den 70er Jahren in Mode gekommenen ästhetisch dezenten «Neuen Innerlichkeit» wenig gemein. Die Idylle seiner Heimat zertrümmert er mit blasphemischen Wortkaskaden. Er konfrontiert sie mit homosexuellen Phantasien und einem verbalen Amoklauf, in dem Todesriten und Todessehnsucht zu einer stets präsenten morbiden Atmosphäre verarbeitet sind. Der Tod, sei es im Selbstmord der Liebenden oder bei der Schlachtung der Tiere – ist ein entscheidender Teil im Lebenskreislauf dieses Dorfes.

Fern naturalistischer Schilderungen reiht Winkler assoziative Bilder, Momentaufnahmen und Traumsequenzen aneinander. Die Wirklichkeit gilt es durch die Macht der Sprache zu bannen und damit zugleich Machtrituale zu kopieren: Erzählt wird nicht eine Kindheit, sondern deren Atmosphäre. «Warum kann ich nicht erzählen, wie jeder andere, beschreiben, wie jeder andere beschreibt?» heißt es in «Der Ackermann von Kärnten»: «Als wollte ich einen Brief in Romanform schreiben,

aber es sind keine Briefe, die ich schreibe, keine Romane, keine Erzählungen, Gedichte oder Sprech-
stücke, es ist die Sprache, die während meiner Kindheit abgewürgt und stumm gemacht worden ist.
Diese unterdrückte Sprache ist aufgebrochen, wie sie abgewürgt wurde, mit derselben Kraft, der
Liebe und des Hasses.»

Metaphern des Todes

Winkler läßt seinem erregten Sprachfluß und seiner Assoziationsflut in langen, mäandernden Satzkaskaden freien Lauf. «Durch die Sprache arbeite ich gegen den Tod», schreibt Winkler, «und wahrscheinlich werde ich mein ganzes Leben über den Tod schreiben müssen, um leben zu können.»
Der derbe, bäuerliche Sprachduktus vermengt sich dabei mit dem wimmernden Ton ängstlicher Kinder, erinnert an Barockdichtung und den trancehaften Litaneien der katholischen Liturgie. Winklers
monomanische Schreibweise ist der seiner großen Vorbilder verpflichtet: Hubert Fichte, dem er den
«Ackermann aus Kärnten» widmete; Hans Henny Jahnn, dessen «Nacht aus Blei» er für ein «lebens-
wichtiges Buch» hält und für das er ein Nachwort schrieb, und Jean Genet. Die persönliche Auseinandersetzung mit dessen Werk beschrieb Winkler in «Das Zöglingsheft des Jean Genet» (1992).

Das Dorf, das er in «Der Ackermann aus Kärnten» in einer Art Rundgang Haus für Haus kata-
logisiert und deren Bewohner er beschreibt, ist eine Welt aus «Blut und Boden». Die Häuser sind in
der Form des Kruzifixes angeordnet. Das Dorf, dessen Klima von latentem Faschismus und archai-
schem Katholizismus geprägt ist, ist das Kreuz, an das sich der Erzähler genagelt sieht. Kruzifixe sind
allgegenwärtig, Leichenbegängnisse die Höhepunkte des sozialen Lebens. Die Dorfjugend vergnügt
sich vor dem Fernsehapparat, mit Karl May, den Rolling Stones und John Travolta. Am längsten,
über die Hälfte des Buches, hält sich Winkler bei dem Haus Nummer 19 auf («35 Tiere, 6 Kinder,
8 Kruzifixe»): Es ist sein Elternhaus. Das Verhältnis zum übermächtigen, gewalttätigen Vater ist
zentrales Thema dieses Romans. Für ihn ist der schwächliche, magersüchtige Sohn ein «nutzloser
Fresser». Immer wieder wechselt die Erzählposition in das direkte «Du», wird der erzählte Bericht zur
unmittelbaren Ansprache, ein «Brief an den Vater» im Geiste Franz Kafkas. Haßerfüllte, aber auch
verzweifelte Anklagen, die sich bis zu Mordphantasien steigern.

Auch in «Muttersprache» wechselt das Erzähler-Ich listig die Perspektive, durchwühlt die
Lebens- und Gemeindegeschichte, beschwört erneut die toten Freunde herauf und die Kindheit in
dieser autoritär-patriarchalischen Dorf- und Familienstruktur. Doch nun sprechen selbst die Spiegel
und die Puppen, schlüpft der Erzähler in die Figur des Transvestiten Jakow Menschikow, dessen
Paradies die Damenwäscheabteilung im städtischen Supermarkt ist. Zuletzt kriecht das Ich sogar
zurück in den schützenden Bauch der Mutter, um von dort aus die nunmehr zu einer fernen Außenwelt gewordene Lebensgeschichte obsessiv erneut entstehen zu lassen. Unverhüllter als zuvor
beschreibt er das eigene schwule Begehren und die Aussichtslosigkeit, in dieser feindlichen Umgebung eine (homo)sexuelle Identität zu finden.

Josef Winkler:
Das wilde Kärnten, **1985.**
Menschenkind, **1994.**
Der Ackermann aus Kärnten, **1984.**
Der Leibeigene, **1990.**
Muttersprache, **1986.**

Friedhof der bitteren Orangen,
1993.
Das Zöglingsheft des Jean Genet,
1994.
**Alle erschienen im Suhrkamp
Taschenbuch Verlag, Frankfurt/Main.**

Domra. Am Ufer des Ganges.
Suhrkamp Verlag, Frankfurt/Main.
1996.

Alexander Ziegler
Die Konsequenz

Am 8. November 1977 schaltete sich der Bayerische Rundfunk aus
dem gemeinsamen ARD-Programm aus. Als bereits 1973 bundesweit
Rosa von Praunheims «Nicht der Homosexuelle ist pervers, sondern
die Situation in der er lebt» über die TV-Geräte flimmerte, blieben
einzig die bayerischen Fernsehzuschauer von derlei geballter Unzucht verschont. Vier Jahre später
sorgte man sich in München erneut um das gesunde Volksempfinden der heimischen Gebührenzah-
ler. Statt «Die Konsequenz» zeigte man exklusiv im Freistaat eine andere Literaturverfilmung:
Anzengrubers Heimatidyll «Der Sternsteinhof».

Wolfgang Petersens Schwarzweißfilm (mit Jürgen Prochnow und Ernst Hannawald) erhielt
durch die Skandalisierung erst recht Aufmerksamkeit; der spätere Kinoeinsatz in Bayern bescherte
ihm entsprechend überdurchschnittliches Interesse. Dabei ist «Die Konsequenz» weder schlüpf-
rig noch aggressiv-agitatorisch, im Gegenteil. Alexander Zieglers rührende Geschichte einer Liebe,
die von der Gesellschaft nicht geduldet, sondern gestraft wird, setzt auf das Entsetzen über
Unmenschlichkeit und auf Mitleid.

In seinem Erstling «Das Labyrinth. Report eines Außenseiters» (1970) hatte Ziegler bereits
seine eigenen Lebensumstände bis zu seiner Verhaftung eines sexuellen Verhältnisses zu einem 16jäh-
rigen Jungen wegen beschrieben. «Die Konsequenz» greift einige Motive auf bzw. schließt an die
Geschichte unmittelbar an.

Der 23 Jahre alte Schauspieler Martin Kurath ist wegen «Verführung» eines Minderjährigen
in Haft. Während der Proben zu einer Theateraufführung im Gefängnis lernt er Thomas Manzoni,
den 16jährigen Sohn eines Aufsehers kennen. Sie verlieben sich ineinander und eines Nachts schleicht
sich Thomas in die Zelle, um mit Martin endlich einmal für einige Stunden zumindest ungestört sein
zu können. Sie träumen von einer gemeinsamen Zukunft «danach» und schmieden Pläne. All dies
läßt sich sogar verwirklichen, die Träume scheinen in Erfüllung zu gehen. Doch Thomas' Eltern, sein
Lehrmeister und die Behörden laufen Sturm. «Ich war fest davon überzeugt, daß wir es irgendwie
schaffen würden, unsere Liebe gegen die Umwelt zu verteidigen. Ich irrte mich», läßt Ziegler sein
Alter ego feststellen. Der noch minderjährige Thomas wird «wegen Verwahrlosung auf unbestimmte
Zeit in eine Erziehungsanstalt eingewiesen». Thomas und Martin geraten in die Mühlen von Justiz
und Psychiatrie und gehen beide daran zugrunde.

Der autobiographische Roman des Schweizers Alexander Ziegler (1944–1987) kann seine
literarischen Schwächen kaum verbergen. «Die Konsequenz» ist in erster Linie ein Plädoyer für
die gesellschaftliche Akzeptanz Homosexueller und für einen humaneren Strafvollzug. «Homosexuell
zu sein ist ein Fluch, weil den Leuten immer etwas Neues einfällt, um Dich fertigzumachen»,
schreibt Martin seinem Freund ins Erziehungsheim. Die Diskriminierungen und die Verweigerung
der gemeinsamen Liebe sind, was Ziegler anprangert. Dabei schreckt er vor keinem Gemeinplatz
zurück, bringt seinen Roman gelegentlich an den Rand der Trivialität. Wolfgang Petersen hingegen

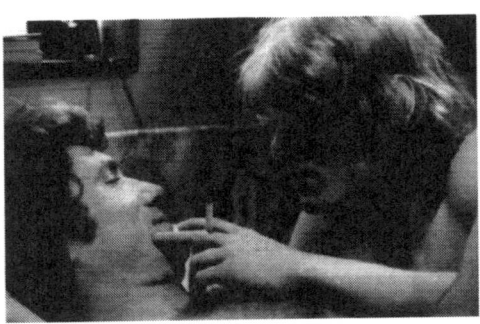

gelang es in seiner Verfilmung, den Figuren weitaus mehr Tiefe und auch Widersprüchlichkeit zu verleihen.

«... daß wir es irgendwie schaffen würden»

Trotz dieser Schwächen war «Die Konsequenz» in den 70er Jahren als Buch wie als Film von herausragender Bedeutung, vor allemals Sozialreportage, als publikumswirksame Aufforderung zur homosexuellen Emanzipation.

«Die Konsequenz» in Wolfgang Petersens Filmversion

Der Erfolg beflügelte Ziegler. In schneller Folge veröffentlichte er weitere aufklärerische Texte, die jedoch zunehmend eine triefende Sentimentalität und Zeigefinger-Haltung aufwiesen. Der Band «Kein Recht auf Liebe» (1978) versammelte Aufsätze und Theaterstücke. In «Eines Mannes Liebe» (1980) erzählt er noch einmal die Geschichte einer unglücklichen und letztlich tödlichen Männerbeziehung. Peinlich trivial geriet seine lesbische Variante einer Beziehung («Die Zärtlichen», 1982), die ebenfalls in Freitod und Psychiatrie endet. 1976 hatte er noch in einem offenen Brief dem Schriftsteller Roger Peyrefitte moralische Glaubwürdigkeit abgesprochen, weil dieser den amtierenden Papst Paul VI. als Homosexuellen denunzierte und es keinem «Homosexuellen zusteht, einem anderen Homosexuellen seine diesbezüglichen Neigungen vorzuwerfen». Nur wenige Jahre später bediente sich Ziegler selbst der sexuellen Denunziation und wurde so gewissermaßen zu einem Vorläufer der erst 1990 in Deutschland angezettelten Outing-Kampagne. Nacheinander brachte er einen Bonner Bundestagsabgeordneten, einen österreichischen Minister und einen Zürcher Regierungsrat ins Gerede. Manche vermuteten eine späte Rache für die zweieinhalb Jahre Gefängnisstrafe, die er für seine Homosexualität verbüßen mußte.

Ein weiteres Mal geriet Ziegler 1984 in die Schlagzeilen. Auf dem Höhepunkt der bundesdeutschen Kießling-Affäre versuchte Alexander Ziegler noch einmal verzweifelt wieder die lang vermißte Aufmerksamkeit zurückzugewinnen. Er behauptete, Beweismaterial für die angebliche Homosexualität des geschaßten Nato-Generals in Form eines Tonband-Geständnisses eines Strichjungen zu besitzen. BILD konnte reißerisch titeln: «Wörner empfängt Homo». Zieglers Beweise entpuppten sich jedoch als Finte. 1987 starb er an einer Überdosis Beruhigungstabletten. Ob Unfall oder Freitod, blieb ungeklärt.

Alexander Ziegler:
Die Konsequenz,
1975.
Das Labyrinth. Report eines Außenseiters,
1970.
Kein Recht auf Liebe.
Reportagen, Aufsätze, Stücke,
1978.

Eines Mannes Liebe.
Roman, 1980.
Die Zärtlichen.
Roman, 1982.
Ich bekenne –
Konsequente Aufzeichnungen,
1985.
Alle erschienen im Fischer Taschenbuch Verlag, Frankfurt/Main bzw. im Schweizer Verlagshaus, Zürich.

Wolfgang Petersen/
Ulrich Greiwe (Hg.):
Die Resonanz. Briefe, Dokumente und Materialien zum Film «Die Konsequenz».
Fischer Taschenbuch Verlag, Frankfurt/Main 1978.

Anhang

Einhundert weitere Bücher zu schwulem Leben und Lieben, zu Literatur und Kultur, zu Alltag und Politik

Literaturwissenschaft und -geschichte

Hans Dietrich:
Die Freundesliebe in der deutschen Literatur. Nachdruck der Ausgabe von 1931. Verlag rosa Winkel, Berlin 1996.
Die erste literaturwissenschaftliche Arbeit zur Männerliebe in der deutschen Literatur behandelt in zentralen Kapiteln das Werk von Albert H. Rausch, August von Platen und Stefan George.

Rainer Guldin:
«Lieber ist mir ein Bursch ...» Zur Sozialgeschichte der Homosexualität im Spiegel der Literatur. Verlag rosa Winkel, Berlin 1995.
Untersuchung sozialer und historischer Bedingungen homosexuellen Lebens anhand literarischer Zeugnisse, u.a. von August von Platen, Marcel Proust, Edward Carpenter, E. M. Forster, Walt Whitman und John Addington Symonds.

Tomas Vollhaber:
Das Nichts, die Angst, die Erfahrung. Untersuchung zur zeitgenössischen schwulen Literatur. Verlag rosa Winkel, Berlin 1987.
Eine Darstellung schwuler Praxis in der deutschsprachigen Literatur der 70er und 80er Jahre (Peter Schult, Hubert Fichte, Ronald M. Schernikau).

Bert Büllmann:
Vom Getto in die Gesellschaft. Der amerikanische homosexuelle Roman in den achtziger Jahren. Verlag rosa Winkel, Berlin 1991.
Eine leicht verständliche Untersuchung über die Entwicklung der amerikanischen «gay lit».

Marita Keilson-Lauritz:
Die Geschichte der eigenen Geschichte. Literatur und Literaturkritik in den Anfängen der Schwulenbewegung. Verlag rosa Winkel, Berlin 1997.
Am Beispiel der ersten Publikationsorgane der Schwulenbewegung untersucht die Autorin die Rolle der Literatur und der Literaturkritik für Emanzipation und Selbstbewußtsein. Der umfangreiche Anhang dokumentiert über 500 Autoren dieser frühen Phase schwuler Publizistik.

Wolfgang Popp:
Männerliebe. Homosexualität und Literatur. J.B. Metzler Verlag, Stuttgart 1992.
Eine umfassende Darstellung des Themas «Schwule Liebe» von der Mitte des 19. Jahrhunderts bis zur Gegenwart aus literaturwissenschaftlicher Sicht anhand ausgewählter Romane und Erzählungen. Mit ausführlichen Textproben, auch für Laien leicht lesbar und verständlich.

Alexandra Busch/Dirck Linck (Hg.):
Lexikon der homosexuellen Autorinnen und Autoren. Verlag J.B. Metzler, Stuttgart 1997.
Umfangreiches Nachschlagewerk und Lesebuch mit essayistischen Porträts der wichtigsten homosexuellen Schriftstellerinnen und Schriftsteller.

Hans Mayer:
Außenseiter. Suhrkamp Taschenbuch Verlag, Frankfurt/Main 1981.
Dieser literaturwissenschaftliche Essay über Außenseiter (Frauen, Juden und Homosexuelle) ist zugleich eine der ersten umfassenden Arbeiten zum mann-männlichen Eros in der Literatur und gilt immer noch als Standardwerk.

Heinrich Detering:
Das offene Geheimnis.
Zur literarischen Produktivität
eines Tabus von Winckelmann
bis zu Thomas Mann. Wallstein
Verlag, Göttingen 1994.
Über die «kalkulierte Doppelbödig-
keit», mit der in der Literatur das
Tabu der Männerliebe unterlaufen
wird, am Beispiel u.a. von August
von Platen, Heinrich von Kleist,
Herman Bang und Hans Christian
Andersen.

Edmund White:
Die brennende Bibliothek.
Essays. Herausgegeben und
mit einem Vorwort von David
Bergman. Aus dem Amerika-
nischen von Benjamin Schwarz.
Kindler Verlag, München 1996.
Aufsätze des schwulenbewegten
Literaten zu Kunst, Politik und
Literatur, u.a. zu Isherwood, Genet,
Burroughs, Pasolini, Goytisolo,
Mapplethorpe, Foucault und Capote.

Forum Homosexualität
und Literatur.
Literaturwissenschaftliche Zeit-
schrift, erscheint zwei- bis dreimal
jährlich. Rezensionen, theoretische
Aufsätze zur Diskussion des Zusam-
menhangs von Literatur und Homo-
sexualität, Beiträge zu einzelnen
Autorinnen und Autoren; Wieder-
veröffentlichungen älterer unver-
öffentlichter oder vergessener
Texte. Zu beziehen bei den schwulen
Buchhandlungen oder aber über
«Forum Homosexualität und
Literatur», Universität-GH Siegen,
FB 3, 57068 Siegen.

Kulturgeschichte

Vito Russo:
Die schwule Traumfabrik.
Bruno Gmünder Verlag, Berlin
1990.
Geist- und lehrreiches Standardwerk
über die Darstellung von Schwulen
und Lesben im (Hollywood-)Film.

Herrmann J. Hubert:
Gewalt & Leidenschaft.
Das Lexikon Homosexualität
in Film und Video. Bruno
Gmünder Verlag, Berlin 1989.
Trotz der etwas fragwürdigen Aus-
wahl und Bewertung der einzelnen
Filme ist es als informatives Nach-
schlagewerk auf dem deutschen
Buchmarkt immer noch konkur-
renzlos.

Wayne Koestenbaum:
Oper, Homosexualität und
Begehren. Aus dem Amerika-
nischen von Joachim Kalka.
Verlag Klett-Cotta, Stuttgart
1996.
Ein sehr subjektiver und leidenschaftlicher Versuch, die besondere
Affinität Schwuler zur Oper im
allgemeinen und zur Operndiva im
besonderen zu erklären.

Dominique Fernandez:
Der Raub des Ganymed.
Eine Kulturgeschichte der
Homosexualität. Aus dem
Französischen von Verena
Vannahme. Beck & Glückler
Verlag, Freiburg 1992.
Ein recht streitbarer, aber informa-
tiver Rundumschlag zum kulturellen
Schaffen Homosexueller.

Camille Paglia:
Die Masken der Sexualität.
Aus dem Amerikanischen von
Margit Bergner, Ulrich
Enderwitz, Monika Noll.
Deutscher Taschenbuch Verlag
München 1995.
Heftig umstrittene, kurios bis
geniale Revision des westlichen
Kulturbegriffs der (lesbischen) ame-
rikanischen Humanwissenschaftlerin.
Eine ihrer (stark vereinfachten)
Grundthesen: der schwule Mann ist
der einzig wirklich kreative Mensch,
ohne den es keine Kultur gäbe.

Cecile Beurdeley:
L'amour bleu. Die homosexuelle
Liebe in Kunst und Literatur
des Abendlandes. Deutsch von
Doris Plattner und Michael
Lim. Bruno Gmünder Verlag,
Berlin 1988.
Reich bebilderter Prachtband zur
männlichen Homosexualität in der
Literatur und bildenden Kunst in
Text- und Bildbeispielen.

Geschichte & Politik

Kenneth J. Doover:
Homosexualität in der griechi-
schen Antike. Aus dem Eng-
lischen von Susan Worcester.
C. H. Beck Verlag, München
1983.

Carola Rheinsberg:
Ehe, Hetärentum und
Knabenliebe im antiken
Griechenland. C. H. Beck
Verlag, München 1989.
Sich ergänzende Publikationen
zur Bedeutung und den Erschei-
nungsformen der Homosexualität
im antiken Griechenland.

Werner Hinzpeter:
Schöne schwule Welt. Der
Schlußverkauf einer Bewegung.
Querverlag, Berlin 1997.
Polemische Bestandsaufnahme
des schwulen Lebensstils und der
politischen Schwulenbewegung
in Deutschland.

Detlef Grumbach (Hg.):
Schöner Wohnen. Die Schwu-
lenbewegung zwischen glorrei-
cher Vergangenheit und Lifestyle
2000. Verlag Männerschwarm-
Skript, Hamburg 1997.
Reaktionen auf Werner Hinzpeters
Polemik über die «Schöne schwule
Welt». Visionen, Standpunkte und
Analysen zur Lage der Schwulen-
bewegung in Deutschland und ihrer
Zukunft.

Sabine Hark/Stefan Etgeton (Hg.):
Freundschaft unter Vorbehalt.
Chancen und Grenzen lesbisch-
schwuler Bündnisse. Querverlag,
Berlin 1997.
Beiträge über die Zusammen-
arbeit von Lesben und Schwulen
in Deutschland.

Richard Plant:
Rosa Winkel. Der Krieg der
Nazis gegen die Homosexuellen.
Deutsch von Denny Lee Lewis
und Thomas Plaichinger.
Campus Verlag, Frankfurt/
Main 1991.
Zur Geschichte der Schwulenver-
folgung im Nationalsozialismus.

Lutz van Dijk:
Ein erfülltes Leben –
trotzdem ... Erinnerungen
Homosexueller 1933–1945.
Rowohlt Taschenbuch Verlag,
Reinbek 1992.
(Über-)Lebensgeschichten schwuler
Männer, Opfer, Täter, Mitläufer oder
stiller Gegner der nationalsozialisti-
schen Terrorherrschaft.

Detlef Grumbach (Hg.):
Die Linke und das Laster.
Schwule Emanzipation und
linke Vorurteile. Verlag Män-
nerschwarmSkript, Hamburg
1996.
Aufsätze über das schwierige Verhältnis der politischen Linken zu den
Homosexuellen. Mit Beiträgen u.a.
über die Deutsche Arbeiterbewe-
gung, zum Stereotyp des homosexuellen Nationalsozialisten und zur
Homosexuellenfrage in der SED.

Erich Mühsam:
Die Homosexualität. Eine
Streitschrift. Mit einer Einfüh-
rung von Walter Fähnders.
belleville Verlag, München
1996.
Reprint der vieldiskutierten
Streitschrift aus dem Jahre 1903,
ergänzt um weitere Aufsätze
Mühsams und Reaktionen u.a.
von Magnus Hirschfeld.

Günter Grau (Hg.):
Homosexualität in der NS-Zeit.
Dokumente einer Diskrimi-
nierung und Verfolgung. Fischer
Taschenbuch Verlag, Frankfurt/
Main 1993.
Eine umfassende Dokumentation
zu Alltag, Verfolgung und Ermor-
dung Homosexueller im National-
sozialismus.

Helmut Blazek:
Rosa Zeiten für rosa Liebe. Zur
Geschichte der Homosexualität.
Fischer Taschenbuch Verlag,
Frankfurt/Main 1996.
Vom Alten Griechenland bis zur
unmittelbaren Gegenwart; eine
kurzgefaßte, politische Geschichte
der Schwulen, mit dem Schwerpunkt
Verhältnisse in Deutschland.

Elmar Kraushaar (Hg.):
Hundert Jahre schwul. Eine Revue. Rowohlt Berlin, Berlin 1997.
100 Jahre Schwulenbewegung und schwules Leben in, zum Teil sehr persönlichen, Aufsätzen; u.a. Kurt von Ruffin über seine KZ-Haft, Reiner Veit über die Darstellung Schwuler im Film, Detlev Meyer über schwule Idole, Renée Zucker über ihr Verhältnis zu schwulen Männern.

Eldorado – Homosexuelle Frauen und Männer in Berlin 1850–1950. Geschichte, Alltag und Kultur. Verlag rosa Winkel, Berlin 1992.
Die Geschichte der Homosexualität in Berlin ist zugleich auch ein Stück schwul-lesbischer Alltags- und Kulturgeschichte Deutschlands.

Goodbye to Berlin? Hundert Jahre Schwulenbewegung. Herausgegeben vom Schwulen Museum Berlin und Akademie der Künste Berlin. Verlag rosa Winkel, Berlin 1997.
Katalog zur Jahrhundert-Ausstellung, zur Geschichte der Schwulen in Deutschland, England, den Niederlanden, Frankreich und den USA von 1897–1997.

Fotografie

Herb Ritts:
Werk. Vorwort von Malcolm Rogers. Knesebeck Verlag, München 1996.
Der amerikanische Starfotograf zählt nicht nur zu den exklusivsten und mondänsten Promi-Porträtisten; mit seinen (homo-)erotischen Werbefotos und Männerakten beeinflußte er wesentlich das erotische Bild des nackten Mannes in den 80er und 90er Jahren.

Gianni Versace:
Mann ohne Krawatte. Mit Texten von Bob Wilson, Gianni Versace und Barry Hanal. Heyne Verlag, München 1995.
Klassizistische Elemente prägten nicht nur die Mode und Accessoires des Designers. Seine opulenten Modekataloge haben in den vergangenen Jahren mehr und mehr die Mode zugunsten der männlichen Models in den Hintergrund treten lassen.

Herbert List:
Fotografien 1950–1980. Vorwort von Hans Eppendorfer. Janssen Verlag, Berlin 1994.
Eine Auswahl aus dem Werk des deutschen Fotografen, der bereits in den 50er Jahren poetische, homoerotische Bilder publizierte und später zu einem gefragten Dokumentar- und Modefotografen wurde.

Peter Hujar:
Retrospektive. Herausgegeben von Urs Stahel und Hripsimé Visser. Mit Texten von Nan Goldin, Fran Lebowitz, Stephen Koch u.a. Scalo Verlag, Zürich 1994.
Querschnitt durch das Schaffen des 1987 an Aids verstorbenen New Yorker Künstlers. Unverstellte, intime Porträts von mehr oder minder prominenten Menschen, Aktbilder und Szenen aus der schwulen Subkultur New Yorks.

Wilhelm von Gloeden:
Akte in Arkadien. Vorwort und herausgegeben von H.-J. Schickedanz. Harenberg Edition, Dortmund 1992.
Mit seinen auf Sizilien aufgenommenen klassizistischen Jünglingsfotografien wurde von Gloeden zu einem Wegbereiter der Männeraktfotografie.

George Platt Lynes. Herausgegeben von Peter Weiermair. Bruno Gmünder Verlag, Berlin 1989.
Ein Klassiker der Kunstfotografie. Zeitlos seine Porträts Prominenter (Thomas Mann, Isherwood, Cocteau); in den 30er Jahren innovativ waren seine Versuche surrealistischer Bildgestaltung, wie auch seine Männerakte, die bereits alle wichtigen Aspekte und Gestaltungsvariationen dieses Themas erprobt hatten.

Männer sehen Männer.
Herausgegeben von Peter
Weiermair. Verlag Photographie,
Schaffhausen 1986.
Ein exquisiter Überblick über die
zeitgenössische Männeraktfoto-
grafie mit Fotos u.a. von Erwin Olaf,
Ingo Taubhorn, Robert Mapple-
thorpe, Arthur Tress, Herb Ritts,
Georges Dureau und Hans van
Manen.

Howard Hoffman:
Three. Bruno Gmünder Verlag,
Berlin 1996.
Romantisch-sinnlich fotografierte
Foto-Lovestory einer schwulen
Menage à trois.

Pierre & Pilles. ACC Galerie,
Weimar 1996.
Bernard Macadé/Dan Cameron (Hg.):
Pierre & Gilles. Das komplette
Werk 1976–1996. Benedikt
Taschen Verlag, Köln 1997.
Das französische Künstlerpaar
schwelgt in seinen kunstvoll arran-
gierten und ausgestatteten, später
malerisch nachbearbeiteten
Fotografien in Kitsch und Trash.

Bildende Kunst

Paul Mella/Ulrich Luckhardt:
David Hockney. Gemälde.
Prestel-Verlag, München
1994.
Ausführlich dokumentierter Quer-
schnitt über das malerische Schaffen
des britischen, in Kalifornien
lebenden Malers, der vor allem
durch seine «Swimming-Pool»-Bilder
berühmt und populär wurde.

Gilbert & George:
The Cosmological Pictures. Mit
einem Essay von Rudi Fuchs.
Württembergischer Kunstverein,
Stuttgart 1991.
Ausstellungskatalog mit den
gewohnt aggressiv-bunten und
von plakativen Formen dominierten
«photo pieces» des Londoner
Künstlerpaares, das sich auf jeder
seiner teils wandgroßen, kolorierten
Fotoarbeiten selbst mitporträtiert.

F. Valentine Hooven III.:
Tom of Finland. Sein Leben –
seine Kunst. Aus dem Ameri-
kanischen von Thomas
Plaichinger. Bruno Gmünder
Verlag, Berlin 1992.
Lässige, reich bebilderte Biographie
des schwulen Kultzeichners.

Wieland Schmied:
Francis Bacon. Prestel-Verlag,
München 1996.
Umfangreicher Bildband mit reprä-
sentativem, bestens kommentiertem
Querschnitt des Schaffens des briti-
schen Malers (1908–1992).

Ratgeber & Hilfe

Richard A. Isay:
Schwulsein. Die psychologische
Entwicklung des Homosexuellen.
Aus dem Amerikanischen
von Helmut Degner. Piper
Taschenbuch Verlag, München
1996.
Der amerikanische Arzt und Psy-
chiater zeigt auf, daß die Entwick-
lung des Homosexuellen zwar ein
anderer, jedoch kein anomaler
Weg der Entwicklung männlicher
Geschlechtsidentität ist.

Ulf Meyer u.a.:
Regenbogenseiten. Das lesbisch-
schwule Adreßbuch. Querverlag,
Berlin 1997.
4000 Adressen aus Österreich,
Schweiz und Deutschland von Grup-
pen, Initiativen, Organisationen und
anderen wichtigen Einrichtungen
der lesbisch-schwulen Infrastruktur
aus Politik, Kultur, Medien, Reisen,
Freizeit, Hilfe und Beratung, Wirt-
schaft und Gesundheit.

Uli Streib (Hg.):
Das lesbisch-schwule Babybuch.
Ein Rechtsratgeber zu Kinder-
wunsch und Elternschaft. Quer-
verlag, Berlin 1996.
Infos, Tips und juristische Hinweise
zur lesbisch-schwulen Elternschaft;
über Adoption, Pflegschaft, Co-
Elternschaft und andere Familien-
modelle.

Rolf Winiarski:
*Traumprinz gesucht! Wie Mann
an den Mann kommt. Bruno
Gmünder Verlag, Berlin 1994.*
Ratschläge und Erfahrungsberichte
rund um die Suche nach dem passenden Mann, von Kontaktanzeige
bis Partnervermittlung.

Rolf Winiarski:
*Coming-out total. Der Ratgeber
für ein selbstbewußtes Leben.
Bruno Gmünder Verlag, Berlin
1995.*
Hilfestellungen zum Coming-out und
für erste Schritte zur Selbsterkenntnis und fürs Leben in der schwulen
Szene.

Dorit Zinn:
*Mein Sohn liebt Männer.
Fischer Taschenbuch Verlag,
Frankfurt/Main 1992.*
Die Auseinandersetzung einer
Mutter mit ihrem schwulen
Sohn und ihre Schwierigkeiten,
seine Sexualität zu akzeptieren.
Ein Erfahrungsbericht.

Thomas Grossmann:
*Schwul – na und? Rowohlt
Taschenbuch Verlag, Reinbek
1994.*
Standardwerk für junge Schwule
im Coming-out. Mit Interviews,
praktischen Tips und Coming-out-
Berichten.

Robb Forman Dew:
*Mitten ins Herz. Eine Mutter
erzählt vom Coming-out ihres
Sohnes. Deutsch von Leon
Mengden. Knaur Taschenbuch
Verlag, München 1997.*
Erfahrungsbericht einer Mutter
über ihren Umgang mit ihren Äng-
sten und Selbstbeschuldigungen.

Andrea Micus:
*... und auf einmal weißt du,
dein Kind ist anders.
Bastei Lübbe Taschenbuch
Verlag, Bergisch Gladbach
1992.*
Erfahrungsberichte von Müttern
homosexueller Kinder.

Andrea Micus:
*«Schade, daß sie eine Frau ist.»
Homosexuelle Ehemänner und
ihre Angehörigen berichten.
Bastei Lübbe Verlag, Bergisch
Gladbach 1994.*
Berichte von Ehemännern und
-frauen, Kindern und Eltern
über ihre Erfahrungen mit dem
späten Coming-out verheirateter
Männer.

Hans-Georg Wiedemann:
*Homosexuell. Das Buch
für homosexuell Liebende,
ihre Angehörigen und
ihre Gegner. Kreuz Verlag,
Stuttgart 1995.*
Ein allgemeiner Ratgeber für
Homosexuelle im Coming-out,
ihre Freunde und Verwandte,
mit Schwerpunkt des
Themas Kirche und Homo-
sexualität.

Sozial- und
Sexualwissenschaft

Rüdiger Lautmann (Hg.):
*Homosexualität. Handbuch
der Theorie- und Forschungs-
geschichte. Campus Verlag,
Frankfurt/Main 1993.*
In sechzig Artikeln werden
wichtige Theoretiker und Forscher,
Konzepte und Theorien zur Homosexualität vorgestellt – von Hössli
und Ulrichs bis zu Freud, Kinsey und
Foucault, außerdem Beiträge zum
Stand der Homosexuellenforschung
in verschiedenen Ländern.

Rüdiger Lautmann:
*Der Homosexuelle und sein
Publikum. Verlag Männer-
schwarmSkript, Hamburg
1997.*
Vorträge und Essays des Sexualwissenschaftlers aus 20 Jahren
zur Theorie und Sozialgeschichte
der Homosexualität und Schwulenbewegung.

Martin Dannecker:
*Das Drama der Sexualität.
Europäische Verlagsanstalt,
Hamburg 1992.*

Martin Dannecker:
*Vorwiegend homosexuell.
Aufsätze, Kommentare, Reden.
Verlag MännerschwarmSkript,
Hamburg 1997.*
Beiträge des profilierten Sexual-
wissenschaftlers zu schwulen-
politischen Fragen und dem
Alltag der Schwulen im Zeichen
von Aids.

Volker Sommer:
Wider die Natur? Homosexua-
lität und Evolution. C.H. Beck,
München 1990.
Gestützt auf Ergebnisse der moder-
nen Verhaltensforschung zeigt
Volker Sommer auf: Auch im Tier-
reich kommen gleichgeschlechtliche
Neigungen vor, mehr als man wahr-
scheinlich vermutet.

Sex & Gesundheit

Andreas Maydorn u.a.:
Wie man's macht. Das schwule
Sexbuch. Magnusbuch Verlag,
Berlin 1993.
Alles, was der schwule Mann von
heute über Erotik, Sexualität und
Safer Sex wissen sollte.

Andreas Maydorn u.a.:
Bodycheck. Das schwule
Gesundheitsbuch. Magnusbuch
Verlag, Berlin 1994.
Informatives Handbuch zur männ-
lichen Anatomie im allgemeinen
und zu Geschlechtskrankheiten,
Störungen der Geschlechtsorgane
im besonderen.

Matthias Frings:
Liebesdinge. Bemerkungen
zur Sexualität des Mannes.
Rowohlt Taschenbuch Verlag,
Reinbek 1984.
Kluge, anregende, geistreiche
Anmerkungen und Beobachtungen
zur (mann-)männlichen Sexualität,
über Männersprache, Pornographie,
Kameradschaft, Männerstrip und
Schwanzfixierung.

Charles Silverstein & Felice Picano:
Die neuen Freuden der
Schwulen. Ein Handbuch zum
Leben und Lieben. Bruno
Gmünder Verlag, Berlin 1997.
Klassischer Ratgeber zu allen
Facetten schwulen Lebens und des
schwulen Sex.

Keikawus Arastéh/Rudolf Weiß:
Buch gegen die Panik.
Leben mit der HIV-Infektion.
Verlag rosa Winkel,
Berlin 1997.
Allgemeinverständlicher Ratgeber
zum Leben mit dem Aids-Virus.

Susan Sontag:
Aids und seine Metaphern.
Aus dem Amerikanischen
von Holger Fliessbach.
Hanser Verlag, München 1989.
Grundlegender und weitreichender,
leidenschaftlich argumentierender
Essay über die Veränderungen
durch die Krankheit Aids in unserem
Sprechen und Denken.

Randy Shilts:
... und das Leben geht weiter.
Deutsch von Hans Jürgen
Baron von Kokuel. Goldmann
Taschenbuch Verlag, München
1988.
Eine journalistische Chronik über
die ersten Jahre der Epidemie und
eine spannende, aber auch wütend
machende Dokumentation über
die politischen und aufklärerischen
Versäumnisse dieser Zeit.

Alltag, Freizeit & Unterhaltung

Stephan Kring:
Perfekt schwul! Für Anfänger und Fortgeschrittene. Querverlag, Berlin 1996.
Ein kurzweiliger, humoristischer Querfeldeinlauf durch das schwule Leben in Form von nicht immer ganz ernst zu nehmenden Hitlisten, Tips und Glossen.

Egbert Hörmann:
Hurra ein Junge! Ein schriller Streifzug durch schwule Welten. Bruno Gmünder Verlag, Berlin 1997.
Ironisch-böser, intelligent-unterhaltsamer Rundumschlag zum schwulen Lifestyle in den 90er Jahren.

Hans Georg Stümke:
... älter werden wir umsonst! Schwules Leben jenseits der 30. Verlag rosa Winkel, Berlin 1997.
Erfahrungen, Interviews und Tips zum Leben gegen den Jugendwahn. Mit Beiträgen von Michael Bochow, Rainer Schilling und Rüdiger Lautmann.

Patrick Hamm/ Ulmann-M. Hakert (Hg.):
Bewegte Männer. Das schwule Buch zum Sport. Jackwerth Verlag, Köln 1996.
Aufsätze, Reportagen und Berichte zur schwulen Sportkultur in Deutschland.

Spartacus International Gay Guide. Bruno Gmünder Verlag, Berlin.
Alljährlich erscheinender fünfsprachiger Koloß mit Szene-Adressen aus der gesamten Welt. Für Globetrotter-Schwule unentbehrlich. Leider nicht immer aktuell, was in der sich schnell verändernden Subkultur auch nur schwerlich möglich ist.

Christian Scheuß:
Erotic Bodystyling. Muskeln, Tatoos, Piercing und andere Fetische. Bruno Gmünder Verlag, Berlin 1996.
Ein Sachbuch rund um den Fetisch Mann.

Elmar Kraushaar:
Der Mann von nebenan. Schwule Männer, schwules Leben. Rowohlt Taschenbuch Verlag, Reinbek 1997.
Anhand unterschiedlicher Lebensläufe schwuler Männer und deren Fotoalben vermittelt Kraushaar einen quasi subjektiven Blick auf die unterschiedlichen schwulen Lebensweisen und -formen von heute.

Micha Schulze:
Scharfmacher. Das große Kochbuch für Schwule. Bruno Gmünder Verlag, Berlin 1996.
Ein Lese-, Koch- und Bilderbuch mit 80 Rezepten von Stars und Sternchen aus der Schwulenszene, u.a. von Lilo Wanders, Ades Zabel, Dirk Bach, Hella von Sinnen und Ralph Morgenstern.

Axel Schock:
I'm crazy for your Holzfällerhemd. Ein schwules Kompendium unnötigen Wissens, wahrer Worte und unglaublicher Dummheiten. Magnusbuch Verlag, Berlin 1995.
Prominente über Coming-out, heimliche Vorlieben, Mode, Tunten, Diven ... 2000 Bosheiten, Gemeinheiten, Dummheiten, Wahrheiten; Ärgerliches, Absurdes und Unglaubliches von über 600 – nicht nur schwulen – Persönlichkeiten.

Karen-Susan Fessel/Axel Schock:
Out! 500 berühmte Lesben und Schwule. Querverlag, Berlin 1997.
Ein Lexikon mit Biographien zu ausgewählten 500 lesbischen und schwulen Persönlichkeiten der Weltgeschichte aus Kultur, Politik, Gesellschaft und Sport.

Susanne Benedek/Adolphe Binder:
Von tanzenden Kleidern und sprechenden Leibern. Crossdressing als Auflösung der Geschlechterpolarität. edition ebersbach, Dortmund 1996.
Essayistischer Streifzug durch die aktuelle Gender-Debatte und zur zunehmenden Verwischung der Geschlechterkategorien auf dem Laufsteg, der Leinwand und in der Literatur.

Marjorie Garber:
Verhüllte Interessen. Trans-
vestismus und kulturelle Angst.
Aus dem Amerikanischen
von H.-Jochen Bußmann.
S. Fischer Verlag, Frankfurt/
Main 1993.
Materialienreicher, leicht lesbarer
Gang durch die Geschichte des
Spiels mit den Geschlechterrollen,
von Barbie über Peter Pan bis
Madonna und Michael Jackson.

Ulrike Amann/Axel Schock:
Das Queer Quiz Buch.
Querverlag, Berlin 1996.
Eine Art «Trivial Pursuit» für
Schwule und Lesben mit ca. 2000
Fragen zu Kultur, Politik, Freizeit,
Sex und Film.

Ulf Meyer/Axel Schock:
Der schwule Sprachführer.
Eichborn Verlag, Frankfurt/
Main 1996.
Ein Wörterbuch der wichtigsten
Redewendungen und Szeneaus-
drücke für Flirt und Anmache,
sexuelle Vorlieben und Small talk
in sechs Sprachen (deutsch,
französisch, italienisch, spanisch,
niederländisch, englisch).

Renée Schauecker/Lukas Hauser:
Queerverbindungen. Lesben +
Schwule im Datennetz.
Querverlag, Berlin 1996.
Ein Reiseführer durchs Cyberspace,
mit speziellen Wegweisern zu jenen
Orten im Internet, die das lesbische
und schwule Herz höher schlagen
lassen (incl. CD-ROM).

Elmar Kraushaar:
Schwule Listen. Namen. Daten
und Geschichten. Rowohlt
Taschenbuch Verlag, Reinbek
1994.
90 Listen, von schwulen Päpsten bis
zu Pophits mit schwulem Text. Jede
Menge unterhaltsamer, überraschender und nützlicher Nichtigkeiten,
Nominierungen und Fundsachen aus
der schwulen Welt.

Sebastian Castro:
Das schwule Lexikon.
Eichborn Verlag, Frankfurt/
Main 1996.
Wissenswertes, Witziges, Informa-
tives aus Kultur, Geschichte, Politik
und Sprache.

Literatur von
und über Lesben

Karen-Susan Fessel:
Bilder von ihr. Roman.
Querverlag, Berlin 1996.
Die einfühlsam und aufwühlend
erzählte Geschichte einer großen
Liebe. Von Glück und Verlust, Trauer
und Wut – und von einer jungen
Frau, die sich erinnert, um weiter-
gehen zu können.

Karen-Susan Fessel:
Heuchelmund. Erotische
Erzählungen. Konkursbuch
Verlag Claudia Gehrke,
Tübingen 1995.
Sie nehmen sich, was sie wollen,
sie kriegen, was sie verdienen:
Sexuelle Eskapaden, leiden-
schaftliche Affären, Liebeskata-
strophen.

Kate Millett:
Sita. Geschichte einer Frauen-
beziehung. Aus dem Amerika-
nischen von Erica Fischer.
Deutscher Taschenbuch Verlag,
München 1989.
Von den Schattenseiten der lesbischen Liebe und der Borniertheit
der modernen Gesellschaft.
Klassiker der kritischen Lesbenliteratur.

Leslie Feinberg:
Träume in den erwachenden Morgen. Aus dem Amerikanischen von Claudia Brusdeylins.
Verlag Krug und Schadenberg, Berlin 1996.
Der mitreißende Bericht einer Butch aus den 70er Jahren: Gewalt gegen Lesben in den USA und der Versuch, als Mann durchzugehen – mit weitreichenden Folgen.

Madeleine Marti /
Marianne Ulmi (Hg.):
Sappho küßt Europa. Literatur über Lesben aus zwanzig Ländern. Querverlag, Berlin 1997.
Zeitgenössische Schriftstellerinnen mit literarischen Texten über Lesben, Klassiker und Neuentdeckungen aus zwanzig europäischen Ländern, von Finnland bis Slowenien, von bekannten Literatinnen wie Jeannette Winterson, Verena Stefan und Luise F. Pusch wie auch erst zu entdeckenden Autorinnen u.a. aus den Staaten des ehemaligen Ostblocks.

Radclyffe Hall:
Quell der Einsamkeit. Daphne Verlag, Göttingen 1991.
Klassiker der Lesbenliteratur. Frauenliebe Anfang des 20. Jahrhunderts im puritanischen England.

J. M. Redman:
Mississippi. Ariadne Krimi / Argument Verlag, Hamburg 1994.
Die Paradebutch und Privatdetektivin Micky Knight liebt knifflige Fälle und bildschöne Frauen.

Sarah Dreher:
Stoner McTavish. Ariadne Krimi/Argument Verlag, Hamburg 1991.
Die beliebteste Krimiheldin der 90er Jahre – charmant, rauh und etwas verwirrt ...

Susie Bright:
Susie Sexperts Sexwelt für Lesben. Verlag Krug & Schadenberg, Berlin 1993.
Lesbisches Sexleben unter der Lupe: hemmungslos, witzig und provokativ.

Rita Mae Brown:
Rubinroter Dschungel. Roman. Aus dem Amerikanischen von Barbara Sciba-Sethe. Rowohlt Taschenbuch Verlag, Reinbek 1978.
Ein Klassiker der modernen Lesbenliteratur. Mary Bolts, Huckleberry Finns Alter ego, wandelt sich von der Kleinstadtgöre zur abenteuerlustigen Lesbe.

Ines Rieder:
Wer mit wem? Hundert Jahre lesbische Liebe. Wiener Frauenbuchverlag, Wien 1995.
Berühmte Frauen, ihre Freundinnen, Liebhaberinnen und Lebensgefährtinnen.

Literarische Anthologien zur schwulen Literatur

Hans Stempel/Martin Ripkens:
Ach Kerl, ich krieg dich nicht aus meinem Kopf. Männerliebe in deutschen Gedichten. Deutscher Taschenbuch Verlag, München 1997.
Hervorragende Auswahl zeitgenössischer schwuler Lyrik deutschsprachiger Autoren.

Thomas Ott (Hg.):
einmal wars schön. Erzählungen. Einsendungen zum Literaturpreis der schwulen Buchläden. MännerschwarmSkript Verlag / edition erlkönig, Hamburg 1997.
14 Erzählungen über schwules Leben, ausgewählt aus den Teilnehmern des zweijährlich stattfindenden Literaturwettbewerbs der Arbeitsgemeinschaft «die schwulen Buchläden».

Joachim Campe (Hg.):
«Matrosen sind der Liebe Schwingen». Homosexuelle Poesie von der Antike bis zur Gegenwart. Insel Taschenbuch Verlag, Frankfurt/Main 1994.
Breitgefächerte Sammlung bedeutender und renommierter Autoren mit Beispielen von Pindar und Vergil über Hafis und Goethe bis Thomas Böhme und Detlev Meyer.

Wolfram Setz (Hg.):
Das Hohelied der Knabenliebe.
Erotische Gedichte aus der
Griechischen Anthologie.
Verlag rosa Winkel, Berlin
1987.
Eine informativ kommentierte
Auswahl dieser literarischen Zeug-
nisse zur Knabenliebe im antiken
Griechenland.

Joachim Campe (Hg.):
Andere Lieben. Homosexualität
in der deutschen Literatur.
Suhrkamp Taschenbuch Verlag,
Frankfurt/Main 1988.
Ein Lesebuch mit kommentierten
Textbeispielen aus dem frühen
Mittelalter bis zu Hubert Fichte und
Guido Bachmann.

Albrecht Piper (Hg.):
Weihnachten schenke ich mir.
Stille-Nacht-Geschichten.
Verlag rosa Winkel, Berlin
1996.
Schöne, böse, satirische und andere
schwule Geschichten zum Fest der
Liebe, mit Texten u.a. von Walter
Foelske, Michael Sollorz, Lutz van
Dijk, Mario Wirz und Christoph
Klimke.

Gerhard Hoffmann (Hg.):
Alte Hasen, junges Herz.
Schwule und Lesben machen
Geschichten. Albino Verlag,
Berlin 1996.
Geschichten von Schwulen und
Lesben über 40 über erste Lieben,
ersten Sex und andere einschneiden-
de Erlebnisse und Erfahrungen.

John Preston (Hg.):
Das Fleisch und das Wort.
Erotische Geschichten aus
den USA. Verlag rosa Winkel,
Berlin 1994/1996 (zwei
Bände).
Diese Erzählungen dokumentieren
die Entwicklung schwulen Selbst-
bewußtseins und die Verän-
derungen im Leben und Lieben
von den 50er bis zu den 90er Jahren.
Mit Texten u.a. von Phil Andros,
Aaron Travis, Edmund White, Larry
Townsend, Andrew Holleran und
Anne Rice.

Joachim Bartholomae (Hg.):
Grüne Nelken.
Liebesgeschichten. Verlag
MännerschwarmSkript,
Hamburg 1996.
Geschichten mit Happy-End von
zeitgenössischen deutschen Autoren,
u.a. Detlev Meyer, Peter Tschiche,
Thomas Plaichinger und Udo
Aschenbeck.

Michael Sollorz (Hg.):
LustGarten. Geschichten
von Sex & Liebe. Verlag rosa
Winkel, Berlin 1997.
Erotische Erzählungen deutsch-
sprachiger Autoren, u.a. von Lutz
van Dijk, Christoph Klimke,
Christoph Geiser, Peter Hofmann,
Mario Wirz und Detlev Meyer.

Ein Ort, überall –
18 Erfindungen von Heimat.
Vorwort von Frank Heibert.
Magnusbuch Verlag, Berlin
1995.
18 schwule Autoren, Schriftsteller, Künstler, Szenestars
(u.a. Detlev Meyer, Wieland Speck,
Jo van Nelsen, Lutz van Dijk)
schreiben über ihre Vorstellungen
und ihr Verständnis von Heimat.

Literaturpreis der schwulen Buchläden

Alle zwei Jahre zur Leipziger Buchmesse verleiht die Arbeitsgemeinschaft «Die schwulen Buchläden» einen mit 2.000 DM dotierten «Literaturpreis der schwulen Buchläden». Die Auszeichnung versteht sich als Initiative zur Förderung deutschsprachiger schwuler Literatur, will Talente fördern und öffentliche Aufmerksamkeit auf diesen Bereich der Literatur lenken. Aus den eingesandten Beiträgen (bisher unveröffentlichte Prosatexte in deutscher Sprache von nicht mehr als 20 Seiten Umfang, die sich schwerpunktmäßig mit Aspekten des Lebens schwuler Männer beschäftigen) nominiert eine unabhängige Jury drei Texte. Die Autoren stellen diese dann bei einer öffentlichen Veranstaltung im Rahmen der Buchmesse vor.

Ausgewählte Texte aus den ersten beiden Ausschreibungen wurden in den Anthologien «Die Engel sind echt» (1994) und «Einmal wars schön» (1997) im Verlag Männerschwarm-Skript, Hamburg veröffentlicht.

Literaturpreis der schwulen Buchläden; Buchladen Erlkönig, Thomas Ott, Bebelstraße 25, 70193 Stuttgart. Tel./Fax 0711/63 91 39

August von Platen-Stiftung

Die Stiftung, angeschlossen an die Universität-Gesamthochschule Siegen und durch Spenden getragen, fördert durch Stipendien wissenschaftliche Arbeiten aus den Bereichen der Allgemeinen Literaturwissenschaft, der Anglistik, Germanistik und Romanistik zum thematischen Zusammenhang von Homosexualität und Literatur.

Universität-Gesamthochschule Siegen, Dekan des Fachbereichs 3, Adolf-Reichwein-Straße 3, 57068 Siegen. Spendenkonto: August von Platen-Stiftung Siegen, Sparkasse Siegen, BLZ 460 500 01, Kto.-Nr. 2121531

Gesellschaft zur Förderung literarwissenschaftlicher Homostudien (GFlH)

Zweck der 1985 gegründeten Gesellschaft ist «die Förderung und Pflege literaturwissenschaftlicher Forschung zum Thema Homosexualität». Eng verbunden mit der universitären Arbeit im Bereich der Homostudien an der Uni-Gesamthochschule Siegen veröffentlicht die GFlH u.a. die dreimal jährlich erscheinende Fachpublikation «Forum Homosexualität und Literatur» sowie die Loseblatt-Sammlung «Lexikon homosexuelle Belletristik». Einmal jährlich treffen sich Mitglieder und Interessierte zu einem Workshop-Wochenende im Freien Tagungshaus Waldschlößchen bei Göttingen. In der Regel alle zwei Jahre wird in Siegen ein literaturwissenschaftliches Kolloquium veranstaltet, deren Vorträge zum Teil auch in Sammelbänden veröffentlicht vorliegen. Thema des Kolloquiums 1990 war z.B. «Erkenntniswunsch und Diskretion. Erotik in biographischer und autobiographischer Literatur»; 1995 «Ikonen des Begehrens. Bildsprachen der männlichen und weiblichen Homosexualität in Literatur und Kunst»; 1997 «Erinnern und Wiederentdecken. Tabuisierung und Enttabuisierung der männlichen und weiblichen Homosexualität in Wissenschaft und Kritik».

Gesellschaft zur Förderung literarwissenschaftlicher Homostudien e.V. Prof. Dr. Wolfgang Popp, Kölner Straße 11, 57072 Siegen

Buchhandlungen, Bibliotheken und Archive

In fast jeder Buchhandlung kann man die vorgestellten Titel wie auch andere ausgewählte schwule Literatur finden oder dort zu-mindest bestellen. Als besonderer Service seien hier einige schwule Buchhandlungen genannt, die stets ein breiteres Angebot schwuler Titel bereithalten.

Schwule Buchhandlungen

(Diese Geschäfte sind Mitglieder der Arbeitsgemeinschaft «Die schwulen Buchläden», die u.a. zweimonatlich umfangreiche und informative (Versand-)Prospekte erstellen. Im Internet sind sie un-ter www.gaybooks.de zu finden.)

Prinz Eisenherz
Bleibtreustraße 53
10623 Berlin
Tel. 030/313 99 36
Fax 030/313 17 95

Männerschwarm
Neuer Pferdemarkt 32
20359 Hamburg
Tel. 040/43 60 93
Fax 040/430 29 32

Erlkönig
Bebelstraße 25
70193 Stuttgart
Tel./Fax 0711/63 91 39

Max & Milian
Ickstattstraße 2
80469 München
Tel. 089/260 33 20
Fax 089/26 30 59

Männertreu
Bauerngasse 14
90443 Nürnberg
Tel. 0911/26 26 76
Fax 0911/26 58 44

Ganymed
Kettengasse 3
50672 Köln
Tel. 0221/25 11 10
Fax 0221/25 11 06

Ausgewählte Buchhandlungen mit Sortimentsschwerpunkt schwuler Literatur

Löwenherz
Berggasse 8
A-1090 Wien
Tel. 0222/317 29 82

Arcados Buchhandel
Rheingasse 69
CH-4002 Basel
Tel. 061/681 31 32
Fax 061/681 66 56

SEC 52
Josefstraße 52
CH-8005 Zürich
Tel. 01/ 271 18 18

Adam
Gleimstraße 23
10437 Berlin
Tel./Fax 030/448 07 67

Galerie Jansen
Pariser Straße 45
10719 Berlin
Tel. 030/881 15 90

Buchhandlung Roters
Wendenstraße 51
38100 Braunschweig
Tel. 0531/496 00

Litfass
Münsterstraße 107
44145 Dortmund
Tel. 0231/83 47 24
Fax 0231/83 02 92

Buchladen Gegen den Strich
Schwerinstraße 18
40477 Düsseldorf
Tel. 0211/491 26 68
Fax 0211/491 26 69

Oscar Wilde
Alte Gasse 51
60313 Frankfurt/Main
Tel. 069/28 12 60
Fax 069/297 75 42
Internet: www.homo.de

Jos Fritz
Wilhelmstraße 15
79098 Freiburg
Tel. 0761/268 77

Buch im Revier
Klosterstraße 21
45891 Gelsenkirchen

Litfaß
Rannische Straße 14/15
06108 Halle
Tel./Fax 0345/202 42 63

ABC-Buchladen
Goethestraße 77
34119 Kassel
Tel. 0561/77 77 04

Der andere Buchladen
Zülpicher Straße 197
50937 Köln

Zur schwarzen Geiß
Obermarkt 12
78462 Konstanz
Tel. 07531/154 33

Connewitzer Verlagsbuchhandlung
Specks Hof
04109 Leipzig

Clone Zone
Liebigstraße 6
39104 Magdeburg

Wohltath'sche Buchhandlung
Große Bleiche 8
55115 Mainz
Tel. 06131/22 23 53

Der andere Buchladen
M 2, 1
68161 Mannheim
Tel. 0621/2 17 55

Aragon Buchladen
Im Wallzentrum, Neuer Wall
47441 Moers

L'Hippopotame
Ludgeristraße 55
48143 Münster

Buchladen am Markt
Wilhelmsplatz 12
63065 Offenbach
Tel. 069/88 33 33

Carl-von-Ossietzky-
Buchhandlung
Markt 24
26122 Oldenburg

Bücher & KulTour
Berliner Promenade 12
66111 Saarbrücken
Tel. 0681/39 79 91

Gegenlicht
Glockenstraße 10
54290 Trier
Tel. 0651/765 89
Fax 0651/445 79

Die Gruppe
Buchladen im Cottahaus
Münzgasse 15
72070 Tübingen
Tel. 07071/233 58

*Eine Auflistung mit weiteren
Buchhandlungen mit schwulem
bzw. lesbisch-schwulem Sorti-
ment finden sich in «Regenbo-
genseiten. Das lesbisch-schwule
Adreßbuch», herausgegeben von
Ulf Meyer u.a., Querverlag,
Berlin 1997.*

Schwule und lesbisch-schwule Bibliotheken und Archive

HOSI-Bibliothek
Homosexuelle Initiative Linz
Schubertstraße 36
A-4020 Linz
Tel./Fax 0732/60 98 98

Bibliothek der Rosa Lila Villa
Linke Wienzeile 102
A-1060 Wien
Tel. 0222/586 81 50

Schwulenbibliothek der
Homosexuellen Arbeitsgruppen
Zürich (HAZ)
Postfach 7088
CH-8023 Zürich

Schwules Museum
Mehringdamm 61
10961 Berlin
Tel. 030/693 11 72

Spinnboden e.V.
Archiv zur Entdeckung und
Bewahrung von Frauenliebe
Anklamer Straße 38
10115 Berlin
Tel./Fax 030/448 58 48

LeseluSzD
Lesben- und Schwulenzentrum
Düsseldorf e.V. (LuSzD)
Kronenstraße 74-76
40217 Düsseldorf
Tel. 0211/33 02 92

Die schwule Bibliothek
bei Hein & Fiete
Kleiner Pulverteich 17-21
20099 Hamburg
Tel. 040/24 03 33
Fax 040/24 06 75

Bibliothek im SCHULZ
Kartäuserwall 18
50678 Köln
Tel. 0221/931 88 00

Bibliothek des KCM
Schwulen- und Lesbenzentrum e.V.
Am Hawerkamp 31
48155 Münster
Tel. 0251/66 56 86

Fliederlich Bibliothek
Luitpoldstraße 15/II
90402 Nürnberg
Tel. 0911/22 23 77
Fax 0911/23 25 00

Archiv unveröffentlichter
wissenschaftlicher Arbeiten
zum Thema Homosexualität
und Literatur
Prof. Dr. Wolfgang Popp
Universität-Gesamthochschule
Siegen
Adolf-Reichwein-Straße 2
57068 Siegen
Tel. 0271/740 45 88

August von Platen-Bibliothek
Kölner Straße 11
57072 Siegen
Tel. 0271/205 96

Bildnachweise

12 Phil Andros/
Foto: Albino Verlag
14 Reinaldo Arenas/
Foto: Peter Lilienthal
20 Guido Bachmann/
Foto: Peter Friedli
23 James Baldwin/
Foto: Sedat Pakay
25 Herman Bang/
Abbildung: Archiv Axel Schock
30 Ulrich Berkes/
Foto: Aufbau Verlag
32 Harold Brodkey/
Foto: Isolde Ohlbaum
34 Arnolt Bronnen/
Foto: Verlag Kurt Desch
36 William S. Burroughs/
Foto: Ullstein Verlag
38 Aldo Busi/
Foto: Magnusbuch Verlag
40 Truman Capote/
Foto: Archiv Axel Schock
44 Jewgenij Charitonow/
Foto: Rowohlt Verlag
48 Dennis Cooper/
Foto: Sheree Rose
49 Szenenfoto: James Dwyer
50 Quentin Crisp/
Foto: Ammann Verlag
53 Rudi van Dantzig/
Foto: Rowohlt Verlag
54 Szenenfoto: Archiv Axel Schock
55 Lutz van Dick/
Foto: Rowohlt Verlag
57 Rainer Werner Fassbinder/
Foto: Archiv Axel Schock
58 Szenenfoto: Stiftung Deutsche
Kinemathek
60 Hubert Fichte/
Foto: Leonore Mau
65 Szenenfoto: Archiv Axel Schock
67 Michel Foucault:
Foto: Archiv Axel Schock
70 Christoph Geiser/
Foto: Marianne Wolleb
72 Jean Genet/
Foto: ZDF-Ehlert
78 André Gide/
Foto: Foto AP
81 Allen Ginsberg/
Foto: Axel Schock
84 Georges-Arthur Goldschmidt/
Foto: Isabelle Magos

86 Frank Goyke/
Foto: Verlag Schwarzkopff &
Schwarzkopff
88 Juan Goytisolo/
Foto: Suhrkamp Verlag
90 Julien Green/
Foto: Isolde Ohlbaum
92 Jim Grimsley/
Foto: Burkhard Peter Montaz
96 Fritz Haarmann/
Foto: Archiv Axel Schock
101 Keith Haring/
Foto: Sammlung Axel Schock
104 Magnus Hirschfeld/
Foto: Schwules Museum, Berlin
106 Heinrich Hössli/
Foto: Verlag rosa Winkel
110 Alan Hollinghurst/
Foto: Verlag Kiepenheuer &
Witsch
115 Hans Henny Jahnn/
Foto: Ullstein Verlag
119 Konstantinos Kavafis/
Foto: Hanser Verlag
123 Ralf König/
Foto: Culturcontact
126 Friedrich Kröhnke/
Foto: Ekko von Schwichow
128 Elisarion von Kupffer/
Foto: Verlag rosa Winkel
131 Szenenfoto: Archiv Axel Schock
135 John Henry Mackay/
Foto: Verlag rosa Winkel
137 Charlotte von Mahlsdorf/
Foto: Burkhard Peter Montaz
139 Klaus Mann/
Foto: edition spangenberg
142 Thomas Mann/
Foto: S. Fischer Verlag
144 Szenenfoto: Stiftung Deutsche
Kinemathek
147 Szenenfoto: Andrew Tiernan
149 Armistead Maupin/
Foto: Rogner & Bernhard
152 Szenenfoto: Matthias Horn
156 Detlev Meyer/
Foto: Detlef Grumbach
159 Grant Michaels/
Foto: Jim Wigler
161 Yukio Mishima/
Foto: Archiv Axel Schock
166 Péter Nádas/
Foto: Marie Kopcsik
168 Michael Nava/
Foto: Argument Verlag
170 Yves Navarre/
Foto: Beck & Glückler Verlag

172 Baby Neumann/
Foto: Querverlag
176 Pier Paolo Pasolini/
Foto: Mario Dondero
180 Szenenfoto: Stiftung Deutsche
Kinemathek
183 Felice Picano/
Foto: Jerry Bauer
185 August von Platen/
Foto: ZDF-Ehlert
191 Marcel Proust/
Foto: Suhrkamp Verlag
194 Manuel Puig/
Foto: Suhrkamp Verlag
196 James Purdy/
Foto: Albino Verlag
198 Gerard Reve/
Foto: Vincent Mentzel
200 Philip Ridley/
Foto: S. Fischer Verlag
202 Ronald M. Schernikau/
Foto: Archiv Axel Schock
204 Napoleon Seyfarth/
Foto: Michael Bidner
206 William Shakespeare
209 Michael Sollorz/
Foto: Martin E. Kautter
211 Stephen Spender/
Foto: Caroline Forbes
213 Martin Sperr/
Foto: Suhrkamp Verlag
215 Karl Heinrich Ulrichs/
Foto: Verlag rosa Winkel
218 Paul Verlaine/
Foto: Verlag Benno Schwabe & Co.
220 Gore Vidal/
Foto: Peter Peitsch
223 Gudmund Vindland/
Foto: Detlef Grumbach
227 Andy Warhol/
Foto: Archiv Axel Schock
230 Edmund White/
Foto: Thomas Victor
232 Walt Whitman/
Foto: Library of Congress
239 Josef Winkler/
Foto: Christina Schwichtenberg
241 Alexander Ziegler/
Foto: Archiv Axel Schock
242 Szenenfoto: Stiftung Deutsche
Kinemathek

Wir danken allen Rechteinhabern für die
freundliche Abdruckgenehmigung. Einige
konnten nicht ermittelt werden. Wir bitten
sie, sich gegebenenfalls mit dem Eichborn
Verlag in Verbindung zu setzen.

Personenregister

Die Deutsche Bibliothek - CIP-Einheitsaufnahme

Schock, Axel:
Die Bibliothek von Sodom : das Buch der schwulen Bücher /
Axel Schock. - Frankfurt am Main : Eichborn, 1997
ISBN 3-8218-0477-7

© Vito von Eichborn GmbH & Co. Verlag KG, Frankfurt am Main, September 1997.
Umschlaggestaltung: Christina Hucke unter Verwendung eines Fotos von Michael Bidner.
Lektorat: Palma Müller-Scherf
Satz + Layout: Oliver Schmitt
Druck und Bindung: Werner Söderström, Finnland
ISBN 3-8218-0477-7
Verlagsverzeichnis schickt gern:
Eichborn Verlag, Kaiserstr. 66, D-60329 Frankfurt.
http://www.eichborn.de

Der Frankfurter Engel

Mahnmal Homosexuellenverfolgung

Herausgegeben von der Initiative
Mahnmal Homosexuellenverfolgung e.V.
278 Seiten · Geb. m. SU
DM 49,80
ISBN 3-8218-1445-4

An die Verfolgung und Ermordung homosexueller Männer und
Frauen im Nationalsozialismus erinnert in Frankfurt am Main seit
Dezember 1994 ein Mahnmal, der Frankfurter Engel. Mit ihm
wurde ein Ort der Erinnerung an eine Vergangenheit geschaffen,
über die in der breiten Öffentlichkeit, aber auch in der homosexuellen Subkultur nur wenig bekannt ist. Gestaltet wurden Platz
und Skulptur – nach einem Wettbewerb, an dem sich auch
Stephan Balkenhol, Donald Moffett, Hermann Pitz und Jeff Wall
beteiligten – von der Kölner Künstlerin Rosemarie Trockel.

Dieses Buch ist der Geschichte der Homosexuellenverfolgung im
Nationalsozialismus, dem Mahnmal und seiner Entstehungs-
geschichte gewidmet.

Mit Beiträgen von Jean-Christoph Ammann; Dieter Bartetzko;
Halina Bendkowski; Micha Brumlik; Martin Dannecker; Eva
Demski; Ulrich Gooß; Herbert Gschwind; Michael Holy; Hans-
Peter Hoogen; Stefan Majer; Andreas Maul; Friedhelm
Menneckes; Detlev Meyer; Andreas Meyer-Hanno; Linda Reisch;
Dieter Schiefelbein; Heide Schlüpmann; Claudia Schoppmann;
Melanie Spitta; Antje Terrahe.

EICHBORN.

Kaiserstraße 66 · 60329 Frankfurt
Telefon c69/25 60 03-0 · Telefax 25 60 03-30
Internet: http:// www.eichborn.de